Algorithmen, Habitus und sozialer Kontext

Steffen Hagemann

Algorithmen, Habitus und sozialer Kontext

Zum professionellen Handeln von Data Scientists

Springer VS

Steffen Hagemann
Universität Potsdam
Berlin Brandenburg, Deutschland

Dissertation, Universität Potsdam, 2026

ISBN 978-3-658-51434-1 ISBN 978-3-658-51435-8 (eBook)
https://doi.org/10.1007/978-3-658-51435-8

Die Deutsche Nationalbibliothek verzeichnet diese Publikation in der Deutschen Nationalbibliografie; detaillierte bibliografische Daten sind im Internet über https://portal.dnb.de abrufbar.

Planung/Lektorat: Carina Reibold
Springer VS ist ein Imprint der eingetragenen Gesellschaft Springer Fachmedien Wiesbaden GmbH und ist ein Teil von Springer Nature.
Die Anschrift der Gesellschaft ist: Abraham-Lincoln-Str. 46, 65189 Wiesbaden, Germany

Danksagung

An dieser Stelle möchte ich allen meinen großen Dank aussprechen, die mich bei meiner Dissertation unterstützt haben.

Mein besonderer Dank gilt Prof. Dr. Roland Verwiebe für die hervorragende Unterstützung und Betreuung während der gesamten Arbeit. Für die zahlreichen Hinweise, Ratschläge, motivierenden Worte und das große Interesse an meiner Forschung.

Außerdem möchte ich mich bei den Kolleg:innen des Lehrstuhl für Sozialstrukturanalyse und soziale Ungleichheit der Universität Potsdam bedanken. Die mich im Rahmen meiner Promotion mit Anregungen und produktiven Gesprächen begleitet haben.

Für die finanzielle Unterstützung in Form eines Promotionsstipendium danke ich der Potsdam Graduate School.

Zuletzt möchte ich meiner Familie Danke sagen. Insbesondere meiner Partnerin Ines Koburger für ihre Geduld und Ermutigungen.

Meinen Eltern danke ich für ihre fortwährende Unterstützung.

Inhaltsverzeichnis

Abbildungsverzeichnis

Einleitung 1

"The ability to take data – to be able to understand it, to process it, to extract value from it, to visualize it, to communicate it's going to be a hugely important skill in the next decades, not only at the professional level but even at the educational level for elementary school kids, for high school kids, for college kids. Because now we really do have essentially free and ubiquitous data. So the complimentary scarce factor is the ability to understand that data and extract value from it." (Hal Varian, Chefökonom von Google, 2009)[1]

Die rasante Entwicklung datengetriebener digitaler Technologien hat neue Berufsgruppen innerhalb der IT-Branche hervorgebracht. Insbesondere die Gruppe der Data Scientists hat in den letzten Jahren viel Aufmerksamkeit auf sich gezogen. Als wertvollen *Schlüsselspieler:innen* und *Problemlöser:innen* wird ihnen mit Zuschreibungen wie *Engineer of the future* und *sexiest job of the 21 century* eine Eliteposition innerhalb der Gruppierung von Tech-Workers zugeschrieben (Burrell und Fourcade 2021; Davenport und Patil 2012; Fuchs 2014; van der Aalst 2014). Sie tragen Verantwortung für wesentliche konzeptionelle Entscheidungen im Modellierungsprozess, wenn es etwa um die Auswahl der Daten, des Algorithmusmodelles oder um die Reflektion der Technikfolgenabschätzung geht (Hooker 2021). Als Personen, „who understand how to fish out answers to important business questions from today's tsunami of unstructured information" (Davenport und Patil 2012, S. 73), gelten Data Scientists in vielen gesellschaftlichen Bereichen als begehrte Berufsgruppe. Ihre Bedeutung veranschaulicht sich exemplarisch am enormen Wertzuwachs von Data Science-Plattformen. Als wichtige Infrastruktur

[1] Yau 2010.

S. Hagemann, *Algorithmen, Habitus und sozialer Kontext*,
https://doi.org/10.1007/978-3-658-51435-8_1

ermöglichen sie eine effektivere Verwaltung des Arbeitsprozesses von Data Scientists. Der globale Markt für diese Plattformen betrug für das Jahr 2022 geschätzte 112,12 Milliarden US-Dollar. Prognosen gehen davon aus, dass der Wert bis 2032 auf 501,03 US-Dollar ansteigt (Abb. 1.1).

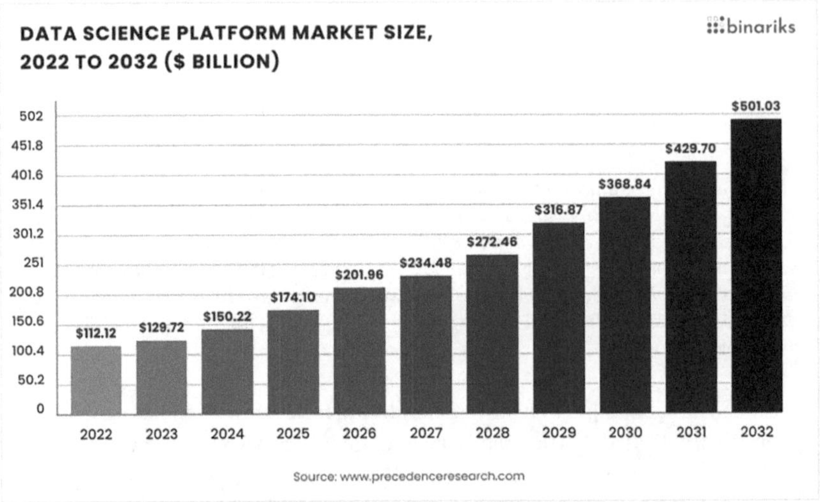

Abb. 1.1 Wachstumsrate Data Science Plattform Markt. (Eigene Darstellung in Anlehnung an Zhuravel 2025)

Mit der steigenden Bedeutsamkeit der Datenerhebung, -verarbeitung und -analyse geht eine stetig wachsende Nachfrage nach Spezialist:innen, wie Data Scientists, Data Engineers oder Data Analysts, Hand in Hand. Ausgangspunkt bilden die branchenübergreifende Nachfrage nach datengetriebenen digitalen Technologien und die daran geknüpften Hoffnungen nach hohen ökonomischen Wachstumsraten. Im Mittelpunkt der Digitalwirtschaft stehen Daten als ihr wertvoller und umkämpfter Rohstoff (Fussey und Roth 2020; Verwiebe und Hagemann 2024; Willson 2017). Die Datafizierung von Welt führt zu einer Wissensproduktion, bei der soziale Phänomene durch Prozesse der Quantifizierung in eine metrische Wertigkeitsordnung transformiert werden (Mau 2018). Im Vordergrund steht hierbei nicht die unmittelbare Produktion von Wissen im Sinne eines Erkenntnisgewinns, sondern die Kategorisierung, Statuszuweisung und Wertigkeitszuschreibung von personenbezogenen Informationen.[2] Daten sind der Treib- und Schmierstoff für Wettbewerb, Kontrolle und Überwachung eines digitalen Kapitalismus (Fuchs 2023; Srnicek 2018; Staab 2019; Zuboff 2018), bei dem das Soziale „auf unendlich vielen und endlos kombinierbaren Differenzbeobachtungen beruht" (Mau 2018, S. 272). Der inzwischen vergleichsweise niedrigschwellige Zugang zu digitalen Gebrauchsgegenständen (Smartphone, Laptops, Smart Watches usw.) hat ihre Alltäglichkeit befördert, durch die es zu einer permanenten Produktion von Daten kommt. Sie bilden die Grundlage weiterer Prozesse der Datenproduktion und -verarbeitung. Die zeichenhafte Übertragung sozialer Phänomene bildet hierbei nicht einfach nur vermeintliche Realitäten ab, sondern konstituiert über den stetigen Verweis von Daten auf andere Daten eine eigene Realität (Nassehi 2019, 104 f.).

Die weitreichende Datafizierung und die wachsenden technischen Möglichkeiten haben zu einer massiven Datengenerierung geführt (Big Data), die das Volumen vergangener Datenbankgrößen weit übertrifft. Wurden im Jahr 2010 gerade mal 2 Zettabyte Datenvolumen generiert, wird laut Prognosen das weltweit generierte Datenvolumen im Jahr 2027 um die 284,3 Zettabyte betragen (Statista 2023).[3] Basierend auf Algorithmen und künstlicher Intelligenz (KI) produzieren digitale Technologien in jeder Sekunde Unmengen an Daten und eröffnen neue Möglichkeiten der Differenzierung. Sie durchdringen nahezu alle Lebensbereiche der Gesellschaft – von Wirtschaft, Bildung, Kultur, Politik bis hin zur Partner:inwahl – und nehmen u. a. über Verfahren des Scoring, Ranking, Profiling usw. im Kreditwesen, in der öffentlichen Sicherheit, der medizinischen Diagnostik oder Partnervermittlung immer größeren Einfluss auf die Lebenschancen von Menschen. Die Unmengen an Daten und die Möglichkeiten, diese zum eigenen Wettbewerbsvorteil gewinnbringend zu nutzen, lassen daher insbesondere die KI-Branche als einen lukrativen und profitablen Wirtschaftszweig erscheinen. Die digitale *Disruption* (Vormbusch 2019) von Lebenswelt und ihre gesellschaftliche Akzeptanz beruht hierbei auf einem *Verblendungszusammenhang* (Horkheimer und Adorno 1969), bei dem die automatisierten Wahrscheinlichkeitsberechnungen als mathematisch-statistisch verifizierte und objektive Entscheidungen anerkannt

---

[2] Die durch die Quantifizierungsprozesse hervorgebrachten metrischen Wertigkeitsordnungen nehmen nach Mau (2018) erheblichen Einfluss auf die sozialen Praktiken von Menschen. In Zusammenhang mit Technologien des Self-Trackings fördern sie z. B. Praktiken der Selbstoptimierung und ein unternehmerisch orientiertes Investitionsverhalten in den eigenen Status. Im Sinne Bourdieus fungieren die produzierten Statusdaten als symbolisches Kapital, wodurch die Individuen sich bessere Handlungsoptionen erhoffen bzw. gewillt sind, diese in materielle Vorteile zu konvertieren (Mau 2018, 263 ff.).

[3] 1 Zettabyte entspricht 1 Milliarde Terrabyte.

werden (Burrell und Fourcade 2021; Kitchin 2019; Mau 2018). Volksmündlich lügen Zahlen nicht. Die Verwebung von digitalen Technologien und alltäglichen Praktiken hat zu einem Mensch-Technik Interaktionsgeflecht geführt, das Algorithmen eine immer höhere wirtschaftliche, politische und soziale Bedeutung einräumt, in deren Folge sich digitale Technologien als Träger:innen sozialer Macht konstituiert haben (Beer 2019).

Es wäre allerdings eine Fetischisierung, ginge man davon aus, dass Daten einen Wert an sich besäßen (Clement et al. 2019). Erst mit der Befähigung, diese sinnhaft aufzubereiten und weiterzuverarbeiten, erhalten sie ihre Wertigkeit. Data Scientists nehmen hierbei als *coding elite* eine wichtige Position innerhalb der Digitalwirtschaft ein, denn „[m]ost valued in this world are those people who touch and understand computer code" (Burrell und Fourcade 2021, S. 217). Bedeutsamkeit und Wertigkeit sind also sozial, kulturell, politisch und geschichtlich vermittelt und bestimmt sich im Falle der Daten aus ihrer ökonomischen, politischen und kulturellen Verwertbarkeit (Kitchin 2019). Unternehmen erhoffen sich Wettbewerbsvorteile, Parteien oder andere politische Institutionen versuchen, den Einfluss politischer Agenden daraus abzuleiten oder zu beeinflussen, Privatpersonen valorisieren ihren Status über Likes, Shares, Kommentare usw. Bedeutsam für die Inwertsetzung von Daten sind Algorithmen, mit der die riesigen digitalen Datenansammlungen strukturiert werden können. Über Prozesse der Klassifizierung und Kategorisierung können Algorithmen Muster innerhalb großer Datenmengen identifizieren und darüber neue Informationen sowie Erkenntnisse generieren. Als personalisierte Werbeschaltungen, Risikoeinschätzungen, Fitnessbewertungen, Persönlichkeitsprofile etc. bilden sie profitable Geschäftsmodelle. Erst in diesem Zusammenhang bekommen Daten ihren vermeintlichen Wert zugeschrieben. Die Entwicklung von Algorithmen ist dabei an sich kein neues Phänomen.[4] Mit der Entwicklung KI-basierter Anwendungen des maschinellen Lernens kommt es jedoch in kürzester Zeit zu rasanten Fortschritten in der Datenerhebung, -verarbeitung und -analyse. Die digitalen

[4] Bereits in der Antike, im Osmanischen Reich oder im alten China wurden Rechenverfahren für eine Vielzahl von mathematischen Problemstellungen entwickelt, die allgemeinhin als Algorithmen beschrieben werden können (Witt und Müller 2020, S. 37). Das Wort Algorithmus soll von Mohamed ibn Musa Al-Chwarizmi (ca. 780–850) erstmals erwähnt worden sein, der mit seinem Buch über das indische Zahlensystem und seine Rechenvorschriften die westliche Mathematik maßgeblich revolutioniert haben soll. Algorithmen sind jedoch schon um ein Vielfaches älter und wurden bereits vor über 2000 Jahren in Form des Siebs von Eratosthenes, des euklidischen Algorithmus oder in der Gauß-Elimination beschrieben (Hougardy und Vygen 2018).

Technologien haben sich insbesondere in den letzten 20 Jahren stark weiterentwickelt. Die neuen technischen Möglichkeiten führen zur Konstituierung neuer Wissens- und Fachbereiche mit entsprechenden Professionsgruppen (Ingenieurswesen, Kybernetik, Informatik), die sich aufgrund der rasanten technischen Fortentwicklung zunehmend ausdifferenzieren, um sich den Erfordernissen der neuen Möglichkeiten anzupassen.

Die zunehmende Bedeutung von Daten und Datenanalysen leitet sich aus dem kulturellen und ökonomischen Stellenwert von (Expert:innen-)Wissen als wesentliche Produktivkraft des 21. Jahrhundert ab (Castells 2017; Pahl 2007; Stehr und Adolf 2018; Steinbicker 2011). Das Expert:innenwissen von Data Scientists beschreibt ein wertvolles verfügbares Handlungsvermögen, mit dem durch die Entwicklung von Softwares, Tools, Apps, KI-Modelle etc. die Welt verändert und gestaltet werden kann. „Wissen entsteht nicht nur in einem bestimmten Kontext, sondern bringt diesen Kontext hervor." (Stehr 2015, S. 34) Das Wissen von Data Scientists beinhaltet somit eine gestalterische und konstruktivistische Kraft. Sie sind nahezu ein Paradebeispiel für eine Wissensgesellschaft, in der Personen aufgrund ihres objektivierten (Expert:innen-)Wissen, als eine elementare ökonomische und kulturelle Ressource, eine exponierte Rolle zugeschrieben wird. Die bisherige wissenschaftliche Auseinandersetzung mit Data Science und Algorithmen hat sich stark auf den Aspekt der fehleranfälligen Operationalisierung und Modellkonstruktion begrenzt (Christen et al. 2020; Haeri et al. 2020; Hagendorff 2019; Prietl 2019a; Zweig et al. 2021) und die Professionsgruppe der Data Scientist mit ihrem inkorporierten professionsspezifischen Kompetenzen und Praktiken kaum in den Blick genommen. Insbesondere aus einer praxeologischen Sichtweise ließe sich davon auszugehen, dass Algorithmen als ein dialektisches Zusammenspiel von *opus operatum* und *modus operandi* aufgefasst werden können (Bourdieu 1987, S. 98). Konkretisiert: Sie resultieren aus einer Logik der beruflichen Praxis und den professionsspezifischen Wahrnehmungs-, Bewertungs- und Handlungsschemata von Data Scientists.

Bis in die 1950er Jahre waren weite Teile der westlichen Industrienationen durch handwerklich-maschinelle oder landwirtschaftliche Arbeiten gekennzeichnet (Baethge 2011; Sailmann 2018; Streeck 1997). Durch eine sich entwickelnde Industriegesellschaft und steigenden Wohlstand kommt es zu einer Bedeutungsverschiebung in der ökonomischen Produktion, bei der Wissenschaft, technologische Forschung und neue Prinzipien des Managements sich als tragende Säulen der Kapitalakkumulation herausbilden. Speziell in der zweiten Hälfte des 20. Jahrhunderts vollzieht sich ein Wandel von einer materiellen industriellen Produktionsgesellschaft hin zu einer Dienstleistungsgesellschaft (Bell 1996). Insbesondere (Expert:innen-)Wissen und neue (digitale) Technologien bilden die entscheidenden Achsen einer postindustriellen Gesellschaft. Theoretisches Wissen wird zu einem zentralen Gut, mit der Folge, dass Expert:innen, Techniker:innen und Technokrat:innen eine gesellschaftliche Aufwertung erfahren und eine immer zentralere gesellschaftliche Rolle einnehmen (Bell 1996, S. 79). Forschung und (Technik-)Entwicklung etablieren sich als treibende Innovationsquellen. Ein immer größer werdender Anteil des Bruttosozialproduktes generiert sich über den Wissensbereich und den mit ihm verknüpften Professionsgruppen (Baethge 2011, 36 ff.; Bell 1996, S. 212).

Die Entwicklung von Algorithmen erfolgt vor dem Hintergrund einer spezifischen Problembewältigung. Ein identifiziertes Problem soll mathematisch-statistisch gelöst werden. Dem vorgelagert steht die Professionsgruppe der Data Scientist als *stellvertretende Krisenbewältiger* (Oevermann 2013a). Im Auftrag ihrer Kund:innen sollen sie jenes Modell zur Bewältigung eines an sie herangetragenen Problems entwickeln. Sie befinden sich somit in einem Technik-Kund:innen-Interaktionsgeflecht, bei dem sie einerseits an sie formulierte Anforderungen annehmen und anderseits versuchen müssen, diese innerhalb von technischen Möglichkeiten und Begrenztheiten zu realisieren. Die professionelle Praxis von Data Scientists vollzieht sich hiernach in einem Spannungsverhältnis von an sie herangetragenen Rollenerwartungen und einem ihnen verfügbaren inkorporierten habitualisierten Wissen. Eine *Diskrepanz von Norm und Praxis* (Bohnsack 2023, S. 20), die über das professionelle Handeln bewerkstelligt werden muss.

Im Fokus dieser Promotionsschrift stehen daher Praktiken von Data Scientists im Kontext ihres professionellen Arbeitshandelns: Welches professionsspezifische inkorporierte habitualisierte Wissen liegt den professionellen Praktiken von Data Scientists in ihrem beruflichen Alltag zugrunde? Welche handlungspraktischen konjunktiven Erfahrungsräume führen zur Genese eines professionsspezifischen Habitus von Data Scientists? Methodologisch wird die Forschungsfrage über Methoden der qualitativen Forschung, in Form episodischer Interviews und der rekonstruktiven Herangehensweise der Dokumentarischen Methode, bearbeitet.

Zunächst erfolgt im **zweiten Kapitel** eine berufs- und professionssoziologische Annäherung an die Berufsgruppe der Data Scientists. In einem ersten Schritt wird hierzu eine sozio-historische Genese des Data Science-Feldes nachgezeichnet, welches die Anforderungen, Selbstbilder, Zuschreibungen usw. in ihrem Werden beschreibt und die soziale, politische, kulturelle und ökonomische Vermitteltheit verdeutlicht. Anschließend wird die Konstituierung der Berufsgruppe vor dem Hintergrund einer Wissensökonomie betrachtet, die zu neuen Anforderungsprofilen geführt hat. Über Sozialtechnologien des Selbstmanagement versuchen Data Scientists, sich an bestehende und neue Erwartungshaltungen anzupassen und diese zu erfüllen. Sie entsprechen mitunter dem Idealtypus der Sozialfiguration eines *Arbeitskraftunternehmers* (Pongratz und Voß 2004b) als *unternehmerisches Selbst* (Bröckling 2013). In einem dritten Schritt wird die Berufsgruppe als eine Form *hybrider Professionalität* (Noordegraaf 2015) beschrieben. Die Hybridität ihres professionellen Handelns resultiert aus dem Zusammenspiel von Expert:innenwissen und managerialen Praktiken des Unternehmertums. Am Ende des Kapitels werden die Erkenntnisse zu den Orientierungsrahmen professionellen Handelns von Data Scientists in einem ersten Zwischenschritt systematisiert.

Im **dritten Kapitel** wird über den Einbezug und die Systematisierung bisheriger wissenschaftlicher Studien ein Überblick über den aktuellen Forschungsstand gegeben. Die eigene Forschungsarbeit wird in Orientierung an der bisherigen Forschung eigeordnet. Die Studien lassen sich grob in drei Studienkategorien differenzieren: (1.) Erstere beschäftigen sich mit den Aufgabenbereichen und Kompetenzprofilen von Data Scientists. (2.) Eng verknüpft damit sind Studien, die sich mit der Arbeitsweise der Berufsgruppe auseinandersetzen. (3.) Vermehrt wurde in den letzten Jahren, insbesondere in soziologischen Studien, die soziale Positionierung und der Habitus von Data Scientists in den Fokus der Betrachtung gerückt. Die eigene Forschungsarbeit verortet sich als Bindeglied zwischen Studien zur Arbeitsweise und zum Habitus. Wobei mit der Fragestellung nach den professionellen Orientierungsrahmen und deren sozialen Genese die Bestrebung besteht, über die bisherige Forschung hinauszuweisen.

Für eine theoretische Konzeptionalisierung der Forschungsfrage erscheint die Begrifflichkeit des Professionshabitus als fruchtbar und wird über die praxeologische Habitustheorie von Bourdieu in **Kapitel vier** umfassend diskutiert. Orte der beruflichen Ausbildung und Ausübung bilden wichtige Institutionen der Sozialisation von Individuen, an denen es zu einer Aneignung und Inkorporierung von spezifischen Wahrnehmungs-, Bewertungs- und Handlungsschemata kommt (Lempert 2006, S. 413). Sie sind Merkmale eines professionsbezogenen Habitus. Der allerdings nicht losgelöst von einem die Individuen dispositionierenden, klassenspezifischen Habitus gedacht werden kann. Die Profession selbst, als berufliche Tätigkeit, ist hierbei wesentliches Merkmal einer klassenspezifischen Distinktion (Corsten 2012). Grundlegende praktische Handlungsweisen resultieren aus den Erfahrungen der sozialen Herkunftsklasse. Das determinierende Dispositionssystems eines Klassenhabitus ist an ungleiche Möglichkeitsräume der sozialen Laufbahn geknüpft. Personen der Berufsgruppe der Data Scientists lassen sich primär der sozialen Lagerung der Mittelklasse zuordnen (Dorschel und Brandt 2021; Prietl 2019a; Tarnoff und Weigel 2020), die sich über eine *investierende Statusarbeit* in Form von Singularisierungspraktiken als Sinnbild einer neuen (akademischen) Mittelklasse widerspiegelt (Dorschel 2022; Reckwitz 2017). Mit dem methodologischen Relationalismus von Bourdieus Theorie der Praxis wird der dialektische Zusammenhang von Struktur und Praxis theoretisch fassbar und empirisch fruchtbar gemacht.

Am Ende des Kapitels werden die bis dato gewonnenen Erkenntnisse zusammengetragen und zur Beschreibung eines professionsbezogenen Habitus Data Science herangezogen. Über Praktiken der Datenerhebung, Datenbereinigung und Datenverarbeitung lassen sie sich als Wissensproduzent:innen identifizieren. Charakteristisch für Professionen ist die Konfrontation mit krisen- und konflikthaften Situationen, die über spezifische berufliche (Feld-)Kompetenzen (z. B. Darstellungs- und Technikkompetenzen) bewältigt werden müssen. Vor dem Hintergrund von auf dem Professionsfeld sich zeigenden Praktiken (opus operatum) und spezifischen Wahrnehmungs-, Bewertungs- und Handlungsschemata (modus operandi) konstituiert sich in einer wechselseitigen Bedingtheit ein Professionshabitus.

Das Forschungsprojekt verortet sich methodologisch in der qualitativen Sozialforschung. Die Bearbeitung der Forschungsfrage erfolgt über die Erhebungsmethode des episodischen Interviews und wird über das Verfahren der Dokumentarischen Methode ausgewertet. Das **fünfte Kapitel** widmet sich sowohl der forschungspraktischen Umsetzung als auch den angewandten Methoden. Ziel der empirischen Analyse ist die mehrdimensionale Rekonstruktion von Habitustypiken. Diese erfolgt auf der Grundlage identifizierter Orientierungsrahmen im Sprechen der Individuen. Das episodische Interview orientiert sich hierbei am Vorgehen des narrativen Interviews nach Schütze (1984) und erweitert die biographischen Erzählsequenzen in der Konzeption nach Flick (2011) um problemzentrierte Fragekomplexe. Mit der Methodik des erzählgenerierenden Interviews lässt sich ein über die Sprache vermittelter Zugang zur Struktur der Handlungspraxis der Individuen offenlegen (Hericks 2018; Kramer 2014). Hierfür bedarf es einer Rekonstruktion der praktischen Erfahrungen, sprich der Orientierungsrahmen von Data Scientists, die Aufschluss über die Handlungsorientierungen geben können und Rückschlüsse auf die Handlungspraxis ermöglichen (Bohnsack et al. 2013). Mit der Dokumentarischen Methode nach Bohnsack (2007) und Nohl (2017) werden in den artikulierten Erfahrungen die spezifischen Orientierungen der Sprechenden identifiziert. Sie lassen sich als Verweis auf ein inkorporiertes habitualisiertes Wissen interpretieren und ermöglichen eine Rekonstruktion eines modus operandi (Nohl 2017). Es wurden 16 Personen interviewt, die im Bereich Data Science beruflich tätig sind. Das Forschungssample wird in seiner Merkmalsverteilung und Kontrastierung dargelegt und in seiner Zusammensetzung methodisch begründet.

Über eine sinngenetische Typenbildung wurden unterschiedliche modi operandi rekonstruiert. Die verschiedenen Typiken werden in ihrer Merkmalsbeschreibung in **Kapitel sechs** anhand verschiedener Fallbeispiele dargelegt. Es konnten zwei Basistypiken mit jeweils zwei Untertypiken ausgemacht werden. Es ließ sich die Basistypik der Konsolidierung und der Modifizierung rekonstruieren. Für Erstere konnten die Untertypiken des Regelgeleiteten und der Professionalisierung ausdifferenziert werden. Für Zweitere ließen sich die Untertypiken der Nutzenorientierung und der Feedbackorientierung darstellen. Leitend für die Typenbildung waren Erzählpassagen, in denen sich die Befragten in ihrem Sprechen auf Praktiken zur Bewältigung von komplexen beruflichen Anforderungen bezogen, die an sie gestellt worden waren und mit denen sie sich konfrontiert sahen. Hierbei verdeutlichte sich, dass ihr berufliches Handeln sich in einem dialektischen Spannungsverhältnis von Routine und Krise bewegt. Als Expert:innen mit ihrem spezifischen Wissensordnungen kreieren Data Scientists neue digitale Technologien, die sie als Produzent:innen kennzeichnen. Ihre Produkte resultieren allerdings aus einer engen Zusammenarbeit mit ihren Auftragsgeber:innen, für deren Zwecke die digitalen Technologien entwickelt werden. Diese können jederzeit in den Produktionsprozess eingreifen und diesen maßgeblich verändern. Die berufliche Praxis von Data Scientists vollzieht sich hierin in einem weiteren dialektischen Spannungsverhältnis von Dienstleistungs- und Produktionstätigkeiten. Woraus ableitend Data Scientists in ihrer typenübergreifenden Sozialfiguration als *produzierende Dienstleister:innen* beschrieben werden.

Im **siebten Kapitel** wird die Genese der (re-)konstruierten Basistypiken und Untertypiken aus der sinngenetischen Typenbildung anhand verschiedener kontrastierender Merkmalsverteilungen (Alter, Geschlecht, regionale Herkunft, beruflicher Werdegang etc.) ins Zentrum der Aufmerksamkeit gerückt. Es wird aufgezeigt, welche sozialen Zusammenhänge die herausgearbeiteten Typiken mit konstituieren und prägen. Mit dieser soziogenetischen Typenbildung werden im Endeffekt strukturidentische konjunktive Erfahrungsräume identifiziert, die Rückschlüsse auf die soziale Genese des Professionshabitus von Data Scientists erlauben. Insbesondere der konjunktive Erfahrungsraum des beruflichen Werdegangs ließ sich als prägendes Momentum ausmachen. Es zeigt sich, dass die Basistypik in ihrem Werdegang primär durch eigene Interessen geleitet ist, während die Basistypik der Modifizierung sich durch praktische Erfahrungen bestimmt, die zur beruflichen Position des Data Scientist geführt haben. Anhand verschiedener Fallbeispiele werden die identifizierten konjunktiven Erfahrungsräume konkret dar- und gegenübergestellt.

Im **achten Kapitel** erfolgt eine Zusammenführung der wesentlichen Ergebnisse der Dissertationsschrift. Die Befunde der eigenen empirischen Analyse werden sowohl vor dem Hintergrund des Forschungsstands als auch dem der theoretischen Annahmen diskutiert und resümiert. Weitergehend wird Bezug auf die Generalisierbarkeit der Forschungsergebnisse genommen. Darüber hinaus werden mögliche Limitierungen der empirischen Analyse erwogen und Vorschläge für weitere Forschungsarbeiten unterbreitet.

2 Zur Genese, Sozialfiguration und Professionalität von Data Science

Die Analyse des Arbeitshandelns von Data Scientists zielt auf deren inkorporiertes Wissen. Ihr arbeitsspezifischer modus operandi ist das Ergebnis der *kollektiven Geschichte* ihres Berufsfeldes, welches „vom Individuum in seiner je eigenen Geschichte *erworben*" und ausgeführt wird (Bourdieu 2013, S. 729). Ziel dieses Kapitel ist daher eine arbeits- und professionssoziologische Analyse der Berufsgruppe der Data Scientists. Dies geschieht im 1. Schritt vor dem Hintergrund einer Beschreibung der historischen Genese der beruflichen Struktur und gesellschaftlichen Positionierung von Data Science. Hieraus werden Hinweise auf berufsimmanente inkorporierte Schemata der Arbeitspraxis abgeleitet. Im 2. Schritt werden Data Scientists als Arbeitskraftunternehmer:innen einer sich verändernden Ökonomie eingeordnet, in der das Arbeitshandeln durch Prozesse der Projektifizierung und Praktiken des Selbstmanagements geprägt ist (Eichmann 2004, S. 75), die das Sinnbild der Tech-Workers im 21. Jahrhundert repräsentieren (Dorschel 2022; Tarnoff und Weigel 2020). Anschließend wird im 3. Schritt die Berufsgruppe der Data Scientists in ihrem Professionalisierungsbestreben und ihrer Professionalität beschrieben. Resümierend sollen erste theoretische Annahmen bzgl. der Orientierungsrahmen in der Arbeitspraxis von Data Scientists formuliert werden.

2.1 Vom Programmierer zum Data Scientist

Mit der innerhalb des 20. Jahrhunderts vollzogenen Transformation von einer Industrie- zu einer Dienstleistungsgesellschaft konstituierte sich eine Wissensökonomie, in deren Zuge es zu einer immer weiter ausdifferenzierten Arbeitsteilung

S. Hagemann, *Algorithmen, Habitus und sozialer Kontext*,
https://doi.org/10.1007/978-3-658-51435-8_2

kam. Das industrielle Arbeitssystem basierte auf (institutionalisierten) Qualifikationen, Leistungen und Funktionsrollen als elementaren Anforderungsprofilen. Zu Beginn der 1970er Jahre ließ sich eine zunehmende Wachstumsstagnierung in der tayloristisch organisierten Produktion ausmachen. Die wirtschaftlichen Maßnahmen zur Wiederherstellung kriegszerstörter Infrastruktur führte seit 1947 zu einer anhaltenden Prosperität und Wohlstandssteigerung der westlichen Industrienationen. Diese geriet allerdings mit der Ölkrise in den 1970er Jahren ins Stocken. Das fordistische Produktionsmodell befand sich seit den späten 1960er Jahren in einer Krise. Es erwies sich gegenüber der zunehmenden wirtschaftlichen Stagnation als zu starr und inkompatibel (Hirsch 1995). Seit den 1980er Jahren lassen sich zunehmende Flexibilisierungen und Dynamisierungen von Arbeitsprozessen beobachten, die sich durch Deregulierung von Beschäftigungsformen und sozialpolitischen Sicherungen auszeichnen. Die bis dato bekannte Sozialform der beruflichen Normalbiografie wird brüchig (Voß 2012a, 283 ff.). Galt es seit den 1950er Jahren noch als nahezu gegeben, dass man von der Ausbildung bis zur Verrentung das gesamte Berufsleben im selben Tätigkeitsbereich und Unternehmen verbleibt, zeigt sich nun das Phänomen einer *biographischen Unsicherheit* (Wohlrab-Sahr 1993). Diese ist geprägt durch krisenhafte Statusübergänge und spiegelt sich in sozialwissenschaftlichen Diagnosen der *Bastelexistenzen* (Hitzler und Honer 1994) oder *Weiterbildungsgesellschaft* (Arnold 1999) wider.

Mit neuen Organisationsformen und Technologien der Vernetzung, Dezentralisierung und Kontrolle sollte das wirtschaftliche Wachstum wieder angekurbelt und dem seit den 1970er Jahren tendenziellen Rückgang der Arbeitsproduktivität entgegengewirkt werden (Staab 2019, 54 f.). Die lebensweltliche Durchdringung und Alltäglichkeit von digitalen Technologien eröffnen neue Methoden ausgereifter Marktbeobachtung und Kalkulation. Einher geht damit eine verstärkte Rationalisierung von Arbeitsprozessen durch Automatisierungen und damit verknüpften Personaleinsparungen bzw. -verschiebungen. War bis Anfang der 1980er Jahre die industrielle Produktion auf standardisierte Massenproduktion hin ausgerichtet, ermöglichen die neuen Computer gesteuerten Technologien eine flexibilisierte Diversifizierung. Unternehmen können nun anders auf sich verändernde Nachfragesituationen reagieren. Die Folge ist eine stärkere Markt- und Kundenorientierung (Brose et al. 1990, S. 16). Gleichzeitig findet eine Wandlung auf der Ebene der Unternehmensführung statt. Wurde Management lange als eine hierarchische zentralisierte Top-Down-Angelegenheit gehandhabt, vollzieht sich in den 1980er Jahren ein Paradigmenwechsel. Teamarbeit und flache Hierarchien gelten nun als anzustrebende, innovationsfreisetzende Organisationskulturen. Projektarbeit und dezentralisierte Entscheidungsmodelle berufen sich auf die Selbstorganisation organisationaler Prozesse für eine gelingende Adaption äußerer und innerer Wandlungsimpulse (Hesslinger 1995; Probst 1987).

Mit dem Aufkommen und der Verbreitung digitaler Technologien verändert sich gleichsam die zeitliche Dimension von Arbeitsprozessen. Im tayloristischen Produktionsablauf wurden zeitliche Optimierungen durch kleinteilige, standardisierte und routinisierte Arbeitsabläufe angestrebt. Zeit ist bekanntlich Geld. Der auf Schnellligkeit ausgelegte Produktionsprozess erweitert sich nun um den Aspekt der Innovation. Neben dem bis dato geltenden Paradigma der *Fast Manufactures* etabliert sich das Dispositiv des *Fast Innovator* (Stalk und Hout 1990). Im Produktionszyklus wird Zeit zu einer Gestaltungsdimension, bei der Entwicklungskosten minimiert und Verbrauchermehrwert maximiert werden sollen. Dafür gilt es das eigene Unternehmen mithilfe neuer Technologien und Managementstrategien zu modernisieren und die Konkurrenz mit innovativen Designs zu verdrängen (Stalk und Hout 1990, S. 21). Das Corporate Design wird neben der Markenbildung und der Außenkommunikation zu einem wichtigen Eckpfeiler unternehmerischen Handelns. Hinzu kommen neue Netzwerktechnologien, die den Zugang zu Dienstleistungen an spezifische Softwares koppeln und der Konstituierung von Tech-Unternehmen als proprietäre Märkte Vorschub leisten (Staab 2019, 55 ff.).

Eine weitere wesentliche Komponente innerhalb der sich konstituierenden Wissensgesellschaft ist die zunehmende Bedeutsamkeit von Kompetenzen, Performanz und die Herausbildung eines individuellen Fachprofils (Reckwitz 2017, S. 201). Einher mit dieser Entwicklung geht ein hoher Bedarf, oder vielmehr eine Notwendigkeit, nicht nur an höherqualifizierten, sondern an spezialisierten Arbeitssubjekten. Die Folge ist eine Akademisierung von (sich aus der Logik der Wissensökonomie heraus entwickelnden) Tätigkeitsbereichen. Eine Entwicklung, die sich durch weitestgehende autonome Regulationsmechanismen der Ausbildungszugänge und Etablierung als eigene wissenschaftliche Disziplinen auszeichnet (Müller-Hermann und Becker-Lenz 2018, S. 688).

Ein wesentlicher Aspekt der historischen Genese von Data Science ist die sich seit dem frühen 20. Jahrhundert immer weiter entwickelnde KI Forschung. Insbesondere in der Informatik werden ab den 1960er Jahren grundlegende Weichen für den sich erst rund 40 Jahre später etablierenden Data Science-Bereich gestellt. So gilt etwa das in den 1980er Jahren entwickelte System *Nettalk*, welches als erstes Programm anhand von Beispieltexten Sprachen lernt, als ein wichtiger historischer Marker der digitalen Technologieentwicklung. Erstmals konnte der Beweis erbracht werden, dass neuronale Netze komplexe Fähigkeiten lernen können. Der darauf folgende sogenannte Konnektionismus-Boom[1] führte zu großen Investitionen in die neuronale Netzwerkforschung (Ertel 2021, S. 10). Das (ökonomische) Interesse an digitalen Technologien und der KI Forschung geht einher mit einem Interesse an (Expert:innen-)Wissen als wertvolle strategische Ressource. Dies führt zu einer Herausbildung zahlreicher neuer Berufsgruppen (Schönberger 2003, S. 7).

Nicht außer Acht gelassen werden darf die geschlechtliche Komponente in der Entwicklungsbetrachtung von IT-Berufen. In seinen Anfängen wurde die Tätigkeit des Programmierens überwiegend von Frauen ausgeübt und galt lange Zeit als ein weiblicher Beruf (Ensmenger 2015; Metz-Göckel et al. 1991).[2] Es sind dennoch Männer, die das berufliche Selbstverständnis als *The Humbler Programmer* (Dijkstra 1972), *The Programme as Navigator* (Bachman 1973) oder *Computer Programming as an art* (Knuth 1974) prägen.[3] Die Sozialfigur der Programmier:innen erlebte aufgrund der technischen Veränderungen und damit verknüpften Anforderungen im Laufe Zeit allerdings immer wieder eine Re-Konfiguration (Gugerli 2015; Haigh et al. 2014). In den 1970er Jahren vollzieht sich ein Wandel von einer weiblichen Routine-Tätigkeit zu einer männlich konnotierten Praxis der Innovation. Das Arbeiten am Computer erscheint nun als eine komplexe Herausforderung, die ein hohes Maß an Kreativität und Begabung voraussetzt. Die Sozialfigur des männlichen Nerds und Genies wird zur Symbolfigur der Computertätigkeit (Kohout 2019, S. 133). Mit den sich zunehmend etablierenden Studiengängen der Informatik und der Gründung von Interessensverbänden konstituiert sich die Berufsgruppe der Informatiker:innen. Als Fachdisziplin bildet die Informatik die Antwort auf einen stetig expandierenden Softwaremarkt und

---

[1] Dieser folgte maßgeblich aus einer Studie der Forscher der PDP Research Group, die in ihrem zweibändigen Werk *Parallel Distributed Processing: Explorations in the Microstructure of Cognition* die Leistungsfähigkeit von neuronalen Netzwerken in Bezug auf das Lösen schwieriger Aufgaben und Mustererkennung nachweisen konnten.

[2] Programmieren war vor allem für alle jene eine attraktive Joboption, die im Zuge von Diskriminierungen kaum Chancen auf dem Arbeitsmarkt hatten. Daher galt der Beruf zu Beginn insbesondere für weiße, gut ausgebildete Männer aus der Mittelschicht als äußerst unattraktiv. Die ersten elektronischen Rechensysteme wurde unter Rückgriff auf geringqualifizierte, primär weibliche, Personen vorangetrieben, was mit einer entsprechenden geringfügigen Entlohnung einherging (Ensmenger 2015, S. 44).

[3] Der renommierte Turing-Award, der als höchste Auszeichnung in der Informatik gilt, wird seit 1966 jährlich durch der Association for Computing Machinery (ACM) verliehen. Im Jahr 2006 erhielt Frances E. Allen als erste weibliche Person den Award. Insgesamt wurde er bisher nur dreimal an eine weibliche Person vergeben (amturing 2024).

die damit verbundene Nachfrage nach Softwarespezialist:innen (Gugerli 2015, S. 24).

Die Konstituierung und das Aufkommen neuer Berufsgruppen erscheint hierbei als eine Reaktion auf soziale Wandelungsprozesse, die selbst einen Wandlungsprozess beinhalten und initiieren. Mit Jaeggi (2023) könnte die Ausdifferenzierung und Professionalisierung von Berufsgruppen als ein Wandel im Wandel gefasst werden, womit sie als Ausdruck eines gesellschaftlichen Fortschrittes erscheinen. (Jaeggi 2023, S. 138). Der britische Unternehmer und Mathematiker Clive Humby deklarierte 2006 „Data ist the new oil" (van der Aalst 2014, S. 17). Sie bilden im 21. Jahrhundert eine essentielle ökonomische Kapitalform (Lupton et al. 2018; Staab 2019; Verwiebe und Hagemann 2024). Als eine wissens- und beziehungsbasierte Währungsform (Bughin und Manyika 2013; Chen 2011) haben sie in Wirtschafts- und Finanzsektoren zu transformatorischen Prozessen geführt (Brandl und Hornuf 2020; Gomber et al. 2018). Daten- und KI-gestützte Technologien werden inzwischen von vielen Unternehmen als Notwendigkeit zukünftiger Wettbewerbsfähigkeit und Profitabilität angesehen (Tambe et al. 2020; van der Aalst 2014). Die hard- und softwaregetriebenen digitalen Anwendungen haben zu einem massiven Anstieg der Datengenerierung geführt, die in ihrer unstrukturierten Form häufig kaum Aussagekraft und Wert besitzt. Erst über Praktiken systematischer Ansammlungen, Bereinigungen und Aufbereitungen lassen sich sinnvolle Informationen aus ihnen extrahieren, die ihnen ihren Wert verleihen (Clement et al. 2019; Pereira et al. 2020). Die Entwicklung algorithmischer Entscheidungsmodelle zur Extrahierung von Wissen erfordert ein breites Spektrum an Kenntnissen aus unterschiedlichen Wissenschaftsdomänen. Aus diesem Bedarf heraus, kam es zu einer Konsolidierung eines neuen Feldes innerhalb der Informatik, welches als Data Science bezeichnet wird (Pereira et al. 2020, S. 1).

2.2 New Economy und die Subjektivierung von Arbeit

Die rapide voranschreitende Entwicklung, Diversifizierung und Verbreitung von computergestützten Informationstechnologien in der Industrieproduktion, im Dienstleistungssektor und in privaten Haushalten leistete einer wissensbasierten Ökonomie Vorschub, die um die Jahrtausendwende als *New Economy* bezeichnet wurde (Dawkins 2001; Eichmann 2004; Stiroh 1999). Mit den neuen Technologien wurden neue Formen der Wissensproduktion und der Wissensakkumulation möglich, die neue Absatzmärkte und Wachstumsraten versprachen.

So wurde die Verdopplung der Wachstumsraten Mitte der 1990er Jahre in den USA auf die neu aufkommenden Informationstechnologien zurückgeführt (Schubert 2005, S. 304). In der Folge erlebten die Aktien der Dot.Coms[4] und börsennotierten Internetfirmen einen Höhenflug, welcher in der sogenannten Dot.Com-Blase sein vorläufiges abruptes Ende fand. So stieg der größte Technologie-Aktienindex NASDAQ im Jahr 2000 in kürzester Zeit auf knapp über 5000 Punkte. Er gilt als einer von zwei Frühindikatoren für den weltweiten Aktienindex. Als er 2002 auf 1114,11 Punkte abstürzte (Abb. 2.1), hatte das weitreichende Folgen am weltweiten Börsenmarkt.[5] So verloren viele Kleinanleger:innen im Zuge der Dot.Com-Blase ihr investiertes Kapital. Während in der Folge in Europa das Interesse an der IT-Industrie zunächst abebbte, stiegen in den USA Start-ups, wie Amazon oder Google, zu den wertvollsten Unternehmen der Welt auf. Deren Erfolg basierte auf dem Aufbau großtechnischer Servercluster, der Modularisierung der Anwendungsarchitektur und einer Transformation der Arbeitsorganisation (Ziegler 2022, 105 ff.).

Die zunehmenden Möglichkeiten der Datensammlung und Datenverarbeitung bewirken bis heute eine rasche Abfolge technologischer Innovationen, die zu einem hohen Wettbewerbsdruck führen. Hochqualifizierte Fachkräfte sollen mit kreativer Wissensarbeit Probleme lösen und innovative Produkte hervorbringen. Um Effizienz und Flexibilisierung der Arbeitsprozesse zu steigern, erfolgt die Arbeitsorganisation in teilautonomen agilen Projektteams. Charakteristisch hierfür sind ein nicht-hierarchisches Managementkonzept, eine selbstorganisierte Arbeitsgestaltung und eine individualisierte Konfliktregulation (Eichmann 2004, S. 75; Ziegler 2022, S. 112). Die komplexer werdenden Problemstellungen bedürfen neuer Lösungsstrategien und setzen eine transdisziplinäre Zusammenarbeit voraus. Dies führte zu einem Umdenken und Neuorientierungen in der Softwareentwicklung, wie z. B. Diskussionen um einen *creativ turn* verdeutlichen (Hugill und Yang 2013).[6] Mit Praktiken des *Creative Computing* sollen neue Kombinationen in der Modellentwicklung innerhalb der bis dato geltenden Software-

[4] Als Dot.Coms wurden Unternehmen bezeichnet, die primär internetbasierte Leistungen anboten.

[5] Die Spekulation auf steigende Aktienwerte von Dot.Com-Unternehmen führte zur einer Spekulationsblase. Als im März 2000 die Aktienkurse immer weiter begannen zu sinken, kam es zu massiven Verkäufen, die zum Zusammenbrechen des Marktes führten.

[6] Das Bild von den kreativen Softwareentwickler:innen fügt sich ein in eine kulturelle Transformation hin zu einem Kreativitätsdispositiv (Reckwitz 2013). Seit den 1970er Jahren verbreitet sich in den westlichen Industrieländern ein Ethos des Kreativen und führt zur Genese einer *creative class* (Florida 2002). Kreativ zu sein, wird zu einer vorausgesetzten Notwendigkeit. Nicht nur als unternehmerisches Anforderungskriterium an (potentielle) Mitarbeiter:innen, sondern als immanente Herausforderung an das eigene Selbst. Die Sozialfigur des

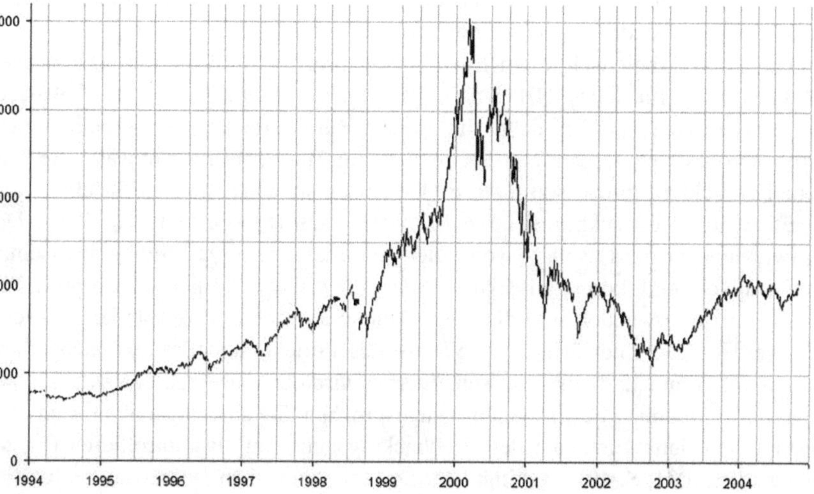

Abb. 2.1 Entwicklung des NASDAQ Technologieindex. (fimanto o. D.)

und Hardwaregrenzen und darüber hinausweisend entwickelt werden (Hugill und Yang 2013, S. 16).

Dem *creative turn* in der Softwareentwicklung ging eine Softwarekrise voraus (Schmidt 2012, S. 157). Softwareprogramme galten in den 1990er Jahren als

---

Kreativen beschreibt also nicht nur eine neue Arbeitsform, sondern umfasst einen neuen Typus von Lebensstil (Reckwitz 2016, S. 189). Die kreative Klasse lebt in den großen Metropolen wie Barcelona, New York, London oder Berlin und arbeitet in der *creative industrie*. Nach Reckwitz (2013) zeichnet sich diese durch vier wesentliche Merkmale aus: 1.) Sie ist geprägt von einem Dispositiv der *permanenten Innovation* der Produkt- und Organisationsentwicklung. 2.) Ihre Arbeit ist eine *ästhetische*, bei der es um die Herstellung semiotischer, perzeptiver und affektorientierter Güter und Ereignisse als sinnliche Erfahrung geht. 3.) Die kreative Industrie setzt auf *kreativ motivierte Subjekte*, die nicht einfach Routinearbeiten tätigen, sondern sich auf die Schaffung neuer und herausfordernder Produkte ausrichten. Und 4.) geht es auch um eine Adressierung der Konsument:innen als *kreative Subjekte*. Kund:innen sind nicht mehr einfache Verbraucher:innen, sondern ästhetisch orientierte Subjekte, die selbst als Kreative adressiert werden wollen (Reckwitz 2013, 141 f.). Die Softwareentwicklung kann als Teil der *creative industries* aufgefasst werden. Sie geht über die gewöhnliche Konstruktionsarbeit und Entwicklungstätigkeit hinaus. Es geht um die Kreation neuer Produkte als Ausdruck eines Innovationsanspruches. Die Entwicklung neuer Softwares, Tools etc. wird als kreativer Prozess aufgefasst, bei dem es originelle Strategien der Problemlösung ausfindig zu machen gilt (Berndes et al. 2002; Hugill und Yang 2013; Riley 2010).

starre Konstrukte, die sich nur schwer den Nutzer:innenanforderungen anpassten. Die Ursache der Krise wurde mitunter auf die linearen und hierarchisch organisierten Arbeitsweisen im Entwicklungsprozess zurückgeführt (Versteegen 2000, S. 13). Im Jahr 2001 wurde das *Agility Manifesto* von 17 Software-Entwickler:innen veröffentlicht, die in der Bürokratie und dem sequentiellen Arbeitsprozess der klassischen Produktion ein Hindernis für innovative technische Entwicklungsprozesse sahen. Im Gegenzug sprachen sie sich für eine agile, iterative und feedbackbezogene Arbeitsweise aus (Moore 2019, S. 239). Der Entwicklungsprozess „soll so von einer einsamen ‚geistigen' Tätigkeit in einen kooperativen und kommunikativen Prozess zwischen körperlich ko-präsenten Teilnehmern verwandelt und die entwickelte Software jederzeit änderbar gehalten werden" (Schmidt 2012, S. 157). Agiles Projekt- und Produktmanagement beruht auf Gruppenarbeitsprozessen. Hierbei wird den einzelnen Teams ein hohes Maß an Autonomie (Verantwortung) zugesprochen. Sie sind angehalten, sich über institutionalisierte Elemente des Feedbacks gegenseitig zu kontrollieren (Pfister und Müller 2021, S. 40).[7] Agilität ist schon seit den frühen 1990er Jahren im produzierenden Gewerbe ein bekanntes Konzept, mittels dessen auf beschleunigte Wandlungsprozesse und deren Komplexität adaptiv reagiert werden soll. „Agil bedeutet eine proaktive Herangehensweise an die Kunden-Produzenten Beziehung anstelle einer hierarchischen Struktur, wie sie für die fordistische Fließbandherstellung typisch war." (Moore 2019, 238 f.) In der Softwareentwicklung zeichnet sich agiles Arbeiten über nahezu tägliche Meetings aus, die trotz der geforderten Kreativität einen möglichst reibungslosen Arbeitsablauf etablieren sollen (Pfister und Müller 2021, S. 42). Sie können als Reaktion auf eine von Unsicherheit, Schnelllebigkeit und rapidem Wandel geprägte Branche gelesen werden (Joroff et al. 2003, S. 294).

Die Transformationsprozesse innerhalb der Tech-Branche sind hierbei exemplarisch für die massiven Umwälzungen in der Wirtschafts- und Arbeitswelt der letzten drei Jahrzehnte. Es kommt zur Herausbildung neuer Anforderungskriterien, die zu der Tendenz einer sich verstärkenden Entgrenzung von Arbeits- und Privatperson führen. Die Beschäftigten sind angehalten, mehr Selbstverantwortung, -organisation und -kontrolle zu übernehmen. Als *unternehmerisches Selbst* (Bröckling 2013) und *Arbeitskraftunternehmer* (Voß und Pongratz 1998) sind die Individuen angetrieben, ihre subjektiven Potenziale als Gesamtheit zu

---

[7] Das Arbeiten in Gruppen wird in der Psychologie oft als stärkendes Momentum für den Einzelnen beschrieben. Das permanente Arbeiten in Sprints mit seinen Zielvorgaben und -kontrollen kann zu einem Zustand der Überlastung führen, bei der Gruppenarbeit nicht mehr nur positiv bewertet wird, sondern möglicherweise auch als eine *„insidious form of control"* (Parker 2014, S. 666.

mobilisieren. Letztlich sollen sie ihre Arbeitsfähigkeiten und -leistungen vermarkten. Beides wirkt sich auf die alltägliche Lebensführung aus, die nunmehr einer verbetrieblichten bzw. unternehmerischen Logik folgt (Voß 2012a, S. 285; Bröckling 2013, S. 48). Der Typus des Arbeitskraftunternehmers beschreibt einen Prozess der Subjektivierung von Arbeit. In deren Folge sind die arbeitenden Individuen (implizit) aufgefordert, sich mit ihrer gesamten Persönlichkeit in den Betrieb einzubringen (Voß 2012a, S. 286). Es sind somit nicht mehr nur fachliche Qualifikationen erforderlich, sondern auch persönliche Kompetenzen wie Kreativität, Kommunikativität oder Leistungsbereitschaft. Das unternehmerische Selbst beschreibt gegenüber der Subjektivierung von Arbeit die Arbeit an der Subjektivierung (Bröckling 2013, S. 48). Hierbei geht es nicht um Strategien der Arbeitsalltagbewältigung, sondern um unternehmerische Rationalitätsmuster, die die Lebensführung beeinflussen. Es handelt sich um Selbst- und Sozialtechnologien, denen ein „[ö]konomischer Imperativ und ökonomischer Imperialismus" innewohnen, die in ihren Anforderungen nicht abschließend erreichbar sind und immer wieder Punkte des Scheiterns provozieren (Bröckling 2013, S. 283). Auch, wenn beide Sozialfigurationen unterschiedliche Perspektiven in ihrer Analyse der Strategie- und Sozialtpraktiken (post-)moderner Arbeitstätiger in den Blick nehmen, so erscheinen sie doch als zwei sich komplementierende Seiten einer Medaille.

Die Subjektivierung von Arbeit, als erstrebenswerte Handlungsmaxime, fügt sich in eine normative postfordistische Rechtfertigungsordnung kapitalistischer Sinnzuschreibungen und Handlungsorientierungen ein. Anrufungen der (beruflichen) Selbstverwirklichung, Kreativität und Authentizität lassen sich als adaptive Reaktion einer *Künstlerkritik* interpretieren (Boltanski und Chiapello 2006). Deren Kritik bezieht sich sowohl auf eine Entzauberung und fehlende Authentizität der Welt als auch auf Entfremdung und Unterdrückung durch den Kapitalismus (Boltanski und Chiapello 2006, S. 80). Sie führt zu einer Veränderung innerhalb der kapitalistischen Arbeitswelt und bringt neue Formen der Arbeitsorganisation hervor, die sich als eine Ent-Entfremdung beschreiben ließen (Jarrett 2022, S. 103). So wird die Entwicklung digitaler Produkte in der Tech-Branche zu einer persönlichen Angelegenheit. Die großen Tech-Unternehmen preisen Data Science als Möglichkeit an, innerhalb eines Teams über sich hinauszuwachsen und wesentliche Probleme für die Menschheit zu lösen (Abb. 2.2). Data Science ist also nicht nur ein einfacher nine-to-five-Job, sondern eine sinnhaft aufgeladene Berufung, welche zum Ausdruck individueller Kreativität avanciert, mittels derer ein sozialer Mehrwert produziert wird (Jarrett 2022, S. 106; Schmierl 2006, S. 186).

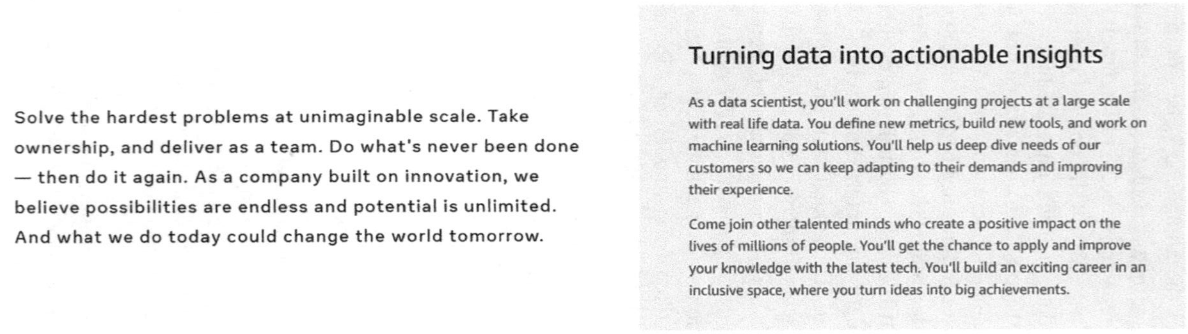

Abb. 2.2 Digitale Arbeit als kreative / soziale Selbstverwirklichung. (Eigener Screenshot: (meta 2025) & (Amazon 2025))

Die Projektion des Unternehmertums auf das Subjekt in seiner gesamten Lebensführung verbindet die Ideale von guter Arbeit und sinnbehafteter Mehrwertgenerierung mit der Realität oftmals prekärer Arbeitsbedingungen (Jarrett 2022, S. 110). Über Netzwerktechnologien kommt es zu einer Auflösung und Entgrenzung von Arbeits- und Privatsphäre. Insbesondere im Arbeitsmodell des Home Office sind die Grenzen zwischen produktiver Zeit und Freizeit sowie von Arbeits- und Wohnraum nur noch schwer definierbar. Entgrenzung wird von Angestellten in der Tech-Branche mitunter aber als Freiheit empfunden, die ihnen überhaupt erst Gestaltungsmöglichkeiten und -räume eröffnet (Carstensen 2014, S. 31). „Arbeitskraft ist im digitalen Kapitalismus *on demand* abrufbar. Der auch im Postfordismus noch formal in die Organisation integrierte Arbeitnehmer wird zur digitalen *Kontingenzarbeitskraft*." (Nachtwey und Staab 2017, S. 14) Insbesondere vor dem Hintergrund einer *Projektifizierung* (Eichmann 2004, S. 75) von Arbeit kommt es in der Tech-Branche zu einer Prekarisierung in Form von Freiberuflichkeit und befristeten Arbeitsverträgen (Jarrett 2022, S. 119). Gleichzeitig erscheinen diese Arbeitsbedingungen aber eben auch als wünschenswert und aufregend. So ermöglichen sie scheinbar „the reintegration of play, joy, and passion into the reproduction of society. These novelties allow workers to bring their personal, lifeworld qualities of creativity, and deep personal engagement to bear on their work activities, and re-eroticize the disen chanted world of work." (Fisher 2010, S. 238)

Standardisierte und übertragbare Fähigkeitsschablonen sind in der Wissensökonomie in vielen Bereichen obsolet geworden. Der Arbeitskraftunternehmer ist angehalten, ein individuelles Fachprofil zu entwickeln, welches sich durch Entwicklungsoffenheit und flexibilisierte Anwendungsbereiche auszeichnet (Voß 2012a, S. 289). Übertragen auf die Berufsgruppe der Data Scientists setzt der rapide technologische Wandel und die zunehmende Anzahl an Tools, Softwares, Programmiersprachen usw. eine schnelle Adaptionsfähigkeit voraus. Fertigkeiten des autodidaktischen und informellen Lernens werden so zu Grundvoraussetzungen der eigenen Marktfähigkeit (Carstensen 2014, S. 31). Um den Ansprüchen der aktiven Profilentwicklung und Vermarktung gerecht zu werden, bedarf es entsprechender Selbst- und Sozialtechnologien eines unternehmerischen Selbst. Diese beruhen auf Aspekten der Arbeitsautonomie, Selbstverantwortung und Eigeninitiative. Strategien der Selbstoptimierung, Selbstkritik und Selbstverwirklichung können als ein Praxiskomplex des Sich-selbst-Regierens beschrieben werden (Bröckling 2013, 285 ff.). Sowohl der Arbeitskraftunternehmer als auch das komplementäre Pendant des unternehmerischen Selbst sind durch einen erhöhten Entscheidungsdruck gekennzeichnet, der immer das Risiko des Scheiterns beinhaltet (Voß 2012a, S. 285). Wobei der potentielle Punkt des Scheiterns immer einen möglichen Ausgangspunkt neuer (Selbst-) Optimierungen bildet. „Die Programme der unternehmerischen Menschen- und Selbstführung gehorchen nicht dem Prinzip von Regel und Anwendung, sondern dem kybernetischen Modell des Prozessmonitorings und nutzen Störungen als Signale, um ihre Interventionen zu regulieren.“ (Bröckling 2013, S. 284) Das Subjekt als Arbeitskraftunternehmer wird über extrinsische Regulationsmechanismen, wie Zielvereinbarungen, Ergebniscontrolling, Bench-Markers usw., diszipliniert. Gleichzeitig tut das unternehmerische Selbst dies über intrinsische Kontrollmechanismen der eigenen Lebensführung. Beide Sozialfigurationen sind dazu aufgefordert, sich als individuelle-besondere Arbeitskräfte zu vermarkten. Hierfür bedienen sie sich Strategien und Praktiken, die auch als *Singularisierungstechniken* beschrieben werden können (Reckwitz 2017, S. 212). Arbeit besitzt für das tätige Subjekt einen eigenen Wert. Als befriedigende Tätigkeit wird sie zum Ort der Selbstverwirklichung auserkoren. Gleichzeitig müssen die arbeitenden Subjekte sich erfolgreich am Markt verkaufen können.[8] Mobilität, Flexibilität, Autonomie, Enthusiasmus und Anpassungsfähigkeit sind die wesentlichen handlungsleitenden Orientierungen (Jarrett 2022, S. 119).

Singularisierungstechniken setzen allerdings ein hohes kulturelles Kapital in Form institutioneller Bildungsabschlüsse und informeller Kompetenzen voraus. So sind Data Scientists Träger:innen eines hohen Bildungskapitals. Ein Umstand, der sich an ihren Bildungsabschlüssen ablesen lässt. In einer Studie mit knapp über 1000 berufstätigen Data Scientists zeigte sich, dass über 90 Prozent können einen Bachelorabschluss vorweisen. Etwa 75 Prozent haben darüber hinaus eines Masterabschluss. Im Vergleich zu anderen Tech-Berufen gibt es mit über 30 Prozent einen hohen Anteil an Personen mit einem PhD (365datascience 2024). Als digitale Arbeitskraftunternehmer können sie mehr oder weniger als Phänomen einer neuen (akademischen) Mittelklasse beschrieben werden, deren Lebensführung sich auf Praktiken konzentriert, die als sinnvoll und befriedigend empfunden werden und dem Streben nach Selbstentfaltung entsprechen (Reckwitz 2019, S. 92). Gleichzeitig können sie auch als *investive Statusarbeit* gedeutet werden, die dem Erhalt bzw. der Verbesserung des eigenen sozialen Status dient (Groh-Samberg et al. 2014, 223 f.). Die Prozesse der Subjektivierung führen zu Entgrenzungen und Freisetzungsprozessen, die allerdings nicht spurlos an den Individuen vorübergehen. Die vermeintliche Autonomie und Selbstkontrolle setzt

[8] Reckwitz (2017) beschreibt diesen Umstand als einen *double bind* (Reckwitz 2017, S. 217). Das arbeitende Subjekt strebt über die Kompetenzentwicklung und Ausschöpfung seiner Potentiale seine Persönlichkeitsentfaltung an, deren Erfolg sich aber über eine positive Marktvalidation von Arbeitgeber:innen, Kolleg:innen und Kund:innen bestimmt.

Kompetenzen der *Selbst-Sorge* voraus (Voß 2017). Diese ist nicht bei allen gleichermaßen gegeben und gerät in das Spannungsfeld der Selbstökonomisierung, bei der die Arbeitskraft sogleich Ausgebeuteter als auch Ausbeuter ist (Voß 1998). Das Prinzip des Unternehmertums bildet im 21. Jahrhundert eine wesentliche Bedingung und Realität für eine gelingende Subjektivierung von Arbeit (Szeman 2015, S. 473).

2.3 Data Science als Professionalität

Von der historischen und zeitdiagnostischen Genese ausgehend, soll sich dem Phänomen Data Science nun aus einer professionssoziologischen Perspektive angenähert werden. Hierzu gilt es vorneweg auf Schwierigkeiten einer solchen Betrachtung hinzuweisen. Denn im klassischen-berufssoziologischen Verständnis definiert sich eine Profession zusammenfassend als „eine wissenschaftliche Ausbildung, eine ethische Fundierung des beruflichen Handelns, die auf das Gemeinwohl ausgerichtet ist, eine hohe Autonomie der Berufsausübung [...], das Vorhandensein von Berufsverbänden, ein hohes Ansehen des Berufs und eine Tätigkeit der Professionen im tertiären Sektor“ (Herzmann und König 2016, S. 29). Es handelt sich hierbei also um eine spezielle Form der Arbeitsorganisation innerhalb funktionalistisch ausdifferenzierter Gesellschaften (Stichweh 1996). Anhand dieser idealtypischen Definitionskriterien lässt sich festhalten, dass es relativ schwierig erscheint, von *reinen Professionen* (Noordegraaf 2007) auszugehen. Ein Umstand, der darin begründet liegt, dass Professionen im klassischen Verständnis einem Wandel unterliegen, der mitunter als krisenhaft beschrieben wird (Voß 2012b). Letztlich bleibt es fraglich, inwiefern die klassischen Merkmalszuschreibungen die praktische Wirklichkeit von Professionen jemals wirklich abgebildet haben (Bollinger 2018, S. 100).

Der klassische Professionsansatz ist daher innerhalb der Professionssoziologie stark in die Kritik geraten (Evetts 2011; Herzmann und König 2016; Terhart 2001). Orientierte sich das Charakteristikum einst an den genannten klassischen Professionen der Ärzt:innen und Jurist:innen, so formuliert Terhart (2011) ein neues Professionsverständnis, bei dem Profession „im Grunde dem im klassischen Konzept von ‚Profession‘ scharf abgegrenzten Expertenbegriff immer ähnlicher wird: schwierige, komplexe, riskante Aufgaben und Probleme können nur auf der Basis einer in anspruchsvoller Ausbildung und sorgfältiger beruflichen Sozialisation erworbenen Wissensgrundlage sowie entsprechender Haltungen, Fähigkeiten und Fertigkeiten bewältigt werden. Man ist umso professioneller, je kompetenter man diese beruflichen Aufgaben erfüllt.“ (Terhart 2011,

S. 215) Im Fokus der aktuelleren Professionsforschung steht nun nicht mehr der Professionsbegriff, an dessen Stelle nunmehr Aspekte der Professionalität und des professionellen Handelns rücken (Mieg 2016, S. 29). Diese bewegen sich in einer Wissensgesellschaft zwischen *Krise und Routine* (Oevermann 2008), die innerhalb von strukturellen, beruflichen und institutionellen Arbeitsarrangements (Evetts 2003) und unter Bezugnahme auf ausdifferenzierte wissenschaftsgestützte Wissenssysteme (Pfadenhauer 2003; Schützeichel 2018) bewältigt werden müssen. Sowohl Professionalität als auch professionelles Handeln charakterisieren sich demnach durch spezifische Kompetenzen, die gemeinhin unter den Begriff der Schlüsselqualifikationen subsumiert werden (Mertens 1974). Es handelt sich um „erwerbbare allgemeine Fähigkeiten, Einstellungen und Wissenselemente, die bei der Lösung von Problemen und beim Erwerb neuer Kompetenzen in möglichst vielen Inhaltsbereichen von Nutzen sind. Daraus entsteht eine Handlungsfähigkeit, die es ermöglicht, sowohl individuellen als auch gesellschaftlichen Anforderungen gerecht zu werden." (Knauf 1999, S. 107) Es handelt sich also um Kompetenzen, die eine Person zu einer verantwortungsvollen und sachgerechten Problembewältigung befähigen. Der Modus der Problembewältigung erfolgt hierbei unter Einhaltung vorgegebener Standards, die sich aus der Zuständigkeit und Berufsethik ableiten (Nieke 2002, S. 16).

Die einer professionellen Tätigkeit zugrunde liegenden Normen verweisen „auf eine Klasse von Tätigkeiten, die durch absichtliche Bemühungen charakterisiert sind,»es richtig zu machen«" (Pippin 2005, S. 66). Als orientierungsführend für das professionelle Handeln gilt meist eine einheitliche, standardisierte wissenschaftliche Ausbildung. Die Zertifizierung von spezifischen Wissensbeständen bildet hierbei eine institutionell legitimierte Zugangskontrolle zu einem professionellen Feld (Evetts 2003; Mieg 2003; Ruiz Ben 2013). Suggeriert die Bezeichnung Data Science auch eine Form von Wissenschaftlichkeit, so muss konstatiert werden, dass es bis vor wenigen Jahren keinen eigenständigen universitären Ausbildungsgang gab. Data Scientists rekrutierten sich aus einer Vielzahl an Fachdisziplinen. Insbesondere natürlich aus den naturwissenschaftlichen Fachbereichen (MINT-Fächer), wie der Mathematik, Biologie, Astrophysik, aber auch aus der Ökologie, Ökonomie, Biologie und passenderweise der Informatik (Davenport und Patil 2012, S. 74; Kim et al. 2016, S. 100). So gibt es bis heute kein einheitliches institutionalisiertes Verständnis darüber, was nun die Tätigkeit von Data Scientists charakterisiert. Viele Arbeitsplatzbeschreibungen im Bereich der Software-Entwicklung, Informatik, Data Science usw. weisen starke Similaritäten auf, die sich in ihrem Arbeitsprofil unter einer Vielzahl an Berufsbezeichnungen fassen ließen (Davenport und Patil 2012, S. 73; Kim et al. 2016, S. 100; Schumann et al. 2016, S. 455; Stockinger et al. 2016, S. 61). Trennscharfe

Unterscheidungen zwischen Softwareentwickler:innen, Machine Learning Engineers bis hin zu Statistiker:innen sind in einigen beruflichen Kontexten kaum möglich. Erst in den letzten Jahren konstituierten sich an einer Vielzahl von Universitäten und Fachhochschulen eigenständige Data Science-Studiengänge. In Deutschland werden etwa 37 Vollzeitstudiengänge an Hochschulen und Universitäten angeboten (Stand Jan. 2025). Wobei die Anzahl derer weiter steigen dürfte. Daneben gibt es eine Vielzahl von unterschiedlichen berufsbegleitenden Studienangeboten. Allerdings galt und gilt eine institutionalisierte Ausbildung nicht unbedingt als erstrebenswert. Häufig wurde und wird bisweilen der diverse Background eines Data Scientist Team höher geschätzt als eine einheitliche Ausbildung (Patil 2011, S. 12; Pereira et al. 2020, S. 4). So kann keineswegs von einem charakteristischen Wissenskanon, einheitlicher Ausbildungsstandards oder regulativen Zugangskontrollen ausgegangen werden.

Die daraus resultierende Diffusität bzgl. des Ausbildungs- und Kompetenzprofils von Data Science spiegelte sich in den Erwartungshaltungen und Anforderungen an jene Berufsgruppe wider. Die häufig zugeschriebenen Charakteristika und Fertigkeiten bewegen sich in einem Spannungsverhältnis von Selbst- und Fachkompetenz (Schumann et al. 2016, S. 459). Die geistigen Data Science-Pioniere Davenport & Patil (2012) charakterisieren Data Scientists etwa als Hacker:innen, Analyst:innen, Kommunikator:innen und als vertrauensvolle Berater:innen (Davenport und Patil 2012, S. 73), Zuschreibungen, die immer wieder in Zusammenhang mit Anforderungsprofilen von Data Scientists rezipiert werden. Das Berufsbild beinhalte eine einzigartige Mischung aus Analytics, Engineering und Kommunikation (Stockinger et al. 2016, S. 65). Daneben sollen sie neugierig und kreativ in ihrer Herangehensweise sein (Patil 2011, S. 12) und die Bereitschaft mitbringen, eine Führungsrolle einzunehmen und manageriale Aufgaben zu übernehmen (Kim et al. 2016, S. 96). Das Anforderungsprofil eines Data Scientist ist überfrachtet mit einer Vielzahl von Kompetenzzuschreibungen, die zu seiner Diffusität beitragen und sich nur schwer in einer einzelnen Person vereinigen lassen. Weshalb auch die zitierten Autor:innen eingestehen müssen, dass es äußerst selten vorkommt, dass eine Person alle diese Zuschreibungen gleichzeitig ausfüllen kann. Stattdessen lässt sich eine Ausdifferenzierung in unterschiedliche Data Scientists-Rollen ausmachen. Diese zeichnen sich durch eine Spezialisierung auf einzelne Aspekte innerhalb eines über-idealisierten Kompetenzprofils aus (Abb. 2.3). Der interdisziplinäre Anspruch überträgt sich auf die Ausbildungsinstitutionen, die eine Qualifikation zu multipolaren Akademiker:innen offerieren (Dorschel und Brandt 2021, S. 200).[9] Gleichzeitig werden in vielen Fällen die Studiengänge aus bereits bestehenden Modulen der Informatik, Statistik oder Computer Science zusammengesetzt, was eher den Eindruck der Diffusität als den der Multipolarität unterstreicht. Die starke Varianz in den Anforderungen und die sich erst etablierenden institutionalisierten Ausbildungsgänge deuten auf einen Professionalitätsanspruch hin. Er wird jedoch durch die relative Unbestimmtheit des Data Science-Berufes erschwert. Bis dato ist Data Scientist keine geschützte Berufsbezeichnung und subsumiert eine Vielzahl von Kompetenzzuschreibungen.

Professionalisierungen folgen allerdings nicht unmittelbar einer linearen Entwicklung. Sie können sehr unterschiedlich verlaufen und sind somit in ihrem Ausgang per se unbestimmt (Mieg 2003). So können sie mitunter auch Tendenzen einer Deprofessionalisierung zur Folge haben (Mieg 2016, S. 33). Professionalisierungsbestrebungen könnten mit Bourdieu (2013) als eine Form von Reproduktionsstrategie beschrieben werden, „mit der eine Berufsgruppe, die spezifische Dienstleistungen anbietet, in einer kapitalistischen Markt- und Klassengesellschaft ihre ökonomische und soziale Stellung anzuheben versucht“ (Siegrist 1985, S. 329). Wesentlich hierfür ist sicherlich die Konstituierung institutionalisierter Ausbildungsgänge und Berufsverbände. Beides befindet sich im Fall der Data Scientists mehr oder weniger in den Kinderschuhen. Studiengänge müssen sich erst noch etablieren und berufliche Interessensverbände befinden sich noch in der Aufbauphase.[10] Die unterschiedlichen Zugangsmöglichkeiten zum

[9] Weltweit werben Universitäten mit einer intersektionalen Ausrichtung ihres Studienganges: „Data Science lies at the intersection of statistical methodology, computational science, and a wide range of application domains.“ (Harvard University 2025) „Your degree offers a range of Knowledge, Attributes, Skills and Experiences that are valuable for your future.“ (Kings College London 2025) „At the senior levels of study level and beyond, you will develop the ability to understand problems from many disciplines and place a data-driven problem into an analytical framework, solve the problem through computational means, interpret the results and communicate them to clients or collaborators.“ (University of Sydney 2025) „The English-language master's degree program is characterized by a unique interdisciplinary combination of machine learning, statistical data analysis, natural scientific methods of data assimilation, and business analytics. You may choose your more specialized subjects yourself. The University of Potsdam is a leading center of research in data science.“ (Universität Potsdam 2025).

[10] Im Jahr 2019 hat sich die German Data Science Society (GDS) gegründet, die ein Vertretungsanspruch für Data Scientists in Deutschland beansprucht. Gleichzeitig gibt es seit 1969 die Gesellschaft für Informatik (GI), die sich als „Plattform und Sprachrohr für alle Disziplinen in der Informatik“ (Gesellschaft für Informatik 2025) präsentiert. Die GI ist in ihrer gesamten Struktur, aufgrund ihrer längeren Existenz, deutlich präsenter als die GDS. Die GI

Abb. 2.3 Rollenausdifferenzierung Data Scientists. (Darstellung in Anlehnung an Douetteau 2020)

beruflichen Feld, die Diversität der Ausbildungshintergründe, sich im Konstituierungsprozess befindliche Ausbildungsgänge, abstrakte Anforderungsprofile etc. führen dazu, dass Data Science bis dato eine Berufsgruppe beschreibt, die sich mehr oder weniger durch ein *learning by doing* auszeichnet.

Die zunehmende Anzahl an Studiengängen für Data Science lässt allerdings eine wachsende akademische Institutionalisierung und Kanonisierung von Wissen erkennen. Es handelt sich um wesentliche Faktoren für eine Professionalisierung. Denn nach Oevermann (2013a) ist die Standardisierung und das Methodisieren von Wissen die Basis der Professionalisiertheit für *stellvertretende Krisenbewältiger* (Oevermann 2013a, S. 113). Der Aspekt der Stellvertretung verweist auf eine Problembewältigung, die nicht die eigene Lebenspraxis betrifft, sondern die von anderen Personen, Gruppen, Unternehmen etc. Das Herantragen von Problemen und die Zuschreibung von Lösungskompetenzen bildet hierbei ein wesentliches Kerncharakteristikum professioneller Praxis (Bergmann et al. 2014, S. 9). Krisen und Probleme werden über die Verfügbarkeit von Expert:innenwissen in ihrer spezifischen Relevanzstruktur analysiert und bearbeitet (Bergmann et al. 2014, S. 9; Oevermann 2013a, 115 ff.). Als wissensbasierte Dienstleister:innen ist das professionelle Handeln von Data Scientists stark durch die Interaktion mit ihren Kund:innen (Stakeholders) geprägt (Davenport und Patil 2012; Kim et al. 2017; Malone 2020; Schmidt 2012, 2008b). Durch iterative Feedbackschleifen sind diese eng an den Entwicklungsprozess angebunden (Schmidt 2008b, S. 297). Eine Interaktion, die nicht frei von Störungen ist. So müssen Data Scientists die an sie herangetragenen Probleme in statistische Modelle und Metriken übertragen. Gleichzeitig müssen sie in der Lage sein, etwaige Metriken für ihre Kund:innen in eine für sie nachvollziehbare Sprache zurückzuübersetzen (Malone 2020, S. 3).

Über regelmäßige Teammeetings und Kund:innengespräche sind Data Scientists angehalten, sich reflexiv mit ihrer beruflichen Praxis auseinanderzusetzen. Als *reflektierte Praktiker* (Schön 1994) befinden sie sich aber nicht nur in Austausch mit ihren Kolleg:innen oder Kund:innen, sondern sehen sich auch vor die Aufgabe gestellt, über den eigenen Organisationsrahmen hinaus ihr Sonderwissen zu erweitern. Über spezifische Foren und Communities, wie etwa Reddit, findet sowohl eine Reflexion als auch Wissensaneignung jenseits der eigenen

---

versucht u. a., die inhaltliche Ausrichtung der Data Science-Ausbildung aktiv mitzugestalten und spricht Empfehlungen für die Gestaltung des Curriculums aus. Aus ihrem Leitbild geht hervor, dass sie die unterschiedlichen Bereiche, wie etwa Data Science, als ausdifferenzierte Tätigkeitsfelder auffasst, die aber alle unter dem Begriff der Informatik subsumiert werden. Dagegen verdeutlicht der Name der GDS bereits, dass hier der Versuch unternommen wird, Data Science als eigene, von anderen Tech-Berufen abzugrenzende Profession zu deklamieren.

Organisation statt. Dabei entwickeln die Mitglieder mitunter über diese Communities ein Gemeinschaftsgefühl bis hin zu einer gemeinsamen Identität. Diese wird über gemeinsame Vokabulare oder Symbole zum Ausdruck gebracht. Es handelt sich gewissermaßen um *communities of practice* (Wenger 1998), die als selbstorganisierende Systeme fungieren. Mit Reddit, Kaggle, IBM Data Community, Tableau, Stack Overflow, Open Data Science, Driven Data oder Dataquest wird deutlich, dass eine Vielzahl von selbstorganisierenden *communities of practice* im Data Science-Bereich aktiv ist. Allein auf Reddit fasst das Data Science spezifische Unterforum über zwei Millionen User:innen (Abb. 2.4). Die professionelle Praxis von Data Scientist lässt sich demnach nicht allein auf die Anpassung an organisatorische Regeln begrenzen. Vielmehr „bildet sich [eine] hybride Professionalität im Spannungsfeld zwischen organisatorischem und professionellen Wissen bzw. Expertise aus verschiedenen Quellen" heraus (Ruiz Ben 2013, S. 87). Die beschriebene Diffusität der an sie herangetragenen Anforderungen und Kompetenzen unterstreicht die Hybridität ihrer Professionalität. Einerseits sollen sie eine weitreichende technische Expertise aufweisen und andererseits über Manager-, Leitungs- und Kommunikationskompetenzen verfügen. Sie sind hiernach gefordert, unterschiedliche Wissensformen in sich zu vereinen und zu kombinieren.

Es wurde bereits darauf verwiesen, dass in Abgrenzung zum klassischen Stereotyp des einsamen Programmierers Data Scientists sich in agile projektorientierte Teams einfügen müssen. Kooperation mithilfe agiler Plattformen, wie Scrums oder Microsoft Teams, folgt hierbei nicht unmittelbar einer normativen Orientierung an gegenseitiger Unterstützung oder Bestärkung. Vielmehr sind sie eingebettet in eine neoliberale Logik von Zeit- und Wettbewerbsmanagement (Sennett 2013). Die systematischen Feedbackschleifen innerhalb eines Entwickler:innenteams unter Einbeziehung der Kund:innen ist wesentlicher Bestandteil des agilen iterativen Arbeitsprozesses. Mit einer Kultur des Feedbacks soll eine Kultur des Wandels ermöglicht werden (Williams und Cockburn 2003). Softwareentwicklung kann unter diesem Gesichtspunkt als eine *just in time production* aufgefasst werden. Die Entwickler:innen befinden sich in einem permanenten agilen Produktionsprozess, der durch einen adaptiven Modellierungsvorgang gekennzeichnet ist. Dadurch sollen sie in die Lage versetzt werden, schnellstmöglich auf sich veränderte Anforderungen zu reagieren. Es handelt sich hierbei um einen äußerst dynamischen prozesshaften Vorgang, der in eine kommunikative Praxis des Teamworks eingebettet ist (Schmidt 2012, S. 198).

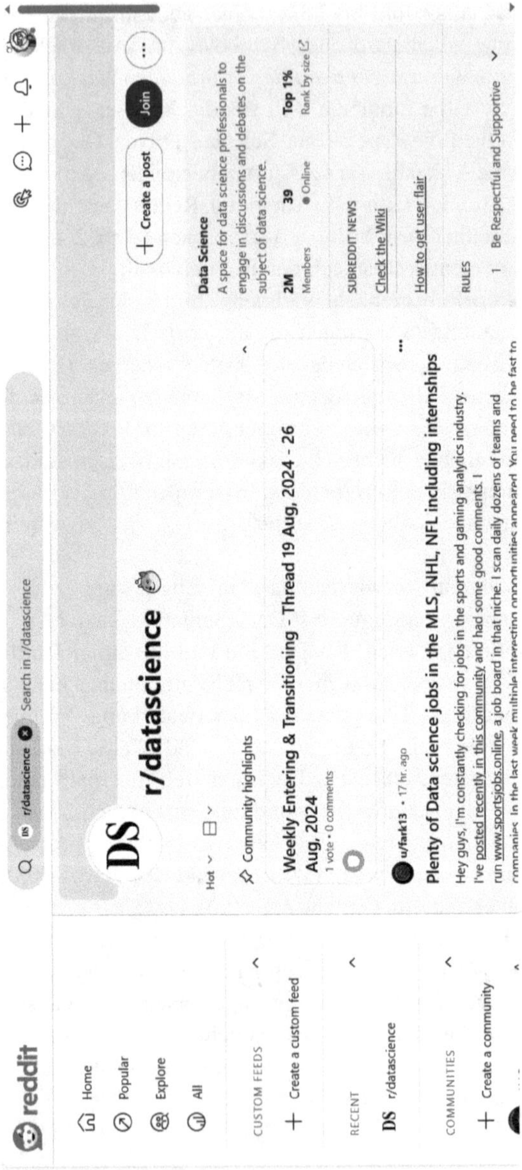

Abb. 2.4 Communities of Practice. (Eigener Screenshot: (reddit 2025))

Das Arbeiten in kurzen inkrementellen iterativen Arbeitskadenzen mit seinen Feedbackschlaufen folgt einer Logik der Effizienzsteigerung und Optimierung von Arbeitsabläufen. Ihre Produktentwicklung ist ausschließlich an den Bedürfnissen ihrer Auftraggeber:innen orientiert. Durch eine kontinuierliche Einbindung in den Entwicklungsprozess wird eine höhere Kundenzufriedenheit angestrebt. Gleichzeitig müssen Data Scientists in der Lage sein, sich und andere zur Zusammenarbeit zu motivieren (sowohl auf kollegialer als auch Kund:innenebene). Es geht nicht nur darum, Produkte zu entwickeln, sondern diese auch entsprechend zu vermarkten und andere von der eigenen Arbeit zu überzeugen. Es sind insbesondere die sogenannten *social skills* (FLIGSTEIN 1997) die zu einem neuen Schlüsselfaktor in der Tech-Branche geworden sind. Das verdeutlicht sich in einer *Dienstleistungsgesinnung* (Hartmann 1967), bei der eine zu lösende Problemdefinition von den Kund:innen, Stakeholdern etc. ausgeht. Der unternehmerische Einfluss, die starke monetarisierte Kund:innenbeziehung sowie die ökonomische Einbettung beruflicher Praxis von Data Scientists in Unternehmen verdeutlicht, dass es sich nicht um eine Profession qua eigener Autonomie im klassischen Professionsverständnis handelt (Engel 1970; Haug und Sussman 1969; Noordegraaf und Schinkel 2011). Trotzdem kommt man nicht umhin festzustellen, dass Data Scientists als Professionelle wahrgenommen und adressiert werden (Avnoon 2021; Da Silveira et al. 2020; Davenport und Patil 2012; Dorschel und Brandt 2021; Kim et al. 2017).

Über verschiedene Zertifikationsprogramme bieten Unternehmen Kurse an, deren Absolventen als *certified professionals* ausgewiesen werden (Abb. 2.5). Gewissermaßen handelt es sich um eine Berufsgruppe, welche „can be seen as professionals because they are seen as professionals" (Noordegraaf und Schinkel 2011, S. 102). Die Varianz und Kombination an fachlichen Kompetenzen führt zu einem exklusiven Expert:innenstatus von Data Scientists im Kontext von organisatorischen und finanziellen Zwängen. Die an sie herangetragenen Anforderungen setzen allerdings ein Arbeitshandeln voraus, welches von ihnen verlangt, ihr implizites Wissen offen zu explizieren. Kommunikation und Vermittlung der eigenen Arbeitsergebnisse sind wesentliche Kompetenzanforderungen an Data Scientists. Sie sind angehalten, gegenüber Manager:innen und Kund:innen ihre Vorgehensweise zu rechtfertigen. Exklusivität als Merkmal von Expertise muss im Kontext organisatorischer Kontrolle aufgegeben werden. Es wurde bereits darauf verwiesen, dass die Ausrichtung an Merkmalen der Professionalität unter solchen Umständen als eine Reproduktionsstrategie zur Statussicherung interpretiert werden kann (Ruiz Ben 2013, S. 87). In diesem Sinne ließen sich Data Scientists als *situierte Professionelle* beschreiben (Noordegraaf 2007). Sie nehmen keinen traditionellen, elitären Professionsstatus ein, der über eine institutionell-akademische

Zugangs- und Kontrollkultur erworben wird. Ihre Professionalität erlangen sie über den ihnen zugeschriebenen Expert:innenstatus, aufgrund ihres spezifischen Fachwissens. Expert:innenprofessionalität beschreibt „not just the ability to make authoritative judgments and to solve problems based on disciplinary training, but also the training and skills received [are] highly valued in the market for services" (Brint 1994, S. 40). Allerdings würde es zu kurz greifen, die professionelle Praxis von Data Scientists allein unter dem Aspekt organisatorisch-unternehmerischer Kontrolle zu betrachten.

Im Angesicht von globalisierten ökonomischen Markt- und Wettbewerbszwängen ist die Etablierung von beruflichen Standards und Qualitätssicherungen eine enorme Herausforderung. Sie ist verknüpft mit der Gefahr einer Deprofessionalisierung, bei der die fachliche Qualität und Kompetenz ihrer Berufsmitglieder nicht umfassend gewährleistet werden kann. Da auch die klassischen Professionen, wie Medizin und Jura, von diesen Tendenzen betroffen sind, ist generell die Frage zu stellen, inwiefern noch von Profession zu sprechen ist und ob der Begriff der Professionalität nicht aussagekräftiger ist. Die Frage „Was ist Professionalität?" lässt sich nach Noordegraaf (2007) allerdings nicht so eindeutig beantworten. Vielmehr muss davon ausgegangen werden, dass das Professionalitätsverständnis in Zeiten fluider Identitäts- und Rollenzuschreibungen von Berufsgruppen sehr unterschiedlich beantwortet wird (Noordegraaf 2007, S. 781). Sowohl das von Voß und Pongratz (1998) beschriebene Phänomen des *Arbeitskraftunternehmer* als auch das von Bröckling (2013) charakterisierte *unternehmerische Selbst* beziehen sich auf eine Arbeitsweise, die insbesondere den nach Professionalität strebenden Berufsgruppen im Tertiären Sektor, wie z. B. sozialer Arbeit, Gesundheitsberufen, aber auch Data Science, zugeschrieben werden kann. Globalisierte Arbeitsmärkte haben neue Wettbewerbsdynamiken freigesetzt, die zu neuen Formen der Finanzierung professioneller Dienstleistungen geführt haben (Noordegraaf 2015, S. 196). Im wirtschaftlichen Privatsektor wird die Entwicklung und Forschung neuer digitaler Technologien vorrangig über Risikokapitalgeber:innen oder private Anteilseigner:innen finanziert. Gleichzeitig müssen Unternehmen im Rahmen staatlich-transnationaler Regulierungen agieren. Damit einher gehen neue Formen der Arbeitsweise und des Professionalitätsverständnisses. Noordegraf (2015) sieht vor allem in der Art und Weise der Fallbearbeitung eine Veränderung professioneller Arbeitsweisen. Es gilt, Fälle entsprechend ihrer unternehmerischen Bedeutsamkeit zu priorisieren und sie schnell und effizient zu bearbeiten.

Abb. 2.5 Unternehmenszertifizierungen von Data Scientists als Professionelle. (Eigener Screenshot: (Kho 2020) & (Microsoft 2025))

2.4 Professionelle Orientierungsrahmen: Ein theoretischer Zwischenstand

Das professionelle Handeln von Data Scientists konstituiert sich vor dem Hintergrund ökonomischer und gesellschaftlicher Transformationsprozesse einer kapitalistischen Wissensökonomie. Technologische Fortschritte führen zu einer massenhaften Verbreitung und Diversifizierung digitaler Technologien, die neue Möglichkeiten der Datenakkumulation, -verarbeitung und -analyse ermöglichen. Diese führen zur Freisetzung neuer Formen wissensbasierter Wertschöpfungsprozesse (Zuboff 2018). Dadurch entsteht sowohl eine hohe Nachfrage nach als auch ein Bedarf an Spezialist:innen im Bereich der Softwareentwicklung. Es kann somit **1.)** konstatiert werden, dass Data Science sich in einer Logik der auf Daten basierenden Kapitalakkumulation konstituiert. Das berufliche Handeln von Data Scientists ist auf die Extrahierung von Informationen aus diesen Daten ausgerichtet. Die Akkumulation von Daten ist hierbei gleichbedeutend mit der Akkumulation von Wissen.

Die Innovationsgetriebenheit der wissensbasierten Ökonomie führt zu neuen Formen der Arbeitsorganisation und von Anforderungsprofilen an die Arbeitstätigen. Der Arbeitsprozess der Softwareentwicklung organisiert sich über modularisierte Projektteams, die sich über Methoden des agilen Arbeitens selbst managen und kontrollieren. Der Produktionsprozess ist durch eine enge Kund:innenanbindung geprägt, die durch engmaschige Feedbackschleifen und flexibilisierte Anpassungsmechanismen gekennzeichnet ist. Als wissensbasierte Problemlöser:innen stehen Data Scientists vor der Herausforderung, sich als kreative Persönlichkeit in den Produktionsprozess einzubringen und zu vermarkten. Die Adressierung als Kreativsubjekt stellt sie vor die Herausforderung, innovative Produkte zu entwickeln. Data Scientists müssen sich mehr oder weniger **2.)** in ihrer Handlungsorientierung auf Praktiken der Selbstorganisierung, -verantwortung und -kontrolle hin ausrichten. Sie müssen die an sie formulierten Anforderungen adaptieren und sich in ihren Sozialtechnologien des Selbstmanagements optimieren.

Data Scientists agieren in Arbeitskontexten, in denen es nicht allein um ihre technische Fachkompetenz oder Fähigkeit zur Produktentwicklung geht. Ihre berufliche Praxis orientiert sich **3.)** an unternehmerischen Fähigkeiten der Kooperation und Kund:innenkommunikation. Expert:innentum alleine ist nicht ausreichend, um die Rolle des *Schlüsselspielers* (Davenport und Patil 2012) oder *Engineer of the Future* (van der Aalst 2014) auszufüllen. Neben den technischen Kompetenzen sollen Data Scientists manageriale Kompetenzen der Optimierungs-, Effizienz- und Umsatzsteigerung aufweisen (O'Reilly und Reed 2011). Die

Kopplung unterschiedlicher beruflicher Logiken, von Engineering oder Analytics, im Kontext projektbasierter Arbeits- und Teamweisen führt z. T. zu verschwimmenden Grenzen von Fach- und Führungskräften. In ihrer Kombination von Professionalität und Managerialismus lassen Data Scientists sich letztlich als eine Form hybrider Professionalität beschreiben (Greenwood 2013; Pache und Santos 2013) (Abb. 2.6).

Orientierungsrahmen professionellen Handelns		
Wissensakkumulation	**Selbstmanagement**	**Hybride Professionalität**
• Extrahierung von Informationen aus Daten	• Sozialtechnologien der Selbstorganisation, -verantwortung u. -kontrolle	• Erwerb professioneller technischer (Hard skills) u. unternehmerisch-managerialer Kompetenzen (Soft skills)

Abb. 2.6 Übersicht Zwischenstand Orientierungsrahmen professionellen Handelns. (Eigene Darstellung)

3 Zur Arbeitsweise von Data Scientists: Aktueller Forschungsstand

In diesem Kapitel werden empirische Forschungen zum Arbeitshandeln von Data Scientists ins Zentrum der Aufmerksamkeit gerückt. Ziel ist eine systematisierte Darlegung des aktuellen Forschungstandes, an deren Ende das eigene Forschungsvorhaben eigeordnet werden soll. Die weitreichenden Digitalisierungsprozesse haben KI-Technologien und die unmittelbar beteiligten Berufsgruppen als Gegenstand sozialwissenschaftlicher Untersuchungen interessant werden lassen. Insbesondere die sich konstituierende Berufsgruppe der Data Scientists als *Schlüsselspieler, Zukunftsingenieure oder Problemlöser* bildet den Mittelpunkt einer Vielzahl von Studien (Dorschel und Brandt 2021; Dorschel 2022; Patil 2011; Pereira et al. 2020; Schumann et al. 2016; Tarnoff und Weigel 2020; van der Aalst 2014). Diese zeichnen sich durch unterschiedliche Perspektiven aus, die sich grob in drei Studienkategorien systematisieren lassen: Erstere fokussiert sich auf die Untersuchung konkreter Aufgabenbereiche und Kompetenzzuschreibungen von Data Scientists. Eng damit verknüpft sind zweitens Studien, die sich konkreter mit der Arbeitsweise von Data Scientists auseinandersetzen. In der Erwartungshaltung und Übernahme von Schlüsselkompetenzen aus unterschiedlichen Fachbereichen verdeutlicht sich der hybride Charakter der Berufsgruppe. In den letzten paar Jahren gab es vermehrt Studien, die sich drittens mit der sozialen Positionierung, der beruflichen Identität und dem Habitus von Data Scientists auseinandergesetzt haben. Alle drei Studienschwerpunkte leiten ihr Forschungsinteresse primär davon ab, dass es sich bei Data Science um eine relativ neue Profession handelt, die sich mehr oder weniger noch in ihrer Konstituierungsphase befindet.

S. Hagemann, *Algorithmen, Habitus und sozialer Kontext*,
https://doi.org/10.1007/978-3-658-51435-8_3

3.1 Arbeitsbereiche und Kompetenzprofile

Studien, die sich mit der Betrachtung der konkreten Arbeitsfelder und Kompetenzprofile von Data Scientists beschäftigt haben, wurden überwiegend von Personen aus verschiedenen IT-Disziplinen erhoben. Sie können somit als eine Auseinandersetzung und Professionsbestimmung innerhalb der Informatik und Softwarenentwicklung angesehen werden. Ein Großteil der Studien, die sich mit den Tätigkeitsfeldern, Aufgabenbereichen oder Fertigkeiten und Fähigkeiten auseinandersetzen, wurden von Personen verfasst, die entweder selber im Entwicklungsbereich tätig sind oder im universitären Kontext im Bereich Computer Science o. ä. forschen (Kim et al. 2017; Martin und Rooksby 2006; Muller et al. 2019; Pereira et al. 2020; Provost und Fawcett 2013; Schumann et al. 2016; Stockinger et al. 2016). Die Funktion von Data Science lässt sich über die Literatur hinweg auf zwei wesentliche Ziele reduzieren. Einerseits geht es um die Extrahierung von Erkenntnissen aus einer Vielzahl von Daten (Davenport und Patil 2012, S. 72; Kim et al. 2017, S. 1024; Stockinger et al. 2016, S. 60) und andererseits sollen diese Erkenntnisse (Daten) in einen ökonomischen Mehrwert transferiert werden (Pereira et al. 2020, S. 1; van der Aalst 2014, S. 13). Das Aufkommen von Data Science als neue vielversprechende anwendungsbezogene Wissenschaft in der Softwareentwicklung birgt einiges an Klärungsbedarf hinsichtlich ihrer Rollenfunktion. Das Kompetenzprofil von Data Scientists ist zunächst eine Folge neuer unternehmerischer Ansprüche und Anforderungen großer digitaler Plattformen, wie LinkedIn, Google oder Facebook. Die selbstgewählte Berufsgruppenbezeichnung Data Scientists resultiert aus dem Versuch einer Profilbeschreibung von Tech-Workers für ihre Tätigkeiten:

> *„[…] we realized that as our organizations grew, we both had to figure out what to call the people on our teams. ‚Business analyst' seemed too limiting. ‚Data analyst' was a contender, but we felt that title might limit what people could do. After all, many of the people on our teams had deep engineering expertise. […] However, we felt that most research scientists worked on projects that were futuristic and abstract, and the work was done in labs that were isolated from the product development teams. It might take years for lab research to affect key products, if it ever did. Instead, the focus of our teams was to work on data applications that would have an immediate and massive impact on the business. The term that seemed to fit best was data scientist: those who use both data and science to create something new."* (Patil 2011, 11f.)

Worin genau besteht aber das vermeintlich Neue mit Data Science?[1] Die Informatik war anfangs vom dem Ziel geprägt, leistungsfähige Computer zu entwickeln. Weshalb sie in ihrer frühen Phase von einer Mentalität des Tüftelns und Bastelns beherrscht war. Mit der steigenden Effizienz der Datenverarbeitungsmöglichkeiten rückte die Fähigkeit der Programmierung in den Fokus und es setzte eine zunehmende Verwissenschaftlichung ein (Funken 2001, S. 66). Der wachsende gesellschaftliche Bedeutungszuwachs der Informatik, insbesondere im wirtschaftlichen Bereich, führte zu einer immer größeren Differenzierung der Anwendungsgebiete und Tätigkeitsspezialisierungen. Mit der Digitalisierung der Gesellschaft entwickelten sich neue Geschäftsmodelle, die ein anderes Dienstleistungsverständnis mit sich brachten. Gekoppelt an neue Möglichkeiten der Datenanalyse, kam es zu einem Wandel der Bedeutung von Informatik in Unternehmen. Bestand die Aufgabenstellung zunächst in der Effizienzverbesserung der unternehmerischen IT-Systeme, wird Informatik heute eine größere strategische Bedeutung beigemessen, die tiefergehende Kompetenzen der Datenanalyse voraussetzt (Brenner 2017, S. 606).

Anfängliche Definitionen wurden aus eigenen praktischen Erfahrungen von namenhaften Data Scientists abgeleitet. So wird die eigene Rolle darin gesehen, Daten mithilfe von Mathematik und Statistik in verwertbare Erkenntnisse, Entscheidungen oder Produkte zu transformieren (Foreman 2013; Saunders 2013). Der Arbeitsprozess lässt sich nach Wang et al. (2019) in drei größere Arbeitsphasen unterteilen (Abb. 3.1): Präparation, Modellieren und Bereitstellung. Als wichtigste und zeitintensivste Arbeitsphase gilt die erstgenannte. Daten müssen strukturiert aufbereitet werden, so dass sie für die weitere Analyse nutzbar sind. Das umfasst die Identifizierung wichtiger Datenquellen und deren Bereinigung (Davenport und Patil 2012, S. 72). Die vorbereitende *Data Curation* (Datensuche, Zusammenstellung und Integration) macht schätzungsweise 80 Prozent der täglichen Arbeit aus (Stockinger et al. 2016, S. 61). Die konkrete Rollenfunktion differenziert sich für einige entsprechend ihrer konkreten Position im Unternehmen bzw. im Entwickler:innenteam (O'Neil und Schutt 2014, 15 f.). Ein Data Scientists in Leitungsfunktion kann etwa für die Instandhaltung der Dateninfrastruktur verantwortlich sein. Er muss auswählen, welche Daten generell von Relevanz für das Anwendungsgebiet sind, Teamführung übernehmen oder ist für den Erkenntnistransfer mit der Leitungs- bzw. Entscheidungsebene (Management) des Unternehmens zuständig. Während der allgemeine Data Scientist im

[1] Eine begriffliche Unklarheit, die durchaus gewollt war, wie Patil in einem Interview äußerte: „I think the fundamental reason it has taken off is because people aren't really sure what it means. And that's the power." (Cao 2019).

Generellen für die Datenerhebung, -aufbereitung und -reinigung Verantwortung trägt. Dabei stehen Data Scientists mitunter vor der Herausforderung, selber *Tools* entwickeln zu müssen, um Probleme der Datenintegration, Anpassungsschwierigkeiten, Laufzeiten, Kostenschätzungen usw. bewerkstelligen zu können (Fisher et al. 2012). Data Scientists können also eine Vielzahl von Rollen und Aufgabenverantwortlichkeiten übernehmen, die jeweils unterschiedliche notwendige Fähigkeiten voraussetzen (Chuprina et al. 2017; Kim et al. 2016; Meyer 2019).

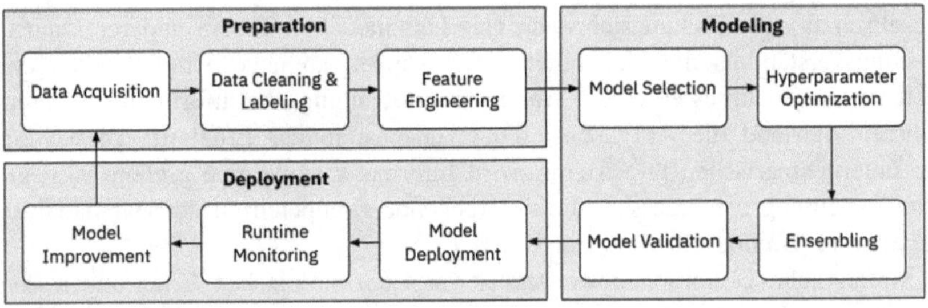

Abb. 3.1 Arbeitsprozess Data Science nach Wang et al. (2019). (Wang et al. 2019, 211:3)

Andere Studien konnten bzgl. der Arbeitsbereiche und Kompetenzzuschreibungen unterschiedliche Typisierungen von Arbeitsrollen identifizieren. In einer Studie befragten Harris et al. (2013) über 250 Data Scientists zu ihren Erfahrungen, Fähigkeiten sowie zu ihren Karrieren. Es ließen sich 4 unterschiedliche Rollentypen rekonstruieren: Datengeschäftsleute, Datenkreative, Datenentwickler:innen und Datenforscher (Harris et al. 2013, 14 ff.). Eine Sonderform stellt der von ihnen genannte *T-shaped*-Data Scientist dar, der einerseits ein breites Fähigkeitenspektrum aufweist und gleichzeitig tiefergehende Kenntnisse für einen spezifischen Anwendungsbereich besitzt (Harris et al. 2013, 19 ff.). Eine ähnliche Typisierung wird von Miller (2014) übernommen. Er untereilt Data Scientists in drei wesentliche Rollenfunktionen: 1.) den Informationsstrategen, der datenstrategische Kompetenzen aufweist und Entscheidungen bzgl. der Speicherung oder Weiternutzung von Daten trifft, 2.) Fachleute für Big-Data-Informationssysteme, die sich durch tiefergehende Kenntnisse bzgl. Datenstrukturen, Datenbanken etc. ausweisen, und 3.) Fachleute für Datenmanagement und Ethik, die dafür Sorge tragen, dass gesetzliche Datenschutzregulierungen eingehalten werden (Miller 2014, S. 27). Letztere Typik sticht heraus, da datenethische Fragestellungen in anderen Studien keine oder kaum eine größere Rolle spielen.

Kim et al. (2017) haben in ihrer Studie ebenfalls eine Typisierung von Arbeitsweisen vorgenommen. Hierbei konnten sie neun unterschiedliche Arbeitstypen identifizieren. Sie befragten 793 Data Scientists bei Microsoft, die sie gemäß ihrer Arbeitsweise clusterten. Abgeleitet wurden diese auf Basis der aufgebrachten Zeit für bestimmte Aktivitäten. Der Universalgelehrte bringt gleichermaßen Zeit für eine Vielzahl von Aktivitäten auf, während der Datenevangelist sich primär auf Daten und deren Analyse fokussiert. Weitere Typen sind der Datenaufbereiter und Datenformer, die sich hauptsächlich mit der Datenpräparierung beschäftigen. Im Gegenzug verbringt der Datenanalyst viel Zeit für die Auswertung von Daten. Der Plattformgestalter setzt seine Aktivitäten verstärkt in die Dateninfrastruktur ein. Die sogenannten *fifty-percent* und *twenty-percent Moonligther* beschäftigen sich nur bis zu einem gewissen Grad mit Data Science-Aktivitäten, weil sie häufig andere (höhere) Positionen, wie z. B. Management oder Senior Follower, ausfüllen. Als nahezu statistisch zu vernachlässigender Typ verbringt der *Insight Actor* vorrangig Zeit mit der Erkenntnisvermittlung bzw. Erkenntnisableitung (Kim et al. 2017, 6 ff.).

Zuvor hatten Kim et al. (2016) in einer qualitativen Studie 16 Data Scientists aus verschiedenen Abteilungen bei Microsoft interviewt. Dabei konnten sie fünf unterschiedliche Arbeitstypen ausmachen, die sich größtenteils mit den Typen ihrer quantitativen Erhebung decken. Die *Inside Providers* sammeln für das Management Daten, die für die Entscheidungsfindung von Relevanz sind, und arbeiten dafür eng mit den Ingenieuren zusammen. Des Weiteren gibt es den Arbeitsstil der Modellierungsspezialisten, die sich hauptsächlich mit Machine Learning-Modellen auseinandersetzen und Prognosemodelle programmieren. Wie schon in der vorherigen Studie, zeichnen die Plattformgestalter für die Dateninfrastruktur verantwortlich, während die Universalgelehrten ein breites Spektrum an Data Science-Aktivitäten abdecken. Im Gegensatz zur quantitativen Studie wurde über die Interviews ein Arbeitsstil der Teamführung ausgemacht, bei dem Leitungsaufgaben innerhalb eines Data Science-Teams übernommen werden (Kim et al. 2016, 102 ff.). Auch in anderen Studien konnte neben den technischen Aktivitäten wie der Datenextrahierung, -reinigung oder -verarbeitung, die Rolle der Projekt- und Teamleitung identifiziert werden, welche sich weniger durch technische als vielmehr durch kommunikative Aktivitäten auszeichnet (HOU und Wang 2017; Nov und Ye 2010; Patil 2011). Neben Studien zum Rollenverständnis von Data Scientists gibt es eine Vielzahl von Erhebungen, die sich mit der Frage von Kompetenzen, Fähigkeiten und Fertigkeiten beschäftigt haben. Nicht zuletzt, weil es aus wirtschaftlicher Sicht ein enormes Interesse an der Inwertsetzung von Daten als Grundlage der unternehmerischen Entscheidungsfindung gibt (Chuprina et al. 2017; Da Silveira et al. 2020).

> *„Die Arbeitgeber haben Schwierigkeiten, die Nachfrage nach Data Scientists zu befriedigen. Diese Knappheit wird durch die hybride Natur von Data Scientists verschärft, d. h. sie erfordern eine Mischung aus analytischen Fähigkeiten und domänenspezifischem Fachwissen, das sich nur schwer in einer Person vereinen lässt. Diese Schwierigkeit, qualifizierte Data Scientist-Kandidaten zu finden, führt Unternehmen dazu, nach kreativen Wegen zu suchen, um Talente nicht nur zu finden, sondern intern zu entwickeln."* (Meyer 2019, S. 384)

Auf die Bandbreite der zum Teil divergierenden Kompetenzvorstellungen von Data Scientists wurde im vorherigen Kapitel bereits verwiesen. Es wurde erwähnt, dass sie sowohl über ein Spektrum an Hard Skills, wie mathematischen, statistischen und analytischen Fertigkeiten, als auch von Soft Skills der Kommunikation, Führung oder Kreativität verfügen sollten. Führende Data Science-Persönlichkeiten, wie der LinkedIn Chief Scientist DJ Patil (2011), Facebooks Chief Scientist Jeff Hammerbacher (2009) oder Mike Loukides mit seinem O'Reilly Radar Report (2011)[2], prägen das Bild des geduldigen, unternehmerisch denkenden, interdisziplinären Datenproduktkreators. Data Scientists zeichnen sich aus ihrer Sicht primär dadurch aus, dass sie in der Lage sind, große Problemkomplexe in kleinere Hilfsprobleme aufzuteilen, um so am Ende eine Lösung für das größere, schwierigere Problem zu finden. Ein Vorgehen, welches Patil (2012) zu einem Kampfsportvergleicht verleitet und es als *Data Jujitsu* beschreibt. Als flexible und vielseitige Softwareentwickler:innen und Datenanalyst:innen können Data Scientists nicht nur eine Vielzahl an Herausforderungen stemmen, sondern sind auch in der Lage, ihre Erkenntnisse an Andere zu kommunizieren (Loukides 2011, S. 8). Hierbei handelt es um ein sehr idealisiertes Kompetenzprofil einiger weniger führender Data Scientists der größeren Tech-Unternehmen (Facebook, Google, LinkedIn etc.). Welches aber starken Einfluss auf die Vorstellungen der Managementebene genommen hat, wie Vidgen et al (2017) in einer Mixed-Method-Studie zu den Anforderungskriterien von Unternehmen aufzeigen konnten. Aus ihren Befragungen ergab sich ein Tätigkeitsprofil des *Bricoleur* (Vidgen et al. 2017, S. 634). Data Scientists sollten demnach nicht nur gut mit Zahlen umgehen können, sondern auch in der Lage sein, interdisziplinär mit anderen Bereichen zusammenzuarbeiten. Aus Sicht der befragten Unternehmen bedarf es Data Scientists, die sowohl neugierig, kreativ und fokussiert als auch selbstständig in ihrem Arbeiten sind. Waller und Fawcett (2013) verweisen ebenfalls darauf, dass es nicht nur um die Datenerhebung und -verarbeitung geht, sondern im besten Falle auch darum, Geschäftsprobleme aus der Datenperspektive

[2] Der Computerbuchverlag O'Reilly Media ist sehr angesehen und etabliert in der IT-Branche. Sein Inhaber Tim O'Reilly ist in der Open Source Community sehr bekannt.

zu betrachten und anzugehen. Wenn auch nur die wenigsten das gesamte Anforderungsspektrum abdecken können, so ist es doch von hoher Bedeutung, dass sie über das notwendige domainspezifische Wissen ihres Tätigkeitsfeldes verfügen (Waller und Fawcett 2013, S. 78) und in der Lage sind, ihre Erkenntnisse zu kommunizieren. Soziale Fähigkeiten, wie Kommunikation oder Geschäftssinn, erscheinen daher als unerlässlich (Costa und Santos 2017, S. 733). Andere betonen ausschließlich die mathematisch datentechnischen Fähigkeiten, die es bedarf. So beschreibt Dhar (2013) drei wesentliche Fertigkeiten, die ein Data Scientist aufweisen sollte. Diese beschränken sich aus seiner Sicht auf Kenntnisse bzgl. Statistik, Datenstrukturen, Algorithmen und Programmiersprachen (Dhar 2013, S. 69). Zusammenfassend lässt sich konstatieren, dass das Anforderungsprofil an Data Scientists sehr weitreichend und umfangreich in ihren Kompetenzzuschreibungen ist. Einerseits wird eine Wissensbasis bzgl. Statistik, Computer Science, Datenstrukturen, Datenbanken, Machine Learning, Algorithmen, Programmieren, Mathematik, aber auch Netzwerken, Kommunikation, Kreativität oder Neugier vorausgesetzt. Auf der anderen Seite sollen sie Fertigkeiten und Fähigkeiten des Unternehmertums bzgl. Entscheidungsberatung, Produktkreation, Storytelling oder Identifizierung neuer Geschäftsmöglichkeiten mitbringen. Hierin verdeutlicht sich ein Kompetenzanforderungsprofil einer hybriden Professionalität, die sich sowohl durch technische als auch manageriale multiple Fertigkeiten auszeichnet.

3.2 Arbeitsweisen

Die Analyse beruflicher Rollen- und Kompetenzprofile (Chuprina et al. 2017; Da Silveira et al. 2020; Harris et al. 2013; Kim et al. 2017) basiert auf der Beobachtung von Tätigkeiten, also auf der Frage nach dem, was sie tun. Demgegenüber soll in diesem Abschnitt der Schwerpunkt auf Studien zur Arbeitsweise von Data Scientists liegen. Diese gehen der Fragestellung nach, wie Data Scientists ihre Tätigkeit betreiben. Muller et al. (2019) haben etwa die Umgangsweisen bzw. Praktiken mit Daten über die Grounded Theory-Methode analysiert. Hierfür haben sie 21 Data Scientists verschiedener Abteilungen, Projekte, Niederlassungen und Geschlechter der Firma IBM interviewt. Für ihre Analyse haben sie sich auf vier Aspekte konzentriert: 1.) auf die Interaktion mit den Daten, 2.) den Umgang mit Kontrolle und Unvorhersehbarkeit, 3.) die Werkzeuge und Methoden, die angewandt werden, und 4.) wie sich die Werkzeuge in der Praxis angeeignet werden (Muller et al. 2019, S. 5). Sie kommen zu dem Schluss, dass der Umgang mit Daten einerseits dadurch geprägt ist, dass die *gegebenen Daten* als Wahrheit angenommen werden, aus der sich repräsentative Ableitungen vornehmen lassen. Andererseits sind Data Scientists oft genötigt zu improvisieren. Etwa wenn nicht ausreichend Daten vorhanden sind und diese simuliert werden müssen, um *Grundwahrheitswerte* für ihre Projekte herzustellen (Muller et al. 2019, 10 f.). Anzumerken ist, dass alle interviewten Data Scientists primär in Forschungsabteilungen tätig waren. Was bedeutet, dass die Umgangsweisen mit Daten in anderen organisationalen Zusammenhängen andere sein können (Muller et al. 2019, S. 11).

In ihrer Studie *On Understanding Data Scientists* haben Pereira et al. (2020) semi-strukturierte Interviews mit 8 Personen zu ihrem Arbeitshandeln durchgeführt, die dem Feld Data Science zugeordnet werden können. Die Auswertung erfolgte in 6 Analysekategorien: So wurden die Personen 1.) zu ihrem akademischen Hintergrund, 2.) zu ihrem Umgang mit Datenquellen und Datentypen, 3.) zum Prozess der Datenreinigung, 4.) zum Prozess des Data Minings, 5.) zu den Tools und Programmiersprachen sowie 6.) zu ihren größten Schwierigkeiten im Arbeitsprozess befragt. In ihrer Analyse konnten Pereira et al. ausmachen, dass die befragten Personen, von Statistik bis Hotelmanagement, sehr heterogene akademische Hintergründe aufweisen. Auch in der Nutzung von Datenquellen und Umgang mit Datentypen gibt es große Unterschiede. So verwenden einige nur interne Unternehmensdaten, während andere mit öffentlichen Datenbanken operieren. Es gibt jedoch eine große Gemeinsamkeit darin, dass viel Zeit für den Prozess der Datenreinigung aufgebracht werden muss. Auch im Prozess des Data Minings gibt es Übereinstimmungen bzgl. dessen, dass der Vorgang immer in der konkreten Situation über eine konkrete Problemstellung erfolgt. Als häufigste verwendete Programmiersprachen konnten R und Python ausgemacht werden. Bei der Frage nach den größten Herausforderungen oder Schwierigkeiten variieren die Antworten. Einige waren aufgrund einer fehlenden Ausbildung teilweise überfordert. Andere gaben an, die einzige Person im Unternehmen zu sein, die für Data Science Aufgaben zuständig ist. Genannt wurden auch Problemen im Umgang mit Leuten, die für Data Science-Positionen angestellt worden waren, aber im Prinzip keine Data Science-Aufgaben übernommen hatten (Pereira et al. 2020, 2 ff.). Sowohl die sehr begrenzte Anzahl an Interviews als auch die nahezu ausschließliche Begrenzung auf Portugal stellen für Pereira et al. eine starke Limitierung ihrer Ergebnisse dar, so dass sie daraus keine generalisierten Aussagen ableiten können.

Passi und Jackson (2017) haben sich in einer ethnographischen Feldforschung nähergehend mit der Datenaufbereitung beschäftigt. Sie beobachteten Studierende eines Kurses für maschinelles Lernen, bei dem sie beschreiben, dass die angehenden Data Scientists, Data Engineers und Data Analysts mit der Problematik konkurrierender Anforderungen konfrontiert sind. Datensätze weisen u. U. zwar Similaritäten auf, sind im Detail aber sehr unterschiedlich, unvollständig und inkonsistent. Die Umgangsweise mit Daten erfordert daher sowohl Wissen und die Fähigkeit zur Abstraktion als auch Kreativität in der Anwendung abstrakter theoretischer Methoden. Die Anpassung an empirische Kontingenzen und praktische Umsetzungsprobleme führt zu einer Datenpraxis, die als *regelbasiert*, aber nicht regelgebunden erscheint (Passi und Jackson 2017, S. 2444). Der Umgang mit Daten (Kategorisierungen, Skalierungen usw.) wird mitunter als eine politische Praxis beschrieben (Pine und Liboiron 2015). Die enthaltenen Informationen sind in ihrer Wertigkeit sozial und kulturell vorbelastet. Ihre Zuordnungen sind daher als nicht wertfrei zu betrachten. Pine und Liboiron (2015) verdeutlichen das in ihrer Studie an einem Algorithmus zur Berechnung des geburtlichen und nach-geburtlichen Blutverlustes bei Müttern. Musste der Blutverlust bis dato unter Augenscheinnahme kontaminierter Gegenstände erfolgen, errechnet der Algorithmus anhand messbarer Parameter den genauen Blutverlust. Ausschlaggebend für die Entwicklung war in den USA ebenso die Motivation der besseren Notfallerkennung wie die Reduzierung der Müttersterblichkeit. Die Quantifizierung und Messung, auf deren Grundlage Urteile und Handlungen abgeleitet werden, sind für die Autor:innen ein politischer Akt (Pine und Liboiron 2015, S. 3151). Ein Beispiel, an dem sich verdeutlicht, dass wertbeladene Daten mitunter zum Initiator sozialer Praxis werden und somit Einfluss auf die Gestaltung sozialer Welt nehmen können.

Ein anderer Teil an Studien zur Arbeitsweise hat sich mit Formen der Kollaboration in der Tech-Branche beschäftigt. Data Scientists arbeiten nicht komplett auf sich allein gestellt, sondern treffen Entscheidungen in Kollaboration mit Anderen. Zhang et al. (2020) haben 183 Data Scientists, die im Unternehmen IBM tätig sind, in einem Survey zu ihrer Zusammenarbeit befragt. In ihrer Analyse kommen sie zu dem Schluss, dass Data Scientists nicht nur innerhalb ihrer Projektgruppen kollaborieren, sondern mit einer Vielzahl von weiteren Personengruppen, wie Manager:innen, Kommunikator:innen oder Stakeholdern. Die Form und Intensität der Kollaboration steht in Abhängigkeit zum Arbeitsprozess. Verschiedene Arbeitsphasen bedingen eine engere oder losere Zusammenarbeit und sind durch die konkrete Rolle eines Data Scientists determiniert. Zhang et al. unterscheiden hierbei in fünf Rollentypen: Researcher, Engineer, Domain Expert, Communicator und Manager (Zhang et al. 2020, 22:7). So sind Manager und Communicators vor allem in der Planungs- und späteren Evaluationsphase involviert. Ähnlich verhält es sich mit den Domainexpert:innen, die aber im Gegensatz zu den Erstgenannten stärker in der technischen Umsetzung verankert sind. Die Engineers sind vor allem in der Phase der technischen Implementierung stark nachgefragt, während die Researchers im Gegensatz zu allen anderen Rollentypen über den gesamten Prozess aktiv eingebunden sind (Zhang et al. 2020, 22:10).

3.3 Soziale Position, Identität und Habitus von Data Scientists

Soziologisch orientierte Studien haben sich primär mit Fragestellungen der sozialen Positionierung, Einstellungen und des Lebensstils von Data Scientists bzw. Tech-Workern auseinandergesetzt. Von einer sozialstrukturellen Perspektive aus werden Data Scientists im Gesamtgefüge der Tech-Workers in sozial höheren Positionierungen verortet (Burrell und Fourcade 2021; Dorschel und Brandt 2021; Fuchs 2014; Tarnoff und Weigel 2020). Zum Teil werden sie als eine neue digitale Elite beschrieben:

> *„A new elite occupies the upper echelons of the digitized society—a class or proto-class that […] we call the coding elite. The coding elite is a nebula of software developers, tech CEOs, investors, and computer science and engineering professors, among others, often circulating effortlessly between these influential roles. […] Most valued in this world are those people who touch and understand computer code. Most powerful are those who own the code and can employ others to deploy it as they see fit.“* (Burrell und Fourcade 2021, S. 217)

Ihre Macht beruht auf spezifischen Fähigkeiten und Fertigkeiten codebasierter Verarbeitungsprozesse, mittels derer überhaupt erst eine Inwertsetzung von Daten stattfindet (Prietl 2019b). In ihrer Studie mit rund 56 Interviews, konstatiert Avnoon (2021), dass Data Scientists selber einen *Elitestatus* für sich beanspruchen. Dieser beruht auf der Grundlage *omnivorer Strategien* zum Erwerb von Fähigkeiten (Avnoon 2021, S. 343). Omnivorität umfasst Praktiken der Wissens- und Fähigkeitsaneignung. Sie zeichnen sich durch die Breite der Fähigkeiten, der Intensität des selbstständigen Lernens und der Mischung von niedrigen (soft skills) und hohen Qualifikationen (techn. Fähigkeiten, Algorithmuswissen etc.) aus. Data Scientists konstruieren nach Avnoon eine Berufsidentität, die die Identitäten von Wissenschaftler:innen und Ingenieur:innen assimiliert (Avnoon 2021, S. 339). Fuchs (2014) sieht die Gruppe der Softwareentwickler:innen (worunter auch die Gruppe der Data Scientists subsumiert werden kann), wie alle Tech-Worker, als ausgebeutete Arbeiter:innen. Wobei er konstatiert, dass es zwischen den unterschiedlichen Berufsgruppen der Tech-Worker deutliche Lohngefälle gibt. So bildet die Gruppe der Softwareentwickler:innen eine besser situierte

Berufsgruppe, die auch als eine *Arbeiteraristokratie* innerhalb des Gesamtgefüges der Tech-Worker beschrieben werden kann (Fuchs 2014, S. 18). Dorschel (2022) verweist in seiner Studie auf eine hohe ökonomische, kulturelle, digitale und symbolische Kapitalausstattung von Data Scientists, die sie als *Professionals* einer neuen aufsteigenden Mittelklasse charakterisiert (Dorschel 2022, S. 126). Im Gegensatz zu einer postulierten digitalkapitalistischen *Ethik des Solutionismus* (Nachtwey und Seidl 2017)[3] kommt Dorschel in seiner Analyse zu der Schlussfolgerung, dass Data Scientists nicht einer einfachen Technikgläubigkeit anhängen. Vielmehr weisen sie ein erhöhtes Problembewusstsein bzgl. sozialer Ungleichheiten, Nachhaltigkeit und technischen Herausforderungen wie der Bias-Problematik auf (Dorschel 2022, 134 ff.). Anstelle eines *selbstökonomisierten und kreativvergessenen Subjekts* tritt ein *achtsam-moralisches Selbst* (Dorschel 2022, S. 127). Als *Prototyp der neuen Mittelklasse* zeichnet es sich durch hohes Einkommen, Urbanität, hohe Bildung und viel Auslandserfahrung aus. Durch Praktiken der Selbstbeobachtung, Selbstvermessung und Selbstdarstellung folgen sie einem Anspruch der Singularisierung (Dorschel 2022, S. 136).

Dem Befund einer neuen elitären Mittelklasse stehen Studienergebnisse gegenüber, die ein diverseres Bild der Berufsgruppe veranschaulichen bzw. auf Risse und Konflikte innerhalb der *Arbeiteraristokratie* hinweisen. So lässt sich stellenweise eine zunehmende Prekarisierung beobachten. Auch ethnische und geschlechtliche Ungleichheiten sind registrierbar. Dem anfänglichen exponentiellen Wachstums der Branche und der noch einmal steigenden Nachfrage während der Corona-Pandemie folgte im Zuge einer weltweiten multiplen Krisenlage (Ukrainekrieg, Inflation usw.) seit 2022 eine tiefergehende Krise der Tech-Industrie.[4] Damit verknüpft sind eine zunehmende Arbeitsplatz- und Beschäftigungsfragilität. Tarnoff und Weigel (2020) haben in ihrer Studie *Voices from the Valley* schon vor der Krise auf zunehmende Unsicherheiten in der Tech-Branche verwiesen.[5] Neoliberale Strategien der Dezentralisierung und Deregulierung von Arbeitsverhältnissen betreffen in der Tech-Branche auch zunehmend

[3] Dieser beruht auf der Annahme, dass alle gesellschaftlichen Probleme technisch definierbar und lösbar seien, eine Vorstellung, die insbesondere bei den führenden CEOs der großen Tech-Unternehmen des Silicon Valleys als leitende Philosophie vorherrschend ist (Nachtwey und Seidl 2017, 21 f.).

[4] Zum Ende des Jahres 2022 und Anfang 2023 häufen sich die Schlagzeilen über massenhafte Entlassungen in den Tech-Unternehmen. Hunderttausende Stellen wurden gestrichen. Massiv betroffen waren auch die großen Unternehmen der sogenannten BIG-Five, wie Meta, Google oder Amazon (Buisness Insider 2023; Manager Magazin 2023; Tagesschau 2022).

[5] Angemerkt sei an dieser Stelle, dass Unsicherheiten durch disruptive Praktiken der Tech-Branche seit jeher eingeschrieben sind.

die höherqualifizierten white collar-Beschäftigten. Leiharbeit ähnliche Beschäftigungsverhältnisse machen z. T. selbst bei großen Unternehmen wie Google inzwischen die Hälfte der Belegschaft aus (Tarnoff und Weigel 2020, S. 88). Die Deutungshoheit und das Mitbestimmungsrecht von Data Scientists schwindet in den Unternehmen und birgt die Gefahr eines Statusverlustes für die überwiegend weißen, jungen und gut ausgebildeten Männer (Prietl 2019b, S. 3; Tarnoff und Weigel 2020, S. 31). Weibliche Data Scientists müssen sich innerhalb einer sehr stark maskulin geprägten Arbeitskultur behaupten.[6] Weibliche Personen bilden in der IT-Branche eine deutliche Minderheit. In der EU sind im Durchschnitt nur knapp 20 % der IT-Spezialist:innen weiblich (Abb. 3.2). Häufig sind sie in statusniedrigen Positionen besetzt, was mit einer schlechteren Entlohnung und verminderter sozialer Anerkennung einhergeht (Horwath et al. 2014, S. 188; Tarnoff und Weigel 2020, S. 49). Das Stereotyp der technisch unbegabten Frau ist in der Branche sehr stark verbreitet. In Zusammenhang mit dem Stereotyp des Nerds als unsozialem Zeitgenossen müssen weibliche Personen sich stellenweise bzgl. ihrer Berufswahl rechtfertigen, da sie nicht dem Bild der sozialen und geselligen Frau entspricht (Faulkner 2014, 191 f.). Das führt mitunter zu einer Entweiblichung durch die männlichen Kollegen, wenn diese ihre weiblichen Kolleg:innen zwar als gute Engineers wahrnehmen, sie gleichzeitig aber als weniger attraktiv und feminin bewerten (Faulkner 2014, S. 189; Horwath et al. 2014, S. 207).

Die berufliche Identität von Data Scientists ist stark geprägt durch die digitalen Technologien, die sie kreieren und nutzen (Vaast und Pinsonneault 2021, S. 1087). In einer groß angelegten Fallstudie haben Vaast und Pinsonneault (2021) die Blogbeiträge und Kommentare mehrerer Jahre des Data Science Central (DSC)[7] ausgewertet, 42 Interviews geführt und um Archivdaten anderer Onlineforen ergänzt. Dabei kommen sie zu dem Ergebnis, dass sich die berufliche Identität von Data Scientists über zwei sich kumulierende Spannungsverhältnisse charakterisiert. Einerseits müssen sie sich den neuen digitalen Technologien anpassen, die gleichzeitig immer eine potentielle Bedrohung ihrer Arbeit und Identität darstellen. Mit der Fortentwicklung der Technologien müssen sie sich andererseits

[6] Data Scientists können einer Engineer-Kultur zugeordnet werden, die sich durch eine große Technikverbundenheit auszeichnet, die gesellschaftlich als „Männerdomäne“ beschrieben wird und sich durch einen „männlichen Humor“ und eine „männliche Weltsicht“ auszeichnet. So erfolgt die direkte Ansprache über die maskuline Form von „mate“ oder „man“. Auch Pauseninteraktionen werden von Gesprächen über Themen dominiert, die gesellschaftlich als „männlich“ konnotiert sind, wie z. B. Fußball (Faulkner 2014, S. 189).

[7] Das DSC ist eines der relevantesten Onlineforen für Data Scientists. Es wurde im Jahr 2011 gegründet und hatte zum Zeitpunkt der Studie mehr als 85.000 registrierte Mitglieder (Vaast und Pinsonneault 2021, S. 1092).

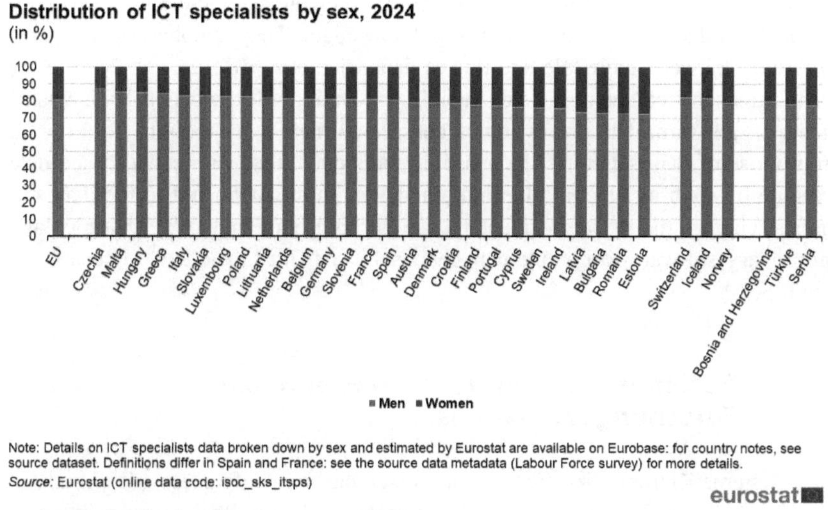

Abb. 3.2 Geschlechterverteilung in der IT-Branche. (Eurostat 2025)

immer wieder um Distinktion gegenüber anderen (technischen) beruflichen Identitäten bemühen (Vaast und Pinsonneault 2021, S. 1100). So sind Data Scientists bemüht, ein Selbstbild als Datenanalyst:innen zu transportieren, in dem sie es vermeiden, einfache Tätigkeiten, wie Reporting, Business Intelligence oder einfache Formen der Datenanalyse, zu übernehmen (Goretzki et al. 2023, S. 275). Sie beanspruchen für sich sowohl die technische Spezialist:innenrolle als auch die der Problemlöser:innen. Avnoon (2023) verweist daher darauf, dass Data Scientists sich weniger als Spezialist:innen denn als Generalist:innen definieren, was für Goretzki et al. (2023) Ausdruck einer hybriden Identität ist (Goretzki et al. 2023, S. 274).

Trotz des vermeintlichen *Hypes* um die neue Berufsgruppe (Tarnoff und Weigel 2020, S. 111) und den lukrativen Gehaltsaussichten wird die Berufsbezeichnung Data Science nicht von allen als berufliche Identität angenommen, selbst wenn diese vom Unternehmen offiziell zugeschrieben wird (Rosa et al. 2023). Die Diffusität bzgl. der Aufgabenbeschreibung von Data Scientists in Abgrenzung zu anderen Expert:innenrollen führt mitunter sowohl zu Aufgaben- als auch zu Rollenkonflikten (Rosa et al. 2023, 5 f.). Fremd- und Selbstwahrnehmung divergieren: „By contrast, data professionals perceive themselves as researchers, scholars, scientists, whose role is to create scientifically-backed educational products, as well as develop knowledge. They emphasize this as a difference between their role and this of data scientists.“ (Rosa et al. 2023, S. 5) Distinktionsbestrebungen, die sich auch in der Wahl der technischen Tools widerspiegeln: „In sum, data professionals considered their work tools to be different from those of data scientists. Nonspecific tools consistent with broad-based data exploration such as Machine Learning and Python are attributed to the data scientists whereas the research scientists use purpose-built tools like Qualtrics and proprietary software to complement their subject matter expertise.“ (Rosa et al. 2023, S. 6)

3.4 Resümee und Verortung des eigenen Forschungsvorhabens

Die Systematisierung der bisherigen Forschung hat aufgezeigt, dass sich in den unterschiedlichen Studien zu den Tätigkeitsfeldern, Rollenzuschreibungen, Arbeitsweisen und beruflichen Identitäten die beschriebene Charakteristik der hybriden Professionalität von Data Scientists widerspiegelt (vgl. Abb. 3.3). Diese lässt sich vor allem aus einer bisher fehlenden einheitlichen Qualifikation und divergierenden Anforderungsvorstellungen an die Berufsgruppe ableiten. Auch, wenn die bisherige Forschung sich nicht auf die Rekonstruktion professioneller Orientierungsrahmen von Data Scientists konzentriert hat, lassen sich die in Kapitel 2 hergeleiteten Annahmen über den bisherigen Forschungsstand weiter explizieren (Abb. 15). So folgt **1.)** die Akkumulation von Daten zur Extrahierung von Wissen einer Orientierung der Inwertsetzung von Informationen, die auf die Generierung eines ökonomischen Mehrwertes hin ausgerichtet ist (Chuprina et al. 2017; Da Silveira et al. 2020; Davenport und Patil 2012; Kim et al. 2017; Pereira et al. 2020; van der Aalst 2014).

Zu den Sozialtechnologien des Selbst lassen sich **2.)** über den bisherigen Forschungsstand, bezugnehmend auf die berufliche Identität, Mechanismen der Selbstvermarktung identifizieren. Selbstwahrnehmungen als Spezialist:innen, Problemlöser:innen oder Generalist:innen (Avnoon 2021; Goretzki et al. 2023) können als Darstellung von Fachkompetenzen und Professionalität gegenüber Dritten interpretiert werden (Pfadenhauer und Dieringer 2019). Das verdeutlicht sich insbesondere, wenn einem vermeintlichen Professionsideal zuwiderlaufende

Arbeitsbereich & Kompetenzprofile	**Arbeitsweise**	**Soziale Position, Habitus & Identität**
• Extrahierung von Erkenntnissen aus einer Vielzahl von Daten • Erkenntnisse (Daten) in einen ökonomischen Mehrwert transferieren • unterschiedliche Rollenzuschreibungen • Kompetenzprofil von Hard- und Soft-Skills	• Arbeitsgegenstände – Technologien, Daten etc. – beeinflussen Arbeitshandeln • Regelbasierte, aber nicht regelgebundene Arbeitsweise • Arbeitsphasen durch spezifische Formen der Kollaboration geprägt	• Neue Elite innerhalb einer Arbeiteraristokratie (z. T. Tendenzen der Prekarisierung) • Habitus einer aufstrebenden – akademisierten Mittelschicht • berufliche Identität durch Technologien determiniert und orientiert sich an Wissenschaftler:innen und Ingenieur:innen • z. T. Ablehnung einer beruflichen Identität als Data Scientist
Hybrider Professionalismus		

Abb. 3.3 Systematisierung der Studien zur Berufsgruppe der Data Scientists. (Eigene Darstellung)

Tätigkeiten abgelehnt werden (Goretzki et al. 2023) und sich um Distinktion gegenüber beruflichen Identitäten bemüht wird (Vaast und Pinsonneault 2021).

Die Annahme **3.**) einer hybriden Professionalität von Data Scientists ist in vielen Studien durch den Befund eines vielfältigen Anforderungsprofils bestärkt worden (Costa und Santos 2017; Dhar 2013; Loukides 2011; Patil 2012; Vidgen et al. 2017; Waller und Fawcett 2013). Besonders hervorgehoben werden Fertigkeiten der Kommunikation und des unternehmerischen Denkens. Gleichzeitig darf nicht davon ausgegangen werden, dass professionelle handlungsleitende Orientierungsmuster für eine Berufsgruppe in ihrer Gesamtheit wirkmächtig sind. Vielmehr ist davon auszugehen, dass es zur Herausbildung branchenspezifischer Orientierungsmuster kommt (Muller et al. 2019). In Abhängigkeit von der konkreten Position und Rolle kann man konstatieren, dass sich selbst innerhalb von Unternehmen und Entwickler:innenteams unterschiedliche Handlungsorientierungen bei Data Scientists ausprägen (Zhang et al. 2020) (Abb. 3.4).

Orientierungsrahmen professionellen Handelns		
Wissensakkumulation als Nutzengenerierung	**Selbstmanagement**	**Hybride Professionalität**
• Extrahierung und Inwertsetzung von Informationen aus Daten • Generierung eines ökonomischen Mehrwertes	• Sozialtechnologien der Selbstorganisation, -verantwortung u. -kontrolle • Selbstvermarktung über Darstellungskompetenzen der eigenen beruflichen Identität • Distinktion gegenüber anderen beruflichen Identitäten	• Erwerb professioneller technischer (Hard skills) u. unternehmerisch-managerialer Kompetenzen (Soft skills) • Branchen- und rollenspezifische Orientierungsmuster

Abb. 3.4 Erweiterung zum Zwischenstand der Orientierungsrahmen. (Eigene Darstellung)

Die Systematisierung des bisherigen Forschungsstandes hat aufgezeigt, dass empirische Untersuchungen zum konkreten Arbeitshandeln von Data Scientists bisher überschaubar sind. Lassen sich aus einzelnen Studien auch Hinweise bzgl. der Orientierungsrahmen, als Ausdruck inkorporierten Wissens, ausmachen, so gibt es diesbezüglich keine unmittelbaren empirischen Erhebungen. Soziologische Forschungen haben sich bisher auf Fragestellungen der stratifikatorischen Verortung und zum Teil auf die Betrachtung eines professionsspezifischen Habitus gestützt. In diesem Zusammenhang fehlen weitestgehend aber die empirischen Bezüge zu den konkreten Arbeitspraktiken. Vielversprechend erscheinen die Studien zur beruflichen Identität, sowohl in ihrer Analyse der Selbstwahrnehmung als auch hinsichtlich der Ablehnung äußerlicher Zuschreibungen.

Mit der Forschungsfrage nach dem habituellen inkorporierten Wissen professionellen Handelns von Data Scientists soll der Versuch unternommen werden, einerseits die konkreten Praktiken ihres Tuns und andererseits die handlungsleitenden Wahrnehmungs- und Bewertungsmuster ins Blickfeld der empirischen

Untersuchung zu rücken. Das eigene Forschungsvorhaben versteht sich somit als eine Form von Brückenschlag zwischen empirischen Analysen zur Arbeitsweise und der habituellen Bestimmung der Berufsgruppe. Damit dieses Vorhaben gelingt, bedarf es im nächsten Schritt zunächst einer theoretischen Fundamentierung, von der aus weitergehende empirische Überlegungen abgeleitet werden können.

Theorie der Praxis

4

In den vorangestellten Kapiteln wurden erste Annahme bzgl. berufsspezifischer Wahrnehmungs-, Bewertungs- und Handlungsmuster formuliert, die als Orientierungsrahmen das berufliche Arbeitshandeln mit prägen. Mit dem Begriff des Habitus wurde in der bisherigen Forschung bereits ein theoretischer Zugang formuliert, der in diesem Kapitel aufgegriffen und tiefergehend ausgeführt werden soll. Mit der Einnahme einer praxeologischen Perspektive zum professionellen Handelns von Data Scientists soll eine Leerstelle bearbeitet werden. Hierfür gilt es zunächst, die Fragestellungen zu bearbeiten, was unter einem Habitus konkret zu verstehen ist und inwiefern er für die Analyse berufsspezifischer Orientierungsrahmen fruchtbar erscheint. Die Auswahl theoretischer und empirischer Erkenntniswerkzeuge leitet sich immer aus dem konkreten Forschungsinteresse ab. Theoretische Konzepte sollten in der wissenschaftlichen Praxis jedoch zunächst als Mittel zum Zweck verstanden werden, die dazu dienen, die soziale Wirklichkeit empirisch zu erfassen. Das empirische Instrumentarium darf dabei nicht lediglich der Erklärung bereits feststehender theoretischer Annahmen dienen. Die folgenden theoretischen Darlegungen sollen nicht als starrer Theorierahmen verstanden werden, sondern der Einnahme einer soziologischen Perspektive dienen, von der aus sich dem zu untersuchenden Phänomen angenähert werden kann.

Die Betrachtung beruflicher oder auch professioneller handlungsleitender Orientierungsrahmen bedarf einer theoretischen Perspektive, die die beobachtbare soziale Praxis in den Mittelpunkt ihrer Überlegungen stellt und als gesellschaftlich bedingte Praktiken versteht (Bohnsack 2017; Bonnet und Hericks 2019; Schmidt 2012). Umgangsweisen mit alltäglichen beruflichen Problemstellungen können nicht nur als rein individuelle Verhaltensmuster aufgefasst werden,

S. Hagemann, *Algorithmen, Habitus und sozialer Kontext*,
https://doi.org/10.1007/978-3-658-51435-8_4

sondern bedürfen einer relationalen Verortung im Gefüge (klassen-)spezifischer beruflicher und organisationaler Sozialisation von Wahrnehmungs-, Denk- und Handlungsmustern (Cloos 2006; Corsten 2012; Kutzner 2012; Mühlfeld 1987). Hierfür erscheint eine Theorie der Praxis nach Bourdieu als ein vielversprechender Anknüpfungspunkt. Seine Theorie der Praxeologie verbindet Überlegungen des Strukturalismus und Interaktionismus, welche in seiner Analyse in einem sich gegenseitig bedingenden Verhältnis zueinanderstehen. Die einzelnen Komponenten seiner Theorie (Habitus-, Feld-, Kapital- und Klassentheorie) definieren ein voneinander abhängiges Wechselverhältnis (Schwingel 1998, S. 19). Es berücksichtigt die gesellschaftliche Determination von sozialer Praxis, räumt ihr dabei in der individuellen Ausführung aber relativ große Freiräume ein.

Bourdieu versucht, den lange vorherrschenden Dualismus von Subjektivismus und Objektivismus zu überwinden. Für ihn handelt es sich nicht um sich gegenseitig ausschließende theoretische Paradigmen, sondern sich gegenseitig bedingende empirische Wirklichkeiten. In seinen Überlegungen zu einer *Theorie der Praxis* analysiert er Praktiken daher als ein dialektisches Zusammenspiel von *opus operatum* und *modus operandi* (Bourdieu 1987, S. 98).

> *„Von allen Gegensätzen, die die Sozialwissenschaften künstlich spalten, ist der grundlegendste und verderblichste der zwischen Subjektivismus und Objektivismus. Schon daß diese Spaltung immer wieder in kaum veränderten Formen aufbricht, dürfte zur Genüge belegen, daß die beiden Erkenntnisweisen, zwischen denen sie unterscheidet, für eine Wissenschaft der Sozialwelt, die weder auf eine Sozialphänomenologie noch auf eine Sozialphysik reduziert werden kann, gleichermaßen unentbehrlich sind."*
> (Bourdieu 1987, S. 49)

Aus seiner Sicht können weder die sozialen Akteure mit ihren praktischen Erfahrungen und Alltagserkenntnissen noch die objektiven Strukturen in der soziologischen Analyse außen vor gelassen werden (Schwingel 1998, S. 49). Allerdings bedarf es einer Analyse der konzeptuellen Grenzen subjektivistischer und objektivistischer Theorieerkenntnisse. Nach Bourdieu (1987) unterliegen Wissenschaftler:innen immer der Gefahr des *Intellektualismus* oder *Intellektualozentrismus* (Bourdieu 1987, S. 56). Als Forschender neigt man dazu, das in einem spezifischen Wissenschaftsfeld erworbene Wissen höher als den Alltagsverstand zu bewerten, geknüpft an den Glauben, mit diesem Wissen soziale Phänomene allumfänglich erklären zu können, ohne die Grenzen ihrer Erkenntnistheorien kritisch zu analysieren. So wird „[d]ie Übertragung eines nicht objektivierten theoretischen Verhältnisses auf die Praxis, die man objektivieren will [...] Ursache einer ganzen Reihe wissenschaftlicher Fehler" (Bourdieu 1987, S. 56).

Dem setzt Bourdieu (1987) seine *Theorie der Praxis als Praxis* entgegen. Sie begreift sich als eine Abgrenzung zu den strengen Logikregeln der wissenschaftlichen Theoriebildung[1], die sich nur unter Ausklammerung der Zwecke und Zwänge der Alltagspraxis konstruieren lässt (Schwingel 1998, S. 54). Im Gegensatz zu einer Logik der Theorie beruht die Logik der Praxis auf einer „*Ökonomie der Logik*, die dafür sorgt, daß nicht mehr Logik aufgewendet wird als für die Bedürfnisse der Praxis erforderlich“ ist (Bourdieu 1987, S. 158). Eine Praxis steht immer in einem konkreten Verhältnis zu einer praktischen Situation, aus der heraus sie auch definiert wird. So erscheint Praxis nicht als ein „‚fertiges Produkt‘ und konstituierte Gesamtheit, sondern auch und vor allem als [...] Verfahren der Produktion und laufende[n] Abrechnung“ (Papilloud 2003, S. 111). Sie resultiert aus den Existenzbedingungen einer bestimmten Klassenlage, die über Lern- und Konditionierungsprozesse als klassenspezifische Klassifikationsschemata eines Habitus inkorporiert werden. Der Inkorporierungsprozess vollzieht sich dabei nicht nur in einer räumlichen, sondern auch in einer zeitlichen Dimension. Zeit spielt in der Logik der Praxis eine bedeutende Rolle (Bourdieu 1987, 148 f.). In den Erkenntnistheorien der Wissenschaft erscheint Praxis in der Konstruktion theoretischer Schema häufig als zeitlos.

> *„Es gibt eine Zeit der Wissenschaft, die nicht die der Praxis ist. Für den Analytiker ist die Zeit aufgehoben [...] weil er immer erst analysiert, wenn alles schon vorbei ist, und daher nicht im ungewissen über das mögliche Geschehen sein kann, sondern auch, weil er die Zeit hat zu totalisieren, d. h. Zeiteffekte zu überwinden.“* (Bourdieu 1987, S. 149)

Die Zeit der Praxis dagegen ist durch einen spezifischen Rhythmus der Dringlichkeit oder Unaufschiebbarkeit gekennzeichnet. Jede soziale Praxis unterliegt zeitlichen Zwängen, die immer eng an ungleiche soziale und ökonomische Zwängen gekoppelt sind (Schwingel 1998, S. 55). Für die Erklärung bzw. Rekonstruktion der Genese und Gewissheit der alltagspraktischen Erkenntnisse der Akteure bedarf es mehr an Erklärungskraft. Mit seiner Habitustheorie versucht Bourdieu diesem Anspruch Genüge zu tun.

Im Folgendem werden die unterschiedlichen Komponenten der praxeologischen Theorie von Bourdieu beschrieben und in Beziehung zum Aspekt

[1] Es sei an dieser Stelle darauf verwiesen, dass Bourdieu seine Konzepte im Zuge seiner (anfangs vor allem ethnografischen) empirischen Forschungen entwickelt hat und nicht als erkenntnistheoretische Konzepte zur Bearbeitung allgemeiner soziologischer Fragestellungen.

professionellen Handelns gesetzt. Zunächst werden seine grundlegenden Überlegungen zu seiner Theorie der Praxis ausgeführt. Diese werden mit der Klassen- und Habitustheorie weiter vertieft. Darauf aufbauend wird neben der Ausformulierung seiner Feld- und Kapitaltheorie auch die relationale Wechselbeziehung der verschiedenen Komponenten hervorgehoben und ebenso in ihrer gegenseitigen Abhängigkeit wie in ihrer Bedingtheit für die Professionalität von Data Scientists beschrieben.

4.1 Soziale Herkunftsklasse und Habitus

Die Habitustheorie schließt unmittelbar an die Theorie der sozialen Praxis an und konkretisiert diese als eine „Theorie des Erzeugungsmodus der Praxisformen" (Bourdieu 2021, S. 164). Bourdieus Überlegungen zum Habitus sind an die antike aristotelische Philosophie (Fröhlich und Rehbein 2014) und Wittgensteins Sprachphilosophie (Rehbein 2013) angelehnt. Wobei seine Forschungen nicht auf philosophischen Untersuchungen beruhen, sondern auf ethnografischen Studien der kabylischen Gesellschaft (Bourdieu 1964) oder Studien zu Bildungsungleichheiten in Frankreich (Bourdieu 1971).[2] Wie alle seine Begrifflichkeiten, versteht Bourdieu auch den Begriff des Habitus als eine systemische Definition, die für konkrete empirische Anwendungen entwickelt wurde. Sie erschließen sich nur innerhalb eines relationalen Beziehungsgefüges zu anderen systemischen Begrifflichkeiten (wie z. B. Feld), welche in ihrem Zusammenhang ein theoretisches Ganzes bilden (Bourdieu und Wacquant 1996, S. 125). Der methodologische Relationismus ist hierbei das prägende Momentum in den theoretischen Überlegungen und empirischen Analysen von Bourdieu. Es ist der Versuch, der ontologischen Präeminenz von Struktur oder des Individuums eine Theorie der Relationen entgegenzusetzen. So steht für ihn in seiner Habitustheorie das Individuum nicht als rein individuelles, sondern als ein durch die gesellschaftlichen Strukturen determinierter Akteur im Fokus seiner Analysen.

Der Habitus bildet somit keine rein individuelle Konstellation an Verhaltensdispositionen oder folgt gar einer natürlichen Determination, sondern muss sich durch Praxis angeeignet bzw. in den Körper einverleibt werden. Ein Inkorporierungsprozess, dem nicht unbedingt ein bewusstes Erlernen zu Grunde liegt,

[2] Das Habituskonzept von Bourdieu ist ein relativ offenes Konstrukt, welches in verschiedenen Forschungszusammenhängen unterschiedliche Akzentuierungen erfährt, was darauf zurückzuführen ist, dass es sich ursprünglich aus konkreten empirischen Forschungsfragen heraus entwickelte und nicht als ein Theoriegerüst zur Beantwortung allgemeiner soziologischer Problemstellungen formuliert wurde (Schwingel 1998, S. 59).

sondern vielmehr eine soziale Konditionierung der Anpassung, eine Einübung von Verhaltensweisen zur Bewältigung sozialer Situationen (Lippuner 2012, S. 133). Somit dient der Habitusbegriff auch als ein Bruch gegenüber einer Philosophie des Handelns, wie Ansätzen der *Rational Action Theory* oder eines *homo oeconomicus.* Bourdieu geht es hierbei um eine Theorieentwicklung, die sich aus der Empirie ableitet, um die Logik der Praxis zu erklären und eine materialistische Erkenntnistheorie zu ermöglichen (Bourdieu und Wacquant 1996, 153 f.) Der Habitus erscheint als Produkt der Geschichte, der neue Geschichte produziert. D. h., als Produkt der Geschichte vorausgegangener Praktiken (opus operatum) produziert der Habitus sowohl individuelle als auch kollektive Praktiken, die sich in spezifischen Wahrnehmungs-, Denk- und Handlungsmustern (modus operandi) niederschlagen (Bourdieu 1987, S. 101). Das Individuum findet sich in einer Praxiswelt wieder, die durch Praktiken der Vergangenheit strukturiert wurde und die sich in der gegenwärtigen Handlungspraxis reproduzieren und somit als strukturierende Struktur auf die Zukunft einwirken. Ableitend bedeutet das, dass Praxis immer gesellschaftlich bedingt und (vor-)strukturiert ist.

> *„Der soziale Agent hat einen Habitus, und dadurch ist er ein kollektives Einzelwesen oder ein durch Inkorporation vereinzeltes Kollektivwesen. Das Individuelle, das Subjektive ist sozial, kollektiv. Der Habitus ist sozialisierte Subjektivität, historisch Transzendentales, dessen Wahrnehmungs- und Wertungskategorien (die Präferenzsysteme) Produkt der Kollektiv- und Individualgeschichte sind."* (Bourdieu et al. 2002, S. 215)

Die gesellschaftliche Bedingtheit des Habitus resultiert, als Geschichte vorausgegangener Praxis, aus den spezifischen ökonomischen und sozialen Zwängen einer sozialen Klasse. Diese manifestieren sich in Form von Verboten, Sorgen, Moralvorstellungen, Konflikten, Geschmäckern usw. und vermitteln sich primär über die Sozialisation in der Familie. Unterschiedliche Habitusformen sind daher das Resultat ungleicher gesellschaftlich materieller und kultureller Bedingungen. Als ein Erzeugungsprinzip (klassen-)spezifischer Wahrnehmungs-, Denk- und Handlungsmuster beschreibt der Habitus ein System dauerhafter und übertragbarer Dispositionen (Bourdieu 1987, S. 98). Als strukturierte Strukturen nehmen sie als Erzeugungs- und Ordnungsgrundlagen von Praktiken die Funktion strukturierender Strukturen ein. Diese Wahrnehmungs- und Denkschemata bringen entsprechende Handlungsschemata als spezifische Praktiken hervor (Schwingel 1998, S. 62).

Die Schemata der alltäglichen Wahrnehmung strukturieren die soziale Welt der Akteure, die über Denkschemata, als Klassifikationsschemata, interpretiert und kognitiv geordnet werden. D. h., die Habitusformation einer Klasse determiniert die Wahrnehmung von Welt und die Rückschlüsse, die aus ihr getroffen werden, die zu bestimmten Handlungs- bzw. Reaktionsweisen führen. Hierzu zählen auch implizite ethische Normenvorstellungen, anhand derer soziale Handlungen beurteilt werden, oder ästhetische Maßstäbe zur Bewertung kultureller Objekte oder Praktiken. Die ökonomischen und sozialen Zwänge einer Klasse nehmen erheblichen Einfluss auf die Wahrnehmung und Bearbeitung aller späteren Erfahrungen eines Individuums (Bourdieu 1987, S. 101).

> *„Der Habitus als Grundlage einer selektiven Wahrnehmung von Indizien, die eher zu seiner Bestätigung und Bekräftigung als zu seiner Verwandlung taugen, und als Matrix zur Erzeugung von Reaktionen, die an alle mit den (früheren) Bedingungen seiner Erzeugung identischen oder homologen objektiven Bedingungen vorangepaßt sind, wird entsprechend einer wahrscheinlichen Zukunft festgelegt, die er vorwegnimmt und mit herbeiführt, weil er sie direkt aus der Gegenwart der vermuteten Welt als der einzigen herausliest, die er je erkennen kann."* (Bourdieu 1987, S. 120)

Der Habitus bleibt so weitestgehend mit seinen Praxisformen und Praktiken den immanenten Regelmäßigkeiten seiner Entstehungsbedingungen verhaftet. Für die Betrachtung eines spezifischen Professionshabitus ist dieser Umstand bedeutsam. Seine immanenten Wahrnehmungs-, Bewertungs- und Handlungsmuster beruhen nicht allein auf beruflichen Orientierungsmustern, sondern sind immer schon durch eine klassenspezifische Sozialisation vorgeprägt. Die menschliche Vorstellungskraft ist sozial begrenzt und bleibt nach Bourdieu in dem Kategorialsystem seiner Bildung gefangen (Bourdieu und Wacquant 1996, S. 160). Der Habitus folgt in seinen Handlungsmustern aber nicht kalkulierten rationalen Überlegungen oder Entscheidungen[3], sondern vollzieht sich im Unbewussten eines nicht anders können. Denn „[w]as der Leib gelernt hat, das besitzt man nicht wie ein wiederbetrachtbares Wissen, sondern das ist man" (Bourdieu 1987, S. 135) und das mündet in dem Anschein, dass wir „in Dreiviertel unserer Handlungen Automaten sind" (Bourdieu 2013, S. 740).[4]

---

[3] Für Bourdieu ist dieser Modus der Hervorbringung von Praxis nicht gänzlich undenkbar oder ausgeschlossen. Schließlich ist der Habitus ein *Erzeugungsprinzip* von Praxis unter anderen (Schwingel 1998, S. 61).

[4] Eine grundlegende Kritik an der Habitustheorie von Bourdieu ist in diesem Zusammenhang die Erklärbarkeit von sozialem Wandel (Ebrecht 2004). Überlegungen zu Habitustransformationen lassen sich bei Bourdieu in Form von Milieuwechsel denken bzw. über „eine spezifische Konstellation zweier Schemata *innerhalb* des inkorporierten Dispositionssystems eines Akteurs" (Ebrecht 2004, S. 234). Ebrecht (2004) verweist darauf, dass Bourdieu zwar davon ausgeht, dass die Akteure ein vielschichtiges, aber dennoch kohärentes Dispositionssystem aufweisen. Gerade in modernen (westlichen, industriellen) Gesellschaften sind die Akteure jedoch durch selbstgewählte Beziehungen mit einer Vielzahl an Feldern und Milieus

Der Habitus beschreibt einen praktischen Sinn, der es den Akteuren ermöglicht, sich in Situationen zurechtzufinden, sie zu interpretieren und entsprechend zu handeln. Er ist ein *Gespür für das Spiel* innerhalb eines sozialen Feldes. Über *Spielerfahrung* eignet sich das Individuum den praktischen Umgang mit den feldimmanenten Logiken an (Bourdieu 1992, S. 81). Er ermöglicht den Individuen die Einschätzung der eigenen Handlungsmöglichkeiten, also dessen, was getan oder gesagt werden muss und was nicht. Hier zeigt sich sehr deutlich das Zusammenspiel von strukturierter und strukturierender Struktur des Habitus. Denn die Abwägung der Möglichkeiten der eigenen Handlung setzt „die Umwandlung der vergangenen Wirkung [strukturierte Struktur] in eine vorweggenommene Zukunft [strukturierende Struktur]“ voraus (Bourdieu 2021, S. 166). Bourdieu beschreibt den praktischen Sinn daher auch als *Strategien* (Bourdieu 2021, S. 165). Der praktische Sinn nimmt erheblichen Einfluss auf die Positionierung innerhalb der sozialen Welt und führt mit zu ihrer Reproduktion (Kramer 2014, S. 19), woraus sich erschließen lässt, dass der *Spiel-Sinn* entsprechend der ungleichen sozialen Existenzbedingungen ebenfalls ungleich verteilt ist (Bourdieu 1992, S. 83).

Als Konstrukt des *opus operatum* und *modus operandi* gibt der Habitus mit seinem praktischen Sinn einen *denkbaren* Möglichkeitsraum an Entscheidungen, Handlungen usw. vor. Die spezifische Klassenlage, die von Bourdieu auch als *objektive Klasse* beschrieben wird, bezeichnet ein „Ensemble von Akteuren, die homogenen Lebensbedingungen unterworfen sind“, die zu einer sozialen Konditionierung mit ähnlichen Handlungsmustern führt und denen sowohl *objektivierte* als auch *inkorporierte* Merkmale gemein sind (Bourdieu 2013, S. 175), Gemeinsamkeiten, die in einem bestimmten Lebensstil oder einer bestimmten sozialen Laufbahn zum Ausdruck kommen.[5] Die durch die Daseinsbedingungen hervorgerufenen Dispositionen einer Klasse gehen mit einem bestimmten Umfang ererbten Kapitals für die Individuen einher und entsprechen einem „*Bündel* ungefähr gleich wahrscheinlicher, zu ungefähr gleichwertigen Positionen führender *Lebensläufe* – das einem bestimmten Individuum objektiv gegebene *Möglichkeitsfeld*“ (Bourdieu 2013, S. 188). Der Habitus prägt nicht die Praktiken an sich, sondern einen Raum an möglichen Praktiken.

---

konfrontiert, die sie dazu nötigen, mit vielfältigen kognitiven Schemata zu agieren, die nicht aufeinander abgestimmt sind (Ebrecht 2004, S. 236).

[5] Rehbein (2013) verweist darauf, dass die Habitustheorie von Bourdieu in ihrem konkreten Zusammenhang von allgemeinen gesellschaftlichen Strukturen und individuellen Verhalten oft sehr vage bleibt. Was seiner Ansicht nach darauf zurückzuführen ist, dass Habitus kein empirischer oder erklärender Begriff ist, sondern eine Kategorie beschreibt. Für Bourdieu ist Habitus eine *Tendenz*, die bestimmte Handlungen in Situationen nahelegt oder ausschließt (Rehbein 2013, S. 127.

> *„In den Dispositionen des Habitus ist somit die gesamte Struktur des Systems der Existenzbedingungen angelegt, so wie diese sich in der Erfahrung einer besonderen sozialen Lage mit einer bestimmten Position innerhalb dieser Struktur niederschlägt. Die fundamentalen Gegensatzpaare der Struktur der Existenzbedingungen (oben / unten, reich / arm etc.) setzen sich tendenziell als grundlegende Strukturierungsprinzipien der Praxisformen wie deren Wahrnehmung durch“* (Bourdieu 2013, S. 279)

Der Habitus definiert für seine Träger:innen eine soziale Welt von begrenzten Wahrscheinlichkeiten an gebotenen Chancen. Eine zugeschriebene elitäre Position als *digitale Elite* (Burrell und Fourcade 2021), *Arbeiteraristokratie* (Fuchs 2014) oder *Prototyp der neuen Mittelklasse* (Dorschel 2022) setzt ein positionsentsprechendes hohes (allen voran kulturelles und soziales) Kapitalvolumen bei Data Scientists voraus. Es sind ihre technischen Fertigkeiten (kulturelles Kapital) der Extrahierung und Inwertsetzung von Informationen, die ihnen eine derartige Positionierung innerhalb der Tech-Branche ermöglichen. Gleichzeitig befinden sich Data Scientists sowohl untereinander als auch mit anderen identischen Berufsgruppen in Konkurrenz. Für Bourdieu leitet sich daher aus dem Verhältnis an Möglichkeiten auch ein Verhältnis an Machtbefugnissen ab (Bourdieu 1987, S. 120). Klassenpositionen sind mit unterschiedlichen realistischen Verhältnissen an Lebenswegmöglichkeiten konfrontiert, die Ausdruck von Machtverhältnissen zwischen den sozialen Gruppen sind. Ihr Umstand als kontingente, veränderbare soziale Beziehungsgefüge verschleiert sich, bedingt durch die gesellschaftlichen Klassifikationsschemata, die sich für die Individuen als natürliche und notwendige Gegebenheiten darstellen. Das Zusammenspiel von sozialen und kognitiven Strukturen eines Habitus erfüllt somit nicht nur die Funktion eines Erkenntnisinstrumentes, sondern auch eines Instruments der Herrschaft (Bourdieu und Wacquant 1996, 32 f.). Die Betrachtung eines Habitus konzentriert sich daher weniger auf individuelle Praktiken, sondern vielmehr auf gesellschaftlich bedingte klassenspezifische Praxisformen. Individuelle Unterschiede innerhalb einer sozialen Gruppe sind Ausdruck spezifischer Positionierungen innerhalb einer sozialen Klasse und seiner sozialen Laufbahn (Schwingel 1998, 71 f.).

Übertragen auf Berufsentscheidungen und Arbeitsbiografien sind diese nach Kutzner (2012) nicht einfach auf individuelle Präferenzen zurückführen, sondern müssen vielmehr im Kontext eines spezifischen Habilisationsprozesses betrachtet werden (Kutzner 2012, S. 203). Eine Berufswahl vollzieht sich demnach vor dem Hintergrund sozialgeschichtlicher Wirkungen eines Herkunftsmilieus, die häufig zu einer Homologie zwischen Berufstätigkeit und Herkunftsmilieu führt (Corsten 2012, S. 325). Die berufliche Positionierung verweist schließlich auf eine spezifische soziale Klassenlage, die mit einer spezifischen Kapitalausstattung einhergeht (Bourdieu 2013, 196 ff.). Im Zuge der Berufsausbildung und Tätigkeit entwickelt sich nach Auffassung der Professionssoziologie ein praktischer Sinn für das Berufsfeld, der über spezifische Wahrnehmungs- und Bewertungsschemata in Handlungstätigkeiten zum Ausdruck kommt, etwas, das als ein beruflicher Habitus oder Professionshabitus beschrieben werden kann. Dieser lässt sich auf eine spezifische Ausbildungs- und Berufssozialisation zurückführen, die bestimmte Praxisformen beruflichen Handelns hervorbringt. Allerdings handeln die beruflich tätigen Individuen nicht rein schematisch nach beruflich ausgeformten Handlungsmustern, sondern auf Grundlage eines Habitus in seiner Gesamtheit und seines verfügbaren Handlungsapparates (Sander 2014, S. 12). Der berufliche Habitus konstituiert sich immer vor dem Hintergrund eines spezifischen Klassenhabitus. Die theoretische Aufspaltung eines Habitus dient letztendlich nur seiner wissenschaftlich-analytischen Veranschaulichung bzw. Greifbarkeit. Trotzdem sei auch zu beachten, dass die berufliche Sozialisation ein wesentlicher Teil der Lebensgeschichte darstellt, bei dem Arbeitsorganisationen einen zentralen Lernort bilden (Mühlfeld 1987, S. 79). Ein berufliche Position ist zugleich immer eine soziale Position, die mit spezifischen gesellschaftlichen Partizipationsmöglichkeiten verbunden ist. Der Beruf ist somit sowohl Distinktionsmerkmal als auch Ausdruck ungleicher Machtverhältnisse und bildet die Realisierungsmöglichkeiten von Lebenschancen ab (Mühlfeld 1987, S. 69).

Die Dispositionen eines Habitus resultieren aus der Inkorporierung externer klassenspezifischer Sozialstrukturen, die sich im Gegenzug nur über den Vollzug gesellschaftlicher Praxis konstituieren können. D. h., soziale Strukturen können nur im Zuge der Vollführung sozialer Praktiken als materielle Wirklichkeit existieren (Schwingel 1998, 76 f.). Der Habitus wird somit sowohl durch interne als auch externe Strukturen konstituiert. Er ist Träger einer „Dialektik von objektiven und einverleibten Strukturen" (Bourdieu 2021, S. 164). So steht der Habitus in einem direkten Abhängigkeitsverhältnis zu den objektiven Strukturen, die die Struktur sozialer Felder bilden. In den theoretischen und empirischen Überlegungen des methodologischen Relationismus von Bourdieu kann die Habitustheorie nicht ohne seine Feldtheorie und andersrum gedacht werden, da sie in einem sich gegenseitig bedingenden Verhältnis zueinander stehen.

4.2 Habitus und Feld

> *„Was in der sozialen Welt existiert, sind Relationen – nicht Interaktionen oder intersubjektive Beziehungen zwischen Akteuren, sondern objektive Relationen, die ‚unabhängig vom Bewußtsein und Willen der Individuen' bestehen, wie Marx gesagt hat."* (Bourdieu und Wacquant 1996, S. 127)

Es wurde aufgezeigt, dass habituelle Wahrnehmungs-, Bewertungs- und Handlungsschemata, als ein dauerhaftes Dispositionssystem, aus spezifischen Existenzbedingungen heraus resultieren. Der Habitus beschreibt einen praktischen Sinn innerhalb sozialer Felder. Im Folgenden soll nun genauer auf die Begrifflichkeit des Feldes und seine Relation zum Habitus eingegangen werden.

Ein Feld konstituiert sich über ein sich bedingendes Beziehungs- bzw. Positionsgefüge zwischen den Akteuren. Die Struktur eines Feldes ist durch ungleiche Handlungsmöglichkeiten (Machtverhältnisse) der Akteure gekennzeichnet, die sich auf ihren ungleichen Habitus zurückführen lassen. Ziel ihrer Handlungen ist die Verbesserung der eigenen sozialen Position innerhalb des Feldes. Bourdieu spricht daher auch nicht von einer Regelhaftigkeit des Handelns, sondern von Strategien (Rehbein 2013, S. 126). Der praktische Sinn ermöglicht die „Anpassung an die Erfordernisse eines Feldes", welchen Bourdieu auch als *Sinn für das Spiel* beschreibt (Bourdieu 1987, S. 122). Felder werden in der Bourdieuschen Terminologie auch als *Spielfelder* bezeichnet, wobei der Begriff des Spiels sich auf konkrete soziale Situationen bezieht. Der Feldbegriff dient der Beschreibung gesellschaftlicher Teilsysteme. Diese besitzen eine ihnen innewohnende eigene Logik von Perspektiven, Regeln, Verhaltensweisen usw., woraus sich unterschiedliche Unterscheidungsprinzipien der Bewertung, Positionsbestimmung, Ereignisdeutung oder Problembewältigung ableiten (Lippuner 2012, S. 131). Felder erscheinen so als relativ autonome Subräume des sozialen Raumes. Es handelt sich um „ein Ort von Kräfte- und nicht nur Sinnverhältnissen und von Kämpfen um Veränderung dieser Verhältnisse, und folglich ein Ort des permanenten Wandels" (Bourdieu und Wacquant 1996, 134 f.). Das Feld konstruiert sich erst durch den praktischen Sinn (Habitus) der in ihm agierenden sozialen Akteure als Kräftefeld.

Für die erfolgreiche Teilnahme bedarf es des Glaubens (*illusio*) an das Spiel bzw. des Spieleinsatzes und einer Anerkennung der Spielvoraussetzungen eines Feldes (Bourdieu 1987, S. 122). Es handelt sich um einen kollektiven Glauben, aus dem sich ein feldspezifischer praktischer Sinn ableitet. Dieser definiert die objektive Grundlage sinnvoller Praktiken innerhalb eines Feldes, d. h. Praktiken, die sich in die Logik eines Feldes einfügen und verstehbar aufeinander beziehen.

Die Wirksamkeit eines Feldes resultiert aus der Annahme einer Selbstverständlichkeit seiner immanenten Auseinandersetzungen, aus dem Glauben „an den absoluten Wert dessen, was auf dem Spiel steht“ (Bourdieu 2013, S. 389). Es gibt einen kollektiven Glauben, dass etwas einen Wert an sich besitze. Was zur Folge hat, dass die dahinterliegenden Mechanismen der Wertzuschreibung verschleiert bleiben. Diese sind für die Feldakteure nicht erkennbar, wodurch es ihnen auch nicht möglich ist, die Spielregeln eines Feldes zu artikulieren. Als konstitutive Regeln determinieren sie den Möglichkeitsrahmen an denkbaren Praktiken. Es handelt sich hierbei also keineswegs um ein festes Regelwerk (Schwingel 1998, S. 83).

> *„Das Kräftefeld ist auch ein Feld von Kämpfen um seine Erhaltung oder Transformation, ein sozial konstruiertes Aktionsfeld, auf dem Agenten mit unterschiedlicher Ressourcenausstattung aufeinander treffen.“* (Bourdieu et al. 2002, S. 201)

Bezogen auf die Analyse professionsspezifischer Orientierungsmuster von Data Scientists müsste von einem komparablen Feld ausgegangen werden, welches aus seiner Logik heraus die Strukturen einer professionsspezifischen Praxis mit determiniert. Verwiebe und Hagemann (2023) argumentieren, dass die großen Tech-Unternehmen, wie Google, Amazon, Facebook, Microsoft, Apple (sog. BIG-5), und ihre chinesischen Äquivalente, wie Alibaba, Meituan oder Tencent, die Dominatoren eines *digitalen Feldes* sind, in dem ökonomisch verwertbare personenbezogene Daten als wertvolles und umkämpftes Gut zirkulieren (Verwiebe und Hagemann 2024, S. 5). Ideologisch geprägt ist das digitale Feld durch die *Illusio* des Solutionismus (Nachtwey und Seidl 2017). Die neuen digitalen Technologien werden als Heilsbringer für die multiplen Probleme einer als mangelhaft empfundenen Welt angepriesen. Durch kreative Disruptionen und technologische Innovationen (insbesondere im Bereich der künstlichen Intelligenz) soll die Welt verbessert werden (Reckwitz 2013, 139 f.). Insbesondere die Pioniere des Silicon Valley inszenieren sich als Ort eines eingeschworenen Kollektivs, welches gleichzeitig Einzelpersonen als singuläre Genies zelebriert. Sie bilden ein Zentrum kreativer Innovationen und der Verschmelzung von Kommerz und Gegenkultur (Tarnoff und Weigel 2020, S. 77). Die Aussicht auf extraordinäre Gewinne, Expansion digitaler Dienstleistungen und die damit einhergehenden konkurrierenden Geschäftsmodelle haben den anfänglichen Pioniergeist allerdings zunehmend zurückgedrängt. Der libertäre Arbeitsprozess weicht einer hierarchisierten Struktur, bei der eine manageriale Ebene die Prioritäten determiniert (Tarnoff und Weigel 2020, 86 ff.).

Feldimmanente Konflikte um Macht und Herrschaft artikulieren sich u. a. in Auseinandersetzungen um Marktanteile, Nutzer:innen oder singuläre Technologien. Sie manifestieren sich in Kämpfen um die Anfechtung der Monopolstellungen der BIG-5, in dem von Microsoft, Google und Amazon kontrollierten Cloud-Markt oder in politischen wie auch juristischen Streitigkeiten über den Schutz der Privatsphäre (Verwiebe und Hagemann 2024, 6 f.). Die professionelle Praxis von Data Scientists konstituiert sich vor dem Hintergrund großer Tech-Unternehmen, die effizienzgetrieben und gewinnorientiert ausgerichtet sind. Mit der Etablierung sozio-ökonomischer Kreislaufsysteme versuchen diese über Strategien der Expansion und Schließung, sich als proprietäre Märkte zu manifestieren (Staab 2019, 178 ff.). Die Extrahierung von Informationen aus unstrukturierten Daten, die Entwicklung intelligenter Anwendungstechnologien und Implementierung digitaler Technologien in Arbeitsprozessen sollen zum Gelingen der gesetzten Ziele beitragen. So sind es die führenden Persönlichkeiten, die den Begriff von Data Science und deren Neuartigkeit wie auch Notwendigkeit postulieren. Sie preisen Data Scientists als technisch und ökonomisch versierte Talente an und definieren somit den Anforderungsrahmen als *Schlüsselspieler*, *Problemlöser* oder *Super Cruncher* (Ayres 2007; Davenport und Patil 2012; Hammerbacher 2009).

Bourdieu (2002) argumentiert, dass Felder sich in unterschiedlich eng begrenzte Teilfeldern unterscheiden lassen (Bourdieu et al. 2002, S. 206). Das literarische Feld unterteilt sich für ihn in die Teilfelder der Poesie, der Presse oder Kritik (Jurt 1995), das ökonomische Feld in unterschiedliche Industriesektoren, wie die Luftfahrtindustrie, die Telekommunikation oder die Informatik (Bourdieu et al. 2002, S. 206). Theoretisch ließe sich ein Teilfeld des *Software Engineerings* ableiten (Verwiebe und Hagemann 2024, S. 7). In Kapitel 3 wurde mit der Systematisierung der Studien zu den Rollen- und Kompetenzprofilen und den Arbeitsweisen sowie mit den Analysen bzgl. der sozialen Position, des Habitus und der Identität eine indirekte Beschreibung dieses Teilfeldes dargelegt. Als Konstrukteur:innen und Kenner:innen der Codes nehmen Data Scientists, Machine Engineers, Data Engineers etc. als Arbeiteraristokratie eine elitäre Position innerhalb der Tech-Workers ein. Als Schlüsselspieler:innen besitzen sie aufgrund ihrer technischen Fähig- und Fertigkeiten für die Unternehmen einen hohen Wert. Das Feld ist geprägt durch Debatten und Konflikte bzgl. des Stellenwertes einer einheitlichen akademischen Ausbildung vs. diversen Ausbildungshintergründen und Self-Learning Skills. Es geht um Auseinandersetzungen um die richtige Programmiersprache, um Modelle, aber auch um ethische Fragestellungen im Umgang mit Daten und diskriminierenden Algorithmen oder um die Transparenz algorithmischer Anwendungstechnologien (Verwiebe und Hagemann 2024, S. 8). Die zunehmende Vielfalt und Ausdifferenzierung im Bereich des Software Engineerings führt darüber hinaus zu Spannungen und Distinktionsbedürfnissen bzgl. der beruflichen Identität (Vaast und Pinsonneault 2021, S. 1096). In gängigen Data Science-Foren, wie Reddit, oder auf Plattformen, wie Youtube, gibt es eine Vielzahl von Beiträgen, die sich mit rollenspezifischen Anforderungen und Abgrenzungen beschäftigen (Abb. 4.1). Hierbei geht es um konkrete Rollen- und Aufgabenzuschreibungen bzw. die Ablehnung von Zuschreibungen (Tarnoff und Weigel 2020, 108 ff.).

Der Raum der Möglichkeiten ist für Individuen sehr stark durch ihre jeweilige soziale Position im Feld determiniert. Die Struktur der Kapitalverteilung prägt neben der sozialen Position der Akteure auch den Rahmen der für sie denkbaren Ziele, Handlungsoptionen und deren Wirksamkeit. Die spezifische Logik des Feldes determiniert den Spieleinsatz und somit auch die jeweils erforderliche Kapitalsorte, aus der sich „die Beziehung zwischen Klasse und Praxis herstellt" (Bourdieu 2013, 194 f.). Die elementaren Kapitalsorten (ökonomisch, kulturell, sozial), als Ausdruck ungleicher Klassenverhältnisse, behalten unabhängig vom spezifischen Feld ihre Erklärungskraft, variieren aber in ihrer relativen Gewichtung. In einem Feld kann dem sozialen Kapital größeres Gewicht zukommen, in einem anderen das Bildungskapital. Aus der Spezifizität einer Feldlogik leitet sich die Relevanz einer Kapitalform als Erklärungsfaktor für die jeweilige Praxis in diesem Feld ab. Das bedeutet, es sind nicht alle Kapitalformen innerhalb eines Feldes gleichsam wirksam und effizient. Jedes Spielfeld hat seinen eigenen Spieleinsatz, der in seiner Spezifik der Logik bestimmt, was Kurs hat.

> *„[…] wenn man bedenkt, daß auf der Basis des Kapitals als eines gesellschaftlichen Verhältnisses, mit anderen Worten einer sozialen Energie, die Bestand und Wirkung nur in dem Feld hat, in dem sie sich produziert und reproduziert, jedes der klassengebundenen Merkmale Wert und Wirksamkeit durch die besonderen Gesetze eines jeden Feldes erhält […].“* (Bourdieu 2013, S. 194)

Denn die Grenze eines Feldes lässt sich nicht per se bestimmen. Sie verläuft, abstrakt formuliert, dort, wo die Feldeffekte enden und „[d]ie Frage nach der Grenze des Feldes wird immer im Feld selbst gestellt und läßt folglich keine Antwort a priori zu", weshalb sich diese nur durch empirische Untersuchungen bestimmen ließe (Bourdieu und Wacquant 1996, 130 f.). Die Durchdringung digitaler Technologien in nahezu allen gesellschaftlichen Lebensbereichen hat zu Konflikten um das Recht auf eigene Daten, Schutz der Privatsphäre oder Fragestellungen bzgl. der Zugriffsmöglichkeiten von Geheimdiensten auf persönliche Daten geführt (Nowaczyk 2024; Wolfangel 2024). So musste z. B. das Datenschutzabkommen zwischen der EU und den USA im Jahr 2022 neu aufgesetzt

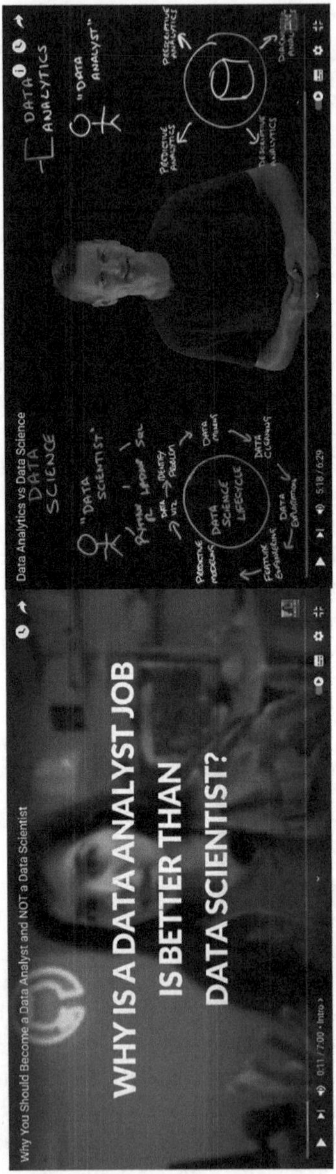

Abb. 4.1 Distinktion beruflicher Identitäten. (Eigener Screenshot (Khalid 2024) & (IBM Technology 2024))

werden. Zuvor hatte der europäischen Gerichtshof das Gesetz annulliert. Begründet wurde das Urteil mit unkontrollierten Zugriffsmöglichkeiten von US-Diensten auf personenbezogene Daten von EU-Bürger:innen. Die Grenzen des digitalen Feldes werden mitunter dort sichtbar, wo sie in Geltungsbereiche des politischen oder juristischen Feldes eindringen und dort verhandelt werden.

4.3 Überlegungen zum Data Scientist-Habitus

Überlegungen zu einem professionsbezogenen Habitus implizieren die Annahme eines spezifischen beruflichen praktischen Sinns, mit dem sich die Akteure innerhalb eines Feldes und seinen immanenten Anforderungen bewähren. Auch wenn routinisiertes Handeln durchaus ausreicht, um den beruflichen Anforderungen gerecht zu werden, genügt es nicht automatisch als Kriterium professionellen Handelns. Ein beruflicher Habitus, „der mit Routinen an die Anforderungen des Feldes angepasst ist, ist dann von einem professionalisierten Habitus zu unterscheiden, der eben nicht nur ‚funktioniert', sondern auch den Ansprüchen und Erfordernissen professionellen Handelns entspricht" (Kramer und Pallesen 2019, S. 82). Für die bisher abgeleiteten Orientierungsrahmen (Abb. 15; S. 50) erscheinen ein strukturtheoretischer und kompetenztheoretischer Professionsansatz anknüpfungsfähig. Ersterer verweist auf die konkreten beruflichen Anforderungen, die sich aus der Handlungsstruktur eines Berufsfeldes ableiten (Helsper 2008). Zweiterer stützt sich auf die Betrachtung erlernbarer Fertigkeiten, die der Anforderungsbewältigung zweckdienlich sind (Weinert 2001).

Bezugnehmend auf die Charakteristika von Professionalität in Kapitel 2, lassen sich nach Hericks (2015, 7 f.) drei strukturtheoretische Anforderungen professionellen Handelns benennen:

1. Das berufliche Handeln leitet sich aus einem klar definierten Kernarbeitsauftrag ab. Davon abgeleitete Anforderungen legitimieren sich erst über die Existenz einer solchen Kernaufgabe.
2. Weiteres Merkmal ist die Unhintergehbarkeit der eigenen Person sowie ein Institutions- oder Organisationsbezug.
3. Professionelles Handeln steht in einem konkreten Fallbezug.

Hinsichtlich des ersten Aspekts kann der Orientierungsrahmen der Wissensakkumulation zur ökonomischen Nutzengenerierung als Kernaufgabe definiert werden. Die Anforderung der Extrahierung und Inwertsetzung von Informationen aus Daten basiert auf der Annahme, dass es ökonomisch verwertbare personenbezogene Daten sind, die als umkämpftes und wertvolles Gut im digitalen Feld zirkulieren (Verwiebe und Hagemann 2024). Was den zweiten Punkt anbelangt, kann festgehalten werden, dass Data Scientists, ob als Arbeitnehmer:innen oder (selbstständige) Kontingenzarbeitskräfte, im Kontext von unternehmerischen Strukturen, Organisationen, Teams oder Projekten tätig sind. Ihr berufliches Handeln ist somit Ausdruck und Verkörperung ihrer Arbeitszusammenhänge. Sie sind hierbei als ganze Person in ihr berufliches Handeln eingebettet. In welcher Form Wissen expliziert und weitervermittelt wird, oder wie man sich selbst in seinem Tun verortet, steht in Abhängigkeit zur Persönlichkeit des individuellen Data Scientist. Hier treffen Anforderungen professionellen Handelns mitunter auf Anforderungen des Selbstmanagements. Mit dem dritten Topos, der Fallorientierung, geht ein Fallverstehen einher, welches „die hermeneutische Kompetenz zum Umgang mit struktureller Ungewissheit und um eine fallbezogene ‚Anwendung' von abstrakten theoretischen Wissensbeständen" umfasst (Kramer und Pallesen 2019, S. 86). Als Dienstleister:innen treten Data Scientists als stellvertretende Krisenbewältiger:innen in Erscheinung. Sie entwickeln, implementieren und pflegen die geforderten Technologien und Anwendungen. Ihr berufliches Handeln ist auf die Anforderungen ihrer Klient:innen als Einzelfall ausgerichtet. Hierfür müssen sie in der Lage sein, ihr Wissen zu explizieren und weiterzuvermitteln (Costa und Santos 2017; Dhar 2013; Vidgen et al. 2017).

Die Bewältigung beruflicher Anforderungen setzt entsprechende fachliche Kompetenzen voraus (Knauf 1999; Mertens 1974). Mit einem kompetenzorientierten Professionsansatz lassen sich die Merkmale professionellen Handelns nach Baumert und Kunter (2011, S. 33) erweitern:

4. Spezifisches Professionswissen, welches Kompetenzen im engeren Sinne umfasst.
5. Professionsspezifische Überzeugungen und Wertehaltungen, die sich über normative Präferenzen und Ziele artikulieren.
6. Motivationale Orientierungen.
7. Selbstregulative Fähigkeiten zur Intention, Überwachung und Regulierung beruflichen Handelns.

Unter dem vierten Punkt können die technischen und managerialen Kompetenzen und Wissensbestände (hard und soft skills) von Data Scientists gefasst werden, die die Grundlage ihrer hybriden Professionalität bilden. Als *Bricoleur* (Vidgen et al. 2017) müssen sie einerseits spezifische technische Fähig- und Fertigkeiten aufweisen[6] und auf der anderen Seite bedarf es kommunikativer und unternehmerischer Kompetenzen. Insbesondere ein Beratungswissen zur Kommunikation mit Laien (Baumert und Kunter 2011, S. 40) wurde in den vorherigen Kapiteln in seiner Bedeutung hervorgehoben, über das sich Data Scientists als stellvertretende Krisenbewältiger:innen bewähren müssen. Mit Blick auf die im fünften Punkt aufgeführten Überzeugungen und Wertehaltungen lässt sich aus der Studie von Muller et al. (2019) eine epistemologische Überzeugung bzgl. Daten als Repräsentation von Realität ausmachen. Dabei handelt es sich aber nicht zwangsläufig um eine blinde Technikgläubigkeit (Dorschel 2022). Trotzdem kann davon ausgegangen werden, dass ein *Geist des Solutionismus* (Nachtwey und Seidl 2017), mit der *Illusio* der Weltverbesserung, der Entwicklung digitaler Technologien ein sinnstiftendes Narrativ verleiht und die involvierten Akteure wohl kaum unberührt lässt. In einer *Kultur des Codings* (Nachtwey und Seidl 2023) lässt sich, den sechsten Gesichtspunkt betreffend, eine motivationale Orientierung ableiten, in der komplexe Informationssammlungen, über eine Praxis des divide et impera als beherrsch- und lösbar erscheinen (Nachtwey und Seidl 2023, 472 f.). Digitale Arbeit ist dabei oft von einer hohen intrinsischen Motivation der Nutzenorientierung und Sinnhaftigkeit geleitet und wird von einer unternehmerischen Vorstellung freier kreativer Arbeit kolportiert (Jarrett 2023, S. 68). Insbesondere für Data Scientists erscheinen die technischen Möglichkeiten der großen Tech-Unternehmen einen motivationalen Anreiz zu bieten (Srnicek 2023, 202 f.).[7] Das hat Folgen für die im siebten Punkt genannten professionellen Fähigkeiten der Selbstregulierung. Über die Projektifizierung von Arbeitsorganisation und Arbeitsabläufen sind Data Scientists herausgefordert, Probleme durch Techniken des Selbstmanagements zu lösen. Das führt zu einer Entgrenzung von Arbeits-

---

[6] Alkemeyer und Schmidt (2006) sprechen in der praktischen Zusammenwirkung von Körper und Technik gar von einer wechselseitigen Assimilation (Alkemeyer und Schmidt 2006, S. 576). Nur im Zusammenspiel mit Akteuren, die über ein entsprechendes inkorporiertes Anwendungswissen verfügen, können die einem technischen Gerät eingeschriebenen Gebrauchsgewährleistungen sich im praktischen Vollzug in ihren Gebrauchsmöglichkeiten realisieren. Es handelt sich um eine gegenseitig bedingende Komplementierung von Körper und Technik (Alkemeyer und Schmidt 2006, S. 577).

[7] Viele der großen Unternehmen werben immer wieder führende Forscher:innen aus den Universitäten ab (Srnicek 2023, S. 202). Neben den (ökonomisch verwertbaren personenbezogenen) Daten sind es auch die Fachkräfte, vorrangig Data Scientists, die ein begehrtes Gut darstellen. Ein Mangel an Arbeitskräften bedeutet häufig, dass diese mitunter hohe Gehälter aushandeln können. Die Arbeitsvermittlungsplattform StepStone kalkuliert, dass Data Scientists im Jahr 2024 mit einem Jahresgehalt bis zu 68.100 Euro oder mindestens von 49.200 Euro rechnen können. Das durchschnittliche Jahresgehalt liegt bei 57.200 Euro (StepStone 2024).

und Privatsphäre (Eichmann 2004, S. 87; Jarrett 2023, S. 80). Neuere Forschungsstudien halten dagegen, dass Data Scientists sich durch ein Subjektivierungsideal eines achtsam-moralischen Selbst charakterisieren (Dorschel 2022, S. 139).

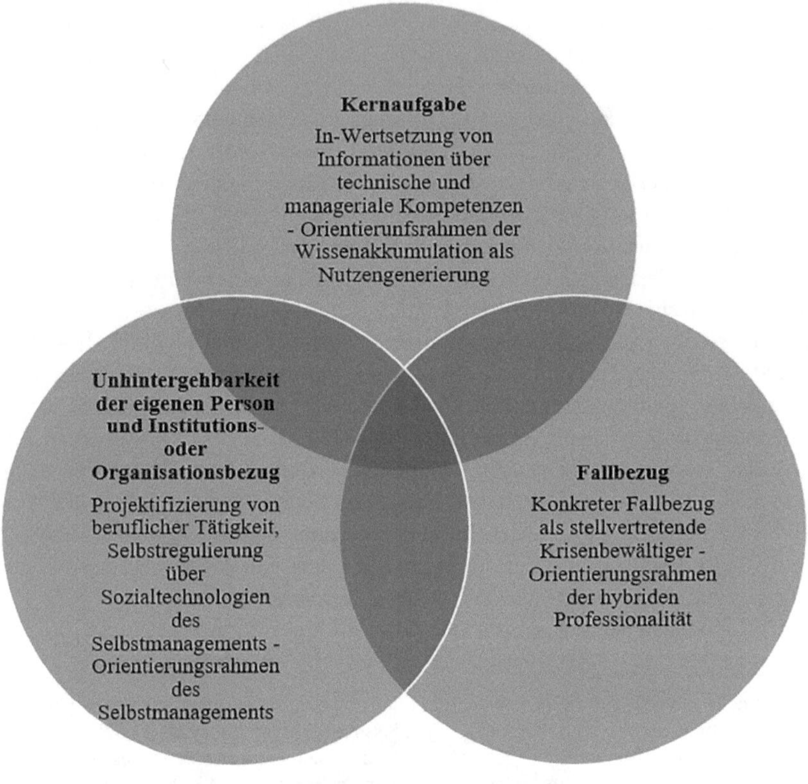

Abb. 4.2 Professionalität von Data Scientists. (Eigene Darstellung)

4.4 Genese des Professionshabitus von Data Science

Überlegungen zu einem professionsbezogenen Habitus von Data Science basieren auf der Annahme, dass mit Bourdieu ein Habitus als Produkt einer (beruflichen) Sozialisation (Habitualisierung) erscheint. Im Folgenden sollen die bisherigen professionstheoretischen und berufsspezifischen Überlegungen gebündelt werden.

Es kann festgehalten werden, dass mit der Konstituierung hochkomplexer arbeitsteiliger Gesellschaften der Komplexitätsgrad technischer Artefakte und ihrer routinierten Verwendbarkeit zunimmt. Technische Spezialist:innen bilden die notwendige Grundlage einer solchen Entwicklung. Data Scientists charakterisieren sich hierbei durch spezifische Wissensbestände im Umgang mit Daten, Datenoperationen und deren Analyse. Ihre Praxis ist durch ein technisches Sonderwissen geprägt, welches sie in einem allgemeinen Berufsverständnis als Professionelle kennzeichnet.[8] Technische Artefakte wie Algorithmen sind die materielle Objektivierung von Sonderwissen, die mitunter von vielen Personen genutzt, aber in ihren Mechanismen nicht verstanden werden. Selbst Personengruppen, deren ökonomisches Einkommen im hohen Maße von algorithmischen Funktionsweisen abhängig ist, können deren Mechanismen nur erahnen, aber nicht in ihrer Gesamtheit verstehen. So wissen Influencer:innen in etwa, was sie tun müssen, damit ihre Fotos, Videos, Reels usw. auf Instagram, Youtube, TikTok etc. vom Algorithmus begünstigt werden. Allerdings handelt es sich letztendlich nur um Interpretationen praktischer Erkenntnisse im Umgang mit den Algorithmen (Cotter 2019). Unternehmen halten sich bzgl. der konkreten Funktionsweise ihrer Algorithmen gezielt bedeckt und verweisen bei Kritik auf das Geschäftsgeheimnis (Burrell 2016; Ziewitz 2019). Algorithmen werden daher oft als eine Black Box charakterisiert (Pasquale 2015; Waltl 2020).

Algorithmen sind selten das Arbeitsprodukt von Einzelpersonen. Vielmehr handelt es sich um ein Werk der *kollektiven Autorenschaft* (Kitchin 2019, S. 20), bei der Versatzstücke wie in einem Lego-Bauset ineinandergefügt werden. Die Entwicklung und Programmierung von Modellen erfolgt, wie Zhang et al. (2020) aufgezeigt haben, über die verschiedenen Entwicklungstatdien hinweg in unterschiedlichen Formen der Kollaboration. Es ist eine Geschichte von Designentscheidungen, Wahlmöglichkeiten bzgl. der Daten, Operationen, Programmiersprachen, aber auch der von äußerlichen Einflüssen, Debatten oder

[8] Während ein Allgemeinwissen „allen" zur Verfügung steht und der Bewältigung von Problemen des alltäglichen Lebens zuträglich ist, handelt es sich bei einem Sonderwissen um eine Form spezifischen Wissens, welches nur an die weitergegeben wird, die für die Bewältigung eines Problems auch zuständig sind (Pfadenhauer 2003, 23 f.).

Zwängen innerhalb eines Teams (Kitchin 2019, S. 24). Das bedeutet, dass ein offengelegter Algorithmus mitunter nicht einmal von Angehörigen derselben Profession ausreichend erklärt werden kann, wenn sie nicht selbst im hohen Maße an deren Entwicklung beteiligt waren. Ein Umstand, der sicherlich einer der vorwiegenden Gründe sein dürfte, dass Data Scientists eine elitäre Position innerhalb des digitalen Kapitalismus zugeschrieben wird (Burrell und Fourcade 2021).

Einhergehend mit einer Professionalisierung durch den Erwerb spezifischen Sonderwissens ist eine gleichzeitige Laiisierung (Hennen 1992, S. 193).[9] Wissen und Nicht-Wissen bedingen sich und bilden eine wichtige Säule innerhalb der Wissensökonomie. Als Professionelle erbringen Data Scientists Leistungen gegenüber Dritten (Klienten, Kund:innen etc.), die bestimmte Problemstellungen aufgrund fehlenden Wissens und fehlender Fähigkeiten nicht selbst bewerkstelligen können. Die Wertschöpfung erfolgt über die Wissensproduktion bzw. durch einen Wissensbeitrag. Data Scientists können in diesem Kontext als kreative Wissensproduzent:innen betrachtet werden, die Wissen in Bezug auf spezifische Güter- und Dienstleistungen hervorbringen und sich in ihrem Handeln situativ und kontextuell anpassen müssen (Schützeichel 2018, 5 ff.). Ihre Arbeit ist hierbei jedoch immer kontextuell abhängig von den Bedürfnissen ihres Gegenübers, auf die sie sich situativ einstellen müssen. Gleichzeitig ist ihr Handeln durch evidenzbasierte Regeln geleitet (Schützeichel 2018, S. 9).

Als Professionelle sind Data Scientists aber immer vor die Aufgabe gestellt, nicht nur über Sonderwissen zu verfügen, sondern dieses auch entsprechend überzeugend gegenüber Dritten zu repräsentieren. Hierzu zählt auch die Fähigkeit zur Darstellung der eigenen Kompetenz. Pfadenhauer und Dieringer (2019) schreiben in diesem Zusammenhang von der Professionalität als institutionalisierte *Kompetenzdarstellungskompetenz*. Es handelt sich ihrer Ansicht nach um symbolische Handlungen (Pfadenhauer und Dieringer 2019, S. 11). Denn Kompetenzdarstellungen zielen nicht auf die Darstellung an sich, sondern auf die Herstellung einer gerichteten Aufmerksamkeit auf die eigene Fachkompetenz. Die Sichtbarmachung eignen Sonderwissens dient der Kompetenzbeanspruchung innerhalb eines Fachgebietes und demonstriert die Möglichkeit der Einflussnahme und Verhandlungsmacht. Die einzelnen Berufsgruppen haben sich im Zuge spezifischer (Macht-)Konstellationen konstituiert und sind dadurch mit unterschiedlichen gesellschaftlichen Erwartungshaltungen konfrontiert. In diesem Spannungsverhältnis wird nicht nur über die Qualität professionellen Handelns

[9] Die Gesellschaft als *Risikogesellschaft* ist gleichzeitig durch einen Prozess der Vertrauensauflösung von Expert:innen und Laien gekennzeichnet (Hennen 1992, S. 196). Technische Artefakte werden zunehmend kritisch bzgl. ihrer ökologischen, sicherheitstechnischen, gesundheitlichen usw. Risiken und Auswirkungen diskutiert.

verhandelt, sondern gleichzeitig auch über den gesellschaftlichen Status einer Berufsgruppe bzw. Profession (Sander 2014, S. 10).

Sonderwissensbestände müssen sich über langwierige sekundäre Sozialisationsprozesse angeeignet werden. Sie bilden aber nie den gesamten Wissenskomplex eines Sonderwissensbereiches ab. Vielmehr handelt es sich um eine Form von Teil-Wissen, die die Personen in die Lage versetzt, relativ klar umrissene Aufgabenbereiche zu bearbeiten, die der Erfüllung einer Spezialfunktion zweckdienlich sind.[10] Das Studium oder die Ausbildung bilden nicht nur die Zugangsqualifikation zu einer Profession, sondern häufig auch den ersten Ort der Professionalisierung (Busse und Ehlert 2012; Harmsen 2012; Müller-Hermann und Becker-Lenz 2018).[11] Es sind Orte der Vermittlung von Wissens- und Handlungsformen, die in ihrer Schwerpunktsetzung und ihren Widersprüchlichkeiten in ein reflexiv relationales Verhältnis zueinander gesetzt werden (Harmsen 2012, 130 f.).[12] In Bezug auf die Berufsgruppe der Data Scientists wurde bereits festgehalten, dass es bis vor kurzem keine eigenen Data Science-Studiengänge gab. D. h., erst jetzt steigen Menschen in das Berufsfeld ein, die ein angepasstes Studium absolviert haben. Der überwiegende Teil kommt aus einer Vielzahl (häufig dem Data Science methodisch nahestehenden) von Studiengängen oder Ausbildungen. Ein relativ homogenes studentisches Professionsverständnis kann nicht vorausgesetzt werden.

Vielmehr ist davon auszugehen, dass sich die Identitätsbildung erst im praktischen Vollzug der Berufsausübung vollzieht. Der Berufseinstieg bedeutet häufig eine ansteigende Komplexität bei gleichzeitiger Übernahme der vollen beruflichen Verantwortung (Hericks 2018, 65 f.). Im Berufsfeld sind die berufsausübenden Individuen mit einer Vielzahl an Herausforderungen, Konflikten und Ansprüchen konfrontiert. Sie müssen sich innerhalb einer Organisationskultur integrieren, die den Möglichkeitsraum professionellen Handelns maßgeblich beeinflusst (Cloos

---

[10] Personen mit entsprechendem (Teil-)Sonderwissen werden daher mitunter auch als Spezialist:innen bezeichnet (Pfadenhauer 2003, S. 26.).

[11] Mit der Bolognareform sollte der Kompetenzerwerb mehr in den Mittelpunkt der Studieninhalte gerückt werden. Durch die Modularisierung soll das Curriculum sich an Zielformulierungen von Kompetenzen orientieren und nicht mehr ausschließlich an disziplinären Logiken ausgerichtet sein (Busse und Ehlert 2012; Niethammer et al. 2014). Der Prozess wird dabei kritisch betrachtet. Es wird eine zunehmende Verschulung des Studiums konstatiert, die der Herausbildung eines Professionshabitus konträr entgegenläuft (Fischer 2018, 12 f.). Die zu bewältigenden Lern- und Prüfungsinhalte fördern (unbewusste) Bewältigungsstrategien, die sich auf die Leistungserbringung fokussieren und nicht primär die Wissensaneignung an sich.

[12] Fischer (2018) verweist darauf, dass die Professionsforschung bzgl. die Fragestellung, inwiefern das Studium zur Herausbildung eines Professionshabitus beiträgt, eher zu ernüchternden Erkenntnissen gekommen ist (Fischer 2018, S. 11).

2006, S. 189; Sander 2014, S. 27; Mühlfeld 1987, S. 81). So beeinflussen unternehmerische oder staatliche Restriktionen bzgl. des Datenschutzes den Umgang mit Daten. Data Scientists benötigen für ihre Anwendungen eine Vielzahl an Daten, weshalb dem Prozess des Data Minings eine große Bedeutung zukommt. Die Nicht-Berücksichtigung spezifischer Variablen aufgrund gesetzlicher Regularien oder organisatorischer Sicherheitsprotokollen beeinflusst Data Scientists in ihrer Arbeitsweise und führt mitunter zu konfliktären Situationen innerhalb von Projekt- oder Unternehmenszusammenhängen (Far und Rad 2024).

Aus einer strukturtheoretischen Perspektive heraus resultiert Wissen aus der Lösung eben jener aufgeführten Krisen. Es ist das Ergebnis von bewährten Erfahrungen oder der Aussicht auf eine erfolgreiche Bewährung einer Situation. Wissen wird hiernach in der Sphäre der Routine verortet (Oevermann 2008, S. 52). Dieses (implizite) Wissen kann als Ausdruck eines spezifischen Habitus verstanden werden, welcher sich in einem Spannungsverhältnis von Krise und Bewährung bewegt (Kramer 2014). Routinisierte Handlungen unterliegen immer der Gefahr, in eine Geltungskrise zu geraten. Die Geltung einer Deutung, Interpretation oder Umgangsweise muss dabei immer kollektiv orientiert sein, um den Status der Allgemeingültigkeit zu erlangen. Das implizite Wissen eines Habitus ist demnach „an eine historisch konkrete Lebenspraxis und lebensweltliche Vergemeinschaftung gebunden“ (Kramer 2014, S. 22).

Krise und Routine sind Phänomene einer tendenziell krisenhaften Lebenspraxis. D. h., der Habitus muss als eine Bewältigungsform von Krise im Modus der Routine analysiert werden. Wobei es immer wieder erneut zu Krisen kommt, wenn Routine sich nicht mehr bewährt (Kramer 2014, S. 22).[13] Die Weiterentwicklung und Veränderung digitaler Technologien führt dazu, dass sich auch ihre Schöpfer:innen in ihrer Praxis immer wieder neu orientieren müssen. Mitunter geraten sie in einen Konflikt, wenn sie den Unternehmenserwartungen nicht mehr gerecht werden (Vaast und Pinsonneault 2021, S. 1101). Sonderwissen umfasst in diesen Zusammenhängen nicht nur explizites und deklaratives Wissen, sondern auch implizites und prozedurales Wissen. Dementsprechend muss professionelles Handeln als Ausdruck eines Handlungswissens aufgefasst werden (Sander 2014, S. 19). Es dient als ein funktionales Qualifikationsmerkmal von Fertigkeiten und

[13] Habitustransformation ist in diesem Zusammenhang nur vor dem Hintergrund von „Krise“ denkbar (Kramer 2014, S. 22). Wobei „[e]ine Reproduktion, die nichts als Wiederholung ist, ist natürlich in sich schon ein empirisch nicht anzutreffender Grenzfall, denn in der humansozialen empirischen Wirklichkeit ist jede Wiederholung zugleich Form der Praxis wegen deren Reflexivität immer ein ‚bißchen‘ Veränderung, wie umgekehrt jede Transformation immer auch bezogen auf nächsthöhere Gesetzlichkeiten ein Stück Reproduktion darstellt“ (Oevermann 2010, S. 275).

Fähigkeiten, die auf einem Arbeitsmarkt als Tauschwert feilgeboten werden. Als inkorporierte Wahrnehmungs-, Denk- und Handlungsmuster dient es daher der Statussicherung (Mühlfeld 1987, S. 88) und lässt sich als ein spezifischer Habitus professionellen Handelns beschreiben.

Die Individuen generieren mit dem Professionshabitus gleichsam einen innerbetrieblichen Habitus. Dieser konstituiert sich vor dem Hintergrund alltäglicher organisationaler Anpassung und verknüpften Lernzwangs (Janning 2004, 106 f.). Insbesondere Berufsanfänger oder Neuangestellte werden durch Kommentierungen, Gespräche oder Zurechtweisungen an die betriebliche Organisationsstruktur angepasst. Berufs- oder Professionsidentitäten werden im Wesentlichen nicht innerhalb einer Organisation verhandelt, sondern mehr oder weniger oktroyiert. Insbesondere in der Rolle der Arbeitnehmer:in befindet sich das Individuum in einem Abhängigkeitsverhältnis von und Kooperationszwang mit seiner Organisation. So ist es primär das Organisationsinteresse, welches ein wünschenswertes und zu erlernendes Verhaltensrepertoire bestimmt (Mühlfeld 1987, 80 f.). Bezugnehmend auf die Theorie der Praxis nach Bourdieu, prägt die Wechselwirkung von spezifischen handlungsleitenden Orientierungsmustern (Habitus) und organisatorisch-institutionellen Strukturen (Feld[14]) die möglichen Praxisformen eines professionsbezogenen Habitus. Bestimmte Handlungsformen werden ausgeschlossen, andere wiederum verstärkt. Die Organisation bestimmt und spezifiziert den Modus der Arbeitsteilung. Hierfür trifft sie Zuordnungen bzgl. der Positionen und daran geknüpfte Verantwortungsbereiche. Arbeitsaufgaben werden weitestgehend standardisiert und konzentriert. Die in dem Feld agierenden Individuen müssen spezifische Kompetenzen aufweisen, um sich in dem Feld behaupten zu können. Der Habitus, als Träger kognitiver Kompetenzen, die über ungleiche klassenspezifische Zugänge zu institutionellen und nicht-institutionellen Lernprozessen angeeignet wurden, bestimmt, welche Kompetenzen überhaupt zur Verfügung stehen. Der Professionshabitus definiert sich letztlich als Träger spezifischer beruflicher Feldkompetenzen (Janning 2004, S. 106).

Ersichtlich aus all den Studien wird schnell, dass ein primäres, wenn auch nicht singuläres Merkmal, der unmittelbare Technikbezug in der beruflichen Praxis von Data Scientists ist. Ihr Arbeitsalltag ist durch technische Artefakte der Computer, Notebooks, Softwares und von Netzwerken (Scrum, Teams etc.) usw. durchdrungen. Die Arbeit am Computer oder Laptop unterliegt einer spezifischen organisatorischen und materiellen Arbeitsumgebung. Technische Gerätschaften und Softwareumgebungen (Bildschirm, Tastatur, Maus, Programmanordnung

[14] Organisationen können mit Bourdieu als eigene soziale Felder analytisch betrachtet werden (Bourdieu et al. 2002).

usw.) erzeugen Praktiken, bei der der Körper ausgeschlossen erscheint[15] und doch stark involviert ist. Die Bedeutung von Technologien für die berufliche Identität wurde von Vaast und Pinsonneault (2021) in ihrer Studie herausgearbeitet. Allerdings wird die Interpendenz zwischen den handelnden menschlichen Subjekten und technologischen Artefakten in ihrer Wirkrichtung primär von Letzterem zu Ersterem gedacht. Der Umgang mit digitalen Technologien, vermittelt über Laptops etc., erfordert haptische Sensibilitäten und feinmotorische Koordinationsfähigkeiten (Alkemeyer und Schmidt 2006, S. 576). Dabei wird das Beziehungsgefüge von Objekt und Subjekt durch die Technik, als objektivierte Geschichte, und auf der anderen Seite von menschlichen Akteuren, als Träger:innen inkorporierter Geschichte, geprägt (Hillebrandt 2004, S. 20).[16]

Einerseits beeinflusst die soziale Praxis die technischen Artefakte oder bringt diese mit hervor und andererseits wirken diese auf die Praxis zurück.[17] Digitale Anwendungstechniken wie Softwares geben sowohl durch ihre vorgegebene Struktur als auch durch die ihnen immanente Logik der Programmiersprache spezifische praxisregulierende Orientierungskomplexe (was ist denkbar / möglich?) vor. Gleichzeitig wird dabei aber ebenso ein spezifischer praxisgenerierender Nutzungskomplex (was kann ich machen?) hervorrufen (Hillebrandt 2004, S. 32). Softwareprogramme, Programmiersprachen, Programmierstile, vorhandene technische Systeme usw. determinieren somit im Zusammenspiel von organisationalen Vorgaben (Anwendungsbereich, verfügbare Ressourcen usw.) den Raum möglicher Handlungsformen. Das lässt sich gut am Beispiel der Programmierung nachvollziehen. So unterscheiden sich die Programmiersprachen in ihrer Ausführungsweise in kompilierende und interpretierende Programmiersprachen. Differenzierte Möglichkeiten der Befehlseingabe, Befehlsverarbeitung und Fehleranalyse bilden für sich eine eigene Sprache, die sich nicht eins zu eins in die jeweils andere Sprache übersetzen lässt. Programmiersprachen legen darüber hinausgehend eine spezifische Umgangsweise mit Daten und Operationen nahe (Henning und Vogelsang 2007, S. 13).

---

[15] Computerarbeit und Büroarbeit im Generellen wird mit dem Label des *white collar work* der Kopfarbeit in Verbindung gebracht und grenzt sich gegenüber der deutlich körperlich betonten *blue collar work* ab (Alkemeyer und Schmidt 2006, 573 f.).

[16] Schmidt (2008a) beschreibt Artefakte als materielle Gegenständlichkeit, die sowohl „objektiv“ als auch „subjektiv“ sind, da sie nur in Bezug auf praktisch involvierte Akteure existieren (Schmidt 2008a, S. 1966).

[17] Praktiken sind immer in kulturelle Ordnungen von Räumen eingebettet. Das Gefüge von räumlicher Anordnung, Gegenständen, Anwendungen usw. konstituiert ein Habitat der sozialen Praxis (Schmidt 2008a, S. 1964).

Die Praxis der Programmierung lässt sich nur als gelingende Praxis realisieren, wenn das Artefakt der Programmiersprache mit dem Data Scientist als Akteur zusammenspielt (Schmidt 2008a, S. 1966). Alkemeyer und Schmidt (2006) sprechen in der praktischen Zusammenwirkung von Körper und Technik gar von einer wechselseitigen Assimilation (Alkemeyer und Schmidt 2006, S. 576). Nur im Zusammenspiel mit Akteuren, die über ein entsprechendes inkorporiertes Anwendungswissen verfügen, können die einem technischen Gerät eingeschriebenen Gebrauchsgewährleistungen sich im praktischen Vollzug in ihren Gebrauchsmöglichkeiten realisieren. Es handelt sich um eine gegenseitig bedingende Komplementierung von Körper und Technik (Alkemeyer und Schmidt 2006, S. 577). Data Scientists vollziehen eine körperliche Anpassung an die materielle (Laptop etc.) und symbolische Umwelt (Programme etc.) ihrer computer- und softwaregestützten Arbeitsweise. Gleichzeitig sind sie aber auch deren Schöpfer:innen. Die technischen Artefakte bilden daher einen wesentlichen Bestandteil der Arbeitssituation von Data Scientists. Ihr Einfluss beschränkt sich aber nicht allein auf die Konstituierung einer beruflichen Identität. Als Resultat menschlicher Praktiken, mit denen ihr eingeschriebenen Orientierungsmustern der Wahrnehmung, Bewertung und Handlung, wirken die Technologien auf eben jene Orientierungsmuster zurück und sind wesentlicher Teil einer beruflichen Habitualisierung (Hillebrandt 2004, S. 38; Alkemeyer und Schmidt 2006, S. 574). Im Weiteren gilt es nun, die Fragestellung nach den Orientierungsrahmen, im professionellen Handeln von Data Scientists, in der konkreten empirischen Erhebung und Analyse zu betrachten.

5 Methodologischer und forschungspraktischer Rahmen

Methodologisch verortet sich die Dissertationsschrift in der qualitativen Sozialforschung. Im Zeitraum vom September 2022 bis Januar 2023 wurden 16 leitfadengestützte Interviews durchgeführt. Die Interviewform folgte der Methode des episodischen Interviews nach Flick (2011). Als geeignete Auswertungsmethode wurde die Dokumentarische Methode nach Bohnsack (2007) und Nohl (2017) für die Analyse herangezogen. Erweitert wurde das Analyseverfahren um das Handlungshorizont-Modell nach Lamprecht (2012). Die Dokumentarische Methode orientiert sich in ihrer Analyse an dem Habitusbegriff von Bourdieu (Bohnsack et al. 2013, S. 25) und zielt auf die Rekonstruktion der Praxis strukturierenden impliziten Wissensbestände. Im Folgenden werden für die intersubjektive Nachvollziehbarkeit die einzelnen Methoden, das Forschungssample und auch das forschungspraktische Vorgehen präsentiert.

5.1 Das episodische Interview

Im Fokus der Erhebung stand die Durchführung von Interviews mit Data Scientists. Ein Interview kann als ein Protokoll von Lebenspraxis analysiert werden. Diese lässt sich als modus operandi eines Habitus beschreiben, die sich als Sprechhandlungen oder Orientierungsrahmen im Sprechen dokumentiert (Kramer 2014, S. 25). Über das Decodieren und Rekonstruieren eines opus operatum (Praktiken) können somit Rückschlüsse auf einen modus operandi (als handlungsleitendes Prinzip) von Akteuren geschlossen werden. Die berufstätigen Data Scientists und Data Engineers wurden zu ihrer persönlichen Handlungspraxis, konkreten Erfahrungen und Situationsbeschreibungen ihres Berufsalltag befragt.

S. Hagemann, *Algorithmen, Habitus und sozialer Kontext*,
https://doi.org/10.1007/978-3-658-51435-8_5

Die praxeologisch-wissenssoziologische Methode des episodischen Interviews ermöglicht dabei den Zugang zu einer (sprachlich hervorgebrachten) Darstellung einer Struktur der Handlungspraxis (Hericks 2018, S. 66). Konkret erschien die Methode des episodischen Interviews nach Flick (2011) als geeignete Erhebungsform. Es enthält zum einem Elemente eines themenzentrierten Interviews, mit dem zentrale Bereiche der beruflichen Alltagsbewältigung gezielt erfragt werden können, die den sprachlichen Zugang zum modus operandi ermöglichen. Zum anderen beinhaltet es auch narrative Interviewanteile zur (beruflich) biographischen Genese eines Habitus (Bremer und Teiwes-Kügler 2013, S. 206). Diese sind insbesondere von Bedeutung, weil sie wesentliche Bezugspunkte für die im weiteren Verlauf ausgeführte soziogenetische Typenbildung bereithalten. Das episodische Interview beinhaltet somit Fragestellungen, die auf mehr oder weniger klare Antworten zielen, und Fragen, die an die Erfahrungen der Befragten über Erzählungen und Situationsbeschreibungen gelangen wollen (Flick 2011). Hintergrund ist die Unterscheidung zwischen semantischem und episodischem Wissen. Ersteres beruht auf Wissen über Begriffe und ihre relationalen Beziehungen zueinander. Zweiteres basiert auf Erfahrungswissen, welches die Akteure in konkreten Situationen gemacht haben (Flick 2011, S. 274). Hierfür werden während des Interviews immer wieder Beschreibungs- und Erzählaufforderungen an die zu interviewende Person gerichtet. Dies ist eine notwendige Voraussetzung, damit ein modus operandi als Hervorbringungsprinzip impliziter Regelhaftigkeit im Sprechen zum Vorschein kommen kann (Kramer 2014). Hierbei gilt eine Orientierung an Schützes (1984) Stegreiferzählungen, bei denen die interviewten Personen in *Zugzwänge* eines spontanen unvorbereiteten Erzählens, Beschreibens, Argumentierens und Bewertens gebracht werden sollen, um dem modus operandi so nah wie möglich zu kommen (Schütze 1984, S. 78). Um eine Vergleichbarkeit zwischen den unterschiedlichen Erzählungen herzustellen, erfolgen die Interviews auf der Grundlage eines Gesprächsleitfadens (Meuser und Nagel 2009, S. 476).

Der Leitfaden gliedert sich grob in vier größere Themenbereiche. Mit der Einstiegsfrage „Was ist für Sie Data Science?“ wurde zunächst eine begriffsdefinitorische Auseinandersetzung geführt, die die subjektive Wahrnehmung und Einordnung der interviewten Personen offenlegen soll. Der zweite Themenbereich beinhaltet narrative Erzählaufforderungen an die interviewten Personen. Im Fokus standen hierbei besonders der Bildungs- und Ausbildungshintergrund und die ersten beruflichen Schritte. Denn nach Kutzner (2012) lassen sich über Ausbildungswege, Berufswahl und Berufsverlauf Rückschlüsse auf einen Habitus ziehen (Kutzner 2012, S. 207). Über den dritten Themenbereich wurde die Wahrnehmung der eigenen Berufsrolle und der an sie gerichteten Rollenerwartung im Unternehmen erfragt. Der letzte und vierte Themenbereich zielt auf die

Erfassung des Arbeitsalltages der interviewten Personen. Hierbei geht es nicht nur um die Beschreibung des alltäglichen Arbeitsablaufes, sondern auch um den organisatorischen und unternehmerischen Rahmen, in den die berufliche Praxis eingebettet ist. Dazu zählt auch die Erfassung von arbeitstechnischen Bedingungen und Limitierungen, die sich auf die Arbeitsplatzausstattung, aber auch personelle und zeitliche Ressourcen beziehen. Cloos (2006) und Meuser (2013) verweisen darauf, dass nicht nur die direkte Erfassung sozialer Praxis von Relevanz ist, sondern auch die Beleuchtung der organisationskulturellen Strukturen, in denen die (beruflichen) Praktiken situiert sind (Cloos 2006, S. 189; Meuser 2013, S. 230).

Der Erhebungszeitraum der Interviews umfasste den September 2022 bis Januar 2023. Die Länge der Interviews betrug in der Regel zwischen 45 und 75 Minuten. Aufgrund der geografischen Entfernungen einerseits und Einschränkungen durch die coronapandemiebedingten Maßnahmen andererseits fanden alle Interviews via Zoom statt. Die Durchführung erfolgte nach datenschutzrechtlicher Rücksprache mit der Universität Potsdam und dem schriftlichen Einverständnis der Interviewten. Es wurden dabei lediglich die Audiospuren aufgenommen. Die Löschung der Aufzeichnungen erfolgte nach der Transkription bzw. zu einem festgelegten Datum. Der Einsatz von Videokonferenzplattformen wurde vereinzelt bereits vor der Coronapandemie diskutiert (Archibald, Mandy M. et al. 2019; Deakin und Wakefield 2014; Jenner und Myers 2019). Insbesondere zeitliche Flexibilität, Ortsunabhängigkeit und damit verbundene Kosteneinsparungen gelten als großer Vorteil (Deakin und Wakefield 2014; Oliffe, John L. et al. 2021). Die meisten Befragten führten das Interview von zu Hause aus. Ein Umstand, der sich positiv auf die Gesprächsführung auswirken kann (Archibald, Mandy M. et al. 2019; Oliffe, John L. et al. 2021). Sprechen die Interviewten doch in einer für sie vertrauten und sicheren Umgebung. Jenner & Myers (2019) verweisen darüber hinausgehend darauf, dass die Offenheit von Befragten nicht durch technische Tools beeinflusst wird, sondern sich letztlich primär aus deren persönlichen Einstellungen ableiten lässt. Die angewandten Transkriptionsregeln und vollständigen Transkripte sind dem Anhang beigefügt. Dabei wurden alle Personen mit Pseudonymen und genannten Unternehmen mit **** anonymisiert.

5.2 Forschungssample

Entscheidend für die Zusammensetzung eines Forschungssamples ist die Fragestellung, inwiefern in Bezug auf die Forschungsfrage und das Forschungsfeld wirklich relevante Fälle in die Auswahl miteinbezogen worden sind. Es wurden für die Auswahl der Interviewten bestimmte Kriterien im Sinne eines qualitativen Stichprobenplanes definiert, die eine Fallkontrastierung, Nachvollziehbarkeit und Generalisierbarkeit des Samplings und auch der Forschungsergebnisse gewährleisten soll (Flick 2000, S. 262; Kelle und Kluge 2010, 48 ff.). Als wesentliches Kriterium wurde die berufliche Tätigkeit als Data Scientist oder Data Engineer festgelegt.[1] Das bedeutet, dass für das Sample nur Personen infrage kamen, die zum Zeitpunkt der Erhebung auch als Data Scientists oder Data Engineers tätig waren. Über die Berücksichtigung der Variable Geschlecht im Sample sollte eine kontrastierende Analyse bzgl. möglicher geschlechtsspezifischer Wahrnehmungen, Bewertungen oder Handlungen im beruflichen Kontext ermöglicht werden. Insbesondere weibliche Personen wurden über die direkte Ansprache per Mail adressiert und für das Forschungsvorhaben akquiriert.

Die Teilnehmendengewinnung erfolgte über Anschreiben an Unternehmen, Interessensverbände oder in direkter Ansprache von potentiellen Interviewpartner:innen. Dabei kristallisierte sich sehr schnell heraus, dass die direkte Kontaktaufnahme mit der gewünschten Personengruppe am vielversprechendsten war. Kontaktadressen konnten zum Teil über verschiedene soziale Netzwerke wie Linkedin oder XING ermittelt werden. Dem waren durch Kommunikationsreglementierungen der einzelnen Plattformen aber Grenzen gesetzt.[2] Feldzugangsmöglichkeiten ergaben sich aber auch über persönliche Beziehungen (Breidenstein 2013, S. 62), die durch Kontakte im Privaten oder in beruflichen Zusammenhängen zustande kamen, oder indem bereits gewonnene Interviewpartner:innen in ihrem Umkreis weitere Personen akquirierten, ein Umstand, der für die Zusammensetzung des Samples von Bedeutung war. Ein nicht unerheblicher Teil des Samples wurde über die soziale Plattform Reddit akquiriert. Auf dieser Plattform gibt es eine große Anzahl unterschiedlicher Communities im Bereich Data Science und Data Engineering. Über Anfragen in den verschiedenen Bereichen gab es einen zahlreichen Rücklauf an Interessierten (Abb. 5.1).[3]

[1] Mit der zunehmenden Bedeutung und steigendem Bedarf an Data Scientists kommt es zu einer innerberuflichen Ausdifferenzierung. Data Engineering bildet hierbei eines der wesentlichen Subfelder von Data Science (Kim et al. 2016; Tamir et al. 2015.).

[2] Auf vielen dieser beruflichen Netzwerke muss man zunächst ein eigenes Profil anlegen, um überhaupt mit anderen Akteuren in Kontakt treten zu können. Die Kontaktaufnahme ist ohne ein kostenpflichtiges Upgrade des eigenen Accounts nicht unendlich möglich bzw. so stark limitiert, dass nicht mehr als eine Handvoll Nachrichten an unterschiedliche Personen ausgesendet werden konnten.

[3] An dieser Stelle sei ebenfalls angemerkt, dass die Anfrage in verschiedenen Communities auch mit der Problematik unterschiedlicher Kommunikationsregularien konfrontiert war. So wurde die Anfrage in vielen Communities relativ schnell wieder entfernt, weil sie gegen

ID	Beruf	Alter	Geschlecht	Erfahrung	Region
Thomas	DS*	39	m[x]	6 Jahre	Deutschland
Peter	DS	25	m	7 Jahre	Deutschland
Antje	DS	48	w[y]	12 Jahre	Deutschland
Carlos	DE**	22	m	6 Monate	Mexiko
Tom	DE	k.A.***	m	1 Jahr	Portugal
Michael	DE	29	m	5 Jahre	USA
Aaron	DE	28	m	1 Jahr	Kanada
Carsten	DS	42	m	6 Jahre	Deutschland
Sören	DE	36	m	5 Jahre	Deutschland
Gerrit	DE	39	m	5 Jahre	USA
Maria	DS	37	w	8 Jahre	Österreich
Janine	DS	26	w	1 Jahr	Österreich
Anja	DS	33	w	6 Jahre	Deutschland
Annika	DS	38	w	1 ½ Jahre	Deutschland
Lisa	DS	30	w	3 Jahre	Deutschland
Manuela	DS	34	w	9 Monate	Österreich

Abb. 5.1 Übersicht Forschungssample. (Eigene Darstellung *Data Scientist **Data Engineer ***keine Angabe [x]männlich [y]weiblich)

Insgesamt wurden 16 episodische Interviews geführt, von denen einige als Ankerbeispiele im Analyseteil konkreter vorgestellt werden. Die in der Übersicht (Abb. 18) dargestellten Merkmale umfassen nicht die Gesamtheit aller erhobener Merkmale. Es wurden lediglich jene aufgeführt, die für eine kontrastierende Analyse in Betracht kamen. Weitere Spezifika wie Studium, Bildungshintergrund der Eltern oder konkrete Branche waren zu identisch, um sie kontrastierend gegenüberstellen zu können. Sie sollen aber nicht unbeachtet bleiben und in die Analyse miteinbezogen werden. Das Forschungssample umfasst 10 Data Scientists und 6 Data Engineers. Von der Altersstruktur lässt sich das Sample in zwei größere Alterssegmente einteilen. Einmal die Altersgruppe 20–29 Jahre und eine Altersgruppe von 30–39 Jahren. Hinzu kommen zwei Personen 40 + und eine Person,

das Reglement verstieß. Bei genauerer Betrachtung dieser Reglementierungen fiel auf, dass ein nicht unerheblicher Teil dieser Communities derlei Forschungsfragen kategorisch ausschloss.

die keine Angabe zu ihrem Alter tätigen wollte. In Bezug auf die Geschlechterkonstellation lässt sich beschreiben, dass 9 Personen männlich und 7 Personen weiblich sind. Die Berufserfahrung kann in zwei Gruppen zusammengefasst werden, bei der 9 Personen zum Zeitpunkt des Interviews eine Berufserfahrung von mindestens 5 Jahren oder länger aufweisen und im Gegenzug 7 Personen über eine Berufserfahrung von weniger als 5 Jahren verfügen. Für das Merkmal Region lässt sich das Sampling in 3 Gruppen clustern. 8 Personen kommen aus Deutschland, 4 Personen werden unter dem regionalen Bezug der Europäischen Union zusammengefasst und 4 Personen als Region Nordamerika zusammengezogen.[4]

5.3 Dokumentarische Methode

Im Fokus des Forschungsinteresses steht die Identifizierung und Charakterisierung professioneller Orientierungsrahmen von Data Scientists und Data Engineers. Sie sind Ausdruck eines spezifischen Professionshabitus mit seinen sozialen Praktiken (Bohnsack 2013a; Brüggemann 2017; Nohl 2017). Der Begriff des Orientierungsrahmens lässt sich nach Bohnsack (2013a) mit dem modus operandi eines Habitus gleichsetzen (Bohnsack 2013a, S. 16). Die Dokumentarische Methode erscheint deshalb als geeignete Auswertungsmethode, weil sie sich sehr stark am Habitusverständnis von Bourdieu orientiert (Bohnsack 2013a; Meuser 2013; Nohl 2017). Ziel der empirischen Herangehensweise ist die Rekonstruktion einer oder mehrerer Habitustypik(en) professionellen Handelns von Data Scientists und Data Engineers. Sie geben Aufschluss über Handlungsorientierungen, die sich in die Praxis eingeschrieben haben, und eröffnen darüber den Zugang zur Handlungspraxis (Bohnsack et al. 2013). In der Analyse ist man mit zwei Sinnebenen konfrontiert. Einerseits mit einem immanenten Sinngehalt, der den expliziten, wörtlichen Sinn der Sprecher:inintention und allgemeinen Bedeutung des Textinhaltes beschreibt. Andererseits bilden die geschilderten Erfahrungen ein Dokument spezifischer Orientierungen, die die geschilderten Erfahrungen strukturieren. Dieser Dokumentsinn verweist auf einen modus operandi, der über die Form des gesprochenen Textes und seiner Handlungsbeschreibungen in einen Orientierungsrahmen eingebettet ist (Nohl 2017, S. 5).

Im ersten Schritt werden die transkribierten Texte dahingehend untersucht, welche Themen und verknüpften Unterthemen in den einzelnen Fällen verhandelt werden. Dabei gilt es, auch jene Erzählpassagen zu identifizieren, die für

[4] Mexiko gehört von der geografischen Zuordnung zu Mittelamerika, wurde einfachheitshalber aber unter die Kategorie Nordamerika subsumiert.

die Bearbeitung der Forschungsfrage von Relevanz sein könnten.[5] Hierfür sollten für die Analyse Abschnitte in Betracht gezogen werden, die sehr ausführlich oder metaphorisch sind. Wichtig für die Komparation und Kontrastierung ist das Vorkommen von Themen in (nahezu) allen Fällen. Die gewählten Erzählpassagen werden vom Interpreten formulierend zusammengefasst, ohne dass der Text transzendiert oder „explizit gemacht" wird (Bohnsack 1999, S. 36).

In einem zweiten Schritt erfolgt die reflektierende Interpretation, in der die Orientierungsrahmen rekonstruiert werden. Ging es im ersten Schritt um den Schwerpunkt, was verhandelt wird, geht es im Folgenden nun um das Wie. Die Erzählpassagen werden semantisch in Sequenzen bzgl. ihrer logischen Reihenfolge an Äußerungen und Anschlussäußerungen analysiert. Die Signifikanz einer Äußerung ergibt sich erst aus der Relation zu einer zweiten Äußerung oder weiteren folgenden Anschlussäußerungen. Es wird nach einer Reihe von Anschlussäußerungen gesucht, die derselben Orientierung zugeordnet werden können. „Dies ist der Weg, *abduktiv* eine Regel zu erschließen und zur Explikation zu bringen." (Bohnsack 2007, S. 326) Denn im Sprechen kommen die Handlungsentwürfe zum Ausdruck, an denen sich die Data Scientists und Data Engineers orientieren. Diese *Orientierungsfiguren* (Bohnsack 1989) sind in den unterschiedlichen Erzählweisen impliziert und bedürfen einer Explikation durch Rekonstruktion. Über die Identifikation von Handlungshorizonten lassen sich die Orientierungsfiguren bzw. Orientierungsrahmen offenlegen. In Erweiterung zu Bohnsacks (1989) Gegenhorizonte-Modell wird in der Analyse das Modell (Abb. 5.2) von Lamprecht (2012) Anwendung finden. Über das Spannungsfeld von *positiven* und *negativen Horizonten* lassen sich die Orientierungskomponenten der beruflichen Praxis untersuchen, die sich sowohl in expliziter als auch impliziter Form von Werthaltungen repräsentieren (Lamprecht 2012, 42 f.).

Die innerhalb einer Erzählpassage identifizierten Orientierungsrahmen werden mit weiteren Erzählpassagen, sowohl innerhalb eines Falles als auch mit denen anderer Fälle, verglichen. Die komparative Analyse folgt einem Verfahren des minimalen und maximalen Kontrastes. D. h., es wird danach geschaut, in welchen Fällen ähnliche logische homologe Äußerungen bzw. Handlungshorizonte ausfindig gemacht werden können (Minimalkontrast). In Abgrenzung dazu werden Fälle herangezogen, die dasselbe Problem auf eine ganz andere Art und Weise verhandeln, mit entsprechenden anderen Handlungshorizonten (Maximalkontrast). Damit ein solches Vorgehen Sinn ergibt, bedarf es eines gemeinsamen

[5] Erzählpassagen umfassen Textabschnitte, die ein bestimmtes Thema, samt Unterthemen, verhandeln. Beginnt ein neues Thema, endet die vorherige Erzählpassage und eine neue beginnt. Wo genau ein Thema vermeidlich beginnt oder endet, ist eine Entscheidung der Forschenden.

<table>
<tr><td>Positiver Horizont
Diese Vorstellungen werden von Befragten als erstrebenswert erachtet und gelten als umsetzbar.</td><td>Positive Gegenhorizonte
Diese Vorstellungen werden ebenfalls als erstrebenswert erachtet. Sie erscheinen den Befragten aber als nicht umsetzbar und werden von ihnen daher als ein Ideal bzw. als eine Utopie beschrieben.</td><td>Negativer Horizont
Diese Vorstellungen werden von den Befragten abgelehnt, eine Annäherung gilt es, potentiell zu vermeiden.</td></tr>
<tr><td colspan="3">Beispiel positiver Horizont
„Und das heißt, wenn ich 4 Stunden am Tag sehr konzentriert arbeiten kann, dann ist das ein hervorragender Arbeitstag gewesen, und das ist dann aber auch eine wirklich kreative Konzentration […]“ (Der Fall Sören)

Beispiel positiver Gegenhorizont
„Wir müssten als Wissenschaftler versuchen oder es wird auch versucht, bessere Daten zu erzeugen. Das Problem ist nur, dass häufig Regierungen und Forschungsprojekte nicht dazu bereit sind, große Mengen an Daten zu finanzieren.“ (Der Fall Sören)

Beispiel negativer Horizont
„Ich glaube, ich muss strukturiert arbeiten, um nicht den Überblick zu verlieren. Bei den bei den, weil es halt mehrere Projekte sind. Das ist eigentlich das, was mich stresst […]“ (Fall Thomas)</td></tr>
</table>

Abb. 5.2 Handlungshorizont-Modell nach Lamprecht (2012). (Darstellung in Anlehnung an Lamprecht 2012, S. 42)

übergeordneten Tertium Comparationis, das in allen Fällen verhandelt wird und an das sich sowohl die ähnlichen als auch die abweichenden spezifischen Orientierungsrahmen knüpfen (Nohl 2017, S. 40). Im Falle von leitfadengestützten Interviews, wie z. B. episodischen Interviews, lässt sich ein Tertium Comparationis oft aus den vorgegebenen Problemstellungen der Forschenden ableiten. Mit der komparativen Analyse lassen sich letztendlich Wahrnehmungs-, Bewertungs- und Handlungsmuster von den befragten Personen in Form von Orientierungsrahmen rekonstruieren, die auf die spezifische Habitusformation dieser Personen verweisen (Meuser 2013, S. 234).

Sobald ein Orientierungsrahmen fallübergreifend rekonstruiert werden kann, handelt es sich um einen Typus, der unter Berücksichtigung weiterer identifizierter Orientierungsrahmen einer Basistypik zugeordnet wird (Bohnsack et al. 2019, S. 32). Jene Phase der Analyse wird auch als *sinngenetische Typenbildung* bezeichnet. So lassen sich unterschiedliche Bewältigungsformen im Umgang mit Problemen im Modellierungsprozess rekonstruieren, die jeweils einen Typus bilden und in der Gesamtbetrachtung mit weiteren Orientierungsrahmen wie z. B. Umgang mit Bias und Diskriminierung oder dem Modus der Arbeitsorganisation eine Basistypik bilden. Die Generierung eines Typus und seine Spezifizierung, wie auch die Abstrahierung im Vergleich des minimalsten und maximalsten Kontrastes, führt zu einer *sinngenetischen Typenbildung* (Bohnsack et al. 2019, 34 f.). Diese legt die spezifischen modi operandi, also die strukturierende Struktur einer Habitusformation, offen. Für ein tiefergehendes Verständnis der Habitustypiken ist die Rekonstruktion ihrer sozialen Genese von Bedeutung, also welche spezifischen strukturidentischen oder gemeinsam gemachten Erfahrungen (Geschlecht, Alter, Migrationshintergrund, regionaler Bezug, soziale Laufbahn etc.) einer Habitusformation zugrunde liegen (Amling und Hoffmann 2014, S. 183). Hierfür erfolgt eine Rekonstruktion von Erfahrungsräumen über eine erneute komparative Sequenzanalyse der Fälle. Mit der soziogenetischen Interpretation wird analysiert, inwiefern soziale Lagerungen und kollektive Erfahrungen die Handlungspraxis strukturieren. Während mit der sinngenetischen Typenbildung Fälle zu einer Typik zusammenführend spezifiziert wurden, geht es nun darum, die rekonstruierten Typiken im Vergleich zu spezifizieren. Die ausgewählten Erzählpassagen sollten sich hierbei nicht mit denen der sinngenetischen Typenbildung decken. Denn die Aussagekraft steigt mit der Zahl trennscharf rekonstruierter Tertia Comparationis (Nohl 2017, S. 43). Daraus ergibt sich eine mehrdimensionale Typik, die die soziogenetische Typenbildung beschreibt (Abb. 5.3).

		1.Typik	
		Typus X	Typus Y
2.Typik	Typus A	Fall 1	Fall 2
	Typus B	Fall 3	Fall 4

Abb. 5.3 Schematische Darstellung einer zweidimensionalen Typologie. (Mafaalani 2012, S. 110)

6 Modus der Bewältigung komplexer beruflicher Anforderungen

Ausgangspunkt der mehrdimensionalen rekonstruierten Typologie ist das konkrete professionssoziologische Erkenntnisinteresse an den habituellen Orientierungsrahmen von Data Scientists und Data Engineers. In diesem Kapitel werden auf Grundlage „erzählter Handlungspraxis […] zentrale Orientierungsfiguren oder (Sinn-) Muster herausgearbeitet und im fallübergreifenden wie fallinternen Vergleich abstrahiert bzw. spezifiziert" (Nentwig-Gesemann 2001, S. 277). Über die sinngenetische Typenbildung konnten die Typiken der Konsolidierung und der Modifizierung rekonstruiert werden (Abb. 6.1). Es handelt sich um „jene Typik, bei der die Konstruktion einer ganzen Typologie ihren Ausgangspunkt nimmt" (Bohnsack, Ralf 2013b, S. 253). Über ein komparatives Verfahren wurden Ähnlichkeiten und Unterschiede im professionellen Handeln rekonstruiert. Als Tertium Comparationis (übergeordneter Problemrahmen) konnte der *Umgangsmodus zur Bewältigung komplexer beruflicher Anforderungen* identifiziert werden.

Die identifizierten modi operandi basieren auf den Vergleichsdimensionen 1.) Modus der Arbeitsorganisation, 2.) Modus der Problemlösung und 3.) Modus im Umgang mit Bias und Diskriminierung. Diese wurden aus den thematisch relevanten Erzählpassagen bzgl. des Forschungsinteresses abgeleitet. Ausschlaggebend hierfür war, dass die Erzählpassagen zur Arbeitsweise, dem konkreten Modellierungsvorgang, als auch zur Thematik der Reproduktion sozialer Ungleichheiten durch Algorithmen Fallübergreifend verhandelt wurden. Erst über die Feststellung, dass ein Thema nicht singulär auffindbar ist, lassen sich sowohl Ähnlichkeiten als auch Unterschiede rekonstruieren. In Abwägung,

---

Ergänzende Information Die elektronische Version dieses Kapitels enthält Zusatzmaterial, auf das über folgenden Link zugegriffen werden kann https://doi.org/10.1007/978-3-658-51435-8_6.

S. Hagemann, *Algorithmen, Habitus und sozialer Kontext*,
https://doi.org/10.1007/978-3-658-51435-8_6

Basistypik Modus der Bewältigung komplexer beruflicher Anforderungen	**Typ 1:** **Konsolidierung**		**Typ 2:** **Modifizierung**	
	Untertypik a Regelgeleitet	Untertypik b Professionalisierung	Untertypik c Nutzenorientiert	Untertypik d Feedbackorientiert
Vergleichsdimension 1 Modus der Arbeits-organisation	Adaption	Befähigung	Rational-Wertstiftend	Reziprok
Vergleichsdimension 2 Modus der Problemlösung im Modellierungsprozess	Methodisch-validiert	Wissenstransfer	Anspruch des Verbesserns	Rückkopplung Kundschaft
Vergleichsdimension 3 Modus im Umgang mit Bias und Diskriminierung in Daten	Reflexiv-Externalisierend	Reflexiv-Externalisierend	Reflexiv-Externalisierend	Reflexiv-Externalisierend
Fälle	Thomas, Carlos, Carsten, Sören	Tom, Gerrit, Anja, Annika	Peter, Antje, Michael, Aaron, Lisa	Maria, Janine, Manuela

Abb. 6.1 Sinngenetische Typenbildung. (Eigene Darstellung)

welche der in allen Fällen verhandelten Probleme letztendlich als primäre Problemstellung für das Tertium Comparationis herangezogen wird, musste durch den Forschenden entschieden werden. Der Umgangsmodus zur Bewältigung komplexer beruflicher Anforderungen scheint als Tertium Comparationis am analytisch sinnvollsten. Er repräsentiert eine Diskrepanz von Norm und Habitus (Bohnsack 2022, S. 35), bei der die konkrete berufliche Praxis (Habitus) auf die institutionellen Anforderungen (Norm) trifft.

Das Tertium Comparationis bildet den Problemrahmen, auf den sich alle Fälle in ihren Erzählungen beziehen bzw. welches von allen Interviewten in ihren Erzählungen primär verhandelt wird und woraus sich ihre Orientierungsrahmen ableiten lassen. Er ergibt sich gewissermaßen aus den unterschiedlichen Fragestellungen des Interviewleitfadens, der den wesentlichen Impulsgeber für die Erzählungen der Interviewten lieferte. Unter den übergeordneten Rahmen lassen sich die unterschiedlichen identifizierten Vergleichsdimensionen als spezifische Anforderungsprobleme subsumieren. Auf dieser Grundlage konnten die unterschiedlichen Basistypiken mit ihren Untertypiken rekonstruiert werden. Die 1.)

Basistypik orientiert sich in ihrem modus operandi an Praktiken der *Konsolidierung* und lässt sich in zwei spezifische Untertypiken ausdifferenzieren. Für die Untertypik a.) ließ sich für die Bewältigung komplexer beruflicher Anforderungen ein spezifizierter modus operandi des *Regelgeleiteten* identifizieren, während für die Untertypik b.) sich ein modus operandi der Professionalisierung ausmachen ließ. Die 2.) Basistypik folgt in ihrer Handlungsorientierung einem modus operandi der *Modifizierung*. Auch hier konnten 2 Untertypiken identifiziert werden, die zum einem c.) ein modus operandi der *Nutzenorientierung* und d.) einem modus operandi der *Feedbackorientierung* folgen.

Im Folgenden werden die Basistypiken mit ihrer Untertypik in abstrahierter Form beschrieben. Daran anschließend werden die unterschiedlichen Typiken anhand von konkreten Fällen aus dem Sample veranschaulicht. Die in ihren Erzählpassagen identifizierten Orientierungsrahmen veranschaulichen den modus operandi ihrer Typik und markieren einen erkennbaren Kontrast zu den anderen Typiken. Gemäß dem regelgeleiteten Verfahren der Dokumentarischen Methode erfolgt zu Beginn jeder konkreten Typenpräsentation eine Fallvorstellung. Anschließend an die ausgewählten Erzählpassagen wird die Erzählpassage über eine formulierende Interpretation wiedergegeben und direkt im Anschluss über die reflektierende Interpretation analysiert.

6.1 Die Basistypik der Konsolidierung und ihre Untertypiken

Data Scientists und Data Engineers, bei denen ein konsolidierender modus operandi rekonstruiert wurde, beziehen sich in ihren Erzählungen auf Praktiken notwendiger Anpassungen und des Wissenstransfers. Ihre habituellen Orientierungen dienen der Festigung von Fertigkeiten, Fähigkeiten und handlungsleitenden Leitlinien im eigenen professionellen Handeln. Die Bewältigung der an sie gestellten beruflichen Anforderungen wird herausfordernd bis überfordernd wahrgenommen. Die Arbeitsbedingungen, mit denen sie konfrontiert sind, werden von ihnen als gegeben angenommen. Ihr professionelles Handeln wird stark durch die organisatorisch-unternehmerischen Rahmenbedingungen determiniert. Ihr professionsbezogener Habitus zeichnet sich im Kontext der Arbeitsorganisation durch einen modus operandi der notwendigen Adaption aus, welche sich einerseits auf die Ebene der Gestaltung und Organisation der Arbeitsabläufe beziehen kann, andererseits aber auch auf die notwendige Befähigung zur Bewältigung der Arbeitsanforderungen. Die beschriebene habituelle Orientierung lässt sich auch für den Prozess der Modellierung identifizieren. Das Sprechen der Personen dieser zugeordneten Basistypik ist durch eine starke Orientierung an validierten Wissensbeständen gekennzeichnet. Unter validierten Wissensbeständen werden in diesem Zusammenhang Papers in Fachjournalen oder Erfahrungswissen verstanden, welche richtungsweisend für das eigene professionelle Handeln sind. Durch Praktiken der Adaption und Befähigung versuchen die Akteure, sich in der Problembewältigung des Modellierungsprozesses in ihrem Handeln wissensgestützt selbst zu versichern, das Richtige zu tun. Hierbei sind sie um Nachvollziehbarkeit für Außenstehende bemüht. Die starke habituelle Orientierung an Wissen repräsentiert sich gewissermaßen in einem modus operandi der Reflexivität im Umgang mit der Problematik von Bias und der Reproduktion sozialer Diskriminierungen durch Daten. Wobei der Terminus reflexiv in diesem Zusammenhang zunächst ein vorhandenes Problembewusstsein beschreibt. Im Kontext der eigenen Handlungsfähigkeit ist der Professionshabitus der Konsolidierung durch ein Gefühl der Externalisierung, Machtlosigkeit oder begrenzten Einflussnahme gekennzeichnet. In seiner Gesamtheit kann die Basistypik als ein wissensorientierter Habitus beschrieben werden, der sich über Praktiken der Adaption und Befähigung repräsentiert.

Der Untertypik des Regelgeleiteten wurden die Fälle Thomas, Carlos, Carsten und Sören zugeordnet. Der modus operandi ihrer Arbeitsorganisation kann durch Praktiken der Notwendigkeit beschrieben werden. Der berufliche Alltag ist stark durch die unternehmerischen Bedingungen geprägt. Sie sind häufig parallel in mehrere Projekte involviert, die durch eng begrenzte Terminierungen stark zeitlich getrieben sind. Zum anderen ist ihr Berufsalltag durch die individuellen Ressourcen bzgl. ihrer Konzentrationsfähigkeit determiniert.

> *„Und das heißt, wenn ich 4 Stunden am Tag sehr konzentriert arbeiten kann, dann ist das ein hervorragender Arbeitstag gewesen […].“* (09.DE 06.12.2022 Sören, Pos. 436–438)

> *„Und das finde ich halt schon sehr, also es kommt meiner Art zu arbeiten sehr zu Gute, weil ich eben nicht […] ich mich sehr lange an einem Stück konzentrieren kann.“* (01.DS 15.09.22 Thomas, Pos. 307–310)

Das berufliche Handeln orientiert sich an den organisatorisch-unternehmerischen Bedingungen, die als gegeben hingenommen werden. Über einen modus operandi der Adaption prägen sich Praktiken heraus, die als Selbst- und Sozialtechnologien der Anforderungsbewältigung zweckdienlich sind.

> *„Und ich da deshalb eben auch krass darauf achten muss mich sehr zu strukturieren, also was ich eben auch schon gesagt habe, dass ich eben für jedes Projekt ein eigenes*

> *Notebook hab und mir wirklich da immer alle Anforderungen nochmal runterschreibe. Und auch so ein Arbeitsplan mache, was sind die nächsten Steps was zu tun ist (.) genau"* (01.DS 15.09.22 Thomas, Pos. 597–603)

Die berufliche Tätigkeit unterliegt einer Rationalisierung des Unternehmerischen. Anforderungen von Selbstverantwortung, Eigeninitiative oder Teamfähigkeit kennzeichnen ein *unternehmerisches Selbst* (Bröckling 2013, S. 75). Was sich auch in einem Kreativitätsanspruch als *problemlösendes Handeln* (Bröckling 2013, S. 158) artikuliert.

> *„Und das muss ich irgendwie modellieren, dass dieses Netz beides gleichzeitig lernen kann. Und da kommt eine ganze Menge Kreativität, denke ich, mit ein."* (09.DE 06.12.22 Sören, Pos. 476–478)

Der modus operandi der Adaption lässt sich für diese Untertypik auch für die Dimension der Problembewältigung im Modellierungsprozesses identifizieren. Beim Modellieren eigener Algorithmen erfolgt eine Orientierung bzw. Nachahmung anhand von Standardmodellen und Standardwerten. Der State of the Art gilt in der Forschung als richtungsweisend und als erstrebenswerter positiver Handlungshorizont. Handelt es sich hierbei schließlich um validierte Erfahrungen, die als beglaubigte Lösung oder zumindest Ausgangspunkt der eigenen Problembewältigung herangezogen werden.

> *„Und schau eben auch, was das ist da so Stat of the Art […] Und versuche dann so ein Modell erstmal möglichst einfach nachzubauen und auf meine Daten dann eben anzuwenden."* (01.DS 15.09.22 Thomas, Pos. 710–714)
>
> *„Nicht nur meine eigene, sondern die Sachen, die man auch liest in Papern und sowas. Und in der Regel liest man halt eine ganze Menge zu einem Thema […]."* (09.DE 06.12.2022 Sören, Pos. 486–488)

Wichtiger Bezugspunkt hierfür bildet die Orientierung an Nachvollziehbarkeit und Erklärbarkeit. Es lässt sich ein wissenschaftlich-forschungsorientierter modus operandi identifizieren, der durch Praktiken eines methodischen Vorgehens kennzeichnet ist. Bezugnehmend auf die Thematik der Reproduktion sozialer Ungleichheit und Diskriminierung durch Daten und Algorithmen lässt sich ein wissenschaftlich-forschungsorientierter modus operandi dahingehend wiedererkennen, dass eine reflexive Praxis identifiziert werden konnte. Die Problematik ist bekannt und wird auch als problematisch gewertet. Unverzerrte Daten bilden einen wünschens- bis erstrebenswerten Handlungshorizont. Gleichzeitig findet eine Externalisierung der Problematik statt, bei der die Verantwortung in der Unternehmenskultur in gesetzlichen Vorschriften oder in der Politik verortet wird.

> *„Und bin jetzt eigentlich eher sehr froh, in einem Umfeld zu sein, wo ich das Gefühl habe (.) die Daten werden analysiert [...] nur mit expliziter Zustimmung der (.) Person [...].“* (01.DS 15.09.22 Thomas, Pos. 890–893)

> *„Die Problemlösung müsste, denke ich, Regierungsbetrieben kommen [...].“* (09.DE 06.12.22 Sören, Pos. 694–695)

Darüber hinaus sind die Protagonist:innen mitunter mit begrenzten Ressourcenausstattungen (ökonomisch, technisch) konfrontiert, die dem Ideal entgegenlaufen.

> *„Das Problem ist nur, dass häufig Regierungen und Forschungsprojekte nicht dazu bereit sind, große Mengen an Daten zu finanzieren.“* (09.DE 06.12.22 Sören, Pos. 639–641)

Folglich erscheint eine pragmatische Anpassung an vorhandene Möglichkeiten und eine Umgangsweise mit ihnen naheliegend. Der Basistypik des Regelgeleiteten zeichnet sich also durch einen wissenschaftlich-forschungsorientierten modus operandi des methodischen Vorgehens aus. Sie verbinden die beruflichen Identitäten von „the ‚abstract, theoretical and impractical‘ scientist and the ‚practical, realistic and problem-solving‘ engineer are crucial in technical fields [:::] The data scientists mobilised these two identities and created an omnivore self-image“ (Avnoon 2021, S. 339). Allerdings begrenzt sich die omnivore Identität durch Praktiken notwendiger Adaption an organisatorisch-unternehmerische Rahmenbedingungen und einer reflexiven Externalisierung im Umgang mit der Problematik von Bias und Diskriminierungen.

Der Untertypik der Professionalisierung wurden die Fälle Tom, Gerrit, Anja und Annika zugeordnet. Der Terminus der Professionalisierung bezieht sich auf die handlungsleitende erstrebenswerte Vorstellung des Wissenstransfers. Dieser folgt einerseits einem modus operandi der Wissensweitergabe, andererseits einem modus operandi der Wissensaneignung. Sowohl die Aneignung als auch die Verfügbarkeit spezifischer Kompetenzen präsentiert sich hierbei als ein charakteristisches Merkmal professionellen Handelns (Knauf 1999; Mertens 1974). Selbst- und Fremdbefähigung von arbeitsrelevanten Kompetenzen ist der primäre handlungsleitende Horizont dieser Untertypik. Sie bilden die Voraussetzung, um den Arbeitsanforderungen gerecht zu werden. Im Gegenzug lassen sich fehlendes Wissen oder mangelnde Fähigkeiten als geteilter negativer Gegenhorizont identifizieren, der als nicht erstrebenswerte Vorstellung in der eigenen Handlungsorientierung verhandelt wird. In ihrer alltäglichen Praxis sind die Protagonist:innen immer wieder mit Krisen konfrontiert.

> „*[V]ielleicht macht das jemand zum ersten Mal und weiß es noch nicht.*" (13.DS2 21.12.22 Anja, Pos. 583–584)

> „*And then, or if there's something like a fire like we had yesterday around, they couldn't, there was a problem with the API wich was blocking finance. That's like an all hands on deck situation [...].*" (10.DE 07.12.22 Gerrit, Pos. 400–403)

Die Bewältigung dieser Krisen erfolgt auf der Basis kodifizierten Wissens (Oevermann 2008, S. 110).

> „*I would jump in in. So Ireally kind of work by trying to teach my team the infrastructure and the technical side.*" (10.DE 07.12.22 Gerrit, Pos. 403–405)

> „*Also ja, entweder setzt sich dann vielleicht eine erfahrene Person mit einer neuen Person hin und spricht es mit der Person durch [...].*" (13.DS2 21.12.22 Anja, Pos. 584–586)

Ein fähiges und wissensstarkes Teammitglied zu sein, ist die geteilte erstrebenswerte handlungsorientierende Vorstellung. Diese beiden Vergleichshorizonte lassen sich auch im Modus der Problembewältigung im Modellierungsprozess erneut identifizieren. Hierbei bilden die Weitergabe oder das Aneignen von Wissen den handlungsleitenden positiven Horizont. Nicht-Wissen wird als negativ bewertet und in Bezug auf die eigene Person als deutliches Defizit verhandelt. Das hohe Innovationstempo in Bereichen der KI-Forschung und des maschinellen Lernens erfordert schnelle Anpassungsfähigkeiten von Data Scientists und Data Engineers. Die Aktualisierung und Erweiterung von Wissen und Fähigkeiten erscheint als Notwendigkeit, um mit den technischen Innovationen mithalten zu können (Avnoon 2021, S. 340).

> „*[W]ir haben halt ein Kollege, der extrem gut in Modellierungs-Themen ist. [...] [Der] gibt seinen Input und halt auch andere, die schon länger in der Modellierung unterwegs sind. So, dass da dann der Wissensaustausch stattfindet.*" (13.DS2 21.12.22 Anja, Pos. 597–606)

Sowohl der Prozess der Wissensaneignung als auch der des Wissenstransfers erfolgt somit primär über den direkten Austausch mit Anderen. Entscheidend für ihr professionelles Handeln ist die Aneignung und Verfügbarkeit eines anwendungsbezogenen domainspezifischen Wissens. Der modus operandi der Wissens- und Fertigkeitsaneignung fügt sich in die von Avnoon (2021) beschriebenen *omnivoren Strategien* als Merkmal hybrider Professionalität von Data Scientists und Data Engineers ein. „Thus, the basic mechanism of distinction shifts from specialist-snob to generalist-omnivores." (Avnoon 2021, S. 345) Für den Umgang mit Bias und Diskriminierung durch Daten lässt sich ein modus operandi der Externalisierung ausmachen. Die Thematik wird nur von einigen Protagonist:innen als problematisch wahrgenommen. Charakteristisch für die Untertypik ist, dass die Zuständigkeit für die Problematik bei Anderen verortet wird.

> *„I don't think there's many ethical issues on our side."* (10.DE 07.12.22 Gerrit, Pos. 599)

> *„Wenn man jetzt die kritischen Variablen rausnehmen würde […] gibt es aber ja immer noch andere, die damit zusammenhängen und dann würden die halt einspringen im Modell automatisch […]."* (13.DS2 21.12.22 Anja, Pos. 752–755)

Die Problematik wird nicht in Bezug zur eigenen Person gesetzt. Die Basistypik der Professionalisierung lässt sich in ihrer Gesamtheit durch einen modus operandi der Fortbildung beschreiben. In seiner Handlungsorientierung ist sie durch Vorstellungen der Befähigung und des Wissenstransfers gekennzeichnet. Die Bereitschaft zur Weiterentwicklung von Kompetenzen zur Bewältigung sich wandelnder Arbeitsanforderungen charakterisiert hierbei ein wesentliches Kriterium von Professionalität der Untertypik (Terhart 2011, S. 215).

6.1.1 Der Fall Thomas – Regelgeleitete Untertypik

Thomas ist zum Zeitpunkt des Interviews 39 Jahre alt. Seit etwa 6 Jahren ist er beruflich als Data Scientist tätig. Momentan ist er als wissenschaftlicher Mitarbeiter an einem großen Universitätsklinikum angestellt. Der Vater ist als Arzt und die Mutter als Krankenpflegerin tätig.

> (2s) Wie arbeite ich? (2s) Ich glaube, ich habe es eben schon so angedeutet, so ein (.) also so (*?zerklüftet?*), was die Zeit angeht. (2s) Und (3s) ich würde sagen (.) strukturiert. Aber das ist auch so ein, das ist so ein Thema. (.) Ich glaube, ich muss strukturiert arbeiten, um nicht den Überblick zu verlieren. Bei den bei den, weil es halt mehrere Projekte sind. Das ist eigentlich das, was mich stresst, so immer wieder umzuschalten und ich merk so bis zu einem gewissen Grad gibts so Synergieeffekte, dass ich, ah okay in dem Projekt habe ich das gelernt, das kann ich jetzt auf das andere Projekt

> anwenden. (.) Aber wenn es halt zu viel wird, wenn ich merke, okay ich soll jetzt an 3 oder sogar 4 Projekten parallel arbeiten, wo jetzt wirklich in kurzer Zeit Anfragen kommen und (.) die Bitte kommt, so ok, dass jetzt aber bitte schnell bitte bis morgen fertig und das für 4 Projekte. Und ich merke ich muss da jeden Tag quasi switchen, (.) dass es so Reibungsverluste gibt und (.) und (.) ich dann so ein bisschen schnell den Überblick verlieren. Und ich da deshalb eben auch krass darauf achten muss mich sehr zu strukturieren, also was ich eben auch schon gesagt habe, dass ich eben für jedes Projekt ein eigenes Notebook hab und mir wirklich da immer alle Anforderungen nochmal runterschreibe. Und auch so ein Arbeitsplan mache, was sind die nächste Steps was zu tun ist (.), genau. (01.DS 15.09.22 Thomas, Pos. 579–603)

Formulierende Interpretation

Thomas bezieht sich zu Beginn auf eine Beschreibung eines früheren Erzählabschnittes. Dort hat er beschrieben, dass er viel im Home Office tätig ist und dadurch zeitlich *zerklüftet* arbeitet, sich seine Arbeitszeit weitestgehend frei einteilen kann und immer wieder kleinere und größere Pausen macht. Er beschreibt seine Arbeitsweise als *strukturiert.* Das leitet sich für ihn aus dem Umstand ab, dass er an mehreren Projekten parallel arbeitet. Durch unterschiedliche Anforderungen und Terminfristen muss er zwischen den einzelnen Projekten *switchen.* Das führt dazu, dass er sich ein Stück weit immer wieder neu einarbeiten muss und *Reibungsverluste* entstehen. Von daher hat er für jedes Projekt ein eigenes Notebook, in dem er schriftlich alle *Anforderungen* festhält. Der besseren Übersichtlichkeit halber erstellt er für sich einen Arbeitsplan mit einer Priorisierung der Arbeitsschritte.

Reflektierende Interpretation

Thomas Stegreiferzählung auf die Fragestellung *Wie arbeiten Sie?* ist zu Beginn durch vermehrte Pausen im Erzählfluss gekennzeichnet. Er scheint zunächst Zeit zu benötigen, um die Frage für sich selbst zu reflektieren. Anschließend kommt er dann aber in eine fließende Beschreibung des eigenen Erfahrungsraumes. Bezugnehmend auf eine vorherige Erzählung beschreibt Thomas, dass er in zeitlicher Hinsicht einen nicht-linearen Arbeitstag hat. Mit dem Adjektiv *zerklüftet* verweist er auf Unterbrechungen in seinem Arbeitshandeln, womit nicht reguläre Pausen gemeint sind, sondern größere Unterbrechungen, die von ihm selbst bewusst gewählt sind. Es handelt sich also nicht um institutionelle vorgegebene Zeitregelungen, sondern um Thomas' individuelle Praxis. Hierin lässt sich eine für die digitale Ökonomie idealtypische Entgrenzung von Arbeit und Privatleben beobachten (Jarrett 2023, S. 70). Insbesondere durch das Home Office verschwimmen Arbeits- und Privatsphäre. Thomas schätzt sich in seiner Arbeitsweise dennoch als *strukturiert* ein. Das beinhaltet eine systematische und planvolle Herangehensweise an Aufgabenstellungen. Ein Problem muss hiernach zunächst durchdacht werden. Es geht nicht um Spontaneität. Diese systematische Arbeitsweise führt Thomas aber nicht als eine persönliche Eigenschaft oder intrinsische Motivation auf sich zurück, sondern empfindet sie als eine Notwendigkeit, *um den Überblick nicht zu verlieren.* Den Verlust des Überblicks gilt es aus seiner Sicht zu vermeiden. Die Möglichkeit eines solchen Verlusts bildet für ihn den negativen Horizont seiner Handlungsorientierung. Über eine Strukturierung seiner Arbeitsweise soll einem Verlust des Überblicks entgegenwirkt werden. Auch wenn sein Arbeitshandeln durch vorgefundene Arbeitsbedingungen aufoktroyiert ist, kennzeichnet es einen erstrebenswerten und potentiell umsetzbaren positiven Horizont. Das parallele Arbeiten an mehreren Projekten führt jedoch dazu, dass er sich ge*stresst* fühlt. Einerseits wird es als Belastung wahrgenommen, andererseits sieht er darin auch *Synergieeffekte*, die ihn voranbringen. In dieser Ambivalenz wird eine Ambiguität von Heraus- und Überforderung ersichtlich. Die Mehrfachbelastung bzw. parallele Projektarbeit erscheint hier einerseits als negativer Horizont, weil sie zu Stresssituationen führt. Andererseits bilden die daraus resultierenden Synergieeffekte einen möglichen positiven Horizont in der Handlungsorientierung. Im Fokus steht für ihn wohl aber vielmehr der negative Aspekt.

Das Bearbeiten von mehreren Projekten geht für ihn mit der Befürchtung einher, dass er in den einzelnen Projekten nicht die optimalen Ergebnisse hervorbringen kann und es durch das *Switchen* zwischen den Projekten zu *Reibungsverlusten* kommt. Der Wechsel zwischen den Projekten im laufenden Arbeitsprozess birgt die Gefahr, den Faden zu verlieren, was mitunter Auswirkungen auf die Qualität der einzelnen Projekte hat. In diesem Spannungsfeld von Heraus- und Überforderung betont Thomas noch einmal, dass er *darauf achten muss*, seine Arbeitsweise entsprechend anzupassen bzw. ein strukturiertes Vorgehen für sich zu etablieren. Ein strukturiertes Arbeiten stellt für Thomas hiernach eine erstrebenswerte, aber stellenweise schwer umsetzbare Vorstellung dar, womit die Selbsteinschätzung des *strukturierten* Arbeitens auch als ein positiver Gegenhorizont beschrieben werden kann. Die Erstellung eines *Arbeitsplans* zur Vergegenwärtigung der nächsten Arbeitsschritte ist eine weitere Strategie in seinem professionellen Handeln, um einem potentiellen Verlust des Überblicks entgegenzuwirken. Jedes Projekt wird auf einem eigenen Notebook bearbeitet. Die Wahrung eines Überblicks erfolgt hier zusätzlich über eine Praktik des Separierens. Die Parallelität und Komplexität der Projekte verlangen eine systematische Arbeitsweise, die Thomas über Hilfsmittel, wie Notizen, Arbeitsplan etc., zu verwirklichen sucht. Thomas rationalisiert sein Arbeitshandeln unter Rückgriff auf manageriale Techniken der projektbasierten Steuerung und Strukturierung. Es handelt sich gewissermaßen um eine Arbeit an seiner Subjektivierung als *unternehmerisches Selbst* (Bröckling 2013, S. 48), welche im Rahmen der Unternehmenserfordernisse als aktive Selbststeuerung durch Praktiken der Selbstrationalisierung, -ökonomisierung und -kontrolle eines *Arbeitskraftunternehmers* kenntlich wird (Pongratz und Voß 2004b, 12 f.). Es lässt sich ein modus operandi der Adaption identifizieren, welcher aus dem Umstand (über-)fordernder Arbeitsbelastungen resultiert, deren Bewältigung über Praktiken der zeitlichen, technischen und operationalisierten Strukturierung erfolgt. Gegenüber dem Verlust an Überblick als negativem Horizont ist ein positiver (Gegen-)Horizont des strukturierten Arbeitens handlungsleitend. Überblick und Struktur repräsentieren starke Bezugspunkte in Thomas' Sprechen, die sich auch in den Erzählpassagen zum Modellierungsprozess von Algorithmen wiederfinden.

> (4s) Also ich versuch also, es gibt ja glaub ich ja (schmunzeln) also es gibt schon so eine Art Standard, an dem man sich entlanghangeln kann, eventuell, aber irgendwie gibt es den auch nicht. (lacht) (2s) Also als erstes schaue ich mir natürlich die Daten an, die ich dazu bekomme. (.) Schau, sind die Variablen da überhaupt alle drin? Sind die Informationen da überhaupt alle drin? Um die Fragen zu beantworten, die dargestellt sind. (.) So ein klassisches Beispiel aus Kollegen-Erzählungen, hatte ich selber jetzt noch nicht, aber ist sowas wie ein Mediziner möchten eine (unverständlich) Event Analyse, also eine Survival Analyse. Aber die Daten geben das gar nicht her, weil eben gar keine Zeitpunkte für Event festgehalten sind. Das heißt, ich kann eigentlich natürlich nur eine *binäre* (?Wort?) Klassifizierung machen, ob das Event eingetreten ist oder nicht. Von daher also erstmal in ein Meeting gehen, absprechen was ist gefordert? Was wollen wir untersuchen, Was wollen wir sehen? (.) Dann nächster Step ist Daten einlesen, in die Daten reinschauen. (.) Auch klassisch deskriptiv erstmal schauen (.) okay sind alle Variablen da die wir brauchen? Wo haben wir fehlende Werte? Das sind ja aber auch alles Dinge, die reported werden, die auch in den Papern veröffentlicht werden, in so base line Tabellen, wo man dann sieht, okay, es gab hier fehlende Werte die müssen dann teilweise importiert werden. (2s) Und (.) genau sich deskriptive Statistiken anschauen, um Überblick zu gewinnen. Und dann eben mit Interferenz statistischen Methoden, ist es ja meistens eben die Fragestellungen beantworten. Also sprich mit linearer oder logistischer Regression, oder eben (unverständlich) Regressionsmodellen für Lebensdauer-Analyse. (.) Schauen welche Prädiktoren, also welche Variablen haben Einfluss auf meinen Outcome? (.) Auf meine Outcome-Variable? Das ist eigentlich schon so das Standardvorgehen. Andererseits ist es halt ein super breites Feld. Also eben erwähnt, dass mit der Textklassifizierung wo, wo das ist, ja eigentlich noch eine ganz andere Geschichte, wo wir sagen okay, wir haben hier Informationen, die eben noch nicht so strukturiert vorliegen. Aber (.) wir versuchen das halt in so eine Struktur zu bringen mit Algorithmen. (.) Dann gibt es auch Themen des Clustering, dass wir uns eben einfach verschiedene Patienten anschauen und sagen okay, wir wollen mal gucken, gibt es da gibts da Cluster, gibt es da Gemeinsamkeiten zwischen verschiedenen Probanden? Das ist

dann eher so eine offene Fragestellung, also wo ich nicht schon vorab eine Hypothese hab, wo ich klar sag ok ich habe hier eine Treatment-Gruppe und eine Placebo Gruppe und ich gehe davon aus, dass in der Treatment-Gruppe, dass die eben besser reagiert und nicht weniger Outcomes hab über eine gewisse Zeit. Da ist es halt sehr klar bei so einer Clustering-Fragestellung ist es ja eher sehr explorativ. Also, das ist ja eher so ok guck mal, wir haben hier (.) die Patienten, mit denen Informationen mit den Variablen (.) lass doch einfach mal schauen, was, finden wir da irgendwelche Muster? Oder können Algorithmen da Muster finden, die uns wieder interessante Auf.. interessanten Aufschluss geben? Also es ist super vielfältig, was es auch so super spannend macht. (.) Ja, aber von daher ist dieses, so ein Standardvorgehen auch ein bisschen schwierig (.) so zu beschreiben glaube ich. (01.DS 15.09.22 Thomas, Pos. 623–681)

Formulierende Interpretation
Thomas bezieht sich in seiner Erzählung auf ein Standardverfahren, welches als Orientierung dient, und negiert diese Aussage sofort wieder, worüber er selbst lachen muss. Er beschreibt die einzelnen Arbeitsschritte und versucht diese mit Argumenten zu begründen bzw. zu veranschaulichen. So ist es von Bedeutsamkeit, sich mit den Daten vertraut zu machen und diese für sich zu erschließen. Es muss geprüft werden, inwiefern die notwendigen Variablen zur Beantwortung der Forschungsfrage wirklich im Datensatz enthalten sind. Von Kollegen hat er schon Geschichten gehört, dass Ärzt:innen mit einem ungenügenden Datensatz eine Forschungsfrage beantworten wollten. Zur Klärung braucht es Meetings, um zu erörtern, was genau gefordert ist. Wenn das geklärt ist, werden die Daten eingelesen und genauer begutachtet. Daran sind auch methodische Fragestellungen gekoppelt, wie etwa mit fehlenden Werten umgegangen werden soll. Diese müssen ggf. importiert werden. Danach erfolgt die deskriptive statistische Auswertung. Daraus leitet sich die konkrete Auswertungsmethode ab, die im Generellen auf statistischen Rechenverfahren beruht. Im weiteren Verlauf der Erzählung kommt Thomas auf Aufgabenstellungen zu sprechen, die nicht einfach mit dem zuvor beschriebenen Standardverfahren bearbeitet werden können, sondern abhängig vom Vorhaben einer spezifischen Lösung bedürfen. Für ihn ist das sehr reizvoll, weil es sein Arbeitsfeld *auch so super spannend* macht.

Reflektierende Interpretation
Thomas' anfängliche Reaktion des Schmunzelns lässt darauf deuten, dass die Orientierung an einem Standardverfahren nur bedingt als hilfreich empfunden wird. Wobei man sich an solchen Standards *entlanghangeln kann.* Aber auch, wenn ein Standardverfahren nicht der unmittelbaren Lösung komplexer Problemstellungen dient, so vermitteln sie doch grundlegende Leitlinien und Regeln, die

wiederum als wichtige Orientierung in abweichenden Vorgängen hilfreich sein können. Die spezifischen Datensätze erfordern unterschiedliche Lösungsansätze. Diese bewegen sich in einem Spannungsfeld von theoretischem Wissen, formalen Methoden und den empirischen Gegebenheiten. Reelle Daten sind mitunter unvollständig oder ungenau und verlangen Umgangsweisen, die strengen formellen Forschungsregeln widersprechen (Passi und Jackson 2017, S. 2444). Sich an etwas orientieren können bzw. *entlanghangeln* kann aber als ein positiver Horizont in Thomas' Handlungsorientierung gedeutet werden. Der erstrebenswerte Bezugspunkt eines systematischen und planvollen Vorgehens, wie er bereits in der Dimension der Arbeitsweise identifiziert wurde, lässt sich auch an dieser Stelle ausmachen. Das verdeutlicht Thomas selber in seiner daran anschließenden Beschreibung des weiteren Vorgehens. Seine Aussage: *Also als erstes schaue ich mir natürlich die Daten an*, verweist auf ein regelgeleitetes Arbeiten, bei dem als erster Schritt immer die Sichtung der Daten steht. Das ist für Thomas *natürlich*, da Daten die operative Grundlage von Algorithmen bilden. Mit dem Adverb markiert Thomas die Datensichtung als eine Selbstverständlichkeit, die nicht hinterfragt wird. Denn für Thomas ist es von Bedeutung, in einer ersten Sichtung festzustellen, ob die vorhandenen Daten grundsätzlich für die weitere Bearbeitung in Frage kommen. In mehreren Studien wurde festgehalten, dass der Kuration von Daten eine hohe Priorität eingeräumt wird, die viel Zeit beansprucht (Muller et al. 2019; Passi und Jackson 2017; Pereira et al. 2020). Enthalten Daten nicht die wesentlichen Informationen, können vorab definierte Ziele nicht umgesetzt werden. Eine Erfahrung, die Thomas bisher nicht selbst gemacht hat, aber vom Hörensagen kennt. Die Erzählung seiner Kollegen konstituiert sich zu einem zu vermeidenden negativen Horizont. Weshalb es einen direkten Austausch mit der Ärzt:innenschaft benötigt, um vorab die Erwartungshaltungen klären zu können. In den Meetings *absprechen was ist gefordert? Was wollen wir untersuchen, Was wollen wir sehen?* Die mathematische Operationalisierung von Problemstellungen setzt eine klar konkretisierte Zielstellung voraus. Für Thomas ist es wichtig zu verstehen, was gefordert ist, damit er es dementsprechend modellieren kann. Ein systematisches und planvolles Vorgehen kann nur vor dem Hintergrund einer Zieldefinition stattfinden, daher sonst unklar bleibt, worauf das eigene Handeln hin ausgerichtet werden soll. Eine konkrete Zielvorstellung wird zum positiven Horizont. Gleichzeitig verdeutlicht sich an dieser Erzählpassage, dass Thomas' Arbeitsweise durch die Kollaboration mit der Berufsgruppe der Ärzt:innenschaft gekennzeichnet ist. Diese ist maßgebend für den Data Science-Arbeitsprozess (Zhang et al. 2020). Auf Basis der Zieldefinition sichtet er die vorhandenen Daten, um zu überprüfen, ob das Vorhaben mit den zu Verfügung stehenden Informationen umsetzbar ist. Weiterführende Arbeitsschritte machen nur Sinn, wenn die gewünschten Variablen enthalten sind, ansonsten müssen u. U. weitere Daten zugeführt werden. Dabei verweist Thomas auf den transparenten Umgang mit fehlenden Daten. Er bezieht das insbesondere auf Veröffentlichungen in Fachjournalen. Hier kommt ein wissenschaftlich forschungsorientierter modus operandi zum Vorschein, der in seiner Praxis auf Kontrolle, Nachvollziehbarkeit und Überprüfbarkeit hin ausgerichtet ist. Im Vordergrund steht der Erkenntnisgewinn und die Vermittlung der eigenen Forschungserkenntnisse, die den Ausgangspunkt für weitere Forschung bilden können. Das schließt anerkannte regelgeleitete Auswertungsverfahren wie die *Interferenz statistischen Methoden, ist es ja meistens eben die Fragestellungen beantworten* mit ein.[1] Ein Verfahren, welches Thomas als das *Standardvorgehen* beschreibt.

Aus seiner Erzählung lässt sich zwar ein wissenschaftlich forschungsorientierter modus operandi ableiten. Dieser ergibt sich aber zunächst einmal aus seiner spezifischen Domäne der Medizinforschung. D. h., es wird in der Beschreibung des Standardverfahrens nicht ersichtlich, wie konkret die Vorgaben der Ärzt:innenschaft bzgl. der Auswertungsmethoden sind. Allerdings lässt sich aus dem beschriebenen Vorgang ein methodisch-geleiteter modus operandi rekonstruieren, der sich an anerkannten Richtlinien und Regeln orientiert. Eine strukturierte Arbeitsweise wird auch hier als eine erstrebenswerte Vorstellung deutlich. Das verdeutlicht sich im zweiten Teil seiner Beschreibung der explorativen Forschungsmethoden. Ein standardisiertes Vorgehen stößt dort schnell an seine Grenzen, weil hier, entgegen seiner Erzählung zur Zielbestimmung, u. U. noch keine Forschungsfrage formuliert wurde, woraus sich konkrete Annahmen ableiten ließen. Es ist ein Prozess des Experimentierens – *lass doch einfach mal schauen, was, finden wir da irgendwelche Muster?* Im Gegensatz zu den von ihm benannten randomisierten Studien handelt es sich hierbei um einen offenen Prozess. In seiner Erzählung *das ist ja eher so ok guck mal, wir haben hier (.) die Patienten, mit denen Informationen mit den Variablen* steht die Sichtung der Daten als elementarer erster Schritt. Auch der wissenschaftlich forschungsorientierte Aspekt findet sich in dieser Erzählpassage wieder, wenn Thomas erzählt, das *Algorithmen da Muster finden, die uns wieder interessante* [...] *Aufschluss geben.* Ob beim Standardverfahren oder in der explorativen Forschung, grundlegend

[1] Bei der Interferenzstatistik handelt es um ein anerkanntes regelgeleitetes Verfahren, bei dem ausgehend von einer Stichprobe Rückschlüsse auf eine Grundgesamtheit geschlossen werden. Der wissenschaftlich forschungsorientierte modus operandi verdeutlicht sich hier abermals. Es geht nicht allein um eine deskriptive Beschreibung der verfügbaren Daten, sondern man ist bestrebt, eine Aussage bzgl. einer größeren Population zu tätigen. Dies geschieht konkret über Regressionsanalysen, mittels derer der Einfluss von spezifischen Variablen auf den *Outcome* überprüft wird.

ist der Erkenntnisgewinn auf Basis von anerkannten regelgeleiteten Analyseverfahren. Wird vom Standardverfahren auch abgewichen, so behalten bestimmte Handlungsorientierungen ihre Gültigkeit. Thomas' Praxis ist nicht streng regelgebunden, kann aber als ein *regelbasiertes* Vorgehen beschrieben werden (Passi und Jackson 2017). Bietet ein methodisch-orientierte Vorgehen für ihn doch Überblick und Struktur im eigenen Handeln. Auf die Nachfrage, wie konkret der Modellierungsprozess eines Algorithmus vonstatten geht, antwortet Thomas erneut sehr ausführlich.

> Der Modellierungs-Prozess? (.) Also im Moment erstmal einlesen was ist State of the Art. Also auch da gibt es ja irgendwie viele Möglichkeiten, wie man, wie man rangeht. Dann gibt es mehr klassische Maschinen Learning (.) Methoden. Also mit random (unverständlich), oder so etwas. (.) Was dann auch bedarf, dass man die Daten anders aufbereitet. (.) Dann gibts jüngere Verfahren (.), wo man mit (?embedding?) arbeitet. (.) Quasi wo man schon bei der Aufgabe den Algorithmus oder das Netzwerk (.) Wort-Einbettung lernen lässt. (.) Genau und (.) ich werde natürlich schauen, dass ich das Verfahren nutzen was so state of the art ist, oder eventuell auch schauen, ob ich da so ein Methoden Vergleich noch ranbringen kann? (2s) Und genau ansonsten ist es eigentlich das gleiche Vorgehen. Ich lese die Daten ein, ich schaue mir diese Variable, in dem Fall ist es irgendwie der Freitext, an. (.) Schau, dass ich den ordentlichen gelesen bekomme. Schau das ich die Daten so weit vorbereitet bekommen, dass man sie entspannt einem Algorithmus übergeben kann. Also Dinge wie (.) Stop Watch entfernen oder alle Texte aus (unverständlich) Normalisierung der Daten vornehmen. (.) Und dann ist, glaube ich, auch das Modell bauen, so ein iterativer Prozess. (.) Also ich nutze (unverständlich) meistens um (.) so neuronale Netze aufzubauen. (.) Und schau eben auch, was das ist da so state of the Art. Da findet man im Internet natürlich auch genug. Auch in anderen Journals oder anderen Papern. (.) Und versuche dann so ein Modell erstmal möglichst einfach nachzubauen und auf meine Daten dann eben anzuwenden. (.) Und ähm, genau sehe dann, wie das Ganze performt hat. Im 1. Step wahrscheinlich unzufriedenstellend. Und dann geht es halt ans Feintuning von dem Modell. Genau das ist dann eben ne ordentliche (.) (unverständlich) liefert für die Klassifizierungsaufgabe. (01.DS 15.09.22 Thomas, Pos. 687–719)

Formulierende Interpretation

Thomas wiederholt noch einmal die Fragestellung und beginnt seine Erzählung mit der Beschreibung der Recherche. Zunächst macht er sich mit dem aktuellen Forschungsstand vertraut. Die Anzahl an Methodenmöglichkeiten ist sehr groß. Die unterschiedlichen Methoden setzen u. U. eine spezielle Datenaufbereitung voraus. Wenn er sich für eine Methode entschieden hat, liest er sich zunächst erstmal in den *State of the Art* ein oder überlegt, inwiefern er selbst eine Methode weiter voranbringen könnte. Dann bezieht sich Thomas in seiner Beschreibung auf die vorangegangene Erzählung, wonach er zunächst die Daten sichtet, bereinigt und einliest. Es müssen die vorhandenen Informationen geprüft und dann so aufbereitet werden, dass sie in den Algorithmus implementiert werden können. Thomas beschreibt den eigentlichen Modellierungsprozess als einen iterativen Vorgang, bei dem das Modell immer weiter verfeinert wird. Hierzu kommt er noch einmal auf das Einlesen in den *State of the Art* zu sprechen, welchen er sich hauptsächlich über Forschungspaper aneignet. Auf dieser Grundlage versucht er, die Modelle *erstmal möglichst einfach nachzubauen und auf meine Daten dann eben anzuwenden.* Anschließend überprüft er das Ergebnis, welches zunächst mit hoher Wahrscheinlichkeit nicht zufriedenstellend sein wird. Deshalb wird das Modell wieder sukzessive verändert und dadurch verbessert.

Reflektierende Interpretation
Zu Beginn seiner Erzählung wiederholt Thomas die Frage, um sich selbst noch einmal zu vergewissern. Mit der Beschreibung des *erstmal einlesen* ist wie im vorherigen Abschnitt ein strukturiertes Vorgehen erkennbar. Im ersten Schritt beinhaltet die Praxis der Wissensaneignung eine Sichtung des gegenwärtigen Forschungsstandes. *State of the Art* bedeutet, sich mit dem aktuellen Stand der Entwicklung und Technik auseinanderzusetzen. Dieser bietet Orientierung für den folgenden Modellierungsprozess. *[Da] gibt es ja irgendwie viele Möglichkeiten, wie man, wie man rangeht.* Es gibt eine Vielzahl von Möglichkeiten, die schnell auf Abwege führen können, weshalb ein aktueller Kenntnisstand einem eine Hilfestellung dahingehend gibt, wie andere Forschende an eine Problemstellung herangegangen sind und welche sich wie bewährt haben. Der *State of the Art* wird sich über das Lesen von Forschungspapers angeeignet. Die dort publizierten Ergebnisse und Modelle durchlaufen vor der Veröffentlichung in der Regel ein Review-Verfahren durch andere Expert:innen. Damit soll gewährleistet werden, dass die eingereichten Papers wissenschaftlichen Standards entsprechen. Das bedeutet, die verwendeten Modelle sind wissenschaftlich erprobt und bilden für Thomas eine valide Ausgangsbasis in seinem Modellierprozess. Die unterschiedlichen Verfahren gehen mit Besonderheiten einher, die Auswirkungen auf die einzelnen Arbeitsschritte haben können. Etwa, dass es *dann auch bedarf, dass man die Daten anders aufbereitet.* Für Thomas ist es *natürlich*, dass er sich an dem Modell orientiert, welches gerade als *State of the Art* gilt. Die Orientierung am aktuellen wissenschaftlichen Forschungsstand bildet für Thomas einen positiven Handlungshorizont. Es lässt sich mit Avnoon (2021, S. 339) eine berufliche Orientierung von Wissenschaftler:innen in Thomas' Handeln erkennen.

Vor dem Hintergrund der technischen Entwicklungsfortschritte im Bereich der künstlichen Intelligenz gilt es Schritt zu halten. Neue technische Modelle versprechen bessere Ergebnisse und etablieren sich schnell als neue Standardverfahren, bis sie von nachfolgenden Modellen abgelöst werden. Thomas' Praxis bewegt sich gewissermaßen in einem Spannungsfeld von Beständigkeit (Orientierung an Standardverfahren) vs. Veralterung (Aspiration neuer technischer Entwicklungen) (Vaast und Pinsonneault 2021, S. 1102). Für Thomas kann es aber auch einfach Ziel sein *so ein Methoden Vergleich noch ranbringen [...]*. Hier veranschaulicht sich noch einmal ein wissenschaftlich forschungsorientierter modus operandi, der sich in seiner Praxis an dem aktuellen Stand der Forschung ausrichtet und bestrebt ist, eigene Forschungsergebnisse als Weiterentwicklung zu produzieren. In seiner weiteren Beschreibung repetiert Thomas sein methodisches Verfahren der Datensichtung, -aufbereitung und -übergabe. Damit unterstreicht er erneut die Bedeutsamkeit von Daten, die neben dem eigentlichen Algorithmus-Modell die Grundlage für die Ergebnisqualität bilden. Den Vorgang des Modellierens an sich beschreibt er als einen *iterativen Prozess.* Es handelt sich nicht um ein geradliniges Verfahren, sondern folgt dem Prinzip des Trial-and-Error (Abb. 6.2). Das wird daran kenntlich, dass er beschreibt, wie er versucht, diese Modelle *erstmal möglichst einfach nachzubauen.* Daraus geht hervor, dass es auch nicht die Erwartungshaltung gibt, dass ein Modell im ersten Durchlauf schon die gewünschten Ergebnisse liefert. Die Modelle werden über das stetige Testen immer weiter angepasst. Hier wird eine entsprechende Fehler- und Korrekturkultur in der Erzählung sichtbar. Der wissenschaftlich forschungsorientierte modus operandi von Thomas folgt einer Praxis des methodisch-geleiteten Vorgehens, der sich über Muster des Abgleichens und Weiterentwickelns auszeichnet.

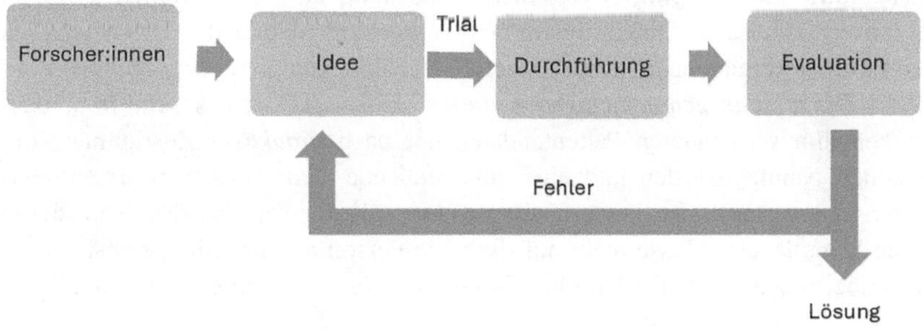

Abb. 6.2 Trial-and-Error Verfahren. (Eigene Darstellung in Anlehnung an Debashish Mandal und Robert McQueen (2013))

Der modus operandi der Wissenschaftlichkeit lässt sich bedingt auch im Umgang mit Bias und Diskriminierung durch Daten identifizieren. Hier artikuliert er sich aber primär über einen modus operandi der Reflexivität.

> Hm, hatte ich bis jetzt noch gar nicht. Also mir war von Anfang an sehr bewusst, dass das Thema sehr (.) dass man das eben auch sehr auf dem Schirm haben muss. (2s) Gerade diese, ja, KI-Geschichten, Deep Learning (.)Ich kenne die ganzen Geschichten, ne also das ist das auch Algorithmen natürlich diskriminieren, weil die Diskriminierung, die die Menschen eben Jahrzehnte betrieben haben, ist in den Datensatz mit drin. (.) Und dass man auf solche Dinge sehr genau achtgeben muss, bin ich mir, glaube ich, sehr bewusst. Und bin jetzt eigentlich eher sehr froh, in einem Umfeld zu sein, wo ich das Gefühl habe (.) die Daten werden analysiert. A wirklich nur mit expliziter Zustimmung der (.) der Person, also weil es ja eben diese (?*Trials?*), also diese Studien sind, wo die Studienteilnehmer wirklich proaktiv unterschreiben und sagen ja, meine Daten dürfen für die Forschung Verwendung finden. (.) Und ich auch den Eindruck hab das wir wirklich sehr (.) sehr sauber arbeiten also, was Anonymisierung und Pseudonymisierung der Daten angeht. Also da wird wirklich höchster Wert daraufgelegt, dass (.) da eben die die einzelnen Personen nicht mehr rückverfolgbar sind, auch nicht für Mediziner, die mit diesen Personen arbeiten. Also, dass das es wirklich fast nicht möglich ist da einzelne Personen raus zu erkennen aus den Daten. (.) Von daher habe ich da eigentlich ein gutes Gefühl, muss ich sagen. (01.DS 15.09.22 Thomas, Pos. 882–906)

Formulierende Interpretation
Thomas war bisher noch nicht mit der Situation konfrontiert, dass seine Modelle oder Daten zu einer Reproduktion von Diskriminierungen geführt hätten. Ihm ist aber schon *von Anfang an sehr bewusst* gewesen, dass man auf eine solche Problematik achtgeben muss, insbesondere im Bereich der künstlichen Intelligenz. Ihm sind *die ganzen Geschichten* bekannt, dass Algorithmen aufgrund verzerrter Datensätze Diskriminierungen reproduzieren und die Daten letztlich das Resultat vergangener menschlicher Entscheidungen sind. *Und dass man auf solche Dinge sehr genau achtgeben muss.* Daher ist Thomas *sehr froh*, dass die von ihm verwendeten Patientendaten nur nach *proaktiver* Zustimmung der Personen benutzt werden und eine entsprechende *Anonymisierung und Pseudonymisierung* stattfindet. Darauf wird *höchster Wert* gelegt, so dass von diesen Daten keine Rückschlüsse mehr auf die reale Person möglich sind, selbst für die Mediziner:innen nicht. Deshalb hat Thomas *da eigentlich ein gutes Gefühl.*

Reflektierende Interpretation
Zu Beginn seiner Erzählung stellt Thomas voran, dass er selbst bisher noch nicht mit der Problematik in seiner beruflichen Praxis konfrontiert war. Er führt aber

weiter aus, dass er sich der Thematik *von Anfang an sehr bewusst* ist und sie *auf dem Schirm haben muss.* Auch wenn es für ihn in seiner beruflichen Praxis bisher keine Probleme mit dem Thema der Diskriminierung durch Daten oder Algorithmen gab, ist dieser Aspekt für ihn von Bedeutung. Es handelt sich nicht um eine abstrakte Problematik auf einer Metaebene, sondern um eine praxisrelevante Problemstellung, derer er sich in seinem professionellen Handeln bewusst sein muss. Die Reproduktion sozialer Diskriminierung ist eine Vorstellung, die von Thomas abgelehnt wird und in seinem Handeln einen negativen Horizont darstellt. Das eigene Problembewusstsein wird im Erzählen noch einmal durch den Verweis auf die Mensch-Technik-Interaktion verstärkt, *weil die Diskriminierung die die Menschen eben Jahrzehnte betrieben haben, ist in den Datensatz drin.* Weshalb *man auf solche Dinge sehr genau achtgeben muss.* Thomas bewertet sich selbst deshalb als jemanden, der sich dieser Problematik *sehr bewusst* ist. Ein ausgeprägtes Problembewusstsein ist in diesem Kontext für ihn eine erstrebenswerte Vorstellung, die sich in seiner professionellen Praxis als handlungsleitender positiver Horizont repräsentiert. In diesem Zusammenhang lässt sich ein modus operandi der Reflexivität identifizieren, bei der ein Problembewusstsein bzgl. sozialer Ungleichheit und technischer Herausforderungen ersichtlich wird (Dorschel 2022, S. 134), ohne dass daraus automatisch Handlungsveränderungen folgen.

Im weiteren Sprechen bezieht sich Thomas auf konkrete Praktiken in seinem Arbeitsbereich, die Phänomenen der sozialen Diskriminierung vorbeugen sollen. Hierzu versichert er sich zunächst selbst, dass er *jetzt eigentlich eher sehr froh* ist, in einem Bereich zu arbeiten, wo sehr darauf geachtet wird. Er beschreibt, dass die Analyse von (Patienten-)Daten nur nach Zustimmung der Patienten erfolgt und diese durch eine Unterschrift *proaktiv* zustimmen müssen. Die Absicherung des eigenen Tuns über Zustimmung erscheint hier als positiver Horizont in der Handlungsorientierung. Auch, dass *sehr (.) sehr sauber arbeiten* über *Anonymisierung und Pseudonymisierung* repräsentiert sich als eine erstrebenswerte Vorstellung professionellen Handelns. Während im ersten Teil der Erzählpassage noch ein modus operandi der Reflexivität identifiziert werden konnte, ist der zweite Teil eher durch einen modus operandi der Externalisierung geprägt. Die reflektierte Eigenverantwortlichkeit wird nicht in eine selbstverantwortliche Praxis übersetzt, sondern orientiert sich an institutionellen Regelungen, wie der Zustimmung zur Datenverarbeitung oder Anonymisierung von personenbezogenen Informationen. Die Verantwortlichkeit wird hier auf die Institution Krankenhaus übertragen, deren Umgangsweise der eigenen reflektierten Verantwortlichkeit entgegenkommt und ein *gutes Gefühl* bewirkt. Der modus operandi der Adaption und regelgeleiteten Praxis spiegelt sich im Fall von Thomas in einer handlungsleitenden Orientierung an institutionellen Vorschriften wider.

Es lässt sich im Fall von Thomas ein Habitus rekonstruieren, der sich in seinen Orientierungsmustern an Regeln *entlanghangelt*, um den Überblick im eigenen Arbeitshandeln zu bewahren und dieses für sich selbst zu strukturieren. Eine habituelle Orientierung, die sich auch im Modus der Problembewältigung im Modellierungsprozess anhand eines methodischen Vorgehens repräsentiert. Aktuelle Standardverfahren und ein State of the Art der Forschung sind erstrebenswerte handlungsleitende Vorstellungen. Auch im Umgang mit Bias und der Reproduktion sozialer Diskriminierungen durch Daten und Algorithmen lässt sich ein regelgeleitetes Handeln identifizieren, welches über die Orientierung an institutionellen Vorschriften zum Ausdruck kommt. Thomas' modus operandi veranschaulicht in seiner Gesamtheit eine hybride Professionalität. Sein Habitus zeichnet sich durch ein dialektisches Verhältnis von Wissenschaftlichkeit (die in ihrem Streben nach Erkenntnissen abstrakten Theorien und Modellen folgt) und Professionalität (die in Kollaboration mit Klient:innen kontextspezifische Lösungen finden muss) aus (Schützeichel 2018, S. 9).

6.1.2 Der Fall Sören – Regelgeleitete Untertypik

Sören arbeitet zum Zeitpunkt des Interviews an seiner Dissertation und hat nach eigenen Angaben eine *Art Postdoc Stelle.* Er ist 36 Jahre alt und hat bereits 5 Jahre Berufserfahrung. Sören ist einer der ganz wenigen Fälle im Sample, deren Eltern keinen akademischen Bildungshintergrund aufweisen, was ihn als Bildungsaufsteiger kennzeichnet.

> (2s) Ich arbeite im Übrigen sehr konzentriert. Und diese Phasen von konzentrierter Kreativität sind halt unterbrochen durch (.) Leerlauf, wenn wir ehrlich sind. Durch Intellektuellen Leerlauf (lacht). Ähm, weil es auch einfach unmöglich ist, sich über so lange Zeiträume zu konzentrieren. Also auf dem Niveau, auf dem man es braucht. Also zumindest für mich. Bin weit weg davon, Genie zu sein. Und das heißt, wenn ich 4 Stunden am Tag sehr konzentriert arbeiten kann, dann ist das ein hervorragender Arbeitstag gewesen, und das ist dann aber auch eine wirklich kreative Konzentration, würde ich sagen, das ist auch.. zeichnet denke ich, meine Arbeitsweise aus. Methodisch natürlich auch, weil man den Problemrahmen halt logisch eingrenzen muss. Und entsprechend auch informierte Annahmen treffen muss, in welchem Bereich man überhaupt kreativ sein kann oder in welchem Bereich es überhaupt sinnvoll ist, kreativ zu sein. (09.DE 06.12.2022 Sören, Pos. 429–445)

Formulierende Interpretation
Sören beschreibt seine Arbeitsweise im Weiteren als *sehr konzentriert*. Es handle sich um eine konzentrierte kreative Arbeit, die aber durch Phasen des *intellektuellen* Leerlaufs unterbrochen werde. Seine Konzentrationsfähigkeit ist auf wenige Stunden begrenzt. Gute Arbeitstage zeichnen sich für ihn dadurch aus, dass es ihm gelingt, die von ihm beschriebene konzentrierte Kreativität für 4 Stunden aufrechtzuerhalten. Es ist auch wichtig, methodisch einschätzen zu können, an welchen Stellen man kreativ sein kann, etwas, was durch die logische Problemeingrenzung mitbestimmt wird.

Reflektierende Interpretation
Auf die Fragestellung des Interviewers, wie er arbeitet, bleibt Sören in seiner Antwort sehr wage. Er bewertet seine Arbeit als eine kreative Tätigkeit. Kreativität wird häufig mit künstlerischen Arbeiten in Verbindung gebracht, die durch eine Produktion von Ideen und Kunstwerken charakterisiert sind. Für die Postmoderne ist Kreativität zu einem Paradigma der ökonomischen Arbeits- und Berufswelt geworden (Reckwitz 2013, S. 9). Hierbei geht es aber nicht unmittelbar um die Kreation von Kunstwerken, sondern um die Produktion von Innovation. Eine Disposition, die spätestens mit dem creativ turn Einzug in die Tech-Branche gefunden hat. Sören sieht sich hiernach in seiner Arbeit als Schöpfer von etwas Neuem. *Also Sachen neu kombinieren überwiegend.*

Kreatives Arbeiten ist für Sören mit einer konzentrierten Arbeitsweise verbunden. Es braucht eine Fokussierung, um innovativ sein zu können. Somit ist es nichts Intuitives, sondern folgt einer rationalistischen Betrachtung von Zweck und Mittel der Zielerreichung, eines Erkenntnisgewinnes oder der Bestätigung von Wissen. Der *intellektuelle Leerlauf* bildet den negativen Horizont in Sörens Handlungsorientierung. *[W]enn ich 4 Stunden am Tag sehr konzentriert arbeiten kann, dann ist das ein hervorragender Arbeitstag gewesen [...].* Sich lange auf etwas fokussieren zu können, ist für Sören eine erstrebenswerte Vorstellung und bildet für ihn einen positiven Horizont, der aber auch als positiver Gegenhorizont erscheint. Das *weit weg davon, Genie zu sein* beinhaltet die Vorstellung, sich über sehr lange Zeiträume fokussieren zu können, was für Sören zwar erstrebenswert, aber nicht umsetzbar erscheint. In Sörens Erzählung lässt sich gewissermaßen das Ideal einer *creative economy* identifizieren (Howkins 2002), in der Kreativität zu einer wichtigen ökonomischen Ressource avanciert und zur Konstituierung einer einflussreichen kreativen Klasse führt (Florida 2002). Dabei verweist Sören in seiner Erzählung von Kreativität in Abhängigkeit zu seiner Konzentrationsfähigkeit auf die Dimension von Zeit. Denn das Kreativitätsdispositiv der creative economy unterliegt dem Spannungsfeld einer nahezu zeitlich losgelösten geistigen Tätigkeit (Kreativität) vs. eines gehetzten Produktionswettbewerbs, bei dem Zeit eine knappe Ressource ist (Bröckling 2013, S. 179).

Doch der Kreativität werden auch methodische Grenzen gesetzt. Letztlich geht es um standardisierte, methodisch geleitete Verfahren, in deren Rahmen Kreativität nur in gewissen Dosierungen einen Platz hat. Sören beschreibt den kreativen Anteil seiner Arbeit an einem konkreten Beispiel.

> (3s) Naja im Prinzip muss man, also was wir versuchen, hauptsächlich ist, (2s) also abgesehen von der reinen Statistik, also die Statistik, die Daten beschreibt. Und diese Statistik muss ich irgendwie einem System so beibringen, dass es basierend auf der Statistik Entscheidungen treffen kann. Und es gibt dafür ganz klassische Algorithmen. Am bekanntesten ist jetzt wahrscheinlich im Moment sicher, dass (?Norderney Netz?) und das (?Norderney Netz?) das lernt mit einem bestimmten Verfahren, das nennt sich Back Propagation.[2] Und was da passiert ist, dass die Gewichte in dem (?Norderney Netz?) für die Entscheidungen dieses Netzes zuständig sind, angepasst werden. Und wir müssen die Daten in einer Weise aufbereiten, dass das Netz das besser lernen kann als ein Schwellwert ok. Und dafür muss man halt kreative Methoden nehmen, wie man die Daten anpasst, damit das Netz das besser macht, wie man die Daten aufbereitet, welche Zusammenstellungen darüber im Netz gibt. Auch welche Zusammensetzung dieses Netzwerk hat und das hat ganz viel damit zu tun, welche Eingabewerte man verwendet, also genau. Und da kommt Kreativität und Fachwissen und Spiel. Gerade im Sprachbereich. Beispiel ist meine konkrete Arbeit, stottern, wenn ich es erkennbar machen will, für den Computer, hat sehr viele Ausprägungen. Also ich habe zum Beispiel sowas wie eine Lautwiederholung, die hat einen sehr kleinen temporären Kontext. Muss aber gleichzeitig in der Lage sein, Wortwiederholungen zu erkennen, die haben einen langen temporären Kontext. Und das muss ich irgendwie modellieren, dass dieses Netz beides gleichzeitig lernen kann. Und da kommt eine ganze Menge Kreativität, denke ich, mit rein. (09.DE 06.12.2022 Sören, Pos. 449–478)

Formulierende Interpretation
In seiner Tätigkeit geht es vorrangig um statistische Auswertungsverfahren, die in ein Modell implementiert werden müssen, damit es Entscheidungen treffen kann. Am Beispiel neuronaler Netzwerke und dem Back Propagation-Verfahren beschreibt er die Bedeutsamkeit der Datenaufbereitung. Hierfür benötigt es *kreative Methoden* der Datenanpassung und *Zusammensetzung der Netzwerke.* Denn die Modelle sollen in der Lage sein, komplexe Zusammenhänge zu erkennen, wie z. B. Lautwiederholungen.

---

[2] Back Propagation ist ein Verfahren des überwachten Lernens, welches auf Fehlerrückführungen basiert. Es findet insbesondere bei neuronalen Netzwerken Anwendung.

Reflektierende Interpretation
Die Entwicklung von Modellen basiert auf theoretischen Methoden statistischer Rechenverfahren. In konkreten Anwendungskontexten der Spracherkennung ist Sören allerdings mit praktischen Anwendungsproblemen der Erkennung von Lautwiederholungen konfrontiert. Kreativ sein entfaltet sich für Sören im Zusammenspiel mit *Fachwissen.* Etwa, wenn verschiedene Anforderungen, wie das Erkennen von kleinen und langen temporären Kontexten, in einem Modell vereint werden sollen. Das Anforderungsprofil des domänenspezifischen Wissens gilt gemeinhin als Grundbedingung für das berufliche Handeln im Beriech Data Science (Meyer 2019; Waller und Fawcett 2013). Fachwissen umfasst hierbei die notwendigen Fähig- und Fertigkeiten im Umgang mit Methoden und Modellen, die als Instrumentarium die Grundlage zur Schöpfung von neuen Anwendungen bilden. Sörens Arbeitsweise lässt sich wie im Fall von Thomas als eine regelbasierte Praxis beschreiben, bei der theoretische Methoden gestalterisch auf ein konkretes Anwendungsproblem angepasst und angewandt werden. Die Aneignung von Fachwissen ist für Sören daher eine erstrebenswerte Vorstellung und bildet hier einen positiven Horizont in seiner Handlungsorientierung. Er ist mit der Aufgabe konfrontiert, komplexe Informationen in Datenform derart aufzubereiten, dass ein Modell diese gut verarbeiten kann. Data Engineers sind oft vor die Herausforderung gestellt, eine Menge Daten in sehr unterschiedlichen Formatierungen vorliegen zu haben. Die Vereinheitlichung von Daten ohne großen Informationsverlust nimmt viel Zeit in Anspruch (Pereira et al. 2020). Die Aufbereitung und methodische Einbettung von Daten bewertet Sören für sich als einen innovativen schöpferischen Moment. *Und da kommt eine ganze Menge Kreativität, denke ich, mit rein.* Ergänzend zu den empirischen Befunden beruflicher Identitäten, wie den Spezialist:innen, Problemlöser:innen (Goretzki et al. 2023) oder Generalist:innen (Avnoon 2021), lässt sich für Sören ein Selbstbildnis als Schöpfer identifizieren.

Der modus operandi leitet sich ähnlich wie im Fall von Thomas unmittelbar aus einem Erfahrungsraum der Herausforderungen ab. Es wird ein hohes Maß an Konzentration vorausgesetzt, welche aber nur über einen begrenzten Zeitraum aufrechterhalten werden kann. Während Thomas seine Tätigkeiten zugunsten der Konzentrationsregenerierung *zerklüftet*, arrangiert sich Sören mit dem Umstand, dass er am Tag nur ein begrenztes Maß an hoher Konzentration aufbringen kann. Ebenfalls wie im Fall von Thomas findet auch bei Sören eine notwendige Adaption an die gegebenen Umstände statt. Gemein ist beiden darüber hinaus eine habituelle Orientierung an einem regelgeleiteten-methodischen Vorgehen, welches sich bei Sören noch einmal stärker in der Erzählpassage zum Modellierungsprozess präsentiert.

> Also grundsätzlich gibt es häufig so Standardwerte mit denen fängt man an. (2s) Standardwerte, die halt aufgrund der Erfahrungen der letzten keine Ahnung 5 Jahre zustande gekommen sind. Nicht nur meine eigene, sondern die Sachen, die man auch liest in Papern und sowas. Und in der Regel liest man halt eine ganze Menge zu einem Thema und hat selber die eigenen Erfahrungen und danach baut man die Sachen, (.) kombiniert man die Sachen so zusammen, wie man an denkt, dass sie zusammen spielen können für das eigene Problem. Ich denke, das ist das generelle, einfache Beschreibung des Ganzen. (.) Also Sachen neu kombinieren überwiegend. (09.DE 06.12.2022 Sören, Pos. 483–494)

Formulierende Interpretation
Zu Beginn des Implementierungsprozesses findet eine Orientierung an Standardwerten statt. Diese resultieren aus den Erfahrungen, die sowohl aus der aktuellen Forschung stammen als auch auf eigenen Erfahrungen basieren. Im Normalfall muss man eine Menge lesen, um sich in ein Themengebiet einzuarbeiten. Darauf aufbauend werden die eigenen Modelle konstruiert. Hierbei werden ausgehend von der eigenen Problemstellung unterschiedliche Sachen so miteinander kombiniert, dass sie zu einer gewünschten Lösung führen könnten. Einfach zusammengefasst geht es um die Kombination von Methoden und Modellen.

Reflektierende Interpretation
Für Sören beginnt der Modellierungsprozess mit dem Kenntnisstand über Standardwerte. Diese beschreiben häufig Normwerte, die als Orientierung für Ergebniswerte dienen. Anhand von Standardwerten kann beurteilt werden, ob erzielte Leistungen in ein erwünschtes oder durchschnittliches Leistungsspektrum fallen. Sören benötigt einen Kenntnisstand über die Standardwerte spezifischer Modelle, um beurteilen zu können, wie die erzielten Ergebnisse zu werten sind. Statistische Kenntnisse sind für das Arbeitshandeln von wesentlicher Bedeutung (Dhar 2013, S. 69). Über die Aussage *mit dem fängt man an* lässt sich wie im Fall von Thomas eine regelbasierte Praxis ableiten, die als positiver Horizont in der Handlungsorientierung identifiziert werden kann. Auch hierbei findet ein Abgleich mit dem aktuellen Forschungsstand statt, wenn Standardwerte *aufgrund der Erfahrungen der letzten keine Ahnung 5 Jahre* spezifiziert werden. Die Entwicklung von Machine Learning-Modellen schreitet schnell voran, weshalb es einer Anpassung und Aktualisierung der angewandten Methoden bedarf. Für Sörens Praxis ist die Kenntnisnahme und Einflechtung des State of the Art von Relevanz. Die Wissensaneignung erfolgt ähnlich wie im Fall von Thomas über das Lesen von Forschungspapers, deren Ergebnisse über ein Reviewverfahren validiert wurden und somit als gesicherte Quelle aktueller Forschungsdebatten und

-stände betrachtet werden können. Hinzu kommen eigene Erfahrungswerte, die sich über die Forschungstätigkeiten selbst angeeignet wurden. Sören unterstreicht in seiner Beschreibung den Aspekt der Wissensaneignung noch einmal mit der Aussage, dass man *in der Regel liest man halt eine ganze Menge zu einem Thema.* Das Aneignen von Wissen benötigt Zeit und bedarf einer Vielzahl von Quellen zur Verifizierung. Es bildet für Sören einen wichtigen und wesentlichen Punkt im Modellierungsprozess. Es muss sich eine entsprechende Expertise angeeignet werden, die einem zum professionellen Handeln befähigt. Wie in der Untertypik der Professionalisierung lässt sich in der Erzählung von Sören der Aspekt der (Selbst-)Befähigung ausmachen. Über die Aneignung wissensgestützter Kompetenzen soll eine Handlungsfähigkeit zur Bewältigung beruflicher Anforderungen erlangt werden (Knauf 1999, S. 107). Denn Wissen verschafft Übersicht und ermöglicht ein systematisches und planvolles Vorgehen.

Für Sören beinhaltet Modellieren primär eine kombinatorische Tätigkeit. Hierfür werden Kenntnisse über die einzelnen Funktionsteile benötigt, um abschätzen zu können, *wie man an denkt, dass sie zusammen spielen können für das eigene Problem.* In Abgrenzung zum Fall von Thomas geht Sören in seiner Erzählung nicht davon aus, dass ein Problem über ein einfaches Standardverfahren gelöst werden kann. Auf Grundlage erprobter Wissensbestände wird versucht, neue Methoden und Modelle zu kreieren. Auch wenn Sören einer standardisierten Herangehensweise folgt, stützt sich der Modellierungsprozess nicht auf Standardverfahren. Diese sind als abstrakte idealtypische Handlungsorientierungen hilfreich, verlangen in der realen Praxis aber eine entsprechende Adaption an die gegebenen Umstände. Der wissenschaftliche Erkenntnisgewinn, speziell über experimentelle Methoden, beruht auf einer Praxis des *neu kombinieren.* Die Fälle von Sören und Thomas sind in ihrem regelgeleiteten modus operandi sehr ähnlich und orientieren sich an einer Praxis des wissenschaftlich-orientierten Vorgehens. Dieser Umstand könnte darin begründet liegen, dass beide als wissenschaftliche Mitarbeiter tätig sind. Auch im Umgang mit Bias und der Reproduktion sozialer Diskriminierung durch Daten und Algorithmen lassen sich ähnliche handlungsleitende Vorstellungen identifizieren.

> (3s) Also das (3s) ist eine relativ komplexe Frage mit einem großen Rattenschwanz. Wie kann.. also die Daten, die wir haben, sind halt die Daten, die wir haben. Das ist das eine, wir sind uns der Schwächen der Daten bewusst. Wir müssten als Wissenschaftler versuchen oder es wird auch versucht, bessere Daten zu erzeugen. Das Problem ist nur, dass häufig Regierungen und Forschungsprojekte nicht dazu bereit sind, große Mengen an Daten zu finanzieren. Das ist der eine Faktor, warum auch, denke ich auf lange Zeit unbias Data utopisch ist. Das heißt aber, das heißt aber nicht, dass wir nicht trotzdem auch mit der bias Data weiter forschen sollten, aber halt mit

der (unverständlich) of Souls, dass es diesen bias gibt. Da die Forschung in dem Bereich überwiegend dominiert ist von den großen US Digitalkonzernen wie Facebook, Microsoft, Google. Die haben gar kein Interesse, ehrlich gesagt den bias aus diesem System rauszukriegen. Der Hintergrund ist der, das sind Gewinn getriebene Unternehmen und in Summe wollen die vielleicht sogar bias Data, weil die haben gar kein Interesse an einer Minderheit, die abzudecken, die ist finanziell nicht interessant. Die Wachstumsbedürfnisse von großen Unternehmen werden nur befriedigt durch große Gruppen. Und die Gruppe (2s) keine Ahnung, und auch überwiegend auch an ökonomisch Starken natürlich. Das heißt, ja, die beste Spracherkennungssoftware kommt gerade von einem dieser Unternehmen. Weiß Gott nicht, wer gerade dran ist, ich denke, Facebook. (2s) Aber die haben, ich weiß nicht, glaube ich gibt es 13 Prozent der US-Amerikaner sind schwarz. Und keine Ahnung irgendwie so 50% sind weiß. Die interessante ökonomische Gruppe sind natürlich die Weißen, auch weil sie zumindest soweit ich informiert bin, sozioökonomisch einfach besser dastehen. Das heißt, sie geben auch potenziell mehr Geld dafür aus, die haben gar kein Interesse, diesen Bias wirklich rauszukriegen, soll einfach für die Gruppe gut funktionieren. Es wäre ein netter Nebeneffekt, weil es für die anderen auch gut funktioniert. Und die werden auch sicher versuchen, das zu tun. Aber ähm, das ist halt ein langer Prozess und das wird sicher keinen Fokus von den Leuten haben. Für uns selber, zum Beispiel in Nürnberg, wir sind sehr dahinter, Daten zu kurieren, die ausgeglichen sind, so gut wie es geht in den Bereichen, in denen wir es tun. Aber wir sind halt eine kleine Hochschule in Bayern, das heißt, unsere Sachen werden überwiegend gut funktionieren für Leute aus Bayern. Ähm, weil wir zum Beispiel die Demenz Daten, die wir in Nürnberg aufnehmen können, sind in der Regel ältere Nürnberger, das heißt, sie sprechen einen fränkischen Dialekt. Und wir versuchen, dass die Methoden und dann auch auf englischen Leuten funktionieren. Und auf spanischen, also wir haben eine Kooperation mit der kolumbianischen Universität. Aber in Summe sind unsere Daten halt einfach das, was sie sind. Und das ist auch ein Problem im Medizinischen. Wir gesagt, wir haben ausgeglichen, zum Beispiel zwischen Frauen und Männer, das ist auch schon mal eine Besonderheit. Mein Stotter-Datensatz, den ich auch veröffentlicht habe, ist nicht ausgeglichen zwischen Frauen und Männer, was aber auch nicht richtig wäre, weil 5-mal mehr Männer stottern wie Frauen. Das heißt, dieser Schnitt der spiegelt sich in meinen Daten auch wider. Das ja sind, wie gesagt, ist ein kompliziertes Thema man muss überwiegend das im Kopf behalten und auch Ergebnisse durch diese Linse betrachten. Die Problemlösungen müsste, denke ich, Regierungsgetrieben kommen die einfach bereit sein müssen, Daten zu finanzieren und die Aufbereitung von Daten zu finanzieren, die eben ausgeglichen sind, die weniger Bais drin haben. (09.DE 06.12.2022 Sören, Pos. 634–698)

Formulierende Interpretation

Für Sören ist der Umgang mit Bias und Diskriminierung eine *relativ komplexe Frage mit einem großen Rattenschwanz.* Denn die Daten, die man zur Verfügung hat, sind *halt die Daten, die wir haben.* Dieser Schwäche ist man sich in der Wissenschaft bewusst. Es liegt in der Aufgabe der Wissenschaft, bessere Daten hervorzubringen, allerdings stößt man dabei auf das Problem der Finanzierbarkeit. *Unbias-Daten* sind daher relativ *utopisch.* Trotzdem sollte man forschen, auch wenn die Daten Bias enthalten. Die großen Forschungstreiber sind die großen Tech-Unternehmen wie Microsoft oder Google. Diese haben vermutlich kein Interesse an unbias-Daten. Schließlich handelt es sich um *Gewinn getriebene Unternehmen,* die kein großes Interesse haben, Minderheiten *abzudecken.* Denn d*ie Wachstumsbedürfnisse von großen Unternehmen werden nur befriedigt durch große Gruppen.* Auch im Bereich der Spracherkennung sind Unternehmen wie Facebook dominant und diese orientieren sich an der ökonomisch stärkeren weißen Mehrheit. Von daher haben diese Unternehmen kein Interesse, *Bias wirklich rauszukriegen.* Wenn es für die anderen trotzdem funktioniert, ist es auch gut, aber nicht der Fokus. An ihrer Hochschule versuchen sie, die *Daten zu kurieren,* aber sie sind nur eine kleine Institution. Hinzu kommt, dass die Sprachdaten stark durch den regionalen Dialekt gekennzeichnet sind. Sie versuchen, ihre Ergebnisse auch in andere Sprachen zu übertragen, und kooperieren dazu mit Universitäten im Ausland, aber *in Summe sind unsere Daten halt einfach das, was sie sind.* Ihre Daten versuchen sie auszugleichen, etwa was den Männer- und Frauenanteil angeht. Wobei Sören seinen eigenen Datensatz dahingehend nicht ausgeglichen hat, weil er sonst nicht der realistischen Verteilung entsprechen würde. Lösungen sind *ein kompliziertes Thema* und er glaubt, dass diese *Regierungsgetrieben* stattfinden müssten, durch eine entsprechende Finanzierung. Dann sind die Daten *ausgeglichen* und haben *weniger Bias drin.*

Reflektierende Interpretation

Zu Beginn seines Sprechens setzt Sören zwei längere Pausen. Die Frage kann von ihm nicht durch eine Ad-hoc-Erzählung beantwortet werden, sondern benötigt Zeit der Reflektion. Das verdeutlicht sich in der Bewertung, dass es sich um ein *komplexes Thema* handelt, welches mit *einem großem Rattenschwanz* verbunden ist. Die Problematik ist nicht einfach zu verhandeln, sondern ist sehr vielschichtig. Die Redewendung vom *Rattenschwanz* steht oft in Verbindung mit (unangenehmen) Folgen, die aus etwas resultieren. Bias und Diskriminierung werden von Sören als problematisch reflektiert, wofür es aber keine einfachen Lösungen gibt. Das verdeutlicht sich in der Feststellung *die Daten, die wir haben, sind halt die Daten, die wir haben. Das ist das eine, wir sind uns der Schwächen der Daten bewusst.* Der Umgang erfolgt im Spannungsfeld von Wunsch und Anspruch vs. gegebener Realität. Die Problematik wird als *Schwäche* gewertet und bildet im Allgemeinen eine nicht-erstrebenswerte Vorstellung. Sörens berufliches Handeln entspricht hierbei Professionalitätsvorstellungen als *reflektierter Praktiker* (Schön 1994). Neben der habituellen Orientierung der Reflexivität lässt sich auch erneut die der notwendigen Adaption identifizieren. Es muss mit dem gearbeitet werden, was vorhanden ist. Hierin repräsentiert sich eine Art Pragmatismus im Umgang mit der Problematik von Bias und Diskriminierung. Allerdings lässt sich in Abgrenzung zum Fall von Thomas eine praktische Handlungsorientierung erkennen, wenn Sören konstatiert, dass *wir müssten als Wissenschaftler versuchen oder es wird auch versucht, bessere Daten zu erzeugen.* Über das Personalpronomen *wir* lässt sich eine Verantwortungsverortung identifizieren, die die eigene professionelle Position einschließt. Gute Daten zu erzeugen, ist für Sören eine erstrebenswerte handlungsorientierende Vorstellung, die sich aber nur schwer bis kaum realisieren lässt. *Bessere Daten* bilden als positiver Gegenhorizont eine Art Idealvorstellung. *Das Problem ist nur, dass häufig Regierungen und Forschungsprojekte nicht dazu bereit sind, große Mengen an Daten zu finanzieren. Das ist der eine Faktor, warum auch, denke ich auf lange Zeit unbias Data utopisch ist.* Das Streben nach besseren Daten liegt in Sörens Bewertung nicht ausschließlich in der Macht der Wissenschaftler:innen, sondern wird durch verfügbare ökonomische Ressourcen mit determiniert. Eine entsprechende ausreichende Finanzierung von Forschungsprojekten bildet für Sören somit einen positiven Horizont. Denn am Ende seiner Erzählung verdeutlicht er noch einmal, dass *die Problemlösungen müsste, denke ich, Regierungsgetrieben kommen die einfach bereit sein müssen, Daten zu finanzieren und die Aufbereitung von Daten zu finanzieren, die eben ausgeglichen sind, die weniger Bais drin haben.* Die gute Finanzierung repräsentiert für ihn eine der wesentlichen Voraussetzungen zur Lösung der Problematik mit Bias und Diskriminierung.

Eine andere prägnante Einschätzung von Sören ist die marktführende Position der großen Tech-Unternehmen, *wie Facebook, Microsoft, Google.* Ihre sehr gute Marktposition geht mit einer entsprechenden ökonomischen Kapitalausstattung einher. Denn es handelt sich um *Gewinn getriebene Unternehmen,* denen es um Wirtschaftswachstum geht, weshalb sie *gar kein Interesse, ehrlich gesagt den bias aus diesem System rauszukriegen.* Sören beschreibt die Forschungen dieser Unternehmen als profitorientiert, weshalb sich die Produkte hauptsächlich auf eine weiße Mehrheitsgesellschaft (in den USA) konzentrieren, die zu weiten Teilen *sozioökonomisch einfach besser dastehen* als andere Bevölkerungsgruppen. Die Verwendung von Adverbien wie *gar* und auch Negationsartikel wie *kein* vor Substantiven wie *Interesse* lassen den Rückschluss zu, dass das beschriebene Handeln der großen Tech-Unternehmen als nicht erstrebenswerte Vorstellung verhandelt wird und somit einen negativen Horizont in der Handlungsorientierung von Sören repräsentiert. Dieser Eindruck verstärkt sich, wenn Sören die Praxis der eigenen Institution als Kontrastfolie beschreibt, *wir sind sehr dahinter, Daten zu kurieren, die ausgeglichen sind, so gut wie es geht in den Bereichen, in denen wir es tun.* Die handlungsleitende Vorstellung von besseren Daten wird hier als Praxis beschrieben, die aber auf Grenzen stößt. *Aber wir sind halt eine kleine Hochschule in Bayern, das heißt, unsere Sachen werden überwiegend gut funktionieren für Leute aus Bayern.* Der Radius der eigenen Forschung bzw. der Erhebungsradius der Daten wird als Problem reflektiert. Denn die von demenzkranken Patienten erhobenen Sprachdaten sind durch *einen fränkischen Dialekt* gekennzeichnet und beinhalten somit automatisch ein Bias, wenn diese als Grundlage überregionaler Analysen herangezogen werden.

Auch wenn es den Versuch gibt, die Methode zu internationalisieren, bleiben die *Daten halt einfach das, was sie sind. Und das ist auch ein Problem im Medizinischen.* Sören reflektiert die Problematik, allerdings nicht im modus operandi eines *moralischen-achtsamen Selbst* (Dorschel 2022), sondern vielmehr in einem modus operandi des Pragmatismus. Denn die Praxis des Kurierens und Ausgleichens von Daten gilt für Sören nicht in allen Kontexten als erstrebenswert. In der eigenen Forschung gibt es ein Übergewicht an Männern, *weil 5-mal mehr Männer stottern wie Frauen. Das heißt, dieser Schnitt der spiegelt sich in meinen Daten auch wider.* Scheinbare Verzerrungen sind zum Teil gewollt. In der Statistik ist die Gewichtung von Variablen als Einflussgrößen eine gängige Praxis, wenn es darum geht, reale Verteilungen in Datensätzen und Modellen widerzuspiegeln. Das wissenschaftlich forschungsorientierte Vorgehen von Sören geht einher mit einer Reflexivität, bei der Problemstellungen innerhalb eines konkreten Forschungskontextes betrachtet werden. Dies ist ein wesentlicher Unterschied zum Fall von Thomas. Ähnlich ist beiden Fällen eine gewisse Form der Externalisierung. Im Fall Thomas geschah dies durch die Orientierung an institutionellen Vorschriften, während im Fall von Sören eine Externalisierung durch Zuschreibung der Zuständigkeit der Problemlösung stattfindet. Bias charakterisiert sich für ihn als ein primär ökonomisches Problem, sowohl hinsichtlich der Finanzierung qualitativ hochwertiger Daten als auch bzgl. ökonomischer Profitinteressen großer Tech-Unternehmen. Die Verantwortlichkeit zur Bewerkstelligung dessen sieht er in der politischen Sphäre verortet. Denn *die Problemlösungen müsste, denke ich, Regierungsgetrieben kommen.*

Dem Typus des Regelgeleiteten konnten primär Fälle zugeordnet werden, die im wissenschaftlichen Kontext tätig sind. Charakteristisch ist die Adaption an die Vorgaben und Bedingungen ihrer Unternehmen. Über Sozialtechniken der Selbstorganisation und Selbstkontrolle (Strukturierung des Arbeitsalltages, selbstständige Wissensaneignung und selbstständiger Wissensabgleich über Fachjournale etc.) lassen sich Prozesse der Subjektivierung ausmachen, welche sie befähigt, den (in-)formellen Anforderungen an Arbeitsautonomie, Selbst-Rationalisierung und Selbst-Ökonomisierung gerecht zu werden. Vor allem in ihren Erzählungen über ihre Arbeitsweise verdeutlicht sich die Komplementarität der Praktiken eines unternehmerischen Selbst und des Arbeitskraftunternehmers. Ihre Praxis des Modellierens ist wissenschaftlich-forschungsorientiert. Aber auch, wenn sie sich an wissenschaftlich validierten Standardwerten usw. orientieren, müssen sie in ihrer Tätigkeit abstrakte Modelle und Methoden an eine gegebene Empirie und Problemlösung anpassen. Hierin verdeutlicht sich am prägnantesten ihre berufliche Praxis als Charakteristikum von Professionalität. Dies unterstreicht sich in einem modus operandi der (kritischen) Reflektion im Umgang mit Bias und Diskriminierung, welcher allerdings durch einen modus operandi der Externalisierung ein Stück weit konterkariert wird. Ist die Annahme und Lösung von Problemen doch ein wesentlicher Kern von Professionalität. Neben den Fällen von Thomas und Sören wurde noch der Fall von Carsten dem Typus zugeordnet. Er ist Leiter einer Forschungsabteilung in einer großen Wirtschaftsauskunft[3] und in seiner habituellen Orientierung sehr nah an den Fällen Thomas und Sören. Im Gegensatz hierzu ist der vierte Fall, Carlos, in einer nordamerikanischen Consulting-Firma tätig. Sein Fall steht innerhalb der Untertypik im Kontrast zu den anderen drei Fällen. Bei ihm ließen sich die habituellen Orientierungen nur noch bedingt identifizieren. Daraus ergibt sich die Fragestellung, inwiefern der rekonstruierte Habitus des Regelgeleiteten ein Professionshabitus ist, der vorrangig in wissenschaftlich geprägten Institutionen und Bereichen ausgeprägt wird.

6.1.3 Der Fall Gerrit – Professionalisierung Untertypik

Gerrit ist zum Zeitpunkt des Interviews 39 Jahre alt und seit 5 Jahren als Data Engineer tätig. Er arbeitet für ein Gesundheits- und Fitnessunternehmen in den USA. Sein Vater ist Elektroingenieur und seine Mutter Hausfrau. Er selbst hat Statistik studiert, mit späterem Schwerpunkt auf KI. Der Fall Gerrit repräsentiert gewissermaßen den Idealtypus der Untertypik der Professionalisierung im Sample.

> OK so like I see my role as more of a Leader on, from a data, from a technical perspective. So I tend to work by trying to enable my team to see if they have any blockers first. (.) And then, or if there's something like a fire like we had yesterday around, they couldn't, there was a problem with the API which was blocking finance. That's

[3] Eine Wirtschaftsauskunft erhebt und sammelt Daten zur Kreditwürdigkeit von Unternehmen und Personen. Die Schufa ist in Deutschland sicherlich die bekannteste Wirtschaftsauskunft.

like an all hands on deck situation, but I (.) I would jump in. So I really kind of work by trying to teach my team the infrastructure and the technical side. I really enjoy the teaching aspect (.) of (.) being in a more senior role. I definitely don't want to be a manager. Like I told my boss that I want to stand an individual contributor track, but at the same time I enjoyed the mentorship part of (.) being in a technical role, high level technical role. So I mainly try to (.) I'm motivated to teach them. And in order to do that, I need to implement things myself and like prepare and then. (1s) Outside of that it's just on a need basis. That kind of we're kind of putting out fires. (10.DE 07.12.22 Gerrit, Pos. 397–414)

Formulierende Interpretation

Gerrit sieht sich von der technischen Perspektive her in einer Leitungsrolle. Durch seine Arbeit versucht er, sein Team zu aktivieren und zu schauen, ob es Blockaden gibt. Und dann gibt es Situationen, wie am Vortag, dass ein Problem mit der API zu einer Sperrung der Finanzen geführt hat. Das ist dann eine *all hands on deck*-Situation, so dass er miteingesprungen ist. Deshalb versucht er, so zu arbeiten, dass sein Team dabei von ihm etwas über die Infrastruktur und technischen Aspekte lernt. Er mag den lehrenden Part sehr an seiner *senior role.* Gerrit möchte auf gar keinen Fall ein Manager sein. Das hat er auch seinem Vorgesetzten mitgeteilt, dass er *want to stand an individural contributor.* Aber er genießt die Mentorenrolle und die *high level technical role.* Er ist sehr motiviert, seinem Team etwas zu vermitteln, dafür muss er aber selbst Sachen implementieren und vorbereiten. Ansonsten geht es unabhängig davon um die Basis und *kind of putting out fires.*

Reflektierende Interpretation

Gerrit bezieht sich in seinem Sprechen auf die Fragestellung *How do you work?* mit einer Explanation seiner selbstzugeschriebenen Rolle. Dabei beschreibt er sich als einen *Leader.* Allerdings grenzt er seine Leaderrolle ein und beschränkt sie auf die *technical perspective.* In dieser Leaderrolle ist es ihm wichtig, sein Team im Blick zu behalten und zu eruieren, ob da *any blockers* vorliegen, die das Team in seiner Arbeit einschränken. In der Aussage *I tend to work by trying to enable my team* kann ein Verantwortungsgefühl gegenüber den Kolleg:innen identifiziert werden. Der Aspekt der Verantwortungsübernahme erscheint als eine erstrebenswerte handlungsleitende Vorstellung. Daran anschließend erläutert Gerrit sein Bestreben am Beispiel einer von ihm genannten *all hands on deck situation.* Eine größere technische Problematik führt zu weitreichenden Folgen, *wich was blocking finance.* Gerrit *would jump in,* um das Problem schnell beheben zu können. In dieser Erzählpassage verdeutlicht sich ein Modus der *stellvertretenden*

Krisenbewältigung (Oevermann 2013a). Es findet eine wissensbasierte Problemlösung für Andere statt. Die Übernahme von Verantwortung deckt sich mit dem eingangs identifizierten Berufsbewusstsein als technischer Experte und ist Ausdruck einer Professionalisierungsbestrebung (Oevermann 2013a, S. 119). Diese verdeutlicht sich noch einmal in der Formulierung *I really kind of work by trying to teach my team the infrastructure and the technical side.* Ein Team mit unzureichendem Wissen ist eine nicht erstrebenswerte Vorstellung für Gerrit und repräsentiert einen negativen Handlungshorizont in seiner Handlungsorientierung. Dem setzt er direkt einen positiven Horizont des Wissenstransfers zur Befähigung entgegen. Eine bisher weitestgehend fehlende Ausbildung führt mitunter zu Überforderungen von Personen, die als Data Scientists oder Data Engineers angestellt sind (Pereira et al. 2020, S. 2). Die Befähigung Anderer wird von Gerrit aber nicht ausschließlich als rollenspezifische (Pflicht-)Aufgabe gewertet, sondern er *really enjoy the teaching aspect.* Die intrinsische Motivation des Lehrens mit Freude repräsentiert sich für ihn als eine sinngeladene Arbeitspraxis. Im Sprechen über seine Rollenwahrnehmung lässt sich eine Distinktion zu einer beruflichen Identität als Manager identifizieren. *I definitely don't want to be a manager.* Obwohl konstatiert wurde, dass das Übernehmen von Verantwortung von Gerrit eine erstrebenswerte handlungsleitende Vorstellung ist, so scheint sich diese auf den sehr konkreten Aspekt des Wissenstransfers zur Befähigung Anderer zu beschränken. Eine umfassende Verantwortung in Funktion einer unternehmerischen Leitungsrolle bildet für ihn einen negativen Horizont. Anders ausgedrückt könnte formuliert werden, dass die unternehmerische Sphäre von Gerrit abgelehnt wird. Er verortet sich in einer *high level technical role.* Gerrit hat ein Berufsbewusstsein als technischer Experte und lehnt gewissermaßen den managerialen Aspekt einer hybriden Professionalität ab. Die berufliche Identität als Datenanalyst konstituiert sich in Abgrenzung zu anderen beruflichen Identitäten (Goretzki et al. 2023; Vaast und Pinsonneault 2021). Die Rollenbegrenzung folgt seiner erstrebenswerten Vorstellung *I'm motivated to teach them.* Um dieser Aufgabe gerecht zu werden, *I need to implement things myself [...].* Anderen etwas zu vermitteln, geht für Gerrit mit der eigenen praktischen Tätigkeit einher. Ein in der Praxis aktiver Mentor bildet für ihn einen positiven Horizont. Die Übernahme managerialer Aufgaben erscheint hier als Kontrast einer praxisfernen Tätigkeit. Der habituelle Orientierungsrahmen des Wissenstransfers findet sich auch in der Vergleichsdimension des Modus der Problembewältigung im Modellierungsprozess wieder.

> Yeah so (.) As an example, we wanted to (.) There were before we had to (.) We were running a lot of pipelines to just run reports (.) and we started using DBT data build

tool which is a basically something to run SQL. It's a very nice framework to, but it basically just runs SQL. And creates reports in SQL. (.) We made repos for the analysts and we onboarded them to use DBT. And we made it a lot easier for them to (.) basically create new reports and also to schedule them. So we had a Configuration files that just basically say when this report needs to run and we automated a lot of that. So that our airflow instance can basically run all the reports automatically so that we don't have to deal with pull requests into our repo. (.) And that basically saved (.) it one it does two things one, it saves us a lot of time, which was our metric on like how much time people are spending on Pipelines and our burn rate for our sprints. So that was improved, (.) but I think more importantly, it's also empowering the analysts and really the people who understand the reports to be in charge of the process of committing code and approving which code is committed. Data engineers usually get on that, but really they don't know the business side of it. They don't know what their reports mean. So they can, they'll like approve a PR, but because it looks technically correct, like the sequel second correct, but they're they can't really check for like semantic or like a business meeting if it makes sense. If the report still makes sense based on their change, like. I don't know, for example, some column might be in the different in the specific time zone, and we and we don't know about it or specific currency or I don't know there's some, there's a lot of different semantic differences that are not captured by like that like you have to know the Data in order to do it. (10.DE 07.12.22 Gerrit, Pos. 435–467)

Formulierende Interpretation

Gerrit beschreibt an einem konkreten Beispiel, wie die technische Implementierung von Zielsetzungen stattfindet. Sie hatten eine Zeitlang eine Vielzahl an Pipelines für die Analysereports parallel laufen. Um sowohl zeitliche als auch finanzielle Ressourcen einzusparen, wurde ein neues Tool integriert, welches die Reports automatisch erstellt. Um es den Analysten einfacher zu machen, wurden diese auch in das neue Tool eingewiesen, so dass sie ihre Reports selbst erstellen und planen konnten. Dadurch mussten nicht mehr personelle Ressourcen der Data Engineers aufgebracht werden. *So that was improved.* Aus seiner Sicht müssten die Analysten allerdings noch mehr befähigt werden, die Codes selbst freizugeben. Das geschieht bisher über die Data Engineers, die aber nur die technische Seite verstehen, jedoch nicht das Geschäftliche. *They don't know what their report mean.* Ihr Handeln kann sich nur nach den technischen Begebenheiten ausrichten, aber nicht auf geschäftliche Bedingungen reagieren. So können die Reports semantisch und technisch richtig sein, aber geschäftliche Spezifika wie unterschiedliche Zeitzonen oder Währungen können nicht erkannt werden.

Reflektierende Interpretation
Zu Beginn seines Sprechens beschreibt Gerrit eine technische Veränderung, die von ihm als eine Verbesserung bewertet wird. *So that was improved.* Dabei ging es um die Einführung eines neuen Tools, welches die Datenstruktur der Hardwarekomponenten von Computern beschreibt, wodurch sich die einzelnen Systemkomponenten über das Operationssysteme Kernel besser steuern lassen. Darüber lassen sich Prozesse zwischen Hardware und Software managen und mögliche Ressourcenkonflikte (z. B. Cache- oder CPU-Nutzung) lösen. Gerrit bewertet diese Umstellung als Verbesserung. [W]*e made it a lot easier for them to (.) basically create new reports and also to schedule them.* Hier lässt sich erneut ein positiver Horizont der Befähigung identifizieren, da mit der Kombination des Indefinitpronomens *lot* und des Adjektivs *easier* eine positive Assoziation verbunden werden kann, die sich mit dem Personalpronomen *them* auf Andere bezieht. Die Befähigung Anderer ist in diesem Erzählkontext von Gerrit aber auch auf die Bewertung der eigenen Ressourcen bezogen. Denn die Automatisierung der Reports bewertet er als *so that we don't have to deal with pull requests into our repo. (.) And that basically saved (.) it one it does two things one, it saves us a lot of time.* Hier lässt sich ein Rationalisierungsanspruch identifizieren. Die Freisetzung von Ressourcen durch die Automatisierungen von Abläufen ist für ihn eine erstrebenswerte Vorstellung. Tätigkeiten, die vorher viel Zeit in Anspruch genommen hatten, wurden optimiert. In dieser Erzählpassage lässt sich wie in den Fällen von Thomas und Sören die Bedeutung der zeitlichen Dimension für das professionelle Handeln identifizieren. Der zeitliche Aufwand der Reports bindet personelle Ressourcen, die durch die Automatisierung nun woanders zum Einsatz gebracht werden können. Auch die Data Engineer-Tätigkeit von Gerrit und seinem Team repräsentiert sich als ein sehr zeitgetriebener Prozess.

Im Anschluss an diese Erzählpassage bezieht sich Gerrit in seinem Sprechen wieder auf die handlungsleitende Orientierung der Befähigung durch den Wissenstransfer. Denn neben der Vereinfachung von Prozessabläufen und damit verknüpften Ressourcenfreisetzungen bewertet er es als *more importantly, it's also empowering the analysts and really the people who understand the reports to be in charge of the process of committing code and approving which code is committed.* Das Verständnis oder Verstehen eines Codes sollte nach Gerrits Auffassung nicht allein bei den Data Engineers liegen, sondern ist auch für die Analysten von Bedeutung. Die Befähigung Anderer repräsentiert sich hier erneut als positiver Horizont. Die Data Engineers können die Reports zwar aus technischer Sicht beurteilen, *but really they don't know the business side of it.* Gerrit beschreibt die nicht vorhandene geschäftliche Kompetenz der Data Engineers. Obwohl er in seiner Handlungsorientierung auf die Befähigung Anderer ausgerichtet ist, ist die

Befähigung der Data Engineers zur geschäftlichen Analyse keine erstrebenswerte Vorstellung. Sie lässt sich aber auch nicht als negativer Horizont identifizieren. Vielmehr scheint Gerrit eine strikte Vorstellung der Aufgabenteilung zu haben bzw. ist erneut um Distinktion gegenüber anderen Berufsgruppen bemüht. Data Engineers stellen die technische Infrastruktur bereit und die geschäftlich-unternehmerischen Aufgaben werden von den Analysten erledigt. Diese können nach seiner Einschätzung dieser Aufgabe aber nur dann zu Genüge nachkommen, wenn sie die technische Seite verstehen. Etwa, wenn *some column might be in the different in the specific time zone, and we and we don't know about it or specific currency or I don't know.* Der Code ist für Gerrit nicht nur eine abstrakte technische Abfolge von Befehlen, sondern beinhaltet wichtige Informationen, die aber nur in Zusammenhang mit den geschäftlichen Spezifika inhaltlich richtig interpretiert werden können. Weshalb die Befähigung der Analysten, den Code zu verstehen, für ihn eine sehr erstrebenswerte Vorstellung repräsentiert. Unklar bleibt jedoch, für wie umsetzbar Gerrit diese Vorstellung innerhalb seines Unternehmens bewertet. So kann es sich hierbei um einen positiven Horizont oder positiven Gegenhorizont handeln. Die Bezugnahme auf Rollenerwartungen bzgl. der Berichterstattung deutet mitunter auf einen Rollenkonflikt hin (Rosa et al. 2023), in dem eine Diskrepanz zwischen Anforderung und Handeln besteht.

Im Umgang mit Bias und der sozialen Reproduktion von Diskriminierung durch Daten lassen sich in Gerrits Sprechen ähnliche Handlungsorientierungen wie in den Fällen von Thomas und Sören identifizieren.

> (2s) Honestly, because our focus is on financial reporting, I don't think there's many ethical issues on our side. On the machine learning and AI piece, there's probably more. Our main products, but as a data product, our main product (.) Our main output is sales reports and logistics reports that don't really deal with PII or User data that much. (.) I (.) I mean, I personally am very interested on the security side. Of ensuring that we have we're complying with GDPR, we went through that this past year. To automate the GDPR process for the data lake and for our data warehouse. (.) I mean, that's obviously the minimum that the company needs to do. (3s) Yeah, it. It's also not partly a reason that I'm not really looking to get back into data science very high. I think (.) data engineering, (.) If I can just get better data. Better data also includes the aspects of privacy, preservation and like it's not just cleaning the data, it's also making sure that it's compliant with everything that we have. So we have stock compliance, we have our compliance, we have all these other compliances that we have to do and we do have processes even internally to make sure that people we go through proper channels to get access. We don't. It's not, it's pretty (.) **** is actually relatively strict compared to other places that worked. (2s) And yeah. (10.DE 07.12.22 Gerrit, Pos. 558–581)

Formulierende Interpretation

Der Fokus seiner Arbeit liegt auf dem *financial reporting.* Er glaubt nicht, dass sie mit ethischen Problemen zu tun haben. Eher auf Seiten des Machine Learning und der KI-Abteilung. Ihr Hauptprodukt sind Datenprodukte. Das sind Verkaufsberichte oder Logistikberichte, die *don't really deal with PII or User data.* Er selbst ist sehr an dem sicherheitstechnischen Aspekt interessiert. Dieses Jahr haben sie beschlossen, sich an der Datenschutzgrundverordnung zu orientieren. *To automate the GDPR process for the data lake and for our data warehouse.* Das ist aus seiner Sicht das Minimum, was ein Unternehmen tun kann. Das ist einer der Gründe, warum er nicht zurück in den Data Science-Bereich möchte. Er denkt, dass Data Engineering bessere Daten hervorbringen kann. *Better data also includes the aspects of privacy, preservation* und beinhaltet nicht nur die Datenbereinigung, sondern berücksichtigt, dass die Daten mit allen anderen Dingen kompatibel sind. Im Unternehmen haben sie konkrete Vorschriften, über die auch geregelt wird, wer in welcher Form Zugriff auf ihre Kanäle bekommt. Die Vorschriften seines Unternehmens sind strenger, als bei allen Firmen, in denen er vorher gearbeitet hat.

Reflektierende Interpretation

Nach einer Bedenkpause beginnt Gerrit sein Sprechen mit dem Adjektiv *Honestly,* mit dem er seine folgende Wertung als aufrichtige Erzählung kennzeichnet. Denn sie kümmern sich um das *financial reporting* und Gerrit wertet die Form von Daten als weitestgehend frei von *ethical issues.* Diese verortet er in Tätigkeiten des Machine Learnings oder bei KI-bezogenen Tätigkeiten. In den vorherigen Kapiteln wurde auf die Bedeutsamkeit von Daten für algorithmische Verarbeitungsprozesse hingewiesen. Für Gerrit sind das jedoch zwei getrennte Bereiche. Er begründet seine Wertung mit der Erzählung *Our main output is sales reports and logistics reports that don't really deal with PII or User data that much.* Es lässt sich im ersten Abschnitt der Erzählpassage ein modus operandi der Externalisierung identifizieren. Die Problematik wird nicht bei sich verortet, sondern bei Anderen. In Zusammenhang mit seiner Vorstellung einer deutlich definierten Aufgabenverteilung lässt sich auch hier eine Praxis der beruflichen Distinktion ausmachen. Daran anschließend repräsentiert sich eine gewisse Reflexivität bzgl. der Thematik. Denn er ist *very interested on the security side.* Er beschreibt, wie im letzten Jahr verabschiedet wurde, *that we have we're complying with GDPR.* Eine Datenschutzgrundverordnung bildet für Gerrit eine erstrebenswerte handlungsleitende Vorstellung. Dass es sich hierbei um einen positiven umsetzbaren Horizont handelt, verdeutlicht sich in der Beschreibung der Prozessintegration der Datenschutzgrundverordnung für das *data lake and for our data warehouse.* Eine reflexive Umgangsweise repräsentiert sich noch einmal stärker als positiver Horizont, wenn Gerrit die Anwendung der Datenschutzgrundverordnung als *obviously the minimum that the company needs to do* argumentiert. Die rechtliche Regelung von Datensicherheit ist für Gerrit ein Argument, nicht mehr als Data Scientist aktiv zu sein. Fehlende rechtliche Sicherheitsbestimmungen im Bereich der KI und des Machine Learning repräsentieren für ihn einen negativen Handlungshorizont. Sicherheitsregulatorische Bestimmungen führen in seiner Begründung dazu, dass *I think (.) data engineering, (.) If I can just get better data.* Denn bessere Daten bedeuten für ihn nicht nur die Datenbereinigung, sondern *includes the aspects of privacy, preservation.* Datenschutz repräsentiert sich hier erneut als eine erstrebenswerte handlungsleitende Vorstellung, die aus einem modus operandi der Reflexivität resultiert. In der anschließenden Beschreibung der Integration des Datenschutzes in die Arbeitsprozesse verdeutlicht sich gleichzeitig ein modus operandi der Externalisierung.

Wie in den Fällen von Thomas und Sören lässt sich ein Problembewusstsein identifizieren, welches sich in seinen Handlungen aber an äußerlich gegebenen Bedingungen orientiert. *So we have stock compliance, we have our compliance, we have all these other compliances that we have to do and we do have processes even internally to make sure that people we go through proper channels to get access.* Die unternehmerischen Regulierungen kommen dem Problembewusstsein von Gerrit entgegen. Zum Ende der Erzählpassage resümiert er *is actually relatively strict compared to other places that worked.* Der Status quo des Unternehmens wird im Vergleich zu anderen Firmen, in denen Gerrit vorher tätig war, als strikt bewertet. Hier bleibt die Frage offen, inwiefern Gerrit in einem anderen Unternehmen zwar einem modus operandi der Reflexivität aufweist, aber in seiner Handlungsorientierung einer Vorstellung der notwendigen Adaption folgen würde.

Gerrits habituelle Orientierung folgt in seiner Gesamtheit einem modus operandi der Professionalisierung, der sich durch Praktiken des Wissenstransfers und der Befähigung auszeichnet. Wie im Fall von Thomas und Sören ist sein Habitus durch eine Wissensorientierung geprägt, die der Festigung professionellen Handelns dient. Es geht um die Befähigung von Teammitgliedern, technische Probleme der Dateninfrastruktur selbst zu lösen. Andererseits geht es auch um Befähigung anderer Berufsgruppen. Analysten sollen in die Lage versetzt werden, den Code zu verstehen, um Prozesse zu optimieren. Während bei den Fällen von Thomas und Sören eine wissenschaftliche Forschungsorientierung identifiziert werden konnte, ist der Professionshabitus bei Gerrit durch eine Kompetenzorientierung gekennzeichnet. Im Umgang mit Bias und der sozialen Reproduktion von Diskriminierung durch Daten konnte, ähnlich wie im Fall von

Thomas und Sören, ein modus operandi der Reflexivität und Externalisierung rekonstruiert werden. Dieser ist gekennzeichnet durch eine Reflektion bzgl. der Thematik, bei der die Handlungsorientierung sich aber an von außen gegebenen Unternehmensvorschriften ausrichtet.

6.1.4 Der Fall Anja – Professionalisierung Untertypik

Anja arbeitet zum Zeitpunkt des Interviews für ein kleines Data Science-Beratungsunternehmen in Deutschland. Sie ist 33 Jahre alt und hat Statistik studiert. Seit 6 Jahren ist sie als Data Scientist beruflich aktiv. Ihr Vater ist Zahnarzt und ihre Mutter übt den Beruf der Rechtspflegerin aus. Wie der Fall Gerrit wurde Anja der Untertypik der Professionalisierung innerhalb der Basistypik der Konsolidierung zugeordnet. Im Vergleich zum Fall von Gerrit kann Anja nicht als ein Idealtypus dieser Untertypik beschrieben werden. Vielmehr repräsentiert sie idealtypisch einen Großteil der Fälle dahingehend, dass sich unterschiedliche Modi der Umgangsweisen identifizieren lassen. Jedoch soll anhand des Falles von Anja verdeutlicht werden, wie forschungsrelevante Entscheidungen in der Rekonstruktion und Typenzuteilung erfolgt sind.

> (lacht) (.) Ja schön, da kommen wahrscheinlich die unterschiedlichsten Antworten. Kann man auch sehr konkret machen oder weniger konkret. (.) Wenn ich im Homeoffice bin, mache ich viele kleine Pausen zwischendurch und schreib mir die alle schön auf. (2s) Ansonsten (.) also ich glaube ich, ich arbeite gern zwar mit anderen Menschen zusammen, aber ich mag es nicht ewig lang zu zweit vorm PC zu sitzen, sondern dann doch wieder in Ruhe allein zu arbeiten und sich ab und zu auszutauschen. (3s) Ich werde immer noch relativ schnell gestresst, wenn viel kommt. (.) Kann glaube ich ein bisschen mit dem Perfektionismus jetzt besser umgehen als früher. Und ja bin glaube ich eher so von der sehr sorgfältigen Sorte, die aber (.) nicht so gut eine schnelle Lösung finden kann, da brauch ich ja manchmal so ein bisschen Ideen von anderen. (13.DS2 21.12.22 Anja, Pos. 525–539)

Formulierende Interpretation
Auf die Frage nach der Arbeitsweise können sehr unterschiedliche Antworten erfolgen. *Kann man auch sehr konkret machen oder weniger konkret.* Im Homeoffice macht sie viele kleine Pausen, die sie sich alle notiert. Sie arbeitet prinzipiell gerne mit anderen Menschen zusammen, *aber ich mag es nicht ewig lang zu zweit vorm PC zu sitzen.* Denn Anja benötigt zum Arbeiten Ruhe und findet es gut, sich ab und zu mal auszutauschen. Wenn viel Arbeit auf sie zu kommt, ist sie *relativ*

schnell gestresst. Inzwischen hat sie eine bessere Umgangsweise *mit dem Perfektionismus* gefunden. Sie glaubt, dass sie sorgfältig arbeitet, aber Schwierigkeiten hat, eine *schnelle Lösung* allein zu finden, und benötigt *so ein bisschen Ideen von anderen.*

Reflektierende Interpretation
Auf die Fragestellung *Wie arbeiten Sie?* muss Anja vor Beginn ihres Sprechen lachen. Im Zusammenhang mit ihrer Kommentierung *da kommen wahrscheinlich die unterschiedlichsten Antworten* und *kann man sehr konkret machen oder weniger konkret* beurteilt sie die Fragestellung vermutlich als sehr abstrakt. Nach kurzer Pause beginnt sie ihre Erzählung mit der Beschreibung ihrer Arbeitszeitorganisation im *Homeoffice.* Wenn sie zu Hause arbeitet, *mache ich viele kleine Pausen.* Mit der Konjunktion *Wenn* wird erkenntlich, dass für Anja die zeitliche Organisierung von Arbeit vom Arbeitsort abhängt. Im Homeoffice vollzieht sie mehrere *kleine Pausen,* woraus abgeleitet werden könnte, dass sie an anderen Arbeitsorten, wie etwa in einem Büro, dies nicht tut. Die Pausen, *schreib mir die alle schön auf.* Über die Verschriftlichung lassen sich die Pausenzeiten nachvollziehen, sowohl für sie selbst als auch eventuell für Andere. Das Adjektiv *schön* verdeutlicht die schriftliche Pausenerfassung als eine erstrebenswerte und umsetzbare Vorstellung in Anjas Handlungsorientierung. Nachvollziehbarkeit und Transparenz lassen sich als ein positiver Horizont identifizieren. Ein Stück weit lässt sich hier eine Ähnlichkeit zum Fall von Thomas ausmachen. Beiden geht es um die Wahrung eines Überblicks. Im Fall von Thomas bezieht sich die Praxis der Selbstrationalisierung ausschließlich auf seine eigene Person. Bei Anja wird nicht ersichtlich, inwiefern das Aufschreiben der Pausen nur ihrer eigenen Übersichtlichkeit oder auch der Transparenz gegenüber Anderen dient. Mitunter handelt es sich um eine Praxis der Selbstregulierung, um im Gegensatz zum Fall von Thomas einer möglichen Entgrenzung von Arbeits- und Freizeitsphäre entgegenzuwirken. Digitale Arbeit wird mitunter als feminisierte Arbeit charakterisiert, weil die Grenzen von Produktions- und Reproduktionssphäre verschwimmen (Jarrett 2023, S. 80). Es wäre zu fragen, inwiefern Anja in ihrer Handlungsorientierung einer männlichen Arbeitspraxis folgt, bei der Arbeit und Freizeit klar voneinander getrennt sind.

In ihrer anschließenden Erzählung eröffnet sie mit dem Adverb *Ansonsten* ein neues Unterthema und bezieht sich auf ihre Arbeitsweise bzgl. der Interaktion mit ihren Kolleg:innen. Sie *arbeite gern zwar mit anderen Menschen zusammen, aber ich mag es nicht ewig lang zu zweit vorm PC zu sitzen, sondern dann doch wieder in Ruhe allein zu arbeiten und sich ab und zu auszutauschen.* Einerseits wird Zusammenarbeit mit dem Adverb *gern* als etwas Positives gekennzeichnet, andererseits wird sie durch das anschließende Adverb *zwar* direkt als ein

Zugeständnis eingeräumt. Die direkte Zusammenarbeit erscheint als eine Notwendigkeit der beruflichen Praxis. Denn mit der adversativen Konjunktion *aber ich mag es nicht ewig lang zu zweit vorm PC zu sitzen* lässt sich Zusammenarbeit als eine oktroyierte berufliche Notwendigkeit interpretieren. Oder gar als eine unhinterfragte Überzeugung (Doxa), dass die Zusammenarbeit eine unerlässliche Praktik professionellen Handelns von Data Scientists darstellt. Der durch den *creative turn* in der IT-Branche vollzogene Wandel hat zu einem Paradigmenwechsel bzgl. der Arbeitsweise geführt. Der Entwicklungsprozess digitaler Anwendungen basiert nicht mehr auf einer einsamen geistigen Tätigkeit, sondern auf einem kooperativen kommunikativen Prozess (Schmidt 2008b, S. 283). Über Methoden des agilen Managements konstituiert sich das Team zur zentralen Bezugsgröße (Funken 2001, S. 76). Über Umfragen und ein Framing von Teamarbeit als effiziente Arbeitsstruktur wird der Teamaspekt in der Tech-Branche gestärkt (Dancho und Cota 2024; Hayes 2016). Anjas favorisierte Arbeitsweise ist es allerdings, *in Ruhe allein zu arbeiten.* Ungestörtes Arbeiten repräsentiert für Anja ihre eigentlich erstrebenswerte Vorstellung, die sich aber in der Praxis nicht vollumfänglich umsetzen lässt und daher einen positiven Gegenhorizont repräsentiert, während das Zusammenarbeiten als ein scheinbar positiver Horizont erscheint, weil es sich um eine für wahr angenommene Selbstverständlichkeit handelt (Bourdieu 2021, S. 330). Diese lässt sich im Nebensatz *und sich ab und zu auszutauschen* erneut identifizieren. Obwohl *in Ruhe allein arbeiten* die gewünschte Arbeitsweise repräsentiert, erscheint sie als nicht konform und wird in der Erzählung um den als selbstverständlich geltenden Aspekt, *[sich] auszutauschen*, ergänzt. Hier ließe sich wie für die Untertypik des Regelgeleiteten ein modus operandi der notwendigen Adaption ausmachen. Zugleich verdeutlicht sich hier mitunter erneut eine männlich geprägte Arbeitsvorstellung. Teamarbeit setzt Sozialtechnologien der Selbstkontrolle, Selbstreflexivität und Praktiken emotionaler Beziehungsarbeit voraus (Jarrett 2023, 80 f.), Eigenschaften, die formal als feminin charakterisiert sind. Die in der digitalen Ökonomie vorausgesetzte Subjektivierung von Arbeit wird von Anja angenommen. Gleichzeitig scheint es aber auch innere Widerstände zu geben.

Nach einer längeren Pause im Sprechen bezieht sich Anja in ihrer Erzählung auf den Aspekt des Stresses. Dieser wird mitunter verursacht, *wenn viel kommt.* Eine ähnliche Beschreibung ließ sich im Fall von Thomas identifizieren, der durch das parallele Arbeiten an mehreren Projekten in einen Zustand der Herausforderung und Überforderung versetzt wird. Auch für Anja repräsentiert eine hohe Arbeitsbelastung einen negativen Horizont. Ein weiterer Stressfaktor ist der Umgang mit ihrem *Perfektionismus*, wobei sie wertend formuliert, *mit dem Perfektionismus jetzt besser umgehen* [zu können] *als früher.* Neben extrinsischen

Ursachen benennt Anja auch intrinsische Stressfaktoren. Mit hohen Ansprüchen an sich selbst sind oft Versagensängste oder Befürchtungen vor Prestigeverlust verbunden, die Stress hervorrufen können. Anja ist bestrebt, ihren beruflichen Anforderungen bedacht und akkurat gerecht zu werden. Hierin lässt sich ein Professionalitätsanspruch ausmachen. Denn je kompetenter – sprich sorgfältiger – eine berufliche Aufgabe erfüllt wird, desto professioneller erscheint eine Person (Terhart 2011, S. 215). Mit dem Adverb *besser* beschreibt und wertet Anja eine positive Entwicklung in ihrer Umgangsweise. Ihr selbstzugeschriebenes Persönlichkeitsmerkmal des Perfektionismus wird in ihrer Erzählung als Stressfaktor charakterisiert und kennzeichnet für sie einen negativen Horizont. Anschließend formuliert sie die Überzeugung, *eher so von der sehr sorgfältigen Sorte* zu sein. Mit der inneren Überzeugung *ich glaube* wird im Gegensatz zum Perfektionismus mit dem Adjektiv *sorgfältig* ein positiver Horizont gekennzeichnet. Gewissenhaftes und akribisches Arbeiten erscheint in der Handlungsorientierung für Anja als eine erstrebenswerte Vorstellung.

Allerdings lassen sich mit Sorgfalt nicht alle beruflichen Problemstellungen bewältigen. Anja kommt in ihrem Sprechen am Ende der Erzählpassage zu der Selbsteinschätzung, dass sie *nicht so gut eine schnelle Lösung finden kann, da brauch ich ja manchmal so ein bisschen Ideen von anderen.* Der zeitgetriebene Arbeitsprozess verlangt mitunter sehr zeitnahe Ergebnisse, was Anja aber *nicht so gut* gelingt. Das von ihr wahrgenommene Defizit der schnellen Lösungsfindung kennzeichnet hierbei eine erstrebenswerte Vorstellung. Für sie ist dies aber nur schwer allein umsetzbar und repräsentiert einen positiven Gegenhorizont. Sie räumt mit dem Adverb *manchmal* ein, dass der Modus des allein Arbeitens nicht immer erfolgsversprechend ist. Sie ist in dieser Hinsicht auf die Kollaboration und *Ideen von anderen* angewiesen, die sie mit ihrem Wissen befähigen, eine Lösung zu finden. Hier lässt sich der Modus der Befähigung durch Wissenstransfer identifizieren. Im Gegensatz zum Fall Gerrit handelt es sich im Konkreten hier nicht um einen Modus der Befähigung Anderer, sondern um dessen Verkehrung in einen Modus der Befähigung *durch* Andere. In dieser Erzählpassage dominiert ein Orientierungsrahmen, der sich der Untertypik des Regelgeleiteten zuordnen ließe. Jedoch wird in der Erzählpassage zum Modus der Problembewältigung im Modellierungsprozess deutlicher, warum der Fall Anja der Untertypik der Professionalisierung zugeordnet worden ist.

> (lacht) Das fühlt sich so automatisch an. Wobei wir haben. Das ist vielleicht. Also manchmal ist das ja total klar, irgendwie zum Beispiel bei einer Kunden Segmentierung, wo man Gruppen von Kunden bilden will, ist irgendwie immer klar, dass es irgendwas aus der Richtung Cluster Analyse sein wird, aber manchmal ist es ja auch

ein bisschen schwieriger, oder vielleicht macht das jemand zum ersten Mal und weiß es noch nicht. Und wir haben. (.) Also ja, entweder setzt sich dann vielleicht eine erfahrene Person mit einer neuen Person hin und spricht es mit der Person durch, was da eigentlich zu tun ist und die fängt es dann an zu coden. Und dann gibt es regelmäßige Feedbackschleifen, um zu gucken geht es in die richtige Richtung den Code zu reviewen. Und wir haben aber auch einmal in der Woche unsere Modellierungs Task Force, wo alle, die mit der Modellierung beschäftigt sind, eine Stunde immer können, da reinkommen und sagen ich möchte heute gerne über dieses und jenes Modell sprechen, an dem ich gerade arbeite, das ist der Stand, dann das sind meine Fragen, hier komme ich nicht weiter das hier kommt mir komisch vor, hat jemand eine Idee? Und da haben wir ja auch, wir haben halt ein Kollege, der extrem gut in Modellierungs-Themen ist. Der ist aber vor einer Weile gegangen, steht uns aber immer noch mit ein paar Stunden zur Verfügung, der kommt dann da oft hin. Und ein anderer Kollege, der hat eine Professur bekommen. Der ist jetzt Statistik Professor, der ist dann auch da hat er halt auch nicht so viel Zeit für (?IWT?) aber ist dort immer da und gibt seinen Input und halt auch andere, die schon länger in der Modellierung unterwegs sind. So, dass da dann der Wissensaustausch stattfindet. (13.DS2 21.12.22 Anja, Pos. 577–606)

Formulierende Interpretation
Modellieren fühlt sich für Anja *automatisch an.* Teilweise ist sehr deutlich, wie das Vorgehen vonstatten gehen muss. Wenn etwa eine Kategorisierung von Kund:innen vorgenommen werden soll, ist *es irgendwas aus der Richtung Cluster Analyse.* Es gibt Problemstellungen, die sind *schwieriger* gestalten und deren Lösungsweg noch nicht klar ist. Dann wird eine erfahrene Person damit beauftragt, die aufgabenverantwortliche Person zu unterstützen. Über *regelmäßige Feedbackschleifen* wird eruiert, ob es *in die richtige Richtung* geht. Einmal die Woche findet eine *Modellierungs Task Force* statt, bei der Fragen der Sorte besprochen werden können, wie der aktuelle Arbeitsstand ist und ob bestimmte Personen Lösungsideen haben. Es gibt zusätzlich noch einen erfahrenen ehemaligen Kollegen, der *immer noch mit ein paar Stunden zur Verfügung* steht. Dieser hat aktuell eine Professur für Statistik und dadurch nur begrenzte zeitliche Kapazitäten. Er ist aber regelmäßig da *und gibt seinen Input.* Andere erfahrene Personen aus dem Team unterstützen ebenfalls im Prozess der Modellierung. *So, dass da dann der Wissensaustausch stattfindet.*

Reflektierende Interpretation
Zu Beginn der Erzählpassage muss Anja erneut lachen. Sie kommentiert die Fragestellung nach dem Modellierungsprozess mit einer persönlichen Empfindung, dass sich das *so automatisch an*[fühlt]. Im ersten Sprechimpuls beschreibt Anja den Prozess der Modellierung als einen nahezu mechanischen oder instinktiven

Handlungsvorgang, über den sie nicht weiter nachdenken muss. Die Praktiken des Modellierens sind soweit inkorporiert worden, dass über die einzelnen Arbeitsschritte nicht weiter nachgedacht werden muss und die Reflektion als Automatismus erscheint. „[E]s sind Entscheidungen in actu, die keine Wahlakte voraussetzen." (Bourdieu 2013, S. 740) Die Empfindung wird im direkten Anschluss durch das überleitende Pronominaladverb *Wobei* relativiert. Im weiteren Sprechen wird die Empfindung des Automatismus damit begründet, dass *manchmal ist das ja total klar, irgendwie zum Beispiel bei einer Kunden Segmentierung, wo man Gruppen von Kunden bilden will, ist irgendwie immer klar, dass es irgendwas aus der Richtung Cluster Analyse sein wird.* Es gibt Problemstellungen für die es ein Standardverfahren gibt. Die Adjektive *total klar* verweisen auf eine umfängliche Eindeutigkeit bzgl. des Modellierungsansatzes. Jedoch wird mit der nebenordnenden Konjunktion *aber* zum gegenteiligen Fall übergeleitet, *aber manchmal ist es ja auch ein bisschen schwieriger, oder vielleicht macht das jemand zum ersten Mal und weiß es noch nicht.* Problemstellungen können von bisher gekannten abweichen, bei denen nicht auf ein erprobtes Standardverfahren zurückgegriffen werden kann. Hier wird wie im Fall von Thomas und Sören eine regelbasierte Handlungsorientierung erkenntlich. Allerdings kann es auch *schwieriger* sein, weil Personen noch nicht über genügend Wissen und Erfahrung verfügen.

An dieser Stelle der Erzählpassage leitet Anja zum Thema der Problembewältigung bei Schwierigkeiten über. Dabei beschreibt sie zunächst den Umgang mit unerfahrenen Personen. Hierbei spricht eine *erfahrene Person* die Problematik mit der aufgabenbetrauten Person durch, da diese weiß, *was eigentlich zu tun ist.* Über *regelmäßige Feedbackschleifen* wird kontrolliert, ob der Code sich *in die richtige Richtung* entwickelt. Dass sich etwas in korrekter Weise entwickelt, wird häufig als etwas Wünschenswertes betrachtet, so dass *regelmäßige Feedbackschleifen* sich in Anjas Sprechen als positiver Horizont identifizieren lassen. An diesem Punkt in Anjas Erzählung wird die Feedback- und Kontrollkultur des agilen Arbeitens sichtbar, mit der zeitnah auf sich veränderte Bedingungen reagiert werden kann und die einen effizienten Arbeitsablauf ermöglichen soll. Ergänzt wird die Erzählung zur Schwierigkeitsbewältigung durch die Beschreibung einer *Modellierungs Task Force*, die einmal die Woche stattfindet. Sie dient der Besprechung von Problemen und der Lösungsfindung im Modus des Wissenstransfers. Regelmäßige Meetings sollen einen flexiblen und schnelleren Umgang bzw. die Beseitigung von Störungen ermöglichen. Hier verdeutlicht sich auf indirekte Weise der Modellierungsprozess als stark zeitgetriebener Prozess. Anja führt weiter aus, dass ein ehemaliger Kollege, *der extrem gut in Modellierungs-Themen ist*, sich regelmäßig Zeit dafür nimmt, obwohl er als Professor für Statistik *hat er halt auch nicht so viel Zeit für (?IWT?).*

Sein Wissen zur Verfügung stellen, damit andere befähigt werden, Probleme zu lösen, repräsentiert sich an dieser Stelle als eine erstrebenswerte handlungsleitende Vorstellung. Hier lässt sich die Verbindung zu Anjas Selbsteinschätzung *da brauch ich ja manchmal so ein bisschen Ideen von anderen* am Ende ihrer ersten Erzählpassage zum Modus der Arbeitsorganisation erkennen. Die Lösung von Problemen bedarf der Befähigung durch Andere. *So, dass da dann der Wissensaustausch stattfindet.* In der zweiten Erzählpassage konnte der Modus des Wissenstransfers zur Befähigung als ein positiver Horizont für Anja identifiziert werden. Speziell die Handlungsorientierung der Befähigung durch Andere erscheint hier als eine erstrebenswerte und umsetzbare Vorstellung für das professionelle Handeln. Der Aspekt des Wissenstransfer lässt sich wiederum für die Dimension im Umgang mit Bias nicht identifizieren.

> Ja, das sind total spannende Frage mit der wir uns konkret auf unseren Daten eigentlich noch gar nicht wirklich beschäftigt haben. Also wir haben. Bei manchen Daten spielt es natürlich keine Rolle, je nachdem wie sie beschaffen, sind. Aber wir haben ja auch oft arbeiten wir mit Kundendaten, also Kunden im Sinne von den Kunden unserer Kunden, also zum Beispiel die, die in einem Online-Shop bestellen oder sowas. (2s) Ja, irgendwie ist es zum Beispiel kann man ja sagen, es ist nicht gut, wenn wir jetzt zum Beispiel das Geschlecht da drin haben und das am Ende dazu führt, dass Frauen diskriminiert werden, weil ihnen ein höherer Preis für die Handtasche angezeigt wird oder so. (.) Da haben wir eigentlich noch nie versucht, das irgendwie zu untersuchen oder zu umgehen. Ein Punkt, der zum Teil vielleicht eine Ausrede ist und zum Teil aber auch wichtig ist. Wenn man jetzt die kritischen Variablen rausnehmen würde, wie zum Beispiel Geschlecht und Alter oder so, dann gibt es aber ja immer noch andere, die damit zusammenhängen und dann würden die halt einspringen im Modell automatisch, das ist irgendwie ja, es kann doch so einfach. (13.DS2 21.12.22 Anja, Pos. 737–756)

Formulierende Interpretation

Mit der Frage nach Bias und der Reproduktion sozialer Diskriminierung wurde sich in Bezug auf die eigenen Daten bisher nicht auseinandergesetzt, aber *das sind total spannende Frage.* Bei einigen Daten ist die Frage aufgrund ihrer Beschaffenheit nicht relevant. Sie arbeiten aber oft mit Kundendaten, *also Kunden im Sinne von den Kunden unserer Kunden.* Etwa von Onlineshopkund:innen. Dort wäre es *nicht gut*, wenn aufgrund eines Geschlechterbias es zu einer Diskriminierung von Frauen kommen würde, indem diese etwa einen höheren Preis für Handtaschen präsentiert bekommen. *Da haben wir eigentlich noch nie versucht, das irgendwie zu untersuchen oder zu umgehen.* Das ist vielleicht eine Ausrede, aber auch nicht unwichtig. Würde man *kritische Variablen,* wie Alter oder Geschlecht, entfernen, gäbe es andere Variablen, die die Zusammenhänge herstellen würden. [D]*as ist irgendwie ja, es kann doch so einfach.*

Reflektierende Interpretation
Die Fragestellung zum Umgang mit Bias und der sozialen Reproduktion sozialer Diskriminierung durch Daten empfindet Anja als *spannend.* Wobei das nicht im Sinne einer aktiven Auseinandersetzung mit der Thematik gemeint ist. Denn in ihrer weiteren Ausführung konkretisiert sie, dass sie sich oder ihr Team sich nicht in Bezug auf die eigenen Daten damit *konkret* beschäftigt haben. Sie argumentiert, dass die Problematik nicht für alle Datentypen von Relevanz ist. Im Sprechen wertet Anja im Modus der Reflexivität ihre eigenen Daten dann als relevant, weil *wir haben ja auch oft arbeiten wir mit Kundendaten, also Kunden im Sinne von den Kunden unserer Kunden.* Das Auftreten möglicher sozialer Diskriminierungen bewertet sie als *nicht gut.* Dass es durch Bias in den Daten zu sozialen Benachteiligungen kommen kann, repräsentiert sich für Anja als eine nicht erstrebenswerte handlungsleitende Vorstellung und lässt sich als einen negativen Horizont identifizieren. Die Problematik wird von ihr im Zuge des Sprechens anhand möglicher Geschlechterdiskriminierung reflektiert. Nach kurzer Pause bleibt sie im Modus der Reflexivität und beschreibt, dass [d]*a haben wir eigentlich noch nie versucht, das irgendwie zu untersuchen oder zu umgehen.* Es lässt sich eine mögliche Diskrepanz zwischen einem negativen Horizont in der Handlungsorientierung und der realen Praxis feststellen. Direkt im Anschluss geht Anja in einen Modus der Externalisierung über. *Wenn man jetzt die kritischen Variablen rausnehmen würde* […] *dann gibt es aber ja immer noch andere, die damit zusammenhängen und dann würden die halt einspringen im Modell automatisch.* Anja argumentiert, dass es mitunter nichts bringt, *die kritischen Variablen* zu entfernen, da eine Vielzahl von anderen Variablen weiterhin Aufschluss über das Geschlecht, Alter usw. gibt. Das wird vom Modell automatisch erkannt und es kann trotzdem zu Diskriminierungseffekten kommen. Die eigene Handlungsfähigkeit wird als beschränkt wahrgenommen. Die Verantwortung oder vielmehr Ursache für die Problematik wird beim Modell verortet. Das Modell als Resultat einer Mensch-Technik-Interaktion wird nicht in die Argumentation einbezogen. Dieses wird als autonom beschrieben, welches *automatisch* Zusammenhänge herstellt. Die Entfernung *kritischer Variablen* wird einerseits als eine erstrebenswerte Vorstellung empfunden, die aber als nicht umsetzbar bzw. vielmehr im Angesicht der zugeschriebenen Modellautonomie als sinnlos beschrieben wird. Es repräsentiert sich hier ein positiver Gegenhorizont.

Der Fall Anja repräsentiert den Idealtypus eines Nicht-Idealtypus. Es lassen sich verschiedene handlungsleitende negative und positive Horizonte identifizieren. So lässt sich im Fall von Anja ein modus operandi der notwendigen Adaption identifizieren, der der Untertypik des Regelgeleiteten zugeschrieben wird. Allerdings hat sich in der Gesamtschau, insbesondere in der Erzählung zum Modellierungsprozess, der Eindruck bestärkt, dass in ihren Erzählungen ein modus operandi des Wissenstransfers und der Befähigung durch Andere dominanter ist. Weshalb sich entschieden wurde, Anja der Untertypik der Professionalisierung zuzuordnen. Im Umgang mit Bias und der Reproduktion sozialer Ungleichheit durch Daten ließ sich wie in allen bisherigen präsentierten Fällen der Basistypik der Konsolidierung ein modus operandi der Reflexivität und der Externalisierung ausmachen. Abgrenzend zu den vorherigen Fällen findet die Externalisierung über eine Argumentation der Modellautonomie statt, wonach ein Algorithmus *automatisch* Zusammenhänge herstellt. Selbst, wenn *kritische Variablen* entfernt worden sind. Der Mensch erscheint in diesem Sinne nahezu als machtlos gegenüber der Technik.

6.2 Die Basistypik der Modifizierung und ihre Untertypiken

Data Scientists und Data Engineers, bei denen ein modifizierender modus operandi rekonstruiert wurde, sind in ihren Erzählungen durch Bezugnahmen auf Praktiken der Verbesserung und Rückkopplung gekennzeichnet. Die habituelle Orientierung ist auf die Generierung eines Mehrwertes sowohl für sich selbst als auch für Andere ausgerichtet. Das eigene professionelle Handeln wird als unterstützendes Handeln gegenüber Anderen bewertet. Es gilt, für das eigene Unternehmen oder eine Kundschaft einen Nutzen zu generieren, der als Mehrwert im Sinne einer Verbesserung empfunden wird. Die Arbeitsweise richtet sich an externen Bedürfnissen aus, die sich im Kontext der Arbeitsorganisation in einem Modus der Wert- oder Sinnzuweisung und angenommenen Gegenseitigkeit repräsentieren. Die habituelle Orientierung der Mehrwertgenerierung zeichnet sich in der Problembewältigung des Modellierungsprozesses durch Bestrebungen des Optimierens aus, die über Rückkopplungsschleifen der Software oder der Kundschaft evaluiert werden. Es lässt sich ein professionsbezogener Habitus rekonstruieren, der durch ein informatisch-herantastendes Handeln gekennzeichnet ist. Dieser repräsentiert sich in einer Trial-and-Error-Praxis. Im Kontext der Problematik mit Bias und der möglichen Reproduktion sozialer Diskriminierung durch Daten lässt sich in Teilen ein reflexiver pragmatischer Umgang identifizieren. Das Problembewusstsein ist größtenteils vorhanden, die eigenen Handlungsmöglichkeiten werden aber in den Erzählungen durch unternehmerische Richtlinien oder den anwendungsspezifischen Kontext bestimmt. In ihrer Gesamtheit ist die Basistypik der Modifizierung durch einen zweckgerichteten Habitus charakterisiert, der sich durch Praktiken der Sinnzuweisung und einer gegenseitigen Bezugnahme auszeichnet.

Der Untertypik der Nutzenorientierung konnten die Fälle Peter, Antje, Michael, Aaron und Lisa zugeordnet werden. Die geteilte erstrebenswerte Handlungsvorstellung ist die Generierung eines Nutzens oder Mehrwertes für das eigene Unternehmen, die Kundschaft oder gar für sich selbst. Ein sinnloses Tun konnte für die meisten Fälle dieser Untertypik als ein negativer Gegenhorizont identifiziert werden.

> „*[W]ie auch immer ich helfen kann, es hilft und das bringt voran und es macht die Leute halt irgendwie und die Stakeholder dann halt glücklich.*" (02.DS 09.11.2022 Peter, Pos. 720–722)

> „*I've been able to deliver what I need to do, and that's just how that's the general process for how I've been able to do it ist starting with the big picture, figuring out the different what (.) technology do I need to deliver value?*" (06.DE DS 02.12.22 Michael, Pos. 739–743)

Die Erzählungen zum Modus der Arbeitsorganisation geschehen vor dem Hintergrund der unterschiedlichen alltäglichen Herausforderungen im Beruf. Hierbei gibt es unterschiedliche Schwerpunktsetzungen zwischen der Gestaltung einer Alltagsroutine, den technisch-kommunikativen Prozessen im Team oder dem unmittelbaren Programmiervorgang. Ähnlich in ihrer Problembewältigung sind den Fällen Praktiken, die in ihrer Sinnhaftigkeit sowohl explizit als auch implizit begründet werden. In vielen der Erzählpassagen zum Modus der Arbeitsorganisation findet sich auch der positive Handlungshorizont der Mehrwertgenerierung. Dieser verdeutlicht sich vor allem in Passagen zum Modus des Modellierungsprozesses. Hier lassen sich Praktiken identifizieren, die der erstrebenswerten Vorstellung der Optimierung folgen. Es geht um die Modifizierung von Anwendungen, Produkten, bis hin zu ganzen Berufssegmenten im Unternehmen. Die Basistypik des Nutzenorientierten identifiziert sich als *Problemlöser* (Schumann et al. 2016, S. 454).

> „*[I]ch bin in so ein neues Projekt, sagen wir mal gesteckt worden also, soll jetzt da ein bisschen aushelfen, um Feuerwehrmann zu spielen […].*" (02.DS 09.11.2022 Peter, Pos. 322–324)

„So those requirements we then take that and take the requirements and develop a solution based of those requirements." (06.DE DS 03.12.22 Michael, Pos. 801–803)

Die eigene Persönlichkeit wird als relevanter Teil im Zusammenhang eines betrieblichen Ganzen gesehen. Die eigene Praxis ist durch Formen der Selbstverantwortung, -organisation und -kontrolle gekennzeichnet und wird von den Akteuren als sinngerichtetes Handeln im Sinne einer Nutzens- oder Profitgenerierung gedeutet. Hierin lässt sich das Charakteristikum eines von Voß und Pongratz (1998) postulierten *Arbeitskraftunternehmers* identifizieren, bei dem unternehmerische Bestrebungen als persönliche Zielstellungen angenommen und subjektiviert werden. Im Umgang mit Bias und der Reproduktion von Diskriminierungen in Daten lässt sich ein anwendungsbezogener Umgang identifizieren. Teilweise findet eine (kritische) reflexive Verhandlung der Thematik statt, dabei steht aber immer die Betrachtung des konkreten Anwendungskontextes im Vordergrund. Der eigene Arbeitsgegenstand (Daten) wird z. T. als nicht diskriminierungsrelevant eingestuft. In einigen Fällen lässt sich eine Externalisierung der Problematik identifizieren, bei der die Zuständigkeit nicht bei sich selbst, sondern in anderen Berufsgruppen oder Abteilungen verortet wird.

„In bin in meiner Rolle jetzt nicht zwangsweise in den Prozess involviert, wo diese Modelle defacto entwickelt werden. Also ich wende die nur an […]." (02.DS 09.11.2022 Peter, Pos. 1047–1049)

„But that when you how you end up having to change that, can't really come from you as the individual contributor or as the data science team, that's trying to affect their job. That has to come from the higher level people understanding." (06.DE DS 03.12.22 Michael, Pos. 986–990)

Die Basistypik des Nutzenorientierten zeichnet sich in der Gesamtschau demnach durch einen modus operandi des Benefitären aus, der in seiner Handlungsorientierung rational modifizierenden Vorstellungen folgt und konfliktäre Thematiken in der Zuständigkeit externalisiert oder in ihrer Fallspezifizität verhandelt.

Die Fälle Maria, Janine und Manuela konnten der Untertypik der Feedbackorientierung zugeordnet werden. Das Arbeitshandeln basiert auf Praktiken der Interaktion mit Anderen und deren Feedback. Ihr Modus der Problembewältigung in der Arbeitsorganisation ist durch Praktiken des Reziproken gekennzeichnet. Als ein geteilter positiver Horizont erscheint die Anerkennung durch ein Gegenüber (etwa Kolleg:innen, Vorgesetzte oder Kund:innen). Durchweg positive Rückmeldungen gilt den Fällen dieser Untertypik als positiver Gegenhorizont, der als erstrebenswert, aber kaum bis gar nicht realisierbar erscheint. Die Ablehnung der über ein (Software-)Produkt materialisierten Leistung gilt es zu verhindern und bildet den negativen Horizont in ihrer Handlungsorientierung. Der Modus der Problembewältigung im Modellierungsprozess zeichnet sich durch Praktiken der Rückkopplung mit der Kundschaft aus. Die Problemlösung wird über regelmäßige Präsentationen und Gespräche verhandelt. Die erstrebenswerte Vorstellung ist die Kundenzufriedenheit.

Die professionelle Praxis dieser Untertypik ist im Vergleich zu allen anderen Untertypiken in ihren Erzählungen am stärksten durch einen Dienstleistungsaspekt charakterisiert. Dieser bildet eine normative Orientierung im eignen Tun (Hartmann 1967, S. 34). Das Feedback ist daher handlungsleitend und determiniert den Prozess der Modellierung maßgeblich.

> *„Und dass sie auch ein Feld für Kommentare haben, uns auch Feddback zurückzuschicken können [...].“* (11.DS 19.12.22 Maria, Pos. 698–699)
>
> *„[S]o we have like either one week or two weeks of working, and then we go to the customer again. We explain them the findings. Whatever we have chief and then they will say after the like this or not.“* (16.DS 18.01.23 Manuela, Pos. 481–485)

Das Arbeitshandeln charakterisiert sich als ein iterativer Prozess, der durch kurze intensive Arbeitsphasen geprägt ist, in denen immer wieder neue Ergebnisse produziert werden sollen. Als geteiltes Handlungsmuster konnte die Praxis des Trial-and-Error identifiziert werden. Lösungen werden durch ein stetiges Ausprobieren verschiedener Möglichkeiten ausfindig gemacht. Der Umgang mit Bias und der Reproduktion von Diskriminierung in Daten wird wie bei der Untertypik des Regelgeleiteten kritisch reflexiv verhandelt. Ebenso lässt sich ein Modus der Externalisierung rekonstruieren, welcher über den Verweis auf unternehmerische Vorschriften und Leitlinien zum Ausdruck kommt. Das eigene professionelle Handeln wird in Verbindung mit dafür zuständigen Bereichen im Unternehmen in Verbindung gebracht, wenn etwa im Zuge von Präsentationen sich durch die Datenschutzabteilung die Zustimmung für die verwendeten Daten eingeholt wird oder bei Bekanntwerden von Bias in den Daten entsprechend reagiert und dies nachvollziehbar für die Kundschaft dokumentiert wird.

> *„Und das müssen wir alles dokumentieren, weil wir ganz viel Prüfungen dann hatten, das müssen wir schon berücksichtigen.“* (11.DS 19.12.22 Maria, Pos. 796–798)
>
> *„[W]e can also have a speak and or speech in the conference and we need to present something then we have to, first there is a (.) section in the company about this [...].“* (16.DS 18.01.23 Manuela, Pos. 625–628)

Die Untertypik der Feedbackorientierung charakterisiert sich über einen modus operandi der Resonanz, der sich durch Praktiken der Reziprozität, des informatischen Herantastens und des vorschriftsbezogenen Handelns auszeichnet.

6.2.1 Der Fall Peter – Nutzenorientierte Untertypik

Zum Zeitpunkt des Interviews ist Peter 25 Jahre alt und arbeitet als Data Scientist in einem großen Telekommunikationsunternehmen in Deutschland. Er gibt an, seit etwa 7 Jahren in diesem Bereich beruflich tätig zu sein und davor ein Studium der Informatik absolviert zu haben. Beide Elternteile haben promoviert. Der Vater ist als Geologe und die Mutter als Biologin beruflich tätig. Im Laufe des Interviews erzählte Peter, dass er mit seiner Partnerin zusammenlebt und ein gemeinsames zweijähriges Kind hat, welches zum Zeitpunkt des Interviews sich in der Eingewöhnungsphase in der Kita befindet. Sowohl die beruflichen als auch die privaten Ansprüche stellen für Peter große Herausforderungen dar.

> Am Laptop. (lacht) Also (3s) wie arbeite ich? Also wir haben im Prinzip. Also sagen wir mal vereinfacht, wir haben eine Umgebung, auf der im Prinzip alles geschrieben ist, das ist nicht ganz korrekt, aber im Prinzip eine Umgebung. Ja, reicht das als Beispiel? Auf der im Prinzip die Daten liegen und auf der im Prinzip der Code dann auch geschrieben wird und die Modelle trainiert werden. (.) Und das heißt genau ich interagiere halt mit verschiedenen Tools (oder Pools) mit dieser Umgebung. Und das läuft halt in der Regel so, also ich schreib halt irgendwas so und nach Zeitraum x bekomme ich eine Fehlermeldung. Das ist ein sehr Fehler getriebener Prozess. (unverständlich) Fehlermeldung, aber du prüfst halt Sachen und dann merkst du halt, dass es auch wirklich existiert. So und der erste Schritt ist erstmal Google aufmachen und die Fehlermeldung kopieren, weil du kannst dir mit Sicherheit sein, dass du nicht der erste Idiot bist, der diesen Fehler hatte. Also es passiert durchaus das wirklich du keine Antworten für Probleme im Internet findest, das ist relativ selten. In der Regel hat irgendjemand zu mindestens ein vergleichbares Problem gehabt. Wenn du kein, wenn du niemanden findest der so ein Problem gehabt hat, dann gibt es verschiedene Möglichkeiten. Du kannst im Prinzip in deinem.. in so einem Forum im Prinzip selbst so eine Frage stellen, dann werden halt irgendwelche Experten für diese Sachen (.) da antworten. Und die Antworten da, weil, ja (.) gleicher Grund wie Leute halt irgendwie auf Twitter oder Reddit antworten für irgendwie Karma und fame und sowas. Das ist halt sehr hilfreich, weil du bekommst halt relativ häufig relativ zügig eine Antwort, so. Oder du arbeitest halt wirklich mit Sachen, die sind öffentlich. Also open Source. Also Projekten die zu einer gewissen Art irgendwie der Allgemeinheit gehören. Dann kannst du halt direkt in den Projekten, so ja so Tickets öffnen also so Probleme schreiben und dann können dich direkt die, die Leute, die diese Sachen entwickelt haben und die sich (unverständlich) damit beschäftigen, beziehungsweise wenn du jetzt irgendwie ein Problem gefunden hast, ist häufig auch so, dass du im

> Prinzip dann selbst den, oder mindestens selbst den (?Bugfix?) dann halt irgendwie committest. Also selbst im Prinzip, du hast gemerkt: okay ich arbeite mit der und der libary, so oder dem Programmumfeld hab jetzt meine Daten trainiert, habe festgestellt, dass ist aus den und den Gründen sehr langsam oder stürzt bei den und den Daten ab. Also vielleicht, wenn irgendwelche Werte in meinen Tabellen undefiniert sind, dann stürzt die libary ab. Das heißt ich implementiere halt eine Lösung dafür und dann wird die halt dann in dieses öffentliche (?Repository?), heißt das dann, im Prinzip eingepflegt. (2s) So aber genau so läuft es halt. Du machst, was wird was, bekommst eine Fehlermeldung, gehst zu Google, bekommst die Antwort, machst weiter. (02.DS 09.11.2022 Peter, Pos. 629–679)

Formulierende Interpretation

Auf die Frage danach, wie er arbeitet, antwortet er *[a]m Laptop* und muss darüber lachen. Auf dem Laptop befindet sich seine Arbeitsumgebung. Dort sind alle Anwendungen, Daten usw. abgelegt. Innerhalb dieser Umgebung schreibt er auch seinen Code und trainiert die Modelle. Er interagiert mit *verschiedenen Tools (oder Pools) mit dieser Umgebung.* Das läuft dann so ab, dass er etwas *schreibt* und irgendwann eine Fehlermeldung erhält. Es handelt sich um einen *Fehler* getriebene[n] *Prozess.* Durch die Fehlermeldung *merkst du halt, dass es auch wirklich existiert.* Als Erstes wird die Fehlermeldung bei Google reinkopiert. Oft ist man nicht die erste Person mit der konkreten Fehlermeldung. Relativ selten kommt es vor, dass man keine Antwort findet. *In der Regel hat irgendjemand zu mindestens ein vergleichbares Problem gehabt.* Ansonsten kann man in diversen Foren wie Reddit suchen oder Fragen stellen, die dann von Expert:innen beantwortet werden. Die haben Interesse zu antworten, weil sie dafür Karmapunkte erhalten, was ihnen mehr *fame* innerhalb der Community einbringt. Das führt in der Regel zu schnellen Antworten. Es gibt noch die Möglichkeit, mit Open Source zu arbeiten. Dann kann man im Programm selbst *so Tickets öffnen* und das Problem beschreiben, woraufhin die Entwickler:innen selber antworten. Oder man schreibt selbst eine Problemlösung. So funktioniert das im Prinzip. *Du machst, was wird was, bekommst eine Fehlermeldung, gehst zu Google, bekommst die Antwort, machst weiter.*

Reflektierende Interpretation

Zu Beginn seines Sprechens muss Peter anfangen zu lachen. Das Arbeiten am Laptop erscheint für ihn als eine Selbstverständlichkeit. Für Peter bestimmt sich seine Arbeitsweise über die angewandten Arbeitsinstrumente, ohne die er seine Arbeit nicht ausführen könnte. Der unmittelbare Technikbezug in seiner beruflichen Praxis prägt seine berufliche Identität (Vaast und Pinsonneault 2021). Seine

Handlungspraxis ist stark beeinflusst von der Interaktion mit seiner technischen Umgebung. Er beschreibt, dass er der Software über Codes Befehle gibt, die ein Feedback hervorrufen. Der Regelfall hierbei ist eine Fehlermeldung. Peter geht nahezu davon aus, dass es zunächst immer erst einmal eine Fehlermeldung gibt. Codierungsvorgänge sind in der Regel nicht schnell abgeschlossen, sondern es handelt sich hierbei um längere Arbeitsprozesse. Das von Peter beschriebene Prozedere des Trial-and-Error- Verfahrens findet sich in einer Vielzahl von Beschreibungen der analysierten Fälle wieder. Der Zyklus der modernen Softwareentwicklung und des modernen Programmierens basiert zwangsläufig auf Fehlern, deren Behebung zu neuen Fehlern und schrittweise zur Problemlösung führt (Funken 2001, 28 ff.). Einer Lösung wird sich schrittweise angenähert. Über das Ausprobieren werden theoretische Annahmen überprüft und validiert. Es handelt sich um eine codebasierte Interaktion. Ausprobieren bedeutet nicht, undurchdacht zu agieren, sondern beinhaltet eine Form der schnellen Recherche. *[E]rstmal Google aufmachen und die Fehlermeldung kopieren.* Im Internet wird nach möglichen Lösungen gesucht oder es werden Erfahrungswerte in Foren erfragt. [D]*u kannst dir mit Sicherheit sein, dass du nicht der erste Idiot bist, der diesen Fehler hatte.* Die Verwendung des Substantivs *Idiot*, als Beschreibung eines unwissenden Menschen, kann in der numeralen Kontextualisierung, *nicht der erste* zu sein, als Ausdruck der Ironisierung verstanden werden. Denn die *Fehlermeldung* als *Regel* beschreibt einen allgemeinen normalen Ablauf. Es ist das typische Prozedere, welches auf alle in diesem Bereich tätigen Personen zutrifft und nicht eine rein subjektive Angelegenheit ist. So ist die Fehlermeldung als solche nicht eine unmittelbare erstrebenswerte Vorstellung in der Handlungsorientierung von Peter, bildet aber auch keinen negativen Horizont. Ziel ist die Findung einer schnellen Antwort, um weiter im Prozess voranzukommen. Die Verbesserung des Codes bildet den positiven Horizont, der durch die erstrebenswerte Vorstellung der schnellen Lösungsfindung umgesetzt werden soll.

Peters Interaktionsrahmen begrenzt sich nicht ausschließlich auf seine verwandten Tools, Codes usw., sondern bezieht auch das Wissen anderer Personen mit ein. Die eigene Wissensaneignung erfolgt nicht über das Belesen zu Beginn eines Projektes, sondern scheint sich vor allem auf das Lernen aus den Fehlern im laufenden Modellierungsprozess zu konzentrieren. Es lässt sich im Fall von Peter ein modus operandi der Modifizierung ausmachen. Das erfordert aber ein Wissen darüber, wo sich entsprechendes Problemwissen finden oder erfragen lässt. Es handelt sich hierbei um ein sehr starkes anwendungsbezogenes Wissen. Für den Fall, dass sich über eine schnelle Internetsuche keine Lösung finden lässt, beschreibt Peter, wie über Foren oder ähnliche Plattformen gesucht werden kann. Dort kann man seiner Einschätzung nach mit schnellen Antworten von Expert:innen rechnen. *Und die Antworten da, weil, ja (.) gleicher Grund wie Leute halt irgendwie auf Twitter oder Reddit antworten für irgendwie Karma und fame und sowas.* Die Aneignung von Wissen erfolgt hierbei über den organisatorischen Rahmen des Unternehmens hinaus. In sogenannten *communities of practice* (Wenger 1998) vollzieht sich ein selbstorganisiertes Lernen. Über Foren wie Reddit eignet sich Peter Wissen an, welches ihn in die Lage versetzt, die an ihn gestellten Aufgaben zu bewerkstelligen. Somit sind communities of practice mitunter wesentlich für die Funktionalität von Organisationen (Wenger 1998, S. 6). Die Wissensweitergabe in der Community wertet Peter nicht als altruistisch, sondern als anerkennungsgetrieben. Digitale Arbeit ist häufig in eine Reputationsökonomie eingebunden, bei der die Konstituierung einer prestigeträchtigen Online-Identität von hoher Bedeutung ist (Gandini 2016). Belohnungssysteme in Form von Likes oder Punkten führen zu hohem Prestige und bilden mitunter die Motivation für einen (schnellen) Wissenstransfer. Das schnelle Finden von Lösungen bildet für Peter einen positiven Horizont. Inwiefern der teilweise dahinterliegende begünstigende Belohnungs- und Anerkennungsmechanismus für ihn potentiell erstrebenswert erscheint, lässt sich nur schwer interpretieren.

> Und dann gibt es halt so alle 2 Wochen nochmal irgendwie so, oder zumindest war es bei uns jetzt bis jetzt so, so eine Art (unverständlich) Preview. Da geht es halt darum im Prinzip die Ergebnisse präsentieren, das heißt dann geht es, dann bereitest du dafür halt irgendeine Art von Präsentation vor. Und machst im Prinzip dann das so. Und dann gibt es halt in selteneren Abständen, aber halt auch so verschiedene Sachen, wo du halt, oder zumindest wo ich, irgendwelche Vorträge/ Präsentationen halten soll, muss, darf. Vor verschiedenen ja Gruppen also für irgendeine ****-Schulung muss ich halt dann eine Präsentation vorbereiten. Wo man mich gefragt hat, weil ich mich im Team so gut auskenne. Und dann bereitest du halt ab und zu hier und auch Präsentationen vor und hältst die. Das geht halt einfach darum, dass (3s) du versuchst halt, wie sagt, Wissen zu teilen auch in mehr globalen Weg. Also nicht, wenn es speziell um irgendwelche Daten geht, sondern eigentlich generell: Wie kann man gewisse Probleme einfach lösen? Also wie kann ich die ganzen, also ich muss halt, ich weiß nicht, irgendwann Ende des Jahres halte ich einen Vortrag, da gibt es im Prinzip vereinfacht gesagt darum: wie kann ich 10 Terabyte von Daten verarbeiten? Also das ist jetzt kein triviales Problem, zumindest jetzt nicht, wenn du jetzt damit jeden Tag arbeitest. Und da (unverständlich) hier und da hat Vorträge, wo das Prinzip dann ja anderen Leute andere Sachen beibringen, bzw wo Leute dir halt auch Sachen beibringen, das hängt immer so ein bisschen vom Kontext ab. (02.DS 09.11.2022 Peter, Pos. 679–706)

Formulierende Interpretation

Alle zwei Wochen gibt es dann ein *Preview*, bei dem Ergebnisse präsentiert werden. Dafür muss dann ein Präsentation vorbereitet werden. In unregelmäßigen

Abständen gibt es noch andere Präsentationsformen, wie etwa Schulungen, die Peter *halten soll, muss, darf.* Für die wird er angefragt, weil er sich sehr gut auskennt. Dabei geht es um die Wissensvermittlung. Nicht sosehr im Speziellen, sondern mehr im Allgemeinen. *Wie kann man gewisse Probleme einfach lösen?* Ende des Jahres muss er zum Beispiel einen Vortrag über die Verarbeitung großer Datenmengen halten. Über Vorträge bringt er anderen Leuten etwas bei oder lernt selbst Neues.

Reflektierende Interpretation
Mit der nebenordnenden Konjunktion *Und dann* geht Peter auf einen neuen Aspekt seiner Arbeitsweise ein. Dieser bezieht sich nun stärker auf den organisationalen Rahmen. *Und dann gibt es halt so alle 2 Wochen nochmal irgendwie so, oder zumindest war es bei uns jetzt bis jetzt so, so eine Art (unverständlich) Preview.* In dieser Passage wird die agile Arbeitsorganisation sichtbar, welche unter anderem durch eine institutionalisierte Feedback- und Kontrollkultur geprägt ist (Moore 2019; Pfister und Müller 2021). In regelmäßigen Abständen muss eine Präsentation aktueller Resultate erfolgen. Der *Fehler getriebene Prozess* ist somit auch ein zeitlich getriebener Prozess. Dabei müssen die Ergebnisse in nachvollziehbarer Form aufbereitet werden, weil aus dem Code allein heraus sich für Außenstehende nicht viel ableiten lässt. Peter ist in seiner Expertise aufgefordert, sein Wissen zu explizieren (Ruiz Ben 2013, S. 87). Hierfür benötigt er nicht nur entsprechende technische Skills, sondern auch kommunikative Fähigkeiten zur Vermittlung und Übersetzung seiner Arbeitsergebnisse an Dritte. Hierbei handelt es sich auch um symbolische Handlungen, die der Sichtbarmachung eigenen Sonderwissens und der Kompetenzbeanspruchung dienlich sind. Es handelt sich gewissermaßen um die *Kompetenzdarstellungskompetenz* (Pfadenhauer und Dieringer 2019) als Ausdruck von Professionalität.

Hinzu kommen Präsentationen anderer Art, die er *halten soll, muss, darf.* Die Verwendung der drei Modalverben *soll, muss, darf* haben Einfluss auf die Interpretation des Verbes *halten* und führen für sich genommen zu sehr unterschiedlichen Aussagen. Durch die Aneinanderreihung bleibt unklar, wie die Aussage von Peter interpretiert werden soll. Eventuell ist sie von Peter bewusst im Unklaren gelassen, weil er für sich selbst darin nicht zu einer eindeutigen Wertung kommt. Die Präsentationen können einerseits als eine Erwartungshaltung, Pflicht oder als Berechtigung wahrgenommen. Das Modalverb *darf* könnte auch als eine ironische Äußerung interpretiert werden, die auf eine unangenehme oder lästige Pflicht verweist. Im direkten Anschluss kommt Peter dann allerdings doch zu einer Wertung. *Vor verschiedenen ja Gruppen also für irgendeine ****-Schulung muss ich halt dann eine Präsentation vorbereiten. Wo man mich gefragt* *hat, weil ich mich im Team so gut auskenne.* Das Modalverb *muss* lässt die Präsentation oder Schulung als eine Pflicht erscheinen. Wobei im folgenden Satz mit dem Verb *gefragt* die Interpretation der Pflicht sich wieder negiert. Denn er wurde *gefragt*, weil er sich *so gut auskenne.* Die vermeintliche Pflicht erscheint als mögliche selbstwahrgenommene Pflicht, die sich aus seiner Expertise ableitet. Erneuet verdeutlicht sich die Aufgabe der Exklusivität von Expertise im organisatorischen Kontext. Denn die Kollaboration mit unterschiedlichen Personen- und Berufsgruppen ist ein wesentliches Merkmal professioneller Praxis von Data Scientists (Zhang et al. 2020). Teamfähigkeit und kommunikative Fertigkeiten werden als sogenannte Soft Skills vorausgesetzt (Davenport und Patil 2012; Pereira et al. 2020; Stockinger und Stadelmann 2014). Die selbstwahrgenommene Pflicht der Wissensvermittlung spiegelt womöglich eine dem Feld immanente Doxa der Kollaboration wider. Der Eindruck manifestiert sich mit der anschließenden Begründung, [d]*as geht halt einfach darum, dass (3 s) du versuchst halt, wie sagt, Wissen zu teilen.* Wissen an andere weiterzugeben, ist für Peter eine selbstwahrgenommene Pflicht als Experte. Sie erscheint hier in Abgrenzung zur Untertypik der Professionalisierung nicht als ein Modus zur Befähigung Anderer als normative Vorstellung. Vielmehr vollzieht sie sich aus einer inneren Selbstverständlichkeit heraus. Es kann im Fall von Peter als eine erstrebenswerte handlungsleitende Vorstellung identifiziert werden, dass die eigene Expertise mit der Aufgabe der Wissensvermittlung als sinnstiftendes Momentum einhergeht.

> Genau und (.) ansonsten habe ich gesagt schon, habe ich ein 80/20 System. Das heißt 80% läuft auf Projektarbeit aus, also direkt in der Firma. Und 20% sind Sachen, die wir selbst definieren. Auch die unterliegen und einen gewissen Rahmen, also auch da gibt unsere Firma einen gewissen Rahmen dafür vor. Aber das ist im Prinzip mehr ja, du machst es so und genau ja an sich sonst gibt relativ wenig. Ja sonst so (.) es gibt nicht irgendwelche Sachen, wo das wirklich (unverständlich) was du machst, das ist halt relativ frei. Dementsprechend definiert sich auch eigentlich relativ frei (2s) wie ich meine Aufgaben aufteile. Und was ich genau mache. Also ich kann mir eigentlich relativ frei aussuchen, auf welchen Projekten ich arbeite und wie viel Zeit ich darauf verbringe. Weil im Prinzip in jedem Projekt wie auch immer ich helfen kann, es hilft und das bringt voran und es macht die Leute halt irgendwie und die Stakeholder dann halt glücklich. Und für mich ist es halt auch besser, weil ich deutlich effizienter und effektiver arbeiten auf Projekten, wo ich Interesse daran habe, als auf Projekten, wo ich den Sinn, zum Teil auch möglicherweise nicht sehe. (02.DS 09.11.2022 Peter, Pos. 706–726)

Formulierende Interpretation
Peter hat ein *80/20 System. Das heißt 80 % läuft auf Projektarbeit aus, also direkt in der Firma. Und 20 % sind Sachen, die wir selbst definieren.* Doch auch dafür gibt es einen definierten Rahmen seitens des Unternehmens. Man ist *relativ frei.* So kann er auch *relativ frei* seine Aufgaben selbst einteilen. Peter kann sich bis zu einem gewissen Grad seine Projekte selbst aussuchen und bestimmen, wie viel Zeit er dort hineininvestiert. Er versucht, in den Projekten zu helfen, bzw. bringt die Projekte auch voran, und das macht die Leute *und die Stakeholder dann halt glücklich.* Für ihn selbst ist das auch *besser*, weil er *deutlich effizienter und effektiver arbeiten auf Projekten, wo ich Interesse daran habe, als auf Projekten, wo ich den Sinn, zum Teil auch möglicherweise nicht sehe.*

Reflektierende Interpretation
Das Adverb *ansonsten* führt in Peters Sprechen zur Überleitung auf die Unterthematik der Arbeits(ein)teilung. *Das heißt 80 % läuft auf Projektarbeit aus, also direkt in der Firma. Und 20 % sind Sachen, die wir selbst definieren.* Für Peter ist die Möglichkeit der freien Wahl ein wichtiger Faktor für seine intrinsische Motivation. Seine Produktivität hängt vom Interesse an einem Projekt ab. Er kann sich auf Sachen gut einlassen, die für ihn als sinnvoll erscheinen. [F]*ür mich ist es halt auch besser, weil ich deutlich effizienter und effektiver arbeiten auf Projekten, wo ich Interesse daran habe, als auf Projekten, wo ich den Sinn, zum Teil auch möglicherweise nicht sehe.* Das eigene Tun muss sinnbehaftet sein in seinem Output für Andere und ist nicht selbstreferenziell ausgerichtet, *es macht die Leute halt irgendwie und die Stakeholder dann halt glücklich.* Unternehmerische und persönliche Ziel- und Wertvorstellungen überlagern sich und kennzeichnen eine Subjektivierung von Arbeit (Voß und Pongratz 1998). Peter will sich letztlich mit seiner beruflichen Praxis identifizieren können. Sowohl die Projektautonomie als auch die Projektwahl setzt ein Praktiken der Selbstorganisation und -kontrolle voraus. Gleichzeitig möchte Peter sich mit den Projekten identifizieren können, was eine Entgrenzung von beruflicher und privater Sphäre kennzeichnet. In Peters Erzählung lassen sich sowohl Praktiken, sich selbst zu regieren, und das Konzept der Selbstverwirklichung eines unternehmerischen Selbst identifizieren (Bröckling 2013, 285 ff.) als auch eine Selbstökonomisierung und -vermarktung als Arbeitskraftunternehmer (Pongratz und Voß 2004a, S. 13). Zum Ende seiner Erzählpassage lassen sich noch einmal deutlicher die zwei wesentlichen Modi des Modifizieren und der Sinnstiftung rekonstruieren. Die Arbeit muss sowohl für ihn als auch für andere einen Sinn beinhalten bzw. einen Nutzen bringen. Insbesondere der modus operandi der Modifizierung findet sich auch im Umgang der Problembewältigung im Modellierungsprozess wieder.

(.) Da gibt es defacto eigentlich relativ gut beschriebene Prozesse, denen wir auch folgen. Einer davon nennt sich (?CRISP?). Das heißt, du fängst halt so, also weiß nicht, ich könnte dir auch mal ein Diagramm zeigen. Das ist immer so ein Iterativer Zirkel. Du fängst an mit den ersten Daten und den ersten Evaluationen, also die ersten Analysen von Daten, also ganz klassische Sachen, wenn du irgendwie ein Klassifikationsproblem hast, wie viele Elemente von der einen Klasse haben wir da drin, solche Sachen und dann trainierst ein einfaches Modell und schaust und evaluierst, wie gut sind die Ergebnisse? Und dann gehst du halt in den nächsten Fluss oder suchst im Prinzip, ok, ich sag jetzt mal Daten. Und mit diesen Daten und diesem Modell bekomme ich die und die Ergebnisse. Und dann überlegst du wie kann ich die Sachen verbessern? Vielleicht kann ich irgendwie auf Basis von den bestehenden Daten irgendwie ein neues Feature, was im Prinzip, also im ganz klassischen Maschine Learning hast du im Prinzip eine Tabelle, wo die Spalten in verschiedene Features sind. Eine Spalte ist irgendwie dann dein target, also dann, was du halt vorhersagen möchtest. Das kann irgendwie ein Hauspreis sein. Es kann aber auch irgendwie eine Klasse sein (unverständlich). So und dann hast du die Zahlen sind halt im Prinzip deine Beispiele, die du zum Trainieren des Modells nutzt. Diesen Datensatz den spaltest du halt auf, in Trainingsdaten und Testdaten. Die Testdaten packst du zur Seite, die wirst du nie wieder anfassen, also die wirst du im Prinzip nie (unverständlich) zeigen. Und mit den Trainingsdaten trainierst du halt dein Modell auf (unverständlich) mit den Testdaten kannst du halt relativ unabhängig jetzt sagen, wie gut das Modell ist. (02.DS 09.11.2022 Peter, Pos. 824–853)

Formulierende Interpretation

Es gibt sehr gut beschriebene Abläufe, die einen *itertativen Zirkel* bilden. Man beginnt mit den Daten und leitet daraus erste Evaluationen ab. [A]*lso ganz klassische Sachen, wenn du irgendwie ein Klassifikationsproblem hast, wie viele Elemente von der einen Klasse haben wir da drin.* Dann wird ein einfaches Modell gebaut und die Ergebnisse werden überprüft. Das Erste ist zu schauen, wie Daten und Modell miteinander funktionieren. *Und dann überlegst du wie kann ich die Sachen verbessern?* Nach den Schritten des ersten Ausprobierens wird der erarbeitete Datensatz in Trainings- und Testdaten aufgesplittet. Mit den Trainingsdaten wird das Modell dann trainiert. Anschließend wird das Modell mit den Testdaten auf seine Qualität hin geprüft und *kannst du halt relativ unabhängig jetzt sagen, wie gut das Modell ist.*

Reflektierende Interpretation

Peter argumentiert zu Beginn seines Sprechens, dass es *gut beschriebene Prozesse* gibt. Der Modellierungsvorgang orientiert sich hier zunächst wie im Fall der Untertypik des Regelgeleiteten an einer validierten methodischen Vorgehensweise. Diese strukturiert die eigene Handlung und wird von Peter als *iterativer*

Zirkel beschrieben. Es handelt sich nicht um einen linearen Prozess, sondern um ein kreisläufiges Verfahren, bei dem Arbeitsschritte bewusst wiederholt werden. Peters Handlungspraxis des Modellierens richtet sich nach einem konkreten Verfahren des Data Mining. Es handelt sich um eine iterative Methode, die mit dem Datenverständnis beginnt. Daten müssen bzgl. ihrer Struktur und ihres Inhaltes analysiert werden, ob sie für bestimmte Anwendungen oder Modelle überhaupt in Frage kommen. Erst wenn sowohl Daten als auch die angewandten Modelle zueinander passend erscheinen, wird getestet. Es handelt sich um ein Ausprobieren, bei dem orientierend an den Ergebnissen sich das weitere Vorgehen ableitet. Die Analyse der Daten in Bezug auf ihre Struktur und enthaltenen Informationen deckt sich mit dem Vorgehen von Thomas und Sören. Hierin lässt sich ein kulturelles Muster professionellen Handelns von Data Scientists und Data Engineers erkennen. Die Praxis der Datenaufbereitung stellt die kulturelle Ausformung eines kulturellen Verständnisses von Daten als wichtiger Grundlage digitaler Anwendungen dar. Praktiken des Data Mining können als eine Kodifizierung dieses kulturellen Musters beschrieben werden (Schmidt 2012, S. 160). *Und dann überlegst du wie kann ich die Sachen verbessern?* Die Qualität eines Produktes zu optimieren, repräsentiert sich in Peters Handlungsorientierung als ein positiver Horizont. In seiner weiteren Erzählung beschreibt er in abstrakter Weise das grundsätzliche methodische Vorgehen des Machine Learning-Modellierens, bei dem das Modell mit Trainingsdaten konditioniert wird und mit den Testdaten *kannst du halt relativ unabhängig jetzt sagen, wie gut das Modell ist.* Seine Ausführungen zum Modellierungsprozess lassen sich als ein modus operandi der Modifizierung identifizieren. Die beschriebenen Praktiken richten sich danach aus, ob *möglicherweise* [sich] *meine Ergebnisse verbessert* haben.

> Eine deutlich komplizierte Möglichkeit ist (unverständlich), aber das ist der Grundsatz so. Und du gehst halt diesen Prozess dann und überlegst dir dann (unverständlich) eine Tabelle. Kann ich auf Basis von diesen Spalten, nicht eine neue Spalte erzeugen, die möglicherweise meine Ergebnisse verbessert? Also im Prinzip ein neues Feature irgendwie einbauen, was wir als Feature-Engineering bezeichnen, da geht es halt wirklich dann darum, etwas ja, eine mögliche Optimierung dann einzubauen, so. Möglicherweise bisschen weiter im Modell überlegst du dann: ok kann ich vielleicht ein komplexeres Modell, ein Modell, das besser abstrahiert nehmen? Also nachdem du halt deine Daten irgendwie verbessert hast, testest du: ok ist besser geworden, ist nicht besser geworden. Wenn es nicht besser geworden ist, kannst du die Änderung wegschmeißen. Und ja so also, das heißt, du gehst halt in diesen Prozess und du hast halt in verschiedenen Punkten dieses Prozesses hast du halt verschiedene Möglichkeiten, Sachen zu verbessern. Du hast da Möglichkeiten, kannst beim Daten Data cleaning Sachen verbessern. (02.DS 09.11.2022 Peter, Pos. 853–873)

Formulierende Interpretation

Dabei werden die Testdaten, nachdem sie ihren Zweck erfüllt haben, nicht mehr genutzt. Davon ausgehend kann man dann weiter überlegen, wie das Modell verbessert werden könnte, etwa indem man neue Spalten in den Datensätzen hinzugefügt. Dann kann man schauen, inwiefern das die Ergebnisse verbessert. *Also im Prinzip ein neues Feature irgendwie einbauen.* Es kann auch überlegt werden, ob man ein komplexeres Modell wählt. Wenn man seine Daten testet und merkt, dass das Ergebnis nicht besser geworden ist, *kannst du die Änderung wegschmeißen.* Innerhalb dieses Prozesses gibt es also verschiedene Möglichkeiten der Verbesserung. Man kann zum Beispiel durch *data cleaning Sachen verbessern.*

Reflektierende Interpretation

In dieser Erzählpassage wird ein modus operandi des informatisch Herantastenden erkenntlich. Langsam wird die Modellkomplexität gesteigert. Entscheidendes Kriterium ist hierbei der Optimierungsfaktor. *Wenn es nicht besser geworden ist, kannst du die Änderung wegschmeißen.* Etwas zu verbessern, präsentiert sich erneut als ein positiver handlungsorientierender Horizont. Führen Änderungen zu keiner Verbesserung, müssen diese rückgängig gemacht werden. Infolge eines zeitgetriebenen Arbeitsprozesses kann davon ausgegangen werden, dass derlei Änderungen einen zu vermeidenden negativen Horizont bilden. Der Anspruch der Optimierung behält über den gesamten Modellierungsprozess hin seine Wirksamkeit. *Und ja so also, das heißt, du gehst halt in diesen Prozess und du hast halt in verschiedenen Punkten dieses Prozesses hast du halt verschiedene Möglichkeiten, Sachen zu verbessern.*

> Nächste Schritt wäre halt irgendwie so Modell-Training, da hast du halt verschiedenste Möglichkeiten, weil es gibt Tausende von verschiedenen Modellen im Maschine Learning. Und mit etwas mathematischem Hintergrund und so Wissen, kannst du, kannst du generell eingrenzen, welche Modelle gut funktionieren. Aber du wirst halt trotzdem viel, viel testen und viel verschiedene Modelle trainieren und es gibt inzwischen auch relativ gute Auto ML nennt sich das, Frameworks, also im Prinzip Software Pakete, die automatisch verschiedenste Maschinen Learning Modelle trainieren, die auch möglicherweise so einen Teil vom Feature Engineering machen. Aber was die halt können, ist sehr, sehr begrenzt. Also und wird für die nächsten 50 Jahre wahrscheinlich auch relativ begrenzt bleiben. Und genau deshalb irgendwann bekommst du halt dann ein gutes Modell raus, weil zwei gute Modelle raus und dann sobald du ein Modell hast, dann kannst du das Modell aber selbst nochmal optimieren. (02.DS 09.11.2022 Peter, Pos. 902–919)

Formulierende Interpretation
Eine weitere Möglichkeit der Optimierung ist das Modelltraining. Hierbei gilt es, aus der eigenen Expertise heraus zu entscheiden, welche Modelle potentiell in Frage kämen. Es gibt eine Vielzahl von Machine Learning-Modellen, weshalb eine vorherige Eingrenzung sinnvoll erscheint. *Aber du wirst halt trotzdem viel, viel testen und viel verschiedene Modelle trainieren.* Es wird solange getestet und ausprobiert, bis ein gutes Modell vorhanden ist. Dieses könnte dann aber immer noch weiter optimiert werden.

Reflektierende Interpretation
Es lässt ein Prinzip des Prüfens und Testens identifizieren. Im Fall von Peter richtet sich das methodische an einem informatisch-herantastenden Vorgehen aus, welches sich in seinem Sprechen auf Aspekte des *viel, viel testen und viel verschiedene Modelle trainieren* konzentriert. Selbst wenn ein *gutes Modell* gefunden wurde, gilt es, dieses weiter zu verbessern. Denn alles gilt potentiell als weiter modifizierbar, *dann kannst du das Modell aber selbst nochmal optimieren.* Der Aspekt der Effizienzsteigerung ist für Peter handlungsleitend und entspricht gegenwärtigen Vorstellungen und Ansprüchen von Professionalität (Noordegraaf 2015, S. 190). Der Vorgang der Modifizierung erfolgt schrittweise und umfasst den Modellierungsprozess als Ganzes. Mit der Priorisierung seiner Schritte lässt sich ein methodisches Vorgehen ausmachen, welches sich in der zu Beginn seiner Erzählpassage erwähnten CRISP-Modell andeutet (Abb. 6.3). Hier wird wie im Fall von Anja deutlich, dass sich in den verschiedenen Fällen unterschiedliche Modi rekonstruieren lassen.

Das Ende des potentiellen Optimierungsprozesses wird hierbei einerseits durch technische Parameter, andererseits aber auch durch die Auftraggeber:innen determiniert.

> Also es liegt dann so ein bisschen daran (.), dass du halt überlegst (.) also normalerweise solche Modelle haben irgendwie so einen Trashhold, sagen halt: ok, also wenn jetzt irgendwie die Wahrscheinlichkeit größer als 50% ist das das ein Hund ist, dann ist das doch ein Hund. Aber du kannst halt, also einer von der ganz klassischen Optimierung ist halt, das du im Prinzip auf eine höhere Position gehst. Also nur wenn das Modell zu 80% sicher ist, dass es ein Hund ist, wird es wirklich als Hund predicten. Das hängt dann so ein bisschen von dem Trade (?Wort?) auch ab was so der Kunde braucht. Also du hast ja verschiedene Felder, wo halt in manchen Feldern ist es sehr wichtig, dass du eine hohe Position hast. Also sehr, sehr sicher bist, mit deiner Prediction. In anderen Feldern ist es sehr wichtig, dass du alle möglichen Aspekte abrufst, da ist auch wichtiger, dass wenn (unverständlich) sich zu 30% sicher ist, dass vielleicht jemand draufschaut, das hängt immer vom Business case ab. Also zum Beispiel, wenn

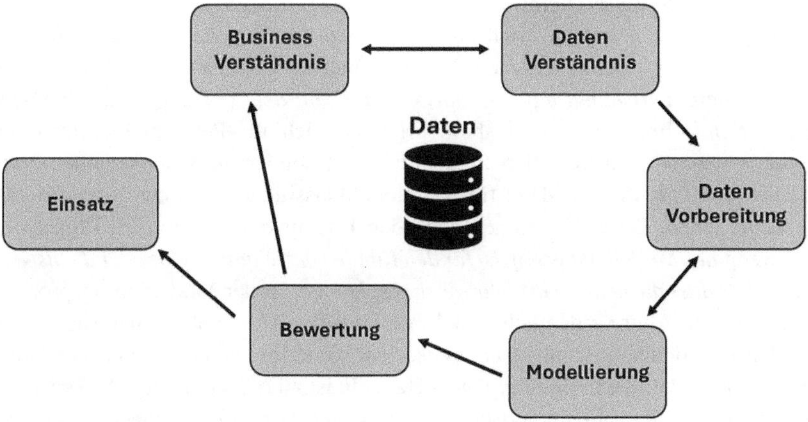

Abb. 6.3 CRISP DM-Modell nach Shear. (Eigene Darstellung)

du jetzt jemanden, (2s) also vielleicht überlegst du auch: ok, also wenn mein Equipment classify irgendwie zu 30 Prozent nur sicher ist, würde das gar nicht betrachtet, wenn er irgendwo zwischen 30 und 70%, muss halt nebenbei manuell immer draufschauen im Prozess und bei, weiß nicht, 70plus würde das automatisch, weiß nicht, wird der Spam bot gesperrt und, weiß ich nicht, solche Sachen. Ähm, hast du ja dann. Genau und das ist halt im Prinzip so ein Zirkel. Am Ende des Tages ist halt immer (unverständlich) und dann gehst du halt immer rum und rum. Bist du halt irgendwann ja sicher bist, dass (2s) das Modell gut genug ist für den Kunden beziehungsweise oder du bist dir halt sicher, dass du mehr nicht mehr rausholen kannst. Also auch die (unverständlich). Das Ergebnis gibt es ja. (02.DS 09.11.2022 Peter, Pos. 919–950)

Formulierende Interpretation

Die Orientierung, ob ein Modell gut ist, erfolgt an *einen Treshold.* Hier gilt es zu entscheiden, mit welcher Genauigkeit der Wahrscheinlichkeitsaussage man zufrieden ist. Wie genau der Treshold sein muss, hängt vom konkreten Anwendungsgebiet und *auch ab was so der Kunde braucht.* Die Ansprüche können in verschiedenen Felder stark variieren. Letztendlich hängt es vom *Business case* ab. *Am Ende des Tages ist halt immer (unverständlich) und dann gehst du halt immer rum und rum. Bist du halt irgendwann ja sicher bist, dass (2 s) das Modell gut genug ist für den Kunden beziehungsweise oder du bist dir halt sicher, dass du mehr nicht mehr rausholen kannst.*

Reflektierende Interpretation
Die Definition von *gut* hält sich an *einen Treshold.* Dessen Wert gibt Informationen über die Modellgenauigkeit. Was als guter oder kritischer Wert angesehen wird, variiert. *Das hängt dann so ein bisschen von dem (?Trade?) auch ab was so der Kunde braucht.* Der Treshold orientiert sich für Peter nicht primär an theoretischen oder universellen Standardwerten, sondern *das hängt immer vom Business case ab.* Entscheidend für die Modellklassifikation ist der Nutzwert für die Kund:innen. Diese bestimmen auch den Endpunkt des iterativen Prozesses. Erst wenn *das Modell gut genug ist für den Kunden beziehungsweise oder du bist dir halt sicher, dass du mehr nicht mehr rausholen kannst*, ist der Modellierungsprozess abgeschlossen. Hier verdeutlichen sich zwei positive Horizonte. Einerseits ist die Kundenzufriedenheit für ihn handlungsorientierend, andererseits auch der Grad der bestmöglichen Optimierung. Peters Handeln ist an den konkreten Anforderungen und Interessen seiner Kundschaft ausgerichtet. Hierin liegt eine vermittelnde Tätigkeit zwischen Anforderungen und technischen Möglichkeiten. Über seine Praktiken der selbstständigen Aneignung von Fachwissen (communities of practice), der Selbstkontrolle des eigenen Arbeitsprozesses (testen und verbessern) und die Erfüllung außerfachlicher Anforderungen (Kundeninteressen) erscheint Peter als ein nahezu idealtypischer professioneller Arbeitskraftunternehmer (Voß 2012b, S. 365).

In seiner Erzählung über die Problembewältigung von Bias und Diskriminierung lassen sich unterschiedliche Unterthemen differenzieren.

> Also (.) ich (.) muss eigentlich zu sagen, dass ich jetzt nicht in einem Projekt war, wo das defacto massiv eine Rolle gespielt hat. Das liegt hauptsächlich an der (unverständlich), in der aktuell war. (.) Aber also mir ist die Crux dabei durchaus bewusst. (.) Und das ist am Ende des Tages auch immer relativ schwierig, das ist sehr traurig, es ist relativ schwierig, dass den Verantwortlichen den Stakeholdern wirklich dann auch nahezu zu legen, dass wir da noch Entwicklungseffort reinbringen müssen. Also aktuell bei den Projekten, die ich im DSL-Umfeld mache, um Heimnetz, sind solche Sachen, wie das irgendwie Männer über Frauen irgendwie Vorteile her, keine Sache, die irgendwie mit dem Modell irgendwie ansatzweise hervorkommen kommen können, weil das sind einfach nur Leitungsdaten, so. Da gibt es relativ wenig bias, den ich einbauen kann. Es geht so eine gewisse Art von bias, wenn es halt darum geht das also das sind so ganz technische Sachen du weißt halt, dass das (unverständlich)Leitungen, also (unverständlich) Leitungen sind, deutlich stabiler. Und geringe DSL-Produkte sind halt wirklich anfälliger, beziehungsweise Kunden dadurch unglücklicher. Das heißt (3s) in einem Projekt, wo es so um Kundenzufriedenheit geht, da versuchen wir es ein bisschen rauszurechnen. Das du da so einen gewissen (unverständlich) drin hast. Aber das sind keine wirklich groß ethischen Sachen. Also das Schlimmste, was da passieren kann, ja ich weiß gar nicht, es gibt eigentlich nichts Schlimmes, was bei diesen DSL-Daten passieren kann. (02.DS 09.11.2022 Peter, Pos. 1006–1032)

Formulierende Interpretation

Zunächst erzählt Peter, dass das Thema in seinen bisherigen Projekten nicht mit Problematik konfrontiert war. Er ist sich der *Crux* aber bewusst. Es ist *sehr traurig* und *schwer*, den *Stakeholders näherzubringen*, dass es in diesem Bereich mehr *Entwicklungseffort* bedarf. Momentan arbeitet er mit DSL-Daten, also *Leistungsdaten*. Dort spielen mögliche Ungleichheiten, wie Geschlechterbias, keine Rolle. Das einzige Bias, das dort eingebaut werden könnte, wäre bezogen auf die technische Leistungsfähigkeit der Leitungen. Da gibt es auch Unzufriedenheiten von manchen Kund:innen. Im Bereich der *Kundenzufriedenheit* versuchen sie, bestimmte Sachen rauszurechnen. *Aber das sind keine wirklich groß ethischen Sachen.* Ihm fällt auch nichts Negatives ein, was in diesem Anwendungskontext passieren könnte.

Reflektierende Interpretation

Peter beginnt sein Sprechen über den Umgang mit Bias und Diskriminierung mit der Argumentation, *dass ich jetzt nicht in einem Projekt war, wo das defacto massiv eine Rolle gespielt hat.* Hierbei handelt es sich um ein wiederkehrendes Muster in fast allen Interviews. Die direkte Involviertheit in das Problem wird zunächst von sich gewiesen. Die anschließende Begründung ist tontechnisch leider unverständlich. *Aber* als nebenordnende Konjunktion geht in Peters weiterem Sprechen in die wertende Argumentation über, dass er sich der *Crux dabei durchaus bewusst* ist, es aber *relativ schwierig* in der Vermittlung ist, *dass den Verantwortlichen den Stakeholdern wirklich dann auch nahezu zu legen, dass wir da noch Entwicklungseffort reinbringen müssen.* Die Problematik von Bias und Diskriminierung erscheint hier als eine nicht erstrebenswerte Vorstellung. Daran schließt sich der Umstand fehlender Bemühungen zur Verbesserung als ein weiterer negativer Horizont in der Handlungsorientierung an. Das an dieser Stelle artikulierte Problembewusstsein lässt sich wie in den vorherigen Fällen als ein modus operandi der Reflexivität rekonstruieren. In Bezug auf sein gegenwärtiges Projekt, welches sich mit DSL-Daten befasst, argumentiert Peter, dass derlei Probleme nicht von Relevanz seien, *die irgendwie mit dem Modell irgendwie ansatzweise hervorkommen kommen können, weil das sind einfach nur Leitungsdaten, so.* Die mit dem Adverb suggerierte Absolutheit wird im folgenden Satz durch das Adjektiv *relativ* aufgehoben, wenn Peter zum Schluss kommt, dass *relativ wenig bias, den ich einbauen kann.* Das möglicherweise implementierte Bias bezieht sich in diesem Kontext nicht auf ethische Phänomene, sondern auf die Stabilität von DSL-Produkten. *Das heißt (3 s) in einem Projekt, wo es so um Kundenzufriedenheit geht, da versuchen wir es ein bisschen rauszurechnen.* Der Umgang mit Bias im eigenen professionellen Handeln ist für Peter hier mit einer erstrebenswerten Vorstellung der *Kundenzufriedenheit* verknüpft und lässt sich als handlungsleitender positiver Horizont ausmachen. Aber die Bereinigung technischer Produkte oder Anpassung von Leistungsdaten *sind keine wirklich groß ethischen Sachen.* Peter fällt auch nichts ein, was genau in diesem Projekt *Schlimmes [...] passieren kann.*

> (3s) Ich hatte vorhin gesagt, wir haben so ein so ein Hobby Projekt, das wir in 20 Prozent der Zeit machen, das geht dann so in Richtung Voice Daten. Da ist so ein bias und so, da sind viele ethnische Sachen ganz (unverständlich) relevant. (3s) Aber ich bin auch hier zum Teil auch an der falschen Stelle. Ich bin jemand, der hauptsächlich Modelle benutzt, die halt von Open AI zum Beispiel trainiert werden. Also passt ja die Tatsache, dass es. Ich wüsste auch gar nicht, wie sich jetzt das Problem lösen lässt. Die Tatsache, dass du jetzt im Prinzip sowas wie (unverständlich) 3 hast, bald 4, die Texte menschenähnlich (.), ja, erfassen, also schreiben können, ist unglaublich toll für irgendwelche Spam Bots und Fake News, wo wir Bilder generieren können, die echt aussehen, obwohl sie es nicht sind. Das sind unglaubliche Riesenprobleme. (3s) Ich bin in meiner Rolle jetzt nicht zwangsweise in den Protest involviert, wo diese Modelle defacto entwickelt werden. Also ich wende die nur an und (.) sehe jetzt meine Rolle da hauptsächlich auch darin (.) diese Sachen wirklich, also wenn wir im Prinzip Modelle verwenden, sicherzustellen, dass die keinen bias in irgendeine Richtung haben. Und Sprachdaten sind da halt ausschlaggebend, weil du hast, schon massiv Möglichkeiten für bias, da hast du bias vom Geschlecht, dass du halt im Prinzip auf Basis des Geschlechtes irgendwelche Sachen falsch interpretierst. Auf Basis von Akzent also, was dann auch irgendwie Herkunft andeutet, also nicht, dass du jetzt irgendwie anfängst irgendjemanden, der mit einem türkischen Akzent spricht, anders zu bewerten als jemand, der mit dem bayrischen Akzent wird, was auch immer, auch gar keinen Akzent spricht. (2s) Also da haben wir massiv Sachen und den größten Einfluss, den wir darauf haben, den ich drauf habe ist zu validieren (unverständlich). Was wir am Ende des Tages machen, ist zu validieren, dass die Zulieferer, die wir zum Teil haben für verschiedene Produkte also **** hat solche Sachen wie **** Speaker, das ist so eine Copy von Alexa. Ich glaube niemand nutzt den wirklich. Aber das ist im Prinzip.. aber diese gleichen Systeme werden ja auch irgendwo anders verwendet. (unverständlich) Spracherkennung machen oder Sachen wie Emotion Erkennung auf den Sprachen machen, oder, also solche Sache, die halt irgendwie einen Einfluss haben. Das wir halt versuchen, zu mindestens so gut wir können, diese Sachen zu testen, dass da im Prinzip kein bias ist. Also im Prinzip versuchen, (.) wenn (unverständlich) dir das halt zuliefern, beziehungsweise irgendwie halt irgendwelche Cloudprodukte wie Microsoft Source nutzen oder sowas, oder Amazon, dass wir da halt auch prüfen, das zu mindestens in unseren Daten da kann bias drin ist. Und du wärst erstaunt wieviel bias ist zum Teil auch in solchen Sachen drin ist. (02.DS 09.11.2022 Peter, Pos. 1006–1081)

Formulierende Interpretation

In seinem *Hobby Projekt* geht es um *Voice Daten* und dort sind ethische Fragestellungen von Relevanz. *Aber ich bin auch hier zum Teil auch an der falschen Stelle.* Denn er benutzt nur die Modelle von Open AI. *Ich wüsste auch gar nicht, wie sich jetzt das Problem lösen lässt.* Bald gibt es 3 oder 4 Programme, die menschenähnliche Texte produzieren können.[4] Das *ist unglaublich toll für irgendwelche Spam Bots und Fake News*, die dann Bilder usw. generieren, die sehr echt wirken. *Das sind unglaubliche Riesenprobleme.* Er ist nicht an Protesten beteiligt, weil er nicht in die Produktentwicklung *involviert* ist. *Also ich wende die nur an* und kontrolliert sie auf mögliche Bias. Und Sprachdaten sind anfällig für Verzerrungen, etwa hinsichtlich des Geschlechts. Man muss aufpassen, dass man aufgrund einer Geschlechterbias Sachen nicht falsch interpretiert. Auch auf Akzente muss geachtet werden. [A]*lso nicht, dass du jetzt irgendwie anfängst irgendjemanden, der mit einem türkischen Akzent spricht, anders zu bewerten als jemand, der mit dem bayrischen Akzent wird, was auch immer, auch gar keinen Akzent spricht.* Es gibt viele Sachen zu beachten und den größten Einfluss, den Peter darauf hat, *ist zu validieren.* Etwa das Alexa-ähnliche Produkt seines Unternehmens. Was *vermutlich* keiner nutzt. Das sind Sachen, die auch anderswo angewendet werden. Spracherkennung oder Emotionserfassung und ähnliches. Er versucht, diese Dinge, *so gut wir können*, auf mögliche Bias zu testen. Auch bei Zuliefereranwendungen wie Microsoft Cloud oder Amazon prüft er auf Bias. Und man kann erstaunt sein, *wieviel bias ist zum Teil auch in solchen Sachen drin ist.*

Reflektierende Interpretation

Nach einer längeren Pause setzt Peter in seinem Sprechen fort und bezieht sich nun auf sein *Hobby Projekt*, wofür er 20 Prozent seiner Arbeitszeit aufbringen darf und welches von ihm frei gewählt ist. *Da ist so ein bias und so, da sind viele ethnische Sachen ganz (unverständlich) relevant.* In diesem Zusammenhang bewertet er seine eigene Position und Möglichkeit der Einflussnahme als *an der falschen Stelle.* In seiner Argumentation bezieht er sich auf das Verhältnis von Entwickler:innen und Nutzer:innen. Hat Peter im ersten Abschnitt dieser Erzählpassage vermeintlich aus der Entwickler:innenperspektive gesprochen – *den ich einbauen kann* –, so nimmt er nun die Nutzerposition ein. *Ich bin jemand, der hauptsächlich Modelle benutzt.* Die Modelle wurden von Anderen entwickelt und trainiert. Die Möglichkeiten der eigenen Einflussnahme werden in dieser Beziehungskonstellation als sehr begrenzt wahrgenommen. *Ich wüsste auch gar*

[4] Das Interview mit Peter wurde im Oktober 2022, kurz vor der Veröffentlichung von ChatGPT im November desselben Jahres, geführt.

nicht, wie sich jetzt das Problem lösen lässt. Die Verantwortlichkeit wird externalisiert, ein modus operandi, der in Zusammenhang mit der Reflexivität auch in den anderen Fällen rekonstruiert werden konnte. Peter beschreibt dann aus seiner Sicht zukünftige Szenarien von Softwares, die menschenähnliche Texte verfassen und Bilder generieren und bei denen es Menschen schwer fallen wird, sie als KI-generiert zu erkennen, Umstände, die von ihm als *unglaubliche Riesenprobleme* bewertet werden. Die technischen Möglichkeiten der Manipulation werden sarkastisch als *unglaublich toll für irgendwelche Spam Bots und Fake News* konnotiert. Hierin lässt sich ein negativer Horizont in der Handlungsorientierung von Peter identifizieren. Die Generierung von menschenähnlichen Produkten als Instrument der Desinformation bildet für ihn eine nicht erstrebenswerte, sondern abgrenzungswürdige Vorstellung.

Nach längerer Sprechpause fährt er im Modus der Wertung fort und sieht sich in seiner *Rolle jetzt nicht zwangsweise in den Protest involviert, wo diese Modelle defacto entwickelt werden. Also ich wende die nur an.* Die eigene Machtlosigkeit wird auf die Nutzerrolle zurückgeführt. Die Möglichkeiten der Einflussnahme verortet Peter allein auf der Entwickler:innenseite. In seiner anschließenden Argumentation führt er aber aus, dass er trotzdem im Rahmen seiner Möglichkeiten versucht, auf das Modell einzuwirken. [A]*lso wenn wir im Prinzip Modelle verwenden, sicherzustellen, dass die keinen bias in irgendeine Richtung haben.* An dieser Stelle der Erzählpassage wechselt Peter in seinem Sprechen das Personalpronomen. Hatte er zunächst in der Ich-Form gesprochen, tut er dies im weiteren Verlauf in der Wir-Form. Die Verantwortung im Umgang mit Bias und Diskriminierung wird nicht mehr allein bei der eigenen Person verortet, sondern über ein *wir* generalisiert. Über seine Beschreibungen der möglichen Bias in den Sprachdaten lässt sich erneut ein modus operandi der kritischen Reflexivität ausmachen. Den Umgang damit wertet Peter nach einer längeren Sprechpause in der sprunghaften Personalisierung von der Wir- in die Ich-Form als eine Praktik des Überprüfens. *Also da haben wir massiv Sachen und den größten Einfluss, den wir darauf haben, den ich drauf habe ist zu validieren.* Über seine Argumentation bringt Peter eine Bemühtheit zum Ausdruck, bei der *wir halt versuchen, zu mindestens so gut wir können, diese Sachen zu testen, dass da im Prinzip kein bias ist.* Die (externen) Modelle zu überprüfen und zu validieren, ist für ihn eine erstrebenswerte und umsetzbare Vorstellung in seiner Handlungsorientierung und lässt sich als ein positiver Horizont ausmachen. Die eigene Einflussnahme wird als begrenzt bewertet, aber es gibt das Bestreben, *dass wir da halt auch prüfen, das zu mindestens in unseren Daten da kein bias drin ist.* Datensätze, die frei von Verzerrungen sind, bilden für Peter einen weiteren positiven Horizont. Allerdings bleibt offen, inwiefern ein komplett unbiased Datensatz umsetzbar ist (Waltl 2020)[5] und es sich hierbei nicht um einen positiven Gegenhorizont handelt. Im Gegensatz zu den bisher präsentierten Fällen reflektiert Peter die Problematik der Bias nicht ausschließlich als ethische Fragestellungen, sondern auch als allgemeine systematische Verzerrungen, die sich etwa auch auf die technische Leistungsfähigkeit von Cloudprodukten auswirken. *Und du wärst erstaunt wieviel bias ist zum Teil auch in solchen Sachen drin ist.*

Peter folgt in seiner habituellen Orientierung einem modus operandi der Modifizierung. Sein Arbeitsverständnis ist an die Sinnhaftigkeit seiner Tätigkeit oder der zu entwickelnden Projekte gekoppelt. Im Vordergrund steht dabei auch der Nutzungsaspekt für Andere. Auch wenn sich in seinem Sprechen über den Umgang mit der Problembewältigung im Modellierungsprozess eine Orientierung an einem methodischen Vorgehen ausmachen lässt, so ist dieses in seinem Wirken an dem Aspekt der Optimierung ausgerichtet und folgt einer informatisch-herantastenden Praktik des Testens und Ausprobierens. Das Modellieren zielt nicht auf validierte Wissenserkenntnisse, sondern die unmittelbar beobachtbare Verbesserung gilt als handlungsweisend. Beim Umgang mit Bias und Diskriminierung lässt sich im Vergleich zu den vorherigen Fällen ebenfalls ein modus operandi der Reflexivität ausmachen. Hierbei konnte stellenweise auch ein modus operandi der Externalisierung rekonstruiert werden. So bleibt Peter in seinem Sprechen stärker bei der Beschreibung einer aktiven Rolle. Diese wird in ihrer Verantwortlichkeit auf ein größeres Wir bezogen. Während in den Fällen der Basistypik der Konsolidierung die Problematik der Bias hauptsächlich auf Aspekte möglicher sozialer Diskriminierungen bezogen worden ist, fasst Peter das Thema größer und bezieht es nicht nur auf personenbezogene Daten. Er ordnet die Problematik in einen größeren datentechnischen Zusammenhang ein und benennt Herausforderungen im Bereich technischer Leistungsdaten.

In Abgrenzung zu der Basistypik der Konsolidierung wird im Fall von Peter eine stärkere Kundenorientierung ersichtlich. Diese ist charakteristisch für die Basistypik der Modifizierung und wird am stärksten durch die Untertypik der Feedbackorientierung repräsentiert. Praktiken der Selbstrationalisierung und Selbstkontrolle können wie in den Fällen der Basistypik der Konsolidierung als Reaktion auf einen stark zeitgetriebenen Arbeitsprozess zurückgeführt werden.

[5] Probleme bzgl. von Bias bestehen nicht nur in Zusammenhang mit sogenannten sensiblen personenbezogenen Daten (wie Geschlecht, ethnische oder sozialer Herkunft). Sensible Informationen lassen sich auch indirekt aus Daten herleiten. D. h. das Geschlecht oder die ethnische Herkunft muss nicht als direkte Information vorliegen, sondern lässt sich über die Kombination anderer Parameter, wie Wohnort, Einkommen etc., statistisch rekonstruieren (Waltl 2020, S. 7).

Im Fall von Peter kommt eine Dienstleisteridentität hinzu, die die Kundenzufriedenheit als einen wesentlichen handlungsleitenden Horizont beinhaltet.

6.2.2 Der Fall Michael – Nutzungsorientierte Untertypik

Michael ist zum Zeitpunkt des Interviews 29 Jahre alt und als Data Engineer bei einem kleinen Finance-Unternehmen in den USA beruflich tätig. Er hat Computer Science studiert und war zu Beginn seiner beruflichen Karriere als Data Scientist tätig. Im weiteren Verlauf hat er sich auf Data Engineering spezialisiert. Seit 5 Jahren ist er beruflich aktiv. Sein Vater ist Busfahrer und die Mutter arbeitet als Pharmazeutin. Ähnlich wie im Fall von Peter, antwortet Michael sehr ausführlich auf die ihm gestellten Fragen.

> (4s) There's a lot of different ways that you can (2s) break this question down. (2s) So a lot of how I work is actually, I'm a very much A B Picture guy and so I'm having a problem thinking about a problem from a high level and then breaking it down into smaller and smaller pieces. That's usually how I end up working, and because I don't have a product owner overseeing me, I usually end up just asking questions of our product owner that works for the two scrum teams. I (.) end up creating, I got to create my own cases. I got to create what I work on as long as if those things can be tied to what we're doing and I can break it down and basically like not necessarily defend, but explain why I'm working when I'm working on and in what order I'm working on it, then I usually don't have very much pushback and so. (.) Because again, they're expecting me to be the expert in the field, and they're just letting me do my thing until they feel the need that they have to step in and it hasn't happened yet and I've worked there for almost 3 months now. So I'm still relatively new to this position, and but (2s) I've been able to deliver what I need to do, and that's just how that's the general process for how I've been able to do it is starting with the big picture, figuring out the different what (.) technology do I need to deliver value? How does the different pieces all talk to each other? And then how does that work with the bigger picture in terms of developing and delivering our software? And I can give you an example. (.) So I mentioned how I work with five or six other software engineers and I work very closely with a lot of software engineers, because a lot of what I do provides and extends the value that they've been able to produce in the platform, and so they develop in C-Sharp. Which is not a language that I know. I know Python. And so, (2s) how I am able to fit into their code base is a question. How am I able to deliver value when I'm not delivering value to the main core platform and so that ends up being through a (.) I end up using Azure functions, so we're an Azure shop and so I end up using Azure functions a lot to. So that way they can call my Azure function it processes and then it returns the value that they need from what they sent to me, and so that's, and how I end up providing a lot of the value for our (.) team is, because my work is a little bit more siloed, because it's a different language than what the core project is working on. And so figuring out that kind of communication is something

> you have to know and understand at a higher level, because you're not delivering like, you're not directly (.) contributing code that executes with all the other code and the platform. It has to execute in its own silo, because it's a different language. And so (.) It's just like, if you had a company that would had (.) German speaking people and you had a section of the company that had the only new English like there have to be a way for them to communicate and you wouldn't want to put an English person with a bunch of German speaking people unless that person is willing to speak German. Right, it's a very similar idea with learning coding languages, like you still have at the end of the day, you still have trees and you have the different ways that you say a tree and how that tree interacts, right? But the syntax and how you say it is different from each coding language, and that's kind of where it, like for us 4 loops are all the same, but it's how you do those four loops. That's what you have to pick up when you learn another language. The actual physically how do you do it? And so (.) that's something that you have to keep in mind when you're working with the team doing stuff that you don't really know what to do or how to do it so. (06.DE DS 03.12.22 Michael, Pos. 721–785)

Formulierende Interpretation

Die Frage, wie man arbeitet, kann auf unterschiedliche Weise heruntergebrochen werden. Er ist ein *A B Picture guy.* Große Probleme werden in mehrere kleinere Probleme aufgeteilt. So arbeitet Michael momentan sehr viel. Er hat keinen ihm vorgesetzten Product Owner[6] und so *I usually end up just asking questions of our product owner that works for the two scrum teams.* Die Fälle und Produkte, an denen Michael arbeitet, bestimmt er selbst, solange sie in das unternehmerische Gesamtgefüge passen. Wie lange er an einem Produkt arbeitet und wie er die Prioritäten setzt, ist ihm dabei ebenfalls freigestellt. Solange er seine Entscheidungen erklären kann, *I usually don't have very much pushback and so.* Diese Freiheit wird ihm zugestanden, weil er als Experte im Feld angestellt worden ist. Und wenn es für die Leitung keinen Grund gibt einzuschreiten, dann tut sie dies nicht. In den 3 Monaten, die er inzwischen im Unternehmen tätig ist, ist das bisher auch noch nicht vorgekommen. Er ist somit noch recht neu in dieser Position. Aber er weiß, was er zu tun hat, und geht in seinem Handeln von einem größeren Bild aus, *figuring out the different what (.) technology do I need to deliver value?* Wie passen die einzelnen Teile zueinander? Und fügt sich alles in das größere Bild der Softwareentwicklung und Lieferung ein? Michael gibt dafür ein Beispiel in der Zusammenarbeit mit den Software Engineers. [W]*hat I do provides and extends the value that they've been able to produce in the platform.* Die

[6] Product Owner nehmen in Entwickler:innenteams eine Schlüsselposition ein, indem sie die Kund:innenbedürfnisse in Produktanforderungen übersetzen und Arbeitsschritte in der Produktentwicklung vorgeben.

Software Engineers entwickeln ihre Produkte in C-Sharp[7], einer Programmiersprache, mit der Michael sich nicht auskennt. *I know Python.* Er stellt sich die Frage, wie er auf Grundlage dieser Programmiersprache sich in den Code miteinbringen kann. *How am I able to deliver value when I'm not delivering value to the main core platform.* Deshalb nutzt er die Azure Funktion[8] und darüber können die anderen auf seine Entwicklungen zugreifen. So kann Michael seinen Beitrag leisten, *because my work is a little bit more siloed, because it's a different language than what the core project is working on.* Es ist, als hätte man ein Unternehmen mit einer Vielzahl deutsch sprechender Angestellter und die neue Person spricht Englisch. Dann muss ein Weg der Kommunikation gefunden werden. Denn man würde eine englischsprachige Person nicht in das Team holen, wenn diese nicht gewillt wäre, deutsch zu sprechen. Ähnlich verhält es sich mit dem Erlernen von Programmiersprachen. Am Ende des Tages gibt es verschiedene Wege, einen [Entscheidungs-]Baum zu beschreiben und zu definieren, wie dieser interagiert. *But the syntax and how you say it is different from each coding language, and that's kind of where it, like for us 4 loops are all the same, but it's how you do those four loops.* Das muss man herausziehen, wenn man eine neue Sprache lernt. Man muss im Auge behalten, wie etwas wirklich umgesetzt wird, wenn man in einem Team arbeitet, gerade wenn man sich noch nicht so gut auskennt.

Reflektierende Interpretation
Michael macht eine lange Pause, bevor er mit seinem Sprechen beginnt. Er benötigt Zeit für die Reflektion der Frage, denn diese kann in *a lot of diffenrent ways* betrachtet werden. Mit einer abstrakten Beschreibung seines Vorgehens in der Entwicklung entschließt er sich die Fragestellung zu beantworten. *I'm a very much A B Picture guy and so I'm having a problem thinking about a problem from a high level and then breaking it down into smaller and smaller pieces.* Michael benennt hier zwei wesentliche Methoden in der Softwareentwicklung, die für ihn von Relevanz sind (Abb. 6.4). Das sogenannte A / B-Testing ist ein geläufiges Verfahren, um verschiedene Modelle miteinander zu vergleichen. Zweiteres beschreibt das Prinzip des divide et impera – teile und herrsche (Aust 2021, S. 47), bei dem oftmals komplexe, schwer händelbare Problemstellungen so lange in kleinere Teilprobleme zerlegt werden, bis diese beherrschbar sind. Es handelt sich um Grundprinzipien der Informatik, auf

[7] C-Sharp bzw. C# ist eine objektorientierte Programmiersprache, die im Auftrag von Microsoft entwickelt wurde. Sie kann plattformunabhängig eingesetzt werden.

[8] Azure ist eine Cloud-Computing-Plattform von Microsoft, über die Daten, Anwendungen usw. geteilt werden können. Die Funktion ist speziell auf die Erfordernisse von Softwareentwicklern abgestimmt.

die sich Michael hier bezieht. Seine Praxis ist, wie im Fall von Peter, durch ein informatisch-herantastendes Vorgehen gekennzeichnet. Über das Testen verschiedener Varianten und die Untergliederung in kleinere Probleme wird sich allmählich einer Lösung angenähert.

A / B-Testing

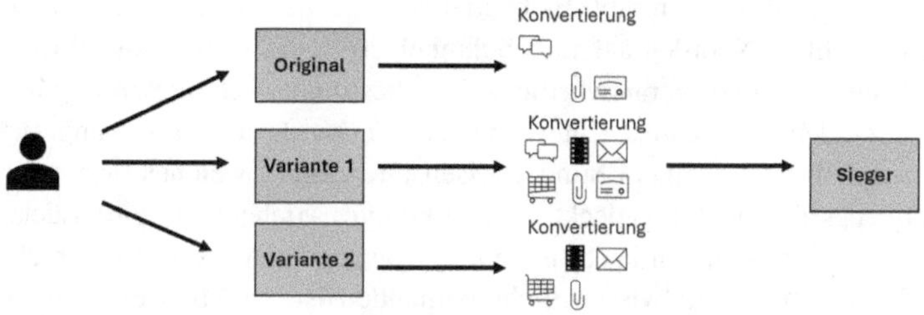

divide et impera

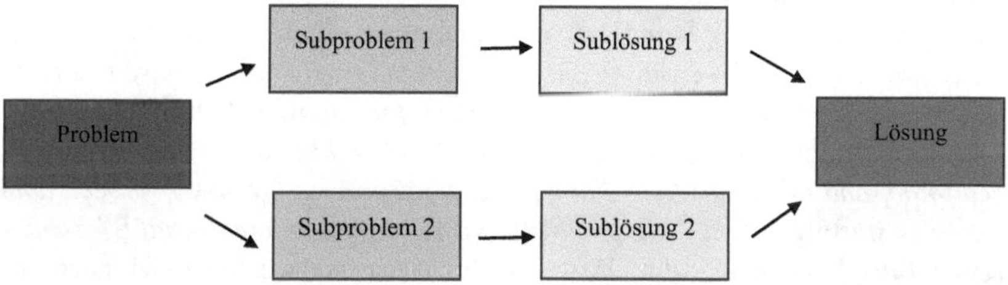

Abb. 6.4 Informatische Grundprinzipien: A / B-Testing und divide et imperia. (Eigene Darstellungen)

In seiner weiteren Erzählung orientiert sich Michael nun auf die spezifische Konstellation seiner Position zum Team. Er erzählt, dass er keinen vorgesetzten Product Owner hat, weshalb er sich mit den Produktverantwortlichen der zwei Scrum-Teams bespricht. Daraus resultiert *I (.) end up creating, I got to create my own cases.* Michael befindet sich seiner Erzählung nach in einer Position mit viel Selbstverantwortlichkeit. Denn *I got to create what I work on as long as if those things can be tied to what we're doing and I can break it down and basically like not necessarily defend, but explain why I'm working when I'm working on and in what order I'm working on it, then I usually don't have very much pushback and so.* Auch wenn er keinen unmittelbar vorgesetzten Product Owner hat, so muss er gegebenenfalls sein Arbeitshandeln gegenüber Anderen erklären können. Aus seiner Sicht resultiert der Freiheitsgrad seiner Arbeit aus diesem Umstand, [b]*ecause again, they're expecting me to be the expert in the field.* Michaels Professionalität resultiert in seiner eigenen Wahrnehmung daraus, dass das Unternehmen ihm den Expertenstatus zuschreibt. Es handelt sich gewissermaßen um eine zugeteilte Professionalität (Noordegraaf und Schinkel 2011, S. 102). Seine Position samt ihrer Freiheiten und Verantwortlichkeiten bestimmt sich seiner Argumentation nach über den Bedarf des Unternehmens. Er wurde als *expert* angestellt. Das Unternehmen ist an seinem Sonderwissen interessiert, welches bisher nicht über vorhandenes Personal abgedeckt werden konnte. Michael soll eine Lücke füllen. D. h., einen Vorgesetzten im Sinne eines Weisungsbefugten kann es nicht geben, weil das nötige Spezialwissen nicht vorhanden ist. In Michaels Fall lässt sich im Umkehrsatz zu Avnoon (2021) keine berufliche Identität eines Generalisten ausmachen, sondern vielmehr eine Selbstzuschreibung als Spezialist. Michaels professionelle Praxis ist durch ein hohes Maß an Autonomie gekennzeichnet. Gleichzeitig bedeutet das im Sinne eines Arbeitskraftunternehmers ein ebenso hohes Maß an Selbstverantwortung, -organisation und -kontrolle. Das Unternehmen würde nur dann eingreifen, wenn es das Gefühl hätte, Michaels Arbeit erfüllt nicht seinen Mehrzweck bzw. läuft dem unternehmerischen Anliegen zuwider, *they're just letting me do my thing until they feel the need that they have to step in and it hasn't happened yet and I've worked there for almost 3 months now.*

In seiner anschließenden Erzählung, *but (2 s) I've been able to deliver what I need to do, and that's just how that's the general process for how I've been able to do it is starting with the big picture, figuring out the different what (.) technology do I need to deliver value*, lässt sich durch den mehrmaligen Gebrauch des Adjektives *able* und des Verbes *deliver* in Zusammenhang mit dem Substantiv *value* ein positiver Horizont in Michaels Handlungsorientierung identifizieren. Für ihn ist es wichtig, einen Beitrag leisten zu können, der dem Unternehmen nutzt. Dies lässt sich aus den handlungsleitenden Fragestellungen von Michael rekonstruieren. *How does the different pieces all talk to each other? And then how does that work with the bigger picture in terms of developing and delivering our software?* Aus diesen Fragen wird ersichtlich, dass es ihm darum geht, sich mit seiner Arbeit, seinen Produkten nützlich zu machen, indem er darüber nachdenkt, wie das Ganze sich in das *bigger picture* einfügt. Ähnlich wie im Fall von Peter, lässt sich auch bei Michael eine Handlungsorientierung identifizieren, die sich am Sinn und Nutzen des eigenen professionellen Handelns ausrichtet. Er beschreibt das in seinem weiteren Sprechen an einem konkreten Beispiel aus seiner Arbeitspraxis. Die Software Engineers, mit denen er zu tun hat, programmieren in der Sprache C# (C-Sharp). Mit der ist Michael aber nicht vertraut. Daraus resultiert das Problem *I know Python. And so, (2 s) how I am able to fit into their code base is a question. How am I able to deliver value when I'm not delivering value to the main core platform.* Erneut ist es die Kombination von *able*, *deliver* und *value*, die eine Nutzenorientierung ersichtlich macht. Keinen wesentlichen Nutzen zu liefern, bildet für Michael einen negativen Horizont. Im Gegensatz zu C# kann Python plattformunabhängig genutzt werden, ist eine Open Source-Lizenz und beinhaltet im Coding eine dynamischere Typisierung. C# verlangt eine striktere Typenzuweisung (Abb. 6.5). *I end up using Azure* […] *they can call my Azure function it processes and then it returns the value that they need from what they sent to me, and so that's, and how I end up providing a lot of the value for our (.) team.* Michael versucht, das bestehende technische Kommunikationsproblem zu lösen und passt sich an bzw. findet eine Transferlösung. Er ist um Kooperation bemüht und widerspricht mit seiner Praxis empirischen Befunden, wonach Data Scientists bzw. Data Engineers um Distinktion gegenüber anderen Berufsgruppen bemüht sind (Rosa et al. 2023; Vaast und Pinsonneault 2021). Im weiteren Sprechen argumentiert Michael, dass er sich anpassen muss, *because my work is a little bit more siloed, because it's a different language than what the core project is working on. And so figuring out that kind of communication is something you have to know and understand at a higher level, because you're not delivering like, you're not directly (.) contributing code that executes with all the other code and the platform. It has to execute in its own silo, because it's a different language.* Michael nutzt nicht die gängige Programmiersprache des Unternehmens bzw. ist ihrer nicht mächtig und kennzeichnet somit einen Sonderfall. Im Sinne des Nutzens für das Unternehmen sieht er sich in der Pflicht, sich anzupassen, um eine Kollaboration innerhalb des Unternehmens zu ermöglichen. Er beschreibt das anhand eines Vergleiches von Menschen mit unterschiedlicher Sprache. Danach würde man keine englischsprachige Person in ein deutsches Team holen, wenn diese nicht bereit wäre, deutsch zu lernen. Sich im Sinne des Nutzens anzupassen, bildet hiernach für Michael einen positiven handlungsleitenden Horizont.

Dafür ist es wichtig, sich in ein Team einzufügen. *The actual physically how do you do it?* Der Aspekt der Kollaboration ist für Michael eine wichtige handlungsleitende Orientierung. Im Gegensatz zum Fall Peter erfolgt diese aber nicht aus einer vermeintlichen feldimmanenten Doxa, sondern bildet für Michael eine erstrebenswerte normative Wertvorstellung. Wie im Fall von Peter lässt sich aber eine Überlagerung von unternehmerischen und persönlichen Zielvorstellungen der Mehrwertgenerierung ausmachen. Diese Subjektivierung von Arbeit in

Python	C#
print("hi")	Console.WriteLine("hi");
range(2,10)	Enumerable.Range(2,10)
for i in range(10)	for (int i=0;i<10;i++)
array = [1,2,3]	List<int> array = new List<int>(){1,2,3};
"hello"[1:4]	"hello".Substring(1,3)
"hello world".title()	CultureInfo.CurrentCulture.TextInfo.ToTitleCase("hello world")

Abb. 6.5 Vergleich Coding C# und Python. (Eigener Screenshot (reddit 2018))

Kombination mit einem hohen Maß an Autonomie sowie Selbstverantwortung, -organisation und -kontrolle spiegeln die Charakteristika der Sozialfigurationen eines unternehmerischen Selbst und Arbeitskraftunternehmers wider, den Michael mit seiner professionellen Praxis repräsentiert. Die Nutzenorientierung im professionellen Handeln verdeutlicht sich noch einmal im Umgang mit der Problembewältigung im Modellierungsprozess. Hierzu muss angemerkt werden, dass Michael momentan nicht selbst modelliert. Daher bezieht er sich in seinem Sprechen nicht auf konkrete Verfahren oder Vorgehen, sondern setzt die Frage nach der Notwendigkeit des Modellierens in Bezug zum Nutzen für das Unternehmen oder die Kundschaft.

> (3s) So right now, we're not doing anything with modeling. I think you'll come up here in the next couple of (.) weeks and I can go into (.) some of the things that I found. Some of the technologies I used but, and some of the ways that I, we have that solutions around getting or delivering value from models, (.) but I think one of the biggest things that a lot of companies do is they jump into modeling and wanting to model a little bit too quickly, before their platform and what they are doing ends up helping and they don't really have a very good solid use case for what modeling, what you need, modeling for. (2s) And so, (2s) right now we don't really have any (.) need for modeling, because a lot of our value and a lot of our business values actually just providing, presenting data to customers in a organized and structured way. That's actually where a lot of our value comes from right now. And it's not from developing, you know, a crazy naive Bayes model or anything like that. It's based around customer value and right now our customers don't see a need for seeing that kind of a model in the background. A lot of our, a lot of the people that use our platform, they use Excel and so they use statistical analysis and excel. IE, what's the mean? What's the median? What's the Min Max most like? What's the Max most likely like? What are all these values? And then they can extrapolate and provide business value for themselves based off of that, and so that's a lot of what (.) we can provide value for our

customers in the same way without having to do a linear regression without having to do a naive Bayes approach. Or a decision tree or anything like that and so models right now is not something that we're terribly worried about. We're more worried about collecting and aggregating and getting a lot of our data from a lot of different sources into a standardized format so we can present that to our customers. (06.DE DS 03.12.22 Michael, Pos. 818–850)

Formulierende Interpretation

Im Moment modellieren sie nicht. In den kommenden Wochen ließe sich da mehr zu sagen. Er hat schon mit Modellen gearbeitet und vieles basiert auf Lösungen von Modellen, aber er glaubt, dass viele Unternehmen sich zu schnell auf das Modellieren konzentrieren. Oft haben sie *solid use case* für ein Modell und so bringt es das Unternehmen oft nicht viel weiter. *And so, (2 s) right now we don't really have any (.) need for modeling, because a lot of our value and a lot of our business values actually just providing, presenting data to customers in a organized and structured way.* Darin liegt momentan der Wert ihres Tuns. *And it's not from developing, you know, a crazy naive Bayes model or anything like that.* Es geht um den Nutzen für die Kunden und aus dieser Sicht macht es bis jetzt keinen Sinn, mit Modellen zu arbeiten. Die meisten ihrer Kunden arbeiten mit Excel und wollen den Mittelwert, Median usw. berechnen und dafür braucht es keine lineare Regression, kein Bayes-Modell oder Entscheidungsbäume. Das ist nichts, worüber sie sich Gedanken machen. *We're more worried about collecting and aggregating and getting a lot of our data from a lot of different sources into a standardized format so we can present that to our customers.*

Reflektierende Interpretation

Nach einer längeren Pause beginnt Michael mit dem Sprechen und räumt zunächst ein, *right now, we're not doing anything with modeling.* Er erzählt, dass *we have that solutions around getting or delivering value from models.* Er argumentiert, dass aus seiner Sicht Modelle nicht in jedem Fall sinnvoll sind. *I think one of the biggest things that a lot of companies do is they jump into modeling and wanting to model a little bit too quickly, before their platform and what they are doing ends up helping and they don't really have a very good solid use case for what modeling, what you need, modeling for.* Ob modelliert werde sollte oder nicht, leitet sich für Michael aus der Nutzenfrage für die Plattform ab. Über das Verb *helping* lässt sich wie in der ersten Erzählpassage eine Nutzenorientierung in seinem professionellen Handel ausmachen. Das eigene Handeln soll helfen oder unterstützend wirken. Nach längeren Pausen im Sprechen erzählt und argumentiert er, [a]*nd so, (2 s) right now we don't really have any (.) need for modeling, because a lot of our value and a lot of our business values actually just providing, presenting data to customers in a organized and structured way.* Es gibt momentan aus seiner Sicht keinen Bedarf, denn die Kundschaft nutzt *Excel and so they use statistical analysis and excel. IE, what's the mean? What's the median? What's the Min Max most like? What's the Max most likely like?* Modellieren wird momentan nicht für notwendig erachtet, weil es für die Kundschaft zum jetzigem Zeitpunkt keinen Mehrwert verspricht. Michael und sein Unternehmen folgen somit nicht blind dem *Hype* (Tarnoff und Weigel 2020, S. 111) und den vermeintlichen Gewinnversprechungen von KI-Modellen (Srnicek 2023, S. 189). Vielmehr orientieren sie sich am unmittelbaren Nutzen für ihre Kundschaft. Während bei Peter der Umgang mit Problemen im Modellierungsprozess durch eine Handlungsorientierung des Modifizierens gekennzeichnet ist, orientiert sich Michael in seinem professionellen Handeln am Nutzwert. *We're more worried about collecting and aggregating and getting a lot of our data from a lot of different sources into a standardized format so we can present that to our customers.*

Auf die Fragestellung nach dem Umgang mit Bias und Diskriminierung folgt eine interessante Erzählung dahingehend, dass sie vom üblichen Muster der anfänglichen Abgrenzung abweicht. Michael bezieht die Problematik nicht auf verzerrte Datensätze oder dysfunktionale digitale Anwendungen, sondern konkret auf sein Arbeitsumfeld.

> (3s) That is, that is a very difficult (.) question to answer, because in my previous company we had our data science team and our data science team was very often times at odds with our professional services team. (.) So (.) they were the professional services team was considered the professionals in our industry and they're the best ones for doing what they were supposed to do. And as the data scientist we were producing models that would essentially replace their jobs, or at least that's how they were looking at it. We were trying to look at it as this gives you a talking point. And it can actually help out your job, because you're no longer having to build everything from the base up every single time you move the client, we can do the base up level with you so you can get to the better meat and potatoes conversation sooner and they didn't see that there's a disconnect, and so that's where the. When you provide data value, that's kind of what you need to set the expectation of and so (.) that's the, (.) that was a lot of way (.) that's where a lot of like I get (.) that's also where more office drama comes in, right? But that when you how you end up having to change that, can't really come from you as the individual contributor or as the data science team, that's trying to affect their job. That has to come from the higher level people understanding. What both sides are looking at and trying to work through a solution, so it's not something that very rarely is it a solution that you can figure out on your own and you have to have support from somebody higher up from you. That's also enforcing those ideas and stuff so, (.) if that makes sense. (06.DE DS 03.12.22 Michael, Pos. 967–995)

Formulierende Interpretation
Das ist für ihn eine schwierig zu beantwortende Frage. In seinem früheren Unternehmen gab es ein Data Science-Team und *was very often times at odds with our professional services team.* Das Service-Team sollte durch Modelle der Data Scientists ersetzt werden. Zumindest sahen es so die Leute des Service-Teams. *We were trying to look at it as this gives you a talking point.* Dass es ihre Arbeit erleichtern kann. Dass sie nicht immer wieder aufs Neue ihre Basis aufbauen müssen, wenn sie die Kund:innen wechseln, *so you can get to the better meat and potatoes conversation sooner.* Aber das haben sie nicht so gesehen. Der Versuch, durch Daten einen Nutzen zu generieren, ist der Moment, in dem das Bürodrama beginnt. Aber so etwas kann nicht durch die einzelnen Mitarbeiter:innen entschieden werden, sondern muss durch eine höhere Ebene eingebracht werden. *What both sides are looking at and trying to work through a solution, so it's not something that very rarely is it a solution that you can figure out on your own and you have to have support from somebody higher up from you.* Ideen müssen durchgesetzt werden.

Reflektierende Interpretation
Erst nach einer längeren Pause beginnt Michael mit seiner Erzählung. Er bewertet die Frage als schwierig. Er begründet das mit einem konkreten Beispiel aus seiner eigenen Erfahrung. Im Kontext der vorherigen Anstellung wurden Modelle gebaut, die die Arbeit des Professional Service Teams erleichtern sollten. Das wurde von diesen allerdings nicht als Erleichterung gewertet, sondern als mögliche Gefahr der Rationalisierung und Einsparung. Gesprächsversuche zur Klärung scheiterten. Die Aushandlung des Themas anhand eigener Erfahrungen lässt einen reflexiven Umgang erkennen. Allerdings sieht er den Aushandlungsprozess auf Ebene der Mitarbeiter:innen als zu vermeidende Handlungsorientierung. *When you provide data value, that's kind of what you need to set the expectation of and so (.) that's the, (.) that was a lot of way (.) that's where a lot of like I get (.) that's also where more office drama comes in, right?* Aushandlungsprozesse über datengetriebene Modelle innerhalb eines Teams bilden für ihn aufgrund eigener Erfahrung einen negativen Horizont. Vielmehr verortet er die Verantwortung auf einer höheren Entscheidungsebene, *to have support from somebody higher up from you. That's also enforcing those ideas and stuff so.* Dieser Aspekt ist insofern interessant, als er im Widerspruch zu seinem positiven Horizont der Kollaboration in Zusammenhang mit seiner Erzählung über die Arbeitsweise steht. In Bezug auf organisatorische Entscheidungen beruft Michael sich auf eine klare Entscheidungshierarchie und lehnt gleichberechtigte Aushandlungsprozesse

in diesem Zusammenhang ab. Hierin lässt sich dann in Michaels Handlungsorientierung doch ein Distinktionsbemühen ausmachen, welches sich in Form einer Externalisierung von Verantwortung artikuliert. Entscheidungen durchzubringen oder zu treffen, obliegt in Michaels Erzählung den Führungskräften.

Michael ist in seiner Handlungsorientierung stark auf den Nutzen für das Unternehmen oder für die Kundschaft ausgerichtet. Sein professionelles Handeln richtet sich auf die Generierung eines Nutzens bzw. Mehrwertes. Dafür ist er auch bereit, sich entsprechend den betrieblichen Notwendigkeiten anzupassen. Im Gegensatz zum Fall von Peter ließ sich kein modus operandi der Modifizierung ausmachen. Michaels Unternehmen sieht bis dato keinen Bedarf an Modellierungsprozessen. Sein Umgang mit Bias und Diskriminierung ist stark durch bisherige berufliche Erfahrungen geprägt. Daraus resultiert ein modus operandi der Externalisierung von Verantwortung. Im Sinne des unternehmerischen Nutzens müssen bestimmte Sachen durchgesetzt werden, auch wenn sie z. T. von einigen Mitarbeiter:innen kritisch bewertet werden. Die primäre Nutzenorientierung war der Grund, warum der Fall Michael der nutzenorientierten Untertypik zugeordnet wurde.

6.2.3 Der Fall Maria – Feedbackorientierte Untertypik

Maria ist zum Zeitpunkt des Interviews 37 Jahre alt und seit 8 Jahren als Data Scientist tätig. Sie arbeitet für ein Transportunternehmen in Österreich. Maria ist einer von drei Fällen mit Migrationshintergrund. Sie ist in Polen aufgewachsen und hat dort Physik studiert. Ihr Vater ist Mechaniker und ihre Mutter ist als Ökonomin beruflich tätig. Ihr Sprechen über ihre Arbeitsweise fällt relativ kurz aus.

> (.) Ja, also ich arbeite (.) mit, in Python (.) und (.) in Big Data Plattform. (.) Jetzt derzeit in Team (.) und das ist wirklich wichtig, Team dass so also eingestellt wurde, so viel Arbeiten in Sprints und wir versuchen da offen wie möglich sein und so flach wie möglich sein, das sind, dass jeder kann immer (.) alles sagen und Ideen bringen und natürlich, es gibt eine Person, die am Ende Entscheidungen treffen muss manchmal, aber meistens entscheiden wir zusammen und ich denke, dass diese Art von der Arbeit wirklich eine gute Resultate bringt (.) ja. (11.DS 19.12.22 Maria, Pos. 568–577)

Formulierende Interpretation

Maria arbeitet *in Python und in Big Data Plattform.* Darüber hinaus arbeitet sie in Teams. Das ist *wirklich wichtig.* Dort arbeitet sie in Sprints. Als Team gibt es den

Versuch *offen wie möglich sein und flach wie möglich sein.* Damit jede Person sich mit ihren Gedanken und Ideen einbringen kann. Entscheidungen müssen ggf. von einer Person getroffen werden, wobei *meistens entscheiden wir zusammen.* Aus ihrer Sicht bringt diese Arbeitsweise *gute Resultate.*

Reflektierende Interpretation
Der Beginn von Marias Sprechen ist durch mehrere kleinere Pausen gekennzeichnet. Die Fragestellung muss erst reflektiert werden. Sie erzählt, mit welchen technischen Tools sie arbeitet. Dabei wertet sie das Teamtool Teams als *wirklich wichtig.* Darüber kann die Projektarbeit koordiniert und die Arbeitsphasen können in kurze intensive Arbeitsperioden aufgeteilt werden (Abb. 6.6). Marias Praxis determiniert sich über Methoden des agilen Arbeitens. Die Unterteilung in Sprints verweist wie in anderen Fällen auf einen zeitgetriebenen Arbeitsprozess. Eine Koordination der Projektarbeit und ihrer Arbeitsphasen bildet für Maria allerdings einen positiven Horizont und lässt sich als eine wünschenswerte und umsetzbare Vorstellung in ihrem Handeln identifizieren. Ihre Arbeitsweise repräsentiert eine „sozio-kulturelle Form […] [die] zwischen konventionellen, planvollem *engineering* und kommunikativ-kollektiver Projektarbeit [changiert]" (Schmidt 2012, S. 157).

Über die nebenordnende Konjunktion *und* beschreibt sie weiterführend, dass *wir versuchen da offen wie möglich sein und so flach wie möglich sein.* Die Adjektive *offen* und *flach* werden in Bezug zu Organisationshierarchien als positiv gewertet. Über den anschließenden Nebensatz, *dass jeder kann immer (.) alles sagen und Ideen bringen,* wird die Interpretation durch das Indefinitpronomen *alles* in Zusammenhang mit dem Verb *sagen* und *Ideen bringen* gestärkt. Egalitäre Teamarbeit, als Sinnbild autonomer Arbeitsorganisation im agilen Produktmanagement (Pfister und Müller 2021, S. 40), kann für Maria demnach als eine erstrebenswerte handlungsleitende positive Vorstellung rekonstruiert werden. Wobei die Egalität im Zweifelfall aufgehoben wird und *gibt eine Person, die am Ende Entscheidungen treffen muss manchmal.* Das unregelmäßige Verb *muss* verweist auf einen erforderlichen Vorgang, der evtl. nicht als optimal bewertet wird, aber in letzter Instanz notwendig sein kann. Insofern lässt sich hier kein negativer Horizont ausmachen, aber auch kein positiver. Dieser kann in der direkt anschließenden wertenden Beschreibung identifiziert werden. [A]*ber meistens entscheiden wir zusammen und ich denke, dass diese Art von der Arbeit wirklich eine gute Resultate bringt (.) ja.* Zunächst wird über die nebenordnete Konjunktion *aber* in Verbindung mit dem Adverb *meistens* kenntlich gemacht, dass der beschriebene Fall der Entscheidung durch eine Einzelperson oder Führungsgruppe die Ausnahme bildet. Der Regelfall umfasst die gemeinsame Entscheidung. Es werden

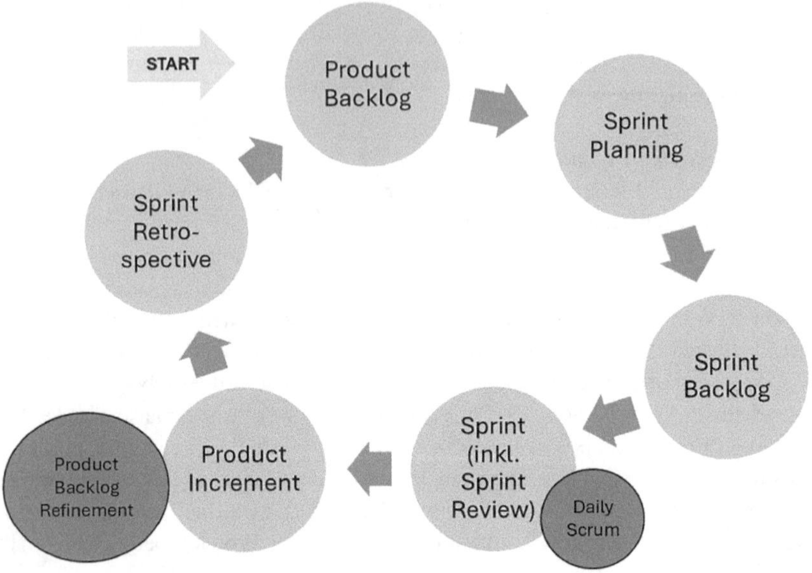

Abb. 6.6 Arbeitsphasen in Sprints. (Eigene Darstellung in Anlehnung an Kreutzer (2018, S. 281))

alle an der Kollaboration Beteiligten in die Verantwortung genommen. Das ist für Maria eine erstrebenswerte Vorstellung in ihrer Handlungsorientierung, denn sie bringt *gute Resultate.* In ihrem Sprechen kann ein modus operandi des Reziproken ausgemacht werden. Das professionelle Handeln bezieht sich im Umgang mit der Arbeitsorganisation auf ein Zusammenwirken im Team. Hierin lässt sich eine Steuerung von Arbeit im Modus der Selbstorganisation ausmachen (Pongratz und Voß 2004b, S. 10). Weitestgehend flache Hierarchien, Teamarbeit und neue Formen der agilen Selbstorganisation sind Ausdruck einer indirekter Steuerung. In Marias Beschreibung wird die manageriale Seite einer hybriden Professionalität ersichtlich. „[D]ie bisherigen Managementfunktionen der Arbeitssteuerung und Kontrolle werden gewissermaßen von den Arbeitenden selbst übernommen." (Pongratz und Voß 2004b, S. 11)

Der rekonstruierte modus operandi des Reziproken in der Arbeitsweise lässt sich auch im Umgang der Problembewältigung im Modellierungsprozess in Form eines modus operandi der Rückkopplung identifizieren.

(.) Das ist jetzt so, dass zum Beispiel möchten wir (3s) Vorhersagen, wo oder wann oder ja so wieviel Verspätung werden wir haben, wenn zum Beispiel irgendwelche (.) Geschwindigkeitsbegrenzung da kommt, ja. Sodann (.) haben wir meistens ein Brainstorming, über welche Modelle wir machen können. Wir versuchen immer am kleinsten Modell es zu bauen. Das bedeutet, wir werden so nur die wirklich notwendige Daten nehmen. So welche Daten nehmen wir? Das wissen wir schon, weil wir diese Schnuppertagen hatten, weil wir schon mit Stakeholders besprochen, das besprochen haben und dann kommt das, kommt darauf jetzt, ob wir dann Regressionsmodelle machen möchten oder was auch immer, werden wir am einfachsten Modell es nehmen und das als Rollenmodell machen und schauen wir einfach, welche Ergebnisse wir bekommen und (.) dann machen wir das Iterativ und Schritt bei Schritt versuchen wir das zu verbessern und wenn wir schon damit okay sind, dann machen wir mehr Recherche, was noch können wir dazu machen und dann bauen wir (.) in top of it, ja, würde ich auf Deutsch auf Englisch sagen, dass wir dann zusätzliche Sachen dazunehmen. (.) Und natürlich, das ist jetzt auch so, dass wir am Ende dann AB Testing machen müssen. Das bedeutet, wir haben verschiedene Modelle, wir schauen, welche am besten funktioniert. Manchmal, das ist so, dass wir mehrere Modelle gleichzeitig verwenden müssen und nur am Ende die Entscheidung machen müssen. (.) Bei fintech Firma, wo ich habe gearbeitet habe, haben wir mehrere Modelle gebaut und dann haben wir einen Master Modell gebaut. (.) Entscheidung (.) einfach getroffen hat, was wir dann weiter zu Investigators schicken sollen (.) und was auch wichtig ist, ist dann wirklich klar, (.) dieses Feedback zu definieren. Das bedeutet, dass wir müssen auch Feedback von Usern zurückbekommen, (.) und man muss das wirklich einbauen und man muss dann, (.) erst ein wirklich einfaches Modell im Dashboard (.) machen. Am besten mit Erklärungen, was das bedeutet, dass das einfach zu verwenden ist. Das bedeutet nicht zu viel Statistik nur irgendwelche Ergebnisse, nur irgendwelche Sachen, wie zum Beispiel Vorsicht, Empfehlungen, das zum Beispiel es kommt wahrscheinlich zu mehr Verspätung, weil, es wird regnen, weil was auch immer, ja. So, dass wir das wirklich menschlich darstellen können. Und dass sie auch ein Feld für Kommentare haben, uns auch Feedback zurückzuschicken können und mit diesem einfachen Modell können wir dann dieses Modell, können wir dann erweitern und das verbessern und so, das ist wirklich eine iterative Arbeit und Schrittweise Arbeit, die ein bisschen mühsam am Anfang ist. Das bedeutet, wir haben kein perfektes Modell am Anfang an, dass müssen wir aufbauen, das ist wirklich, wenn das schon mit Stakholders verbunden ist, dann muss man wirklich vorsichtig machen, wenn das nur BOC ist, weil es gibt auch Firmen wo es gibt, ein zentrales Data Science Team, wo die Leute nur BOC machen und dann können sie alles exportieren und alles machen, was sie möchten. Aber bei uns, das ist meistens schon mit Stakholders und das bedeutet, sie sind wirklich stark involviert und wenn man das falsch macht, dann werden sie das Modell ablehnen. (.) Das bedeutet man muss wirklich vorsichtig machen. (.) Ich würde sagen, was wirklich kommt darauf an: (2s) Wie für was? Was für ein Projekt, das ist, ja. So und ob man einen BOC macht einfach und das einfach so irgendwelche Ideen Hub ist oder ob man im Projekt mit Stakeholders schon ist. (11.DS 19.12.22 Maria, Pos. 658–718)

Formulierende Interpretation
Wenn zum Beispiel eine Verspätung infolge von Geschwindigkeitsbegrenzungen vorhergesagt werden soll, *haben wir meistens ein Brainstorming, über welche Modelle wir machen können.* Es wird versucht, mit kleinen Modellen zu arbeiten und nur die notwendigsten Daten zu verwenden. Welche Daten sie nehmen, wissen sie schon im Vorfeld, *weil wir diese Schnuppertagen hatten, weil wir schon mit Stakeholders besprochen* haben. Dann kommt es auf das statistische Auswertungsverfahren an. Wenn sie eine Regressionsanalyse anwenden, probieren sie es an einem einfachen Modell und schauen, welche Ergebnisse sie bekommen. [U]*nd dann machen wir das Iterativ und Schritt bei Schritt versuchen wir das zu verbessern.* Ist das Ergebnis *okay*, recherchieren sie, inwiefern das Modell weiter verbessert werden kann. Und machen das *top on it.* Am Ende wird ein A/B-Testing durchgeführt. *Das bedeutet, wir haben verschiedene Modelle, wir schauen, welche am besten funktioniert.* Teilweise haben sie mehrere Modelle gebaut und müssen sich dann für eines entscheiden. In ihrem früheren Job, bei einem Fintech-Unternehmen, wurden mehrere Modelle gebaut und dann ein *Master Modell* entwickelt, *was wir dann weiter zu Investigators schicken sollen.* Es ist wichtig *auch Feedback von Usern zurückbekommen.* Das muss dann eingearbeitet werden. Das entwickelte Dashboard am besten mit Erläuterungen versehen, damit es einfacher zu handhaben ist. Das bedeutet, auf statistische Aussagen zu verzichten, *nur irgendwelche Ergebnisse.* Einfache Sachen, die zum Beispiel angeben, dass es auf Grund von Regen zu Verspätungen kommt. *So, dass wir das wirklich menschlich darstellen können.* Dafür bedarf es eines Feldes für die User, um Kommentare einzufügen. Das Feedback wird dann eingearbeitet und das Modell somit verbessert. [D]*as ist wirklich eine iterative Arbeit und Schrittweise Arbeit, die ein bisschen mühsam am Anfang ist.* Zu Beginn gibt es noch kein *perfektes Modell.* Es muss erst in Zusammenarbeit mit den Stakeholdern erarbeitet werden. Dabei muss man auch vorsichtig sein. Manche Firmen, die BOC betreiben, haben ein zentrales Data Science-Team, welches sich nur damit beschäftigt. *Aber bei uns, das ist meistens schon mit Stakholders und das bedeutet, sie sind wirklich stark involviert und wenn man das falsch macht, dann werden sie das Modell ablehnen.* Man muss also wirklich vorsichtig vorgehen. Es kommt darauf an, um was für ein Projekt es sich handelt. *So und ob man einen BOC macht einfach und das einfach so irgendwelche Ideen Hub ist oder ob man im Projekt mit Stakeholders schon ist.*

Reflektierende Interpretation
Marias Sprechen setzt nach einer kurzen Pause ein und gerät schnell ins Stocken. Erst nach einer längeren Sprechpause fährt sie mit ihrer Erzählung fort, bei der

sich erneut ein modus operandi der Kollaboration identifizieren lässt. Der Modellierungsprozess beginnt demnach mit der Praxis des *Brainstorming*. Im Gegensatz zu den bisherigen Fällen, die in ihrer Erzählung unmittelbar mit dem technischen Vorgehen einsetzen, wird dem kommunikativen Austausch eine primäre Rolle im Modellierungsprozess zugeschrieben. Erst danach setzt Maria mit einer technischen Beschreibung fort. Denn unabhängig von der konkreten Fragestellung versuchen sie, es *immer* am *kleinsten Modell* zu bauen. *Das bedeutet, wir werden so nur die wirklich notwendige Daten nehmen.* Die Laufzeit, die ein Modell für die Lösung eines Problems beansprucht, ist ein entscheidendes Gütekriterium in der Bewertung von Algorithmen (Witt und Müller 2020, S. 65). Je komplexer eine Aufgabenstellung und eine Modellkonstruktion sind und je mehr Daten verarbeitet werden müssen, desto länger ist die Laufzeit. Kleine schlanke Modelle, die im besten Fall mit kleinen Datenmengen schnell zu einer Lösungsfindung gelangen, stellen in der Handlungsorientierung für Maria eine erstrebenswerte Vorstellung dar. Es handelt sich um einen positiven Horizont. Die Auswahl der Daten *wissen wir schon, weil wir diese Schnuppertagen hatten, weil wir schon mit Stakeholders besprochen.*

Der Austausch mit den Stakeholdern und Nutzer:innen bildet den Kern der habituellen Orientierung der feedbackorientierten Untertypik. Im ersten Abschnitt dieser Erzählpassage bleibt Maria in ihrem Sprechen aber auf die Beschreibung des Modellierungsprozesses gerichtet, bei dem das kleinste Modell als *Rollenmodell* auf die Daten angewendet und geprüft wird, *welche Ergebnisse wir bekommen und (.) dann machen wir das Iterativ und Schritt bei Schritt versuchen wir das zu verbessern.* Wie in den meisten vorherigen Fällen findet sich auch hier die Beschreibung des Modellierens und Optimierens als iterativer Prozess. Ähnlich wie im Fall von Peter lässt sich ein positiver Handlungshorizont des Modifizierens ausmachen, *dann machen wir mehr Recherche, was noch können wir dazu machen und dann bauen wir (.) in top of it.* Maria beschreibt, dass am Ende des Prozesses ein *A / B-Testing* durchgeführt wird. Da sie *mehrere Modelle gleichzeitig verwenden*, muss man sich am Ende für eines entscheiden. Hierbei wird eine leicht veränderte Modellversion mit der Originalversion verglichen, um festzustellen, welches die besseren Leistungen erzielt. Maria orientiert sich hierbei an Erfahrungen aus früheren Arbeitskontexten, wie z. B. dem Fintech Unternehmen, wo sie tätig war. Die Übernahme bewährter Praktiken validiert im gewissen Sinne das eigene Arbeitshandeln. Dort [im Fintech-Unternehmen] *haben wir mehrere Modelle gebaut und dann haben wir einen Master Modell gebaut. (.) Entscheidung (.) einfach getroffen hat.* Der Vergangenheitsbezug kann als Validierung der eigenen Praxis interpretiert werden, bei der auf Grundlage vergangener Erfahrungen das gegenwärtige Handeln gerechtfertigt wird. Das vergleichende Testen erscheint als eine mögliche erstrebenswerte Vorstellung in der Handlungsorientierung von Maria. Es lässt sich ein professionelles Handeln des informatischen Herantastens, wie in den anderen Fällen der Basistypik der Modifizierung, ausmachen.

Im direkten anschließenden Neben- und Folgesatz *und was auch wichtig ist, ist dann wirklich klar, (.) dieses Feedback zu definieren. Das bedeutet, dass wir müssen auch Feedback von Usern zurückbekommen, (.) und man muss das wirklich einbauen* wird die für die feedbackorientierte Untertypik charakteristische Bedeutsamkeit von Rückkopplung mit den Kund:innen als eine erstrebenswerte handlungsleitende Vorstellung sichtbar. Mit dem Adjektiv *wichtig* hebt Maria die Bedeutung des Feedbacks für den Modellierungsprozess hervor. Die Verwendung des Modalverbs *müssen* bzw. an späterer Stelle *muss* bestimmt den Aussagewert der Verben *zurückbekommen* und *einbauen* als eine unverzichtbare Bedingung. Der Vorgang und die Berücksichtigung der Rückkopplung mit der Kundschaft können als zentrale Merkmale in Marias professionellem Handeln interpretiert werden. Diese Lesart lässt sich über die direkt anschließenden Aussagen in Marias Erzählpassage weiter bestärken. Dort erzählt sie, dass *erst ein wirklich einfaches Modell im Dashboard (.) machen Am besten mit Erklärungen, was das bedeutet, dass das einfach zu verwenden ist. Das bedeutet nicht zu viel Statistik nur irgendwelche Ergebnisse.* Ziel der Modellierung ist die Produktnutzung durch die Kundschaft. Hierfür ist es von Bedeutung, dass es *einfach zu verwenden* ist. Je einfacher die Bedienung, desto größer die Wahrscheinlichkeit, dass eine Anwendung genutzt wird. Hierfür ist die Rückkopplung von Bedeutung. Anwendungen müssen auf die Bedürfnisse der Kundschaft zugeschnitten sein, die sich *nur irgendwelche Ergebnisse* von der Anwendung erwarten. Das Produkt soll für die Kundschaft greifbar sein. *So, dass wir das wirklich menschlich darstellen können.* Der Modellierungsprozess ist auf die Bedürfnisse Anderer ausgerichtet und folgt einem modus operandi der Modifizierung, der sich im Fall von Maria über Praktiken des Feedbacks konstituiert. *Und dass sie auch ein Feld für Kommentare haben, uns auch Feedback zurückzuschicken können und mit diesem einfachen Modell können wir dann dieses Modell, können wir dann erweitern und das verbessern.* In der Erzählung von Maria wird eine starke Kund:innenorientierung ersichtlich. Fertigkeiten der Kommunikation und Beratung wird in ihrem Sprechen eine größere Bedeutsamkeit zugeschrieben als in den bisherigen Fällen. Insbesondere in der Untertypik der Feedbackorientierung verdeutlicht sich der Dienstleistungsaspekt in der Professionalität von Data Scientists und die daran geknüpfte Notwendigkeit von Soft Skills als Schlüsselfaktor ihrer professionellen Praxis (FLIGSTEIN 1997; Noordegraaf 2015).

Wie in den Fällen von Peter und Michael ist auch für den Fall von Maria ein informatisch-herantastendes Vorgehen im Modellierungsprozess rekonstruierbar. Allerdings orientiert sich das professionelle Handeln in Marias Fall an den konkreten Bedürfnissen der (potentiellen) Nutzer:innen. Das hat Einfluss auf das professionelle Handeln. *[D]as ist wirklich, wenn das schon mit Stakholders verbunden ist, dann muss man wirklich vorsichtig machen.* Maria verdeutlicht über das Verb *verbunden* eine Wechselbeziehung, bei der die Modellierer und die *Stakeholders* in einer aufeinander bezogenen Beziehung zueinander stehen. Maria wertet das in ihrem Sprechen als eine sensible Verbindung, in der ein behutsames Vorgehen notwendig ist. Sie erzählt das in Abgrenzung zu Kontexten, in denen Data Science-Teams *alles exportieren und alles machen, was sie möchten.* Dass man *alles machen* kann, was man möchte, lässt sich als ein positiver Gegenhorizont deuten, der gewissermaßen erstrebenswert erscheint, sich aber nicht umsetzen lässt. Der Autonomie- und Kreativitätsgrad erscheint in Marias Proposition als begrenzt. Wobei die Begrenzung nicht als negativer Horizont erscheint, sondern sich aus dem handlungsleitenden positiven Horizont der Nutzengenerierung ableitet und sich diesem unterordnet. Denn in Marias Kontext sind die Stakeholder *wirklich stark involviert und wenn man das falsch macht, dann werden sie das Modell ablehnen. (.) Das bedeutet man muss wirklich vorsichtig machen.* Die Bedeutung der Verbindung wird in ihrem Sprechen noch einmal durch den negativen Horizont der Ablehnung deutlich. Für Maria ergibt sich aus dem Prozess der Modellierung eine hohe Verantwortung, der man gerecht werden muss. Die habituelle Orientierung an Praktiken des Reziproken und der Rückkopplung lässt sich auch in Marias Umgang mit Bias und Diskriminierung wiederfinden.

> Ja, das war beim Fintech, das war ein großes Problem, (.) das müssen wir wirklich dann ausgleichen, falls das wirklich passiert ist. Das müssen wir, so ich war früher in Compliance, das war auch unsere Arbeit, solche Sachen zu vermeiden, und dann haben wir Modelle so eingestellt, dass das möglicherweise nicht viel Bias dann drin war. (.) Und das müssen wir alles dokumentieren, weil wir ganz viel Prüfungen dann hatten, das müssen wir schon berücksichtigen. Jetzt (.) habe ich dieses Problem nicht, weil meistens arbeite ich mit betrieblichen Daten, zur technischen Daten. Aber (.) ja, das war schon eine Sache in meinem ehemaligen Firmen, (.) dass wir dann wirklich aufpassen müssen, was wir genau bauen möchten. Und was Kunden auch davon wissen, ja zum Beispiel, als das Konto, so dass wir auch so zum Beispiel gemacht, dass das Modell keine Entscheidung gemacht hat. Er hat nur Empfehlungen gegeben. Das Modell haben nur Empfehlungen gegeben und dann wir hatten eine Gruppe von Investigatoren, die dann diese Entscheidungen getroffen haben. Die müssen das machen, und weil das war auch eine Sache, dass das Modell das nicht machen kann. Das Modell kann nicht entscheiden, ob zum Beispiel Kundenkonto jetzt blockiert sein sollte oder nicht.(11.DS 19.12.22 Maria, Pos. 791–813)

Formulierende Interpretation

Bias und Diskriminierung waren im Fintechbereich *ein großes Problem.* Dort mussten sie im Falle des Falles *ausgleichen.* Maria war früher für die *Compliance* mit zuständig. Daher war es ihre Aufgabe, solche Sachen zu verhindern. Die Modelle wurden versucht, so zu bauen, dass *möglicherweise nicht viel Bias dann drin war.* Das musste von ihr auch alles dokumentiert werden. Denn es gab dahingehend auch Überprüfungen. *Jetzt habe ich dieses Problem nicht.* Denn Maria arbeitet nun mit betrieblichen Daten, die technische Informationen enthalten. Aber in den vorherigen Firmen war das ein Thema. Dort mussten sie *wirklich aufpassen,* was für Modelle sie bauen. Die Kunden mussten das auch wissen. Das Modell *hat nur Empfehlungen gegeben* und die Entscheidung musste durch *Investigatoren* getroffen werden. Das mussten sie auch machen, weil *das Modell das nicht machen kann.* Es konnte nicht entscheiden, ob zum Beispiel ein Kundenkonto geblockt wird oder nicht.

Reflektierende Interpretation

In ihrem Sprechen bezieht sich Maria auf vergangene Erfahrungen in vorherigen Firmen, in denen sie tätig war. In diesem Zusammenhang wertet sie die Thematik als *ein großes Problem.* Es verdeutlicht sich ein modus operandi der Reflexivität, bei der die Problematik kritisch wahrgenommen wird. Weshalb in solchen Fällen reagiert werden musste. Maria war für die *Compliance* zuständig und hatte auf die Einhaltung von Regeln, Gesetzen etc. zu achten. D. h., die Problematik wurde auch von ihrem früheren Unternehmen als wichtig eingestuft. Auf Grundlage ihrer früheren beruflichen Erfahrungen und Position lässt sich eine ausgeprägte Sensibilität bzgl. der Problemstellung von Bias und Diskriminierung identifizieren. Im Zusammenhang ihrer kritischen Reflexivität und ihrer Tätigkeit in der Compliance könnte man die Regel- und Gesetzestreue als eine erstrebenswerte handlungsleitende Vorstellung interpretieren, die für sie einen positiven Horizont darstellt. Allerdings waren sie auch verpflichtet, *alles* [zu] *dokumentieren, weil wir ganz viel Prüfungen dann hatten, das müssen wir schon berücksichtigen.* Es handelte sich um eine Pflichtaufgabe, die nicht umgangen werden konnte. Für ihre gegenwärtige Tätigkeit wertet sie den Umgang als unproblematisch, *weil meistens arbeite ich mit betrieblichen Daten, zur technischen Daten.* An dieser Stelle lässt sich wie in den meisten Fällen herauslesen, dass sich im Sprechen hauptsächlich auf Bias in personenbezogenen Daten orientiert wird. Das auch technische Daten problematische Bias beinhalten können, bildet für sie keinen Bezugspunkt.

Maria bezieht die Problematik nur auf ihre vorherige Firma, *dass wir dann wirklich aufpassen müssen, was wir genau bauen möchten.* Sie erzählt, dass die

Kunden auch davon wissen mussten. Hier lässt sich ein reziproker Umgang ausmachen, bei dem aber nicht erkenntlich wird, ob er sich in diesem Zusammenhang als ein Handlungshorizont repräsentiert. Im Weiteren erzählt Maria, dass die Modelle so gebaut worden sind, dass sie keine Entscheidungen getroffen, sondern *nur Empfehlungen gegeben* haben. Sie beschreibt das an einem Beispiel: *Die müssen das machen, und weil das war auch eine Sache, dass das Modell das nicht machen kann. Das Modell kann nicht entscheiden, ob zum Beispiel Kundenkonto jetzt blockiert sein sollte oder nicht.* Das Modalverb *müssen* bezieht sich auf ein externalisiertes *Die*, welches sich auf die Gruppe der *Investigatoren* als menschliche Entscheider bezieht. Es ist ihre Pflicht bzw. eine Notwendigkeit, dass die Entscheidungen nicht maschinell getroffen werden. Hier ließe sich unter Umständen ein positiver Horizont ausmachen. Allerdings wird im folgenden Satz durch das schwache Verb *machen* und das Modalverb *kann* nicht wirklich deutlich, ob es sich um ein Nichtkönnen im ethisch-moralischen, gesetzlichen oder technischen Sinne handelt. Auch über den konkreten Praxisbezug lässt sich die Frage nicht endgültig beantworten.

Die Ausrichtung auf Andere ist zentral für die Handlungsorientierung von Maria. Dies geschieht über Praktiken des Reziproken in der gemeinsamen Arbeit mit ihren Kolleg:innen, etwas, was sich auch im Umgang mit der Problembewältigung im Modellierungsprozess in Zusammenhang mit den Stakeholdern widerspiegelt. Allerdings handelt es sich hier weniger um Praktiken des Reziproken im Sinne einer gleichwertigen Wechselseitigkeit, als vielmehr um ein Dienstleistungsverhältnis, welches bemüht ist, über Praktiken der Rückkopplung eine enge Produkt-Kundenanbindung zu garantieren. Die Bedürfnisse der Stakeholder bestimmen das professionelle Handeln beim Modellieren und folgen dabei einem modus operandi der Modifizierung. Im Umgang mit Bias und Diskriminierung lässt sich, wie in den meisten bisher vorgestellten Fällen, ein modus operandi der Reflexivität identifizieren, der aber ausschließlich auf Bias in personenbezogenen Daten begrenzt bleibt. Im Fall von Maria war es schwierig, hier deutlich gekennzeichnete Handlungshorizonte ausfindig zu machen.

6.2.4 Der Fall Manuela – Feedbackorientierte Untertypik

Manuela ist zum Zeitpunkt des Interviews 34 Jahre alt und in einem großen Verpackungsunternehmen in Österreich angestellt. Sie hat Mathematik studiert und ist erst seit 9 Monaten als Data Scientist beruflich tätig. Ihr Vater arbeitet als Lehrer und ihre Mutter ist Hausfrau. Manuela hat einen osteuropäischen Migrationshintergrund. Im Sprechen über den Modus der Arbeitsorganisation ist

Manuela ein Beispiel für die Schwierigkeit bei der Identifizierung von eindeutig zuordbaren Handlungshorizonten. Es ließen sich in dieser ersten Erzählpassage keine eindeutigen positiven oder negativen Handlungsorientierungen ausmachen. Am Beispiel von Manuela wird abermals die Hybridität der Fälle deutlich. Es lassen sich mitunter unterschiedliche Handlungsorientierungen rekonstruieren, die primär anderen Basis- oder Untertypiken zugeordnet worden sind.

> So every day when I wake up, so I take a shower. I have a breakfast and if I am going to work then I go to work and then (.) usually start the day with the saying good morning to the colleagues and then turn on my computer and 1st I always check my emails and that. And also my calendar if I have any meetings for today or not and then based on that I start working and again depending on that day that if it's like (.) yeah if there is a lot of meetings. So then I prepare myself. To if I have present and have to present something then I have to prepare the presentation for that meeting also. Or if there is not so much of meetings and there are the model that I'm developing and mostly programming, then I open the (.) programming language which is actually Python. And I start programming. So based on the (.) Problem that I have. And then it's going to be programming and testing, and (.) then it's the lunch time that usually takes half an hour to one hour with colleagues and after lunch time again back to the same routine. So it's either there are meeting or there are there are no meetings. So if there is no meeting. And it depends on me that how I want to assign my time to which job. Either it's programming or answering to emails, or it could be also, (.) Yeah, as I said, preparing presentation and something like that, yeah. (16.DS 18.01.23 Manuela, Pos. 425–447)

Formulierende Interpretation

Jeden Tag nimmt sie nach dem Aufstehen eine Dusche. Dann frühstückt sie und geht zur Arbeit. Am Arbeitsplatz sagt sie zunächst jedem *good morning*. Wenn sie ihren Computer angeschaltet hat, checkt sie als Erstes ihre Mails, genauso ihren Kalender, und dann hängt es von ihren Terminen ab, was als Nächstes kommt. Wenn sie eine Präsentation hat, beginnt sie sich vorzubereiten. *Or if there is not so much of meetings and there are the model that I'm developing and mostly programming, then I open the (.) programming language which is actually Python.* Dann beginnt sie mit dem Programmieren und Testen. Zur Mittagszeit geht sie mit den Kolleg:innen für eine halbe oder ganze Stunde gemeinsam essen *and after lunch time again back to the same routine.*

Reflektierende Interpretation

Manuela beginnt ihr Sprechen mit einer Beschreibung ihrer Arbeitsroutine. Diese beginnt für sie mit *a shower.* Im Büro *start the day with the saying good morning to the colleagues.* Bei der Begrüßungsformel *good morning* handelt es sich um eine Geste der anerkennenden Wahrnehmung seines Gegenübers. Den Kolleg:innen wird Respekt und Interesse entgegengebracht. Das stärkt die persönliche Bindung und schafft Vertrauen, welches für die Teamarbeit von Bedeutung ist (Münscher und Hormuth 2013). Gleichzeitig dient der morgendliche Check-In der Präsentation der eigenen Anwesenheit. Er signalisiert den Kolleg:innen, dass man nicht nur vor Ort, sondern auch ansprechbar ist. Inwiefern die Begrüßung der Kolleg:innen einen handlungsleitenden Horizont beschreibt, ist schwer zu rekonstruieren, da es sich eher um eine Aufzählung von Abläufen handelt. Am Computer *1st I always check my emails* und ihren Terminkalender, um einen Überblick zu erhalten, woraufhin sie ihren Arbeitstag strukturieren kann. Bevor sie konkrete Aufgaben bearbeitet, überprüft Manuela noch einmal, ob neue Informationen gekommen sind bzw. es Veränderungen gibt. Das Arbeitshandeln wird durch Termine, Meetings usw. maßgeblich strukturiert. Wenn etwa Meetings anliegen, nutzt sie die Zeit, um sich darauf vorzubereiten. Wenn keine Termine anstehen, beginnt sie mit dem Programmieren und Testen.

Ihr Arbeitsalltag *based on that I start working and again depending on that day.* Die Anpassung an die tagesspezifischen Anforderungen kann als ein positiver Horizont interpretiert werden, bei dem das professionelle Handeln, ähnlich bei der Basistypik der Konsolidierung, durch einen modus operadni der notwendigen Adaption gekennzeichnet ist. Mit der Erzählung vom gemeinsamen Mittagessen verdeutlicht sich abermals ein sozial- bzw. teamorientierter Handlungsablauf, der sich aber nicht eindeutig als ein positiver oder negativer Horizont deuten lässt. Im Fokus der Erzählung steht der Aspekt *it's either there are meeting or there are there are no meetings.* Danach richtet sich ihr Arbeitshandeln aus. Daran anschließend erzählt sie noch, [a]*nd it depends on me that how I want to assign my time to which job.* Mit dem Reflexivpronomen *me* und dem Verb *depends* beschreibt Manuela erstmals in ihrer Erzählung des Arbeitsalltags eine Form der Autonomie bzw. Selbstverantwortlichkeit. Das Arbeitshandeln wird somit nicht nur durch Termine, Meetings usw. strukturiert, sondern obliegt im gewissen Grad auch der eigenverantwortlichen Entscheidung in der Priorisierung von Aufgaben. Hierin lassen sich, wie in den Fällen von Peter oder Michael, Charakteristika des Arbeitskraftunternehmers wiederfinden, allerdings nur in eingeschränkter Form, da in Manuelas Erzählung keine Merkmale von Subjektivierung ihrer Arbeit zu erkennen sind.

In ihrer Proposition zur Arbeitsweise im Modellierungsprozess verdeutlicht sich über Erzählungen über das agile Arbeiten die Feedbackorientierung in ihrer professionellen Praxis.

> So (2s) we are working like in a agil working (.) environment, let's say. So it's a new project manager thing. That's indeed a giant work, so we have like either one week or two weeks of working, and then we go to the customer again. We explain them the findings. Whatever we have chief and then they will say after they like this or not. Then we realize, for example, we are going in the right direction or no, we this model that we have developed is not the one. (.) Because there are different models that we can use sometimes and we can develop in machine learning and also in operations research. That's why this agile method, let's say. Helps that in not, so, let's, it help us that we understand in a smaller step that we are going wrong in the wrong direction and then we can correct the direction before when it's before (.) it's very late. So then yeah, it's always like this that after one week or two weeks of working then we have this presentation. The findings presentation for customers and then they give us the feedback and then yes, it's the same thing that we want. It's nice, and then we continue the same steps. Otherwise they said no. We wanted this and this and that, and then we try either to improve whatever we were doing or completely change the (.) model. And that's how it works actually. (.) Until the end, of course it depends that whenever the output is good enough for the customer. (16.DS 18.01.23 Manuela, Pos. 479–503)

Formulierende Interpretation

Sie arbeiten in einer agilen Arbeitsumgebung. *So it's a new project manager thing.* Das beinhaltet *a giant work.* Sie haben ein oder zwei Wochen Zeit zum Arbeiten und dann gehen sie wieder zum Kunden, um ihre Ergebnisse vorzustellen. *Whatever we have chief and then they will say after they like this or not.* Dann wird klarer, ob die Entwicklung in die richtige Richtung geht oder das Modell nicht stimmig ist. Denn es gibt unterschiedliche Modelle, die zur Anwendung gebracht werden können. Sie können sowohl Machine Learning als auch forschungsorientierte Modelle entwickeln. *That's why this agile method, let's say.* Es hilft, in kleinen Schritten zu verstehen, ob sie in die falsche Richtung gehen. Dann können sie diese korrigieren, bevor es zu spät ist. Es sind also immer ein oder zwei Wochen Arbeit und dann haben sie eine Präsentation. *The findings presentation for customers and then they give us the feedback and then yes, it's the same thing that we want.* Und dann wiederholt das Ganze sich wieder. Wenn sie aber nein sagen und andere Dinge brauchen, dann *we try either to improve whatever we were doing or completely change the (.) model.* So funktioniert der Ablauf bis zum Ende. [O]*f course it depends that whenever the output is good enough for the customer.*

Reflektierende Interpretation

Kurz nachdem Manuela mit dem Sprechen begonnen hat, setzt eine längere Denkpause ein. Im Gegensatz zu ihrer ersten Erzählpassage, bei der sie unmittelbar ins Sprechen kommt, benötigt sie hier einen Moment der Reflexion. Sie setzt mit der Erzählung ein, dass sie in einem *agil working (.) environment* arbeitet. Agiles Arbeiten ist eine Projektmanagementmethode, bei der durch abwechselnde kurze intensive Arbeitsphasen (Sprints) und Ergebnispräsentationen eine enge Kundenbeziehung etabliert werden soll (Moore 2019, 238 f.). Jedem Teammitglied wird eine eigene Aufgabenstellung zugeteilt, die sie innerhalb eines vorgegebenen Sprints bearbeitet. [W]*e have like either one week or two weeks of working.* Am Ende dieser Arbeitsphasen werden der Kundschaft die daraus resultierenden Ergebnisse präsentiert. Wie in den anderen Fällen erscheint in Manuelas Erzählung das agile Arbeiten als ein intensiver zeitgetriebener Prozess. Die zugeteilten Aufgaben liegen in der Selbstverantwortung der jeweiligen bearbeitenden Personen. Der enge vorgegebene Zeitrahmen muss effektiv genutzt werden und verlangt von den Protagonisten eine entsprechende Selbstverantwortung, -organisation und -kontrolle. *That's indeed a giant work.* Das Adverb *indeed* in Verbindung mit dem Adjektiv *giant* und dem Substantiv *work* beschreibt einen übermäßig hohen Arbeitsaufwand, der vermutlich mit einem hohen Grad der Belastung einhergeht. Es handelt sich gewissermaßen um einen negativen Horizont, der aber nicht abwendbar ist. Als *new project manager thing* ist es eine oktroyierte Strukturierung ihres Arbeitsalltages, an die sie sich anpassen muss. Das Arbeitshandeln wird durch die organisatorischen Rahmensetzungen determiniert.

Manuela kann in diesem Zusammenhang, wie im Fall von Thomas und Sören, als eine situierte Professionelle charakterisiert werden. Das professionelle Handeln ist darauf ausgerichtet, stetig konkrete Ergebnisse zu produzieren, die der Kundschaft vorgestellt werden. *We explain them the findings.* Ergebnisse müssen hiernach nicht nur präsentiert, sondern auch erklärt werden. Die Kundschaft ist nicht unbedingt mit den technischen Aspekten und Gegebenheiten vertraut – worin häufig vermutlich einer der Gründe liegt, warum entsprechende Professionelle hierfür beauftragt werden. Es gilt, nicht nur vorzeigbare Resultate zu erzielen, sondern diese den Auftraggeber:innen verständlich und nachvollziehbar aufzubereiten. Hierin verdeutlicht sich noch einmal die Charakteristik der situierten Professionellen. Als Expert:in ist Manuela in ihrem professionellen Handeln aufgefordert, ihr Wissen mittels eines Beratungswissens gegenüber Dritten zu explizieren (Baumert und Kunter 2011). Die starke Kund:innenorientierung in Data Science und die damit verknüpften kommunikativen Präsentationskompetenzen (Costa und Santos 2017; Loukides 2011; Patil 2011; Ruiz Ben 2013) sind daher Gegenstand einer Reihe von spezifischen Fortbildungsangeboten (Abb. 6.7). Am Ende entscheidet die Kundschaft, wie zufrieden sie mit den Ergebnissen ist, und somit auch über den weiteren Entwicklungsfortgang. *Whatever we have chief and then they will say after they like this or not. Then we realize, for example, we are going in the right direction or no, we this model that we have developed is not the one.*

Abb. 6.7 Fortbildungsangebote Umgang mit Stakeholders. (Eigener Screenshot (DatastoryLab 2024) & (The Data Storytellers Podcast 2022))

Die Rückkopplung mit der Kundschaft bildet eine erstrebenswerte Vorstellung und kann als ein positiver Handlungshorizont identifiziert werden. Das Kundenfeedback definiert die Ausrichtung der weiteren Entwicklung und ist eingebettet in eine Kultur der Flexibilisierung und schnellen Adaption (Williams und Cockburn 2003). Die Ablehnung eines Modells bedeutet nicht per se das Scheitern des Projektes, weil eine Vielzahl an unterschiedlichen *models that we can use sometimes and we can develop in machine learning and also in operations research.* Manuela argumentiert auf dieser Basis für den Nutzen der agilen Arbeitsweise, *it help us that we understand in a smaller step that we are going wrong in the wrong direction and then we can correct the direction before when it's before (.) it's very late.* Die Zergliederung in kleine Arbeitsschritte ermöglich schnelle Anpassungen. Das Adverb *very* und das Adjektiv *late* kennzeichnen eine zu langsame Adaption als eine zu vermeidende Vorstellung in ihrer Handlungsorientierung. Es repräsentiert einen negativen Horizont. Der Modus des schnellen und fokussierten Arbeitens, welches über die regelmäßigen und engmaschigen Kundenfeedbacks gerahmt wird, folgt in gewisser Weise einem Trial-and-Error-Verfahren. Hier konstituiert sich eine Handlungspraxis des Herantastens, welches durch die Rückmeldungen noch einmal abgesichert wird. Der Kund:innenwunsch ist das entscheidende Kriterium für die Entwicklung der Modelle und definiert auch das Ende eines Prozesses. *Until the end, of course it depends that whenever the output is good enough for the customer.* Der feedbackgetriebene Prozess bestimmt die Handlungsorientierung von Manuelas professionellem Handeln, welches sich ähnlich der Untertypik der Nutzenorientierung durch eine informatisch-herantastende Praxis charakterisiert. Im Fall von Manuela lässt sich wie im Fall von Maria sehr gut eine *Dienstleistungsgesinnung* (Hartmann 1967) identifizieren.

In Manuelas Erzählung zum Umgang mit Bias und Diskriminierung lassen sich bereits bekannte Muster aus anderen Fällen wiederfinden.

> (3s) So the data that we are working now on it's only company data. And of course it's (.) very important that we have to (.) keep it inside the company. So not to reveal it to the opponent of the (.) the company or any other person. So I mean it's very important this (.) ethic and then, (2s) because it can reveal a lot of things about the company. But if there is something that we need to discuss or we need to present, for example, I told you that sometimes we also go to conferences and and we can also have a speak and or speech in the conference and we need to present something then we have to, first there is a (.) section in the company about this (.) data fix, that then we can (.) contact them and tell them that we are going to do that and then we get their permit. If it's OK, then we can also present what we have. Otherwise we are not allowed of course.(16.DS 18.01.23 Manuela, Pos. 617–632)

Formulierende Interpretation

Sie arbeiten ausschließlich mit Unternehmensdaten. Und es ist sicherlich sehr wichtig, dafür zu sorgen, dass diese Daten im Unternehmen bleiben. Also, dass man diese nicht der Konkurrenz oder externen Personen weitergibt. *So I mean it's very important this (.) ethic and then, (2 s) because it can reveal a lot of things about the company.* Wenn sie etwas diskutieren wollen oder präsentieren müssen, dann wird im Vorfeld eine bestimmte Abteilung im Unternehmen in Kenntnis gesetzt *and tell them that we are going to do that and then we get their permit.* Wenn sie das Okay bekommen, können sie die Daten präsentieren, ansonsten dürfen sie das nicht tun.

Reflektierende Interpretation

Manuelas Sprechen über den Umgang mit Bias und Diskriminierung geht eine längere Denkpause voraus. Sie erzählt, dass sie mit *only company data* arbeitet. Mit dem Fokuspartikel *only* kennzeichnet Manuela eine Eingrenzung, die sich auf den Gegenstand der Unternehmensdaten bezieht. Die Beschränkung auf das spezifische Maß der verwendeten Daten setzt eine Kenntnis der Problematik mit Bias und Diskriminierung voraus. D. h., es lässt sich ein reflexiver Umgang rekonstruieren, bei dem aber vor allem der Aspekt der Diskriminierung von Personen im Blickpunkt steht. Mit *only* wird auch kenntlich gemacht, dass man im eigenen professionellen Handeln mit der Problematik nicht konfrontiert ist. Im direkten Anschluss daran bezieht sich Manuela in ihrer Erzählung dann auf unternehmerische Regeln des Betriebsgeheimnisses. Wonach [s]*o not to reveal it to the opponent of the (.) the company or any other person.* Sie empfindet *it's very important this (.) ethic.* Das juristisch geregelte Betriebsgeheimnis wird von ihr als eine wichtige moralische Leitlinie bewertet. Es ist eine erstrebenswerte Vorstellung, dass Unternehmensinformationen nicht weitergegeben werden, und bildet einen positiven Horizont in ihrer Handlungsorientierung. Der Bezug auf betriebliche Vorschriften lässt sich als eine Form der Externalisierung ausmachen. Die eigene Verantwortlichkeit, die aus einer Ethik resultiert, tritt hinter betriebliche Regelungen zurück, auch wenn diese scheinbar deckungsgleich sind. Darauf Bezug nehmend leitet Manuela mit der nebenordnenden Konjunktion *But* eine Erzählung zu den damit verknüpften Einschränkungen in ihrem Arbeitshandeln ein. Wenn sie auf Konferenzen sprechen möchte oder Daten präsentieren soll, *then we have to, first there is a (.) section in the company about this (.) data fix, that then we can (.) contact them and tell them that we are going to do that and then we get their permit.* Auch wenn die Konjunktion *But* eine Einschränkung kennzeichnet, wird nicht ersichtlich, inwiefern diese auch als eine Nicht-Entsprechung von Erwartungen gewertet wird. So bleibt offen, ob es sich u. U. um einen negativen oder gar positiven Handlungshorizont handelt.

Manuela folgt in ihrem professionellen Handeln einem modus operandi der Feedbackorientierung. Dieser ließ sich primär in der zweiten Erzählpassage rekonstruieren. Deshalb wurde ihr Fall der feedbackorientierten Untertypik zugeordnet, auch wenn der modus operandi des Reziproken nicht ersichtlich wurde. Ihre Praktik der Rückkopplung mit Kundschaft ist dem Fall von Maria sehr ähnlich und zeichnet sich durch informatisch-herantastendes Vorgehen aus, welches als wesentliches Merkmal der modifizierenden Basistypik herausgearbeitet worden ist. In ihrem Umgang mit Bias und Diskriminierung findet sich wie in allen anderen präsentierten Fällen ein modus operandi der Reflexivität und der Externalisierung wieder.

6.3 Produzierende Dienstleister:innen zwischen Routine und Krise

Über die Analyse der Bewältigung von komplexen beruflichen Anforderungen im Kontext der Arbeitsorganisation, des Modellierungsprozesses und der Umgangsweise mit Bias und Diskriminierungen wurde das Tertium Comparationis *Modus der Bewältigung komplexer beruflicher Anforderungen* rekonstruiert. Es beschreibt ein Spannungsverhältnis von Norm (Rollenerwartungen, Anforderungen) und Habitus (spezifischen Wahrnehmungs-, Bewertungs- und Handlungsmustern). Mit der Rekonstruktion unterschiedlicher Basistypiken wird kenntlich, dass es sich nicht um individuelle Bewältigungsstrategien handelt, sondern um spezifische Orientierungsrahmen professionellen Handelns. Als typenübergreifende Gemeinsamkeiten kann festgehalten werden, dass sich die Praxis einer beruflichen Selbstorganisation im Spannungsverhältnis von Routine und Krise vollzieht. Data Scientists und Data Engineers beziehen sich in ihrem professionellen Handeln auf vergangene und somit situationsgeprüfte, validierte Erfahrungen. Sie übertragen ihr Erfahrungswissen auf zukünftige vergleichbare Situationen und können dieses zum Einsatz bringen. Denn sobald eine Problemsituation erfasst und eingeordnet werden konnte, „verflüchtigt [es] sich in die Allgemeingültigkeit eines Wissens, das sich in der Vergangenheit und/oder an einem anderen Ort bewährt hat" (Oevermann 2008, S. 68). Dies verdeutlicht sich insbesondere in den Erzählpassagen zum Umgang mit Problemen im Modellierungsprozess. Dieser folgt im Prinzip immer einem ähnlichen Schema, welches als ein Modus der Routine charakterisiert werden kann. Etwa, wenn zuerst die Daten hinsichtlich ihrer Struktur, des Informationsgehalts oder der Missings analysiert werden (siehe die Fälle Thomas, Sören, Peter). Feldimmanente Herausforderungen, wie parallele Projektarbeiten, intensive Arbeitsintervalle (Sprints), Präsentationen usw., kennzeichnen allerdings einen stark zeitgetriebenen Arbeitsprozess. Daraus resultieren mitunter habituelle Nicht-Passungsverhältnisse (Hericks et al. 2018), die sich im Sprechen über hohe Belastungen, Herausforderungen oder Überforderungen als negative Horizonte rekonstruieren ließen. Der praktische Sinn (implizites Wissen) der Akteure ist gewissermaßen der Gefahr ausgesetzt, in eine *Geltungskrise* zu geraten, und erfordert eine entsprechende Anpassung an die Anforderungen des Feldes über die Aneignung neuen impliziten Wissens (Kramer 2014, S. 23). Das ist besonders bei der Basistypik der Konsolidierung zu beobachten, die über Praktiken der Adaption oder des Wissenstransfers bemüht sind, den beruflichen Anforderungen gerecht zu werden. Es handelt sich gewissermaßen um *Grenzsituationen*, in denen ein Habitus *sein Potential aktualisiert* und Praktiken hervorbringt, die er unter anderen Bedingungen nicht offenbart hätte (Bourdieu 1987, S. 167).

Die Rekonstruktion des Modus der Arbeitsorganisation hat verdeutlicht, dass die Akteure unterschiedliche modi operandi der Umgangsweise hervorbringen, aber alle auf eine Bewältigung der Krise im Modus der Routine reagieren, ein Routinehandeln, welches sich nahezu zwangsmäßig aus den Arbeitsbedingungen des Feldes heraus aufdrängt. Die berufliche Praxis folgt einem (nahezu in allen Fällen identischen) routinierten strukturierten Vorgehen. Der Arbeitstag beginnt mit einer Sichtung, Orientierung und Priorisierung von Terminen, Arbeitsaufgaben und Arbeitsschritten. Ein strukturiertes Vorgehen wird in unterschiedlichen Ausprägungen im Sprechen der Interviewten als erstrebenswert hervorgehoben. Es bildet eine zentrale Komponente in ihrem spezifischen professionellen Handeln. Ihr professionelles Handeln ist hierbei in nahezu allen Fällen eingebettet in Projektgruppen oder Entwickler:innenteams. Über agile Projektmanagementtools, wie z. B. Scrum, erfolgt die Organisierung des Arbeitsprozesses, allesamt Praktiken, die als eine professionsspezifische habituelle Passung beschrieben werden können (Bourdieu 1987). Handelt es sich doch um immanente Erfordernisse des spezifischen beruflichen Feldes, die sich als dauerhafte inkorporierte Dispositionen in die Akteure einschreiben.

> „[A]*ls praktischer Sinn* [bewirkt der Habitus] *das Aufleben des in den Institutionen objektivierten Sinns: als Produkt einer Prägungs- und Aneignungsarbeit, die notwendig ist, damit die Erzeugnisse der kollektiven Geschichte als objektive Strukturen in Form dauerhaften und angepaßten Dispositionen reproduziert werden können, die für das Funktionieren dieser Institution nötig sind* […].“ (Bourdieu 1987, S. 107)

Das digitale Feld mit seinem spezifischen Berufsfeld erzeugt als strukturierte Struktur die beschriebenen professionsspezifischen Dispositionen. Data Scientists entsprechen gewissermaßen dem Typus des Arbeitskraftunternehmers und einem unternehmerischen Selbst. Ihre professionelle Praxis ist durch ein hohes Maß an Autonomie im Sinne von Selbstverantwortung, -organisation und -kontrolle charakterisiert. Mitunter kommt es zu einer Überlagerung von unternehmerischen und individuell-persönlichen Zielvorstellungen (besonders bei der Basistypik der Modifizierung). Die Gleichsetzung von beruflichem Handeln mit persönlich erstrebenswerten Normvorstellungen kennzeichnet eine Subjektivierung von Arbeit, bei der Arbeits- und Privatperson verschwimmen.

Der konkrete Fall bildet den Hauptbezugspunkt ihrer professionellen Handlungspraxis und stellt ein strukturbildendes Merkmal ihres professionellen Handelns dar. Ihre Tätigkeit zielt auf das Lösen von Problemen, wobei der

Lösungsweg den Data Scientists und Data Engineers freigestellt ist. Hierfür bedarf es aber eines systematisierten und spezialisierten Wissens (Kompetenzen), welches ihnen die Abarbeitung eines solchen Problems ermöglicht (Bergmann et al. 2014, S. 18). Das Aufbereiten, Säubern und Verknüpfen von Daten, wie auch die Modellierung von Algorithmen ist ein schöpferischer Prozess, aus dem ein materielles Produkt[9] erwächst. Der Modellierungsprozess selbst ist durch einen iterativen Prozess des Trial-and-Error geprägt und zeichnet sich durch ein Effizienz- und Optimierungsbestreben aus. Die Praxis der Modellierung ist in Plattformen, Tools etc. des agilen Arbeitens eingebettet. Die Arbeitsorganisierung über kurze inkrementelle iterative Arbeitskadenzen führt zu einer Praxis der schnellen Problemadaption und Optimierungs- wie Effizienzsteigerung für eine zielorientierte Leistungserbringung. Das agile Arbeiten ist hierbei durch einen engen kommunikativen Prozess zwischen den Teammitgliedern geprägt. Orientiert an den Lösungszyklen mit ihren Feedbackschlaufen, konstituiert sich eine Handlungspraxis des *Lernens am Modell* (Pfister und Müller 2021, S. 45), welches sich in einer Praktik der *just in time customization* artikuliert.

Die von Data Scientists und Data Engineers produzierten Güter benötigen ein hohes Maß an Expertise. Es handelt sich um wissensbasierte und intelligente Produkte (Minssen 2019, S. 145). Data Scientists und Data Engineers sind auf Problemlösungen spezialisierte Wissensarbeiter:innen, deren Tätigkeitsrahmen sich auf Gebiete der Forschung, Konstruktion und Gestaltung konzentriert (Reich 1993, S. 98). Bei ihrer Expertise handelt es sich nicht um ein einmalig Erlerntes, sondern um erforderliches Wissen, welches immer wieder durch Feedbackschlaufen überprüft und erweitert werden muss. Über die interaktive, kommunikative, wie auch kooperative Praxis der Teamarbeit und Feedbackkultur findet ein Prozess der kollektiven Wissensgenerierung statt, als wesentliches Charakteristikum einer Wissensarbeit (Willke 1998). Gleichzeitig ist ihre Handlungspraxis orientiert an den Interessen ihrer Auftraggeber:innen. Die kurzen inkrementellen iterativen Arbeitskadenzen dienen deren Ein- und Anbindung. Das professionelle Handeln von Data Scientists und Data Engineers zeichnet sich durch Praktiken der Flexibilität und schnellen Adaptionsfähigkeit aus. Die Sinnhaftigkeit ihres Handelns ist primär an der Nutzenstiftung für ihre

[9] Über die Zuschreibung der Materialität oder Immaterialität bzgl. Daten und Algorithmen gibt es in der Literatur unterschiedliche Positionen. Es gibt Autor:innen, die digitalen Produkten eher einen immateriellen Charakter zuschreiben (u. a. Srnicek 2018; Staab 2019). Andere verweisen auf den Bedarf an materiellen Speicherformen und Infrastrukturen, weshalb sie die Materialität von digitalen Produkten betonen (Nassehi 2019. Der Autor schließt sich der zweiten Lesart an.

Auftraggeber:innen bzw. Kund:innen ausgerichtet und nicht an einem Orientierungsrahmen der ökonomischen Inwertsetzung. Aus ihrer Wissensarbeit und einer kundenorientierten Handlungspraxis resultiert die Kreation eines immateriellen Gutes.

Es lässt sich für die Interviewten feststellen, dass sich ihre berufliche Tätigkeit vor dem Hintergrund einer Dienstleister:innenrolle konstituiert. Diese lässt sich über Tätigkeiten des Anbietens, Zulieferns, Herstellens und der Kund:innenanbindung identifizieren. Ihre Dienstleistungsrolle ergibt sich auch aus dem Umstand, dass die Befragten in der Regel keine eigenen Projekte initiieren, sondern als Expert:innen zur technischen Umsetzung hinzugezogen werden. Ihre Professionalität verdeutlicht sich in ihrer Rollenfunktion als Enabler. Über ihr methodisiertes Wissen ermöglichen sie den Zugang zu Informationen und Prozessen der Informationsgewinnung, -verarbeitung und Analyse. Sie lösen für Andere Probleme und lassen sich demnach als *stellvertretende Krisenbewältiger* charakterisieren (Oevermann 2013a, S. 119). Über das Modellieren und Coden werden algorithmisierte Anwendungen kreiert, der für die Auftraggeber:innen einen Mehrwert generieren sollen. Hierin kann eine Besonderheit der analysierten Berufsgruppen ausgemacht werden, dass sich ihre Tätigkeit in der Dialektik von Dienstleistungs- und Produktionsfunktion konstituiert, ein dialektisches Momentum, welches aus der Krisenhaftigkeit der Wechselbeziehung beider Rollenfunktionen hervorgeht. Als *Produzent:innen* nehmen sie die Rolle von Ingenieur:innen oder Wissenschaftler:innen ein (Avnoon 2021). Sie verfügen über das entsprechende *Know-how*, um spezifische Produkte zu entwerfen und zu gestalten. Gleichzeitig müssen sie als *Dienstleister:innen* den Anforderungen und Vorstellungen ihrer Kundschaft gerecht werden. Über die Praxis des agilen Arbeitens, als Ausdruck feldimmanenter Ansprüche der Flexibilisierung und Rationalisierung, geraten Data Scientists und Data Engineers in einen konfliktären Widerspruch. Sie bewegen sich im Spannungsfeld der Entwicklung qualitativ hochwertiger, funktionaler Produkte und der Bewältigung dieser Anforderungen unter Zeitdruck, sowie der Adaption individueller Kund:inneninteressen im laufenden Produktionsprozess. In ihrem professionelles Handeln müssen sie mit der Diskrepanz von Norm und Praxis dahingehend umgehen können, dass sie die organisatorischen Rahmenbedingungen sowie -vorgaben mit den Interaktionsbeziehungen zur Kundschaft verknüpfen (Bohnsack 2023, S. 20). In diesem Sinne können Data Scientists und Data Engineers als ein Typus *produzierender Dienstleister:innen*[10] beschrieben werden. Die Produktion von nutzen- und profitorientierten Anwendungen erfolgt unter der Maßgabe flexibilisierter und zeitgetriebener Produktionsbedingungen. Gleichzeitig ist ihr Handeln in ein individuelles Kund:inneninteraktionsgeflecht von Anforderungen, Feedback und Wissensvermittlung eingebettet.

Die Unterschiede präsentieren sich bzgl. differenzierter modi operandi. Es handelt sich gewissermaßen um die spezifizierten praktischen Ausformungen zur Bewältigung der feldimmanenten Erfordernisse (Abb. 6.8). Während für die Basistypik der Konsolidierung in ihrer Arbeitsorganisation Praktiken einer notwendigen Adaption oder Befähigung (von oder durch Andere) identifiziert werden konnten, zeichnet sich die Basistypik der Modifizierung durch rational-wertstiftende und reziproke Handlungsorientierungen aus. Es lässt sich gewissermaßen ein Kontrast zwischen *(Selbst-)Ermächtigung* (Basistypik der Konsolidierung) und *Reziprozität* (Basistypik der Modifizierung) ausmachen. Für die konkrete Praxis im Modellierungspraxis tut sich eine Differenz bzgl. einer *Wissensorientierung* (Basistypik der Konsolidierung) und *Stakeholderorientierung* (Basistypik der Modifizierung) auf. Erstere ist durch einen modus operandi der Wissenschaftlichkeit und des Wissenstransfers gekennzeichnet, zweitere durch ein Optimierungsbestreben, welches einen Nutzen für ihre Unternehmen oder Kundschaft zu generieren sucht. In ihrer Umgangsweise mit Bias und Diskriminierung konnte erstaunlicherweise ein übergreifender modus operandi der *Problemreflektion* und *Externalisierung* rekonstruiert werden. Die Thematik wird mitunter als kritisches Problem verhandelt und als solches benannt. Daraus folgt aber nicht unmittelbar eine intrinsische Handlungsableitung. Das Problem wird in den meisten Fällen vom eigenen Arbeitsmaterial (Daten) entkoppelt. Die Verantwortlichkeit wird auf die Politik, das Unternehmen etc. übertragen. Die Problematik wird gewissermaßen vom eigenen Selbst abgelöst und objektiviert. Es handelt sich nicht mehr um ein individuell zu lösendes Problem, sondern um ein generelles Problem der Allgemeinheit (etwa der Unternehmen oder der Politik etc.) (Neumann 2015, S. 23).

[10] Der Begriff des produzierenden Dienstleisters ist Lerch & Gotsch (2014) entlehnt. Sie wenden diesen auf die durch die Tertiarisierung und Digitalisierung verändernde Rollentransformation von Produzenten zu innovativen Dienstleistern an. Im werttheoretischen Kontext nach Marx bezieht sich der Begriff auf die Produktionsbesitzer:innen und steht somit der eigenen Bedeutungszuschreibung diametral entgegen.

Praktiken	**Basistypik der Konsolidierung**	**Basistypik der Modifizierung**
Arbeitsorganisation	*(Selbst-)Ermächtigung:* Wissen wird an Andere weitergeben o. sich angeeignet	*Reziprozität:* Für andere einen Nutzen o. Mehrwert generieren
Modellierungsprozess	*Wissensorientierung:* Wissenschaftliches Vorgehen bzw. Wissensaneignung	*Stakeholderorientierung:* Anpassung an individuelle Kund:inneninteressen
Umgang mit Bias und Diskriminierung	*Problemreflektion bei gleichzeitiger Externalisierung:* Bias wird als kritisch betrachtet, Lösung der Problematik wird aber nicht bei sich selbst, sondern bei anderen Instanzen gesehen	

Abb. 6.8 Differenzierte Praktiken. (Eigene Darstellung)

Bezogen auf die Forschungsfrage nach den handlungsleitenden Orientierungsrahmen der professionellen Praxis von Data Scientists und Data Engineers lässt sich resümieren: Für die befragten Data Scientists und Data Engineers lässt sich kein Originalitätsanspruch (Dorschel 2022) oder ein elitäres Selbstverständnis (Burrell und Fourcade 2021) rekonstruieren. Vielmehr verkörpern sie das interdisziplinäre Tätigkeitsprofil des *Bricoleur* (Vidgen et al. 2017). Das professionelle Handeln der Berufsgruppen organisiert sich weitestgehend über eine inkrementelle Projektarbeit. Die konzeptionelle Entwicklung und Produktion digitaler Anwendungen erfolgt im Kontext agiler iterativer Arbeitsintervalle. Das professionelle Handeln ist hierbei geprägt von stetigen Feedbackschleifen, parallelen Projektarbeiten und Terminierungen. Es handelt sich um ein stark kontrolliertes und zeitgetriebenes Arbeitshandeln. Der modus operandi konstituiert sich vor dem Hintergrund einer auf Schnelligkeit, Effizienz und auftragsorientierter Produktion basierenden Arbeit. Ihre Handlungsorientierung bewegt sich in einer Ambiguität von Produzent:innenrolle und Dienstleister:innenrolle. Data Scientists und Data Engineers können als Typus *produzierender Dienstleister:innen* gefasst werden, deren professionelles Handeln durch einen Orientierungsrahmen als stellvertretende Krisenbewältiger:innen geprägt ist. Als *Enabler* versuchen sie, Produkte zu entwickeln, die von der Auftraggeber:inseite als nützlich und sinnvoll erachtet werden. Das professionelle Handeln von Data Scientists und Data Engineers ist durch die Kollaboration mit ihren Auftraggeber:innen (und Nutzer:innen) geprägt. Algorithmen müssen in diesem Zusammenhang als ein Produkt einer „Interaktionsabhängigkeit der Professionellen/Klienten-Beziehung“ oder Professionellen/

Vorgesetzten-Beziehung verstanden werden (Stichweh 1996, S. 63). Über omnivore Strategien der Wissens- und Fähigkeitsaneignung (Avnoon 2021) sind die Data Scientists und Data Engineers bemüht, die beruflichen Herausforderungen zu bewältigen. Das professionelle Handeln folgt in seinen wissenschaftlich-forschungsorientierten und informatisch-herantastenden Praktiken einer regelbasierten Handlungsorientierung (Passi und Jackson 2017) als Ausdruck beruflicher (Selbst-)Kontrolle. Gleichzeitig müssen sie sich über Praktiken der Adaption und des Wissenstransfers in die organisatorischen Rahmenbedingungen einfügen. Eine an die Auftraggeber:innen ausgerichtete Dienstleistungsorientierung von Feedback und Nutzengenerierung verlangt dabei eine reflexive Kontrolle, „to establish meaningful connections between clients, work, and organized action" (Noordegraaf 2007, S. 780). Die rekonstruierten Orientierungsrahmen lassen sich mit Noordegraaf (2007) als Ausdruck einer hybridisierten Professionalität charakterisieren. Der Umgang mit Bias und Diskriminierung ist durch einen typikübergreifenden modus operandis der Reflexivität geprägt. In diesem Sinne repräsentieren sich Data Scientists und Data Engineers als *reflektierte Praktiker* (Schön 1994). Allerdings lässt sich gleichzeitig ein modus operandi der Externalisierung ausmachen. Der Befund eines *moralisch-achtsamen Selbst* (Dorschel 2022) kann innerhalb der eigenen Empirie nicht identifiziert werden.

7 Konjunktiver Erfahrungsraum des beruflichen Werdegangs

Im folgendem Kapital gilt es, der Fragestellung nachzugehen, welche strukturidentischen Lagerungen oder Erfahrungsräume zur Genese der unterschiedlichen modi operandi der Basistypiken beigetragen haben. Es gilt zu rekonstruieren, welche Determinanten, Einflüsse und Ereignisse die soziale Genese des Professionshabitus geprägt haben. Auf der Grundlage der sinngenetisch gebildeten Basistypiken wurden über eine weitere komparative Analyse zwei wesentliche konjunktive Erfahrungsräume und Typiken ausdifferenziert. Dieses als soziogenetische Typbildung bezeichnete Verfahren dient der systematischen Analyse der spezifischen Erfahrungsräume und Soziogenese der Orientierungsrahmen der Basistypiken (Nohl 2017, S. 10). Es geht um die Rekonstruktion der sozialen Zusammenhänge, die zur Entstehung der herausgearbeiteten Basistypiken beigetragen haben. Hierzu werden an weiteren Erzählpassagen weitere Tertia Comparationis identifiziert. Denn der „Kontrast in der Gemeinsamkeit ist fundamentales Prinzip der Generierung einzelner Typiken und ist zugleich die Klammer, die eine ganze Typologie zusammenhält“ (Bohnsack 1989, S. 374).

Mit der soziogenetischen Typenbildung wird herausgearbeitet, wie sich ein Typus entwickelt hat und inwiefern er mit bestimmten sozio-demografischen Positionierungen, wie Geschlecht, Alter, Migration oder Klasse, in Verbindung gebracht werden kann. Das setzt ein entsprechendes Forschungssample voraus, bei dem spezifische Merkmale in der Zusammensetzung berücksichtigt worden sind. Erst durch die Hinzuziehung weiterer Tertia Comparationis ergibt sich

Ergänzende Information Die elektronische Version dieses Kapitels enthält Zusatzmaterial, auf das über folgenden Link zugegriffen werden kann https://doi.org/10.1007/978-3-658-51435-8_7.

S. Hagemann, *Algorithmen, Habitus und sozialer Kontext*,
https://doi.org/10.1007/978-3-658-51435-8_7

eine Mehrdimensionalität, auf deren Grundlage eine Generalisierung der Untersuchungsergebnisse möglich ist. Hierfür muss herausgearbeitet werden, in welchem sinnhaften Zusammenhang die verschiedenen Dimensionen zueinander stehen.

Die konjunktiven Erfahrungsräume, die für die Genese der kollektiven Orientierungsrahmen identifiziert wurden, beziehen sich auf identische biographische Erfahrungen im beruflichen Werdegang und auf einer strukturidentischen Lagerung in Bezug auf das Alter. Im Folgenden sollen diese Erfahrungsräume expliziter ausformuliert und ins Verhältnis zu den Basistypiken gesetzt werden. Dafür werden die konjunktiven Erfahrungsräume an konkreten Beispielen der jeweiligen Basistypiken veranschaulicht. Hierzu wird jeweils ein Fall aus jeder Untertypik als idealtypisches Ankerbeispiel präsentiert. Im Gegensatz zu Kap. 6 wird auf die Wiedergabe der formulierenden Interpretation verzichtet und unmittelbar zur reflektierenden Interpretation übergegangen.

Basistypik Modus der Bewältigung komplexer beruflicher Anforderungen	**Konsultierend**		**Modifizierend**	
	Regelgeleitet	**Professionalisierung**	**Nutzenorientiert**	**Feedbackorientiert**
Konjunktiver Erfahrungsraum I Im beruflichen Werdegang	Interessengeleitet		Praxisgeleitet	
Konjunktiver Erfahrungsraum II Alter	30-39 Jahre		20-29 Jahre	
Untertypiken Erfahrungsraum-spezifischer berufsbezogener Habitus	Neigungs-orientiert	Pragmatiker	-	-

Abb. 7.1 Soziogenetische Typenbildung. (Eigene Darstellung)

7.1 Der interessengeleitete berufliche Werdegang

Die Genese der Basistypik der Konsolidierung ist durch einen konjunktiven Erfahrungsraum der intrinsischen Motivation geprägt. Im Sprechen über den beruflichen Werdegang stehen die eigenen Interessen als zentrales Motiv im Vordergrund der Erzählungen.

„Also ich muss zugeben ich hab schon immer mich sehr interessiert für die für die statistischen Methoden [...].“ (01.DS 15.09.22 Thomas, Pos. 114–116)

„So mit diesem, obwohl ich so wenig kann, hab ich mit diesem Beruf die Möglichkeit, mir ein viel besseres Leben zu geben [...].“ (14.DS 23.12.22 Annika, Pos. 152–154)

Hierbei wird die berufliche Tätigkeit als Zufallsprodukt bzw. nicht-intendiert wahrgenommen. Die Tätigkeit als Data Scientist oder Data Engineer hat sich den Erzählungen nach infolge der eigenen Interessen einfach ergeben. Für die Untertypik des Regelgeleiteten lässt sich spezifizieren, dass das Interesse wissenschaftlich orientiert ist. Aus der Neigung zur Mathematik oder Statistik ergaben sich im Werdegang Optionen, im Bereich Data Science oder Data Engineering tätig zu werden, ein Erfahrungsraum, der als neigungsorientierter Werdegang charakterisiert wird. Im Gegensatz dazu ist die Untertypik der Professionalisierung durch ein pragmatisches Interesse gekennzeichnet. Hier geht es nicht um die Verfolgung persönlicher Neigungen, sondern die berufliche Tätigkeit ist mehr Mittel zum Zweck. Data Science oder Data Engineering ist nicht das Resultat persönlicher Interessen, sondern dient der Verfolgung persönlicher Interessen, ein Erfahrungsraum, der sich über eine pragmatischen Interessensverfolgung charakterisiert.

7.1.1 Der Fall Thomas - Neigungsorientiert

Der Fall von Thomas wurde in seinen sozio-demografischen Merkmalen bereits vorgestellt. In Erinnerung sei hier noch einmal gerufen, dass Thomas als Data Scientist in einem größeren Universitätsklinikum in Norddeutschland tätig ist.

So ein bisschen wie die Jungfrau zum Kinde. (.) Also ich muss zugeben ich hab schon immer mich sehr interessiert für die für die statistischen Methoden und so richtig begeistert war ich im zu meiner Bachelorarbeit, (.) die ich in der Industrie geschrieben hatte und damals an der Fachhochschule Saarbrücken (.) beim Lehrstuhl für Statistik eben auch als betreuende Professorin. Und hab da eben halt a gemerkt, dass mir Statistik, ja, mehr liegt als andere mathematische (.) Geschichten, weil es einfach greifbarer ist. Und gerade auch nochmal in dieser praktischen Arbeit habe ich gemerkt, ob man wirklich, (.) ja so ein praktischen Impact haben kann mittels Daten. Und das fand ich halt sehr spannend. Und weil es hat quasi was handwerkliches schon. Also man hat natürlich nichts in der Hand und ist nicht an einer echten Werkbank, an einer physischen, (.) aber man ist eben am Rechner und benutzt Codes (.) und mathematische Modelle und kann dann mithilfe von Daten echte Probleme in der Industrie lösen und das fand ich super spannend. (.) Genau und dann bin ich eben in meinem ersten Job in

> der IT gelandet, auch nochmal in einem Bereich Daten. Und hab mich da dann eben immer weiter spezialisiert. (01.DS 15.09.22 Thomas, Pos. 114–134)

Mit der einleitenden Metapher *wie die Jungfrau zum Kinde*, beschreibt Thomas sein Werdegang als ein nahezu unmögliches Ereignis. Seine Laufbahn zum Data Scientist bewertet er als einen Zufall. Ein Erzählmuster, welches sich in nahezu allen Fällen wiederholt. Die berufliche Position als Data Scientist oder Data Engineer wird als ein ursprünglich nicht-intendiertes Resultat beschrieben. Im direkten Anschluss konterkariert er allerdings seine einleitende Aussage. Er erzählt, dass er sich im Prinzip *schon immer mich sehr interessiert für die für die statistischen Methoden.* Interesse kann in dem von Thomas erzählten Zusammenhang als eine persönliche Neigung gegenüber einer Sache, nämlich der Statistik, beschrieben werden. Seine Bachelorabschlussarbeit absolvierte er am Lehrstuhl für Statistik der Fachhochschule Saarbrücken. Thomas erzählt, dass er durch seine Abschlussarbeit *richtig begeistert war* von statistischen Methoden. Es prägt sich eine Form von Enthusiasmus aus, bei der seine Abschlussarbeit als ein berufsbiografischer Wendepunkt erscheint. Er beschreibt, dass er in diesem Zeitraum für sich bemerkte, dass Statistik ihm *mehr liegt als andere mathematische (.) Geschichten*, und argumentiert, dass diese *einfacher greifbarer ist.* Die Abschlussarbeit führt zu einer Erkenntnis bzw. Reflektion bzgl. der eigenen Fertigkeiten. Das Adjektiv *greifbar* beschreibt die Gegenwärtigkeit einer Sache oder bezieht sich auf das verfügen-über bzw. etwas parat haben. In diesem Sinne ist die Statistik für Thomas etwas gegenwärtig Abrufbares, ein Wissen, auf das er schnell Zugriff hat und anwenden kann. Im Vergleich zur Mathematik erscheint ihm die Statistik als leichter zugänglich. Die gegenwärtige Verfügbarkeit als Greifbarkeit ist für ihn eine erstrebenswerte Vorstellung und lässt sich als ein positiver Handlungshorizont identifizieren. Mit einem Abschluss in Statistik erfüllt Thomas eine grundlegende Kompetenzanforderung von Data Science (Dhar 2013).

Im Weiteren erzählt Thomas, dass er in seiner praxisorientierten Abschlussarbeit *gemerkt* hat, welchen *praktischen Impact [man] haben kann mittels Daten.* Statistik wird von Thomas in unmittelbare Beziehung zu Daten gesetzt, *mittels* derer er das Gefühl artikuliert, damit Einfluss auf die Wirklichkeit nehmen zu können, respektiv diese zu verändern. Für Thomas erscheinen Daten als repräsentative Erscheinung von Wirklichkeit (Muller et al. 2019, S. 10). Diese kann mittels Daten verändert werden, weshalb der Umgang mit ihnen als etwas *handwerkliches* beschrieben wird, eine Fertigkeit, die auf Fähigkeiten im Umgang mit Werkzeugen beruht. *Also man hat natürlich nichts in der Hand und ist nicht an einer echten Werkbank, an einer physischen, (.) aber man ist eben am Rechner und benutzt Codes (.) und mathematische Modelle und kann dann mithilfe von Daten echte Probleme in der Industrie lösen und das fand ich super spannend.* Thomas negiert seinen Vergleich ein Stück weit, aber argumentiert, dass das Handwerkliche sich auf die Bearbeitung bzw. Lösung von Problemen bezieht, etwas, was er für sich als etwas Aufregendes bewertet. Hierin lässt sich eine für Data Scientists durchaus typische Ingenieursidentität ausmachen (Avnoon 2021, S. 339). Das Lösen von Problemen lässt sich für Thomas als eine erstrebenswerte handlungsleitende Vorstellung rekonstruieren. Das Interesse an der Statistik leitet sich aus dem Interesse an der Lösung von Problemen ab und der evtl. damit verknüpften Wirkmächtigkeit. Hier lässt sich ein für die Tech-Branche gängiges Narrativ der sinnhaften Tätigkeit identifizieren (Jarrett 2023, S. 68). *Genau und dann bin ich eben in meinem ersten Job in der IT gelandet, auch nochmal in einem Bereich Daten. Und hab mich da dann eben immer weiter spezialisiert.* Thomas' beruflicher Werdegang zum Data Scientist erscheint ihm als ein Zufall, der sich ursächlich aber aus seiner persönlichen Neigung für statistische Methoden abzuleiten scheint. Es lässt sich konstatieren, dass die Erzählungen zu seinem beruflichen Werdegang sich stark an seinen persönlichen Neigungen orientieren. Thomas ist seinem Interesse an statistischen Methoden, einer praxisbezogenen (im Sinne einer wirklichkeitsbezogenen) Tätigkeit, und der Problemlösung gefolgt. Der berufliche Werdegang von Thomas kann als neigungsorientiert charakterisiert werden.

7.1.2 Der Fall Annika – Pragmatikerin

Der Fall Annika wurde im Kapitel zur sinngenetischen Typenbildung nicht präsentiert, weshalb er an dieser Stelle vorgestellt werden soll. Annika ist zum Zeitpunkt der Interviewerhebung 38 Jahre alt und als Data Scientist für ein größeres Telekommunikationsunternehmen in Deutschland beruflich tätig. Sie hat eine Vielzahl von unterschiedlichen beruflichen Ausbildungen abgeschlossen. So hat sie etwa einen Abschluss im Bereich des Dokumentarfilms und in der Betriebswirtschaftslehre. Im Verlauf ihrer beruflichen Laufbahn ist sie zu ihrem jetzigen Unternehmen gekommen und war dort zunächst in der IT-Abteilung tätig. Im Rahmen dieser Tätigkeit hat sie eine einjährige Weiterbildung zu Data Science absolviert. In diesem Bereich ist sie seit anderthalb Jahren tätig. Beide Elternteile sind Maschinenbauingenieure.

> Also es sind so viele Aspekte. Es (.) wenn ich den Kern (.) als Erstes nennen würde, den ich von einem anderen, was ich bisher gemacht hab, was das für mich wirklich unterscheidet ist die Art und Weise wie man Etwas macht (.) wie der Umgang ist mit einem. Also ich mein, ich glaube, man braucht sich keine, also sozusagen (.) nicht

zu wundern, dass mit Filmleuten oder Musikern, anders umgegangen wird als mit IT Leuten, einfach weil sie weniger gibt. Es wird mehr gebraucht usw das heißt die Wertschätzung, die man generell sowohl von seinen Vorgesetzten oder in irgendeiner Form von der Gesellschaft für diese (.) Tätigkeit bekommt ist massivst (.) nicht ausbalanciert, sag ich jetzt mal. Also ich würde sagen, dass mein größter (.) Input dort, wo ich, ich würd sagen am meisten was gekonnt habe, weil ich einfach mit 7 angefangen habe, Klavier zu spielen und dann mit 17 das geschmissen habe. Das war ich glaube ich hatte meine größten Erfolge dort gefeiert und die wenigste Wertschätzung dafür bekommen. Dann kam das Filmstudium, wo ich auch das Gefühl hatte, ich hab innerhalb meines Studiums immer wieder versucht, so in die Wirtschaft mich rein zu integrieren, und es war furchtbar. Ich habe es gehasst, weil einfach immer davon ausgegangen wird, generell in diesem sozusagen (.) Kunstbereich nenne ich es jetzt mal, das waren eigentlich für umsonst arbeiten müsste und (.) diese Austauschbarkeit war auch immer ein Thema. Zusätzlich kommt dazu (.) man arbeitet ja so als Kameramann oder Kamerafrau oder auch vor allem Regisseur oder Schauspieler eben meistens selbstständig, also freiberuflich und da ist auch wieder diese Herangehensweise so, du wirst ausgetauscht, wenn dir irgendwas nicht passt, wenn du ein unbequemer Mensch bist, wenn du deinen eigenen Kopf hast, wenn du irgendwas machst, was jemanden der mehr Macht hat als du missfällt, oder komisch vorkommt und so. Das hast du erstens bei einem Unternehmen bei einem großen Unternehmen nicht, da muss sich eine Führungskraft mit dir in irgendeiner Form auseinandersetzen oder mit deinen Wehwehchen oder ich weiß nicht, was es (.) hat eine sozusagen du hast (.) Wert nenne ich jetzt einfach mal, als Mensch und als Persönlichkeit. Und das ist für mich ja ein wichtiger Aspekt. Ein anderer wichtiger Aspekt ist (.) also abgesehen von natürlich irgendwie Nachhaltigkeit, also ich kann meinen, ich kann mir ein gutes Leben selbst verdienen. So mit diesem, obwohl ich so wenig kann, hab ich mit diesem Beruf die Möglichkeit, mir ein viel besseres Leben zu geben als mit meinen pro Funden und sehr guten Kenntnissen den ganzen Bereichen, die ich vorher gemacht habe, sei es als als Musiker oder als Filmemacher. Es ist einfach nicht möglich, mit einem viel größerem Aufwand und viel mehr Skills nenne ich jetzt mal in diesem Wirtschaftskontext mir ein gutes Leben zu (.) geben, als mit wenig IT Kenntnissen, die ich jetzt einfach Aufbau. Ich meine, ich arbeite jetzt mindestens noch 35 Jahre. Das heißt, ich hab noch eine rosige Zukunft vor mir und deswegen finde ich das völlig in Ordnung mit Mitte 30 nochmal (.) richtig (.) deutlichen Turn zu machen und nochmal ganz von vorne anzufangen einfach, weil ich das Gefühl habe ja, es muss ja irgendwie weitergehen. (14.DS 23.12.22 Annika, Pos. 111–166)

Im Gegensatz zum Gros der Erzählungen vom Zufall verdeutlicht Annika, dass ihr beruflicher Werdegang multifaktoriell zu betrachten sei. Schließlich sind es *viele Aspekte*, die zu ihrer Position als Data Scientist geführt haben. Annika war vorher zunächst in unterschiedlichen beruflichen Branchen tätig. Sie konstatiert zu Beginn ihrer Erzählung, *dass mit Filmleuten oder Musikern, anders umgegangen wird als mit IT Leuten, einfach weil sie weniger gibt […] das heißt die Wertschätzung, die man generell sowohl von seinen Vorgesetzten oder in irgendeiner Form von der Gesellschaft für diese (.) Tätigkeit bekommt ist massivst.* Annika beschreibt, dass es einen unterschiedlichen Umgang mit beruflichen Gruppen gibt, und argumentiert, dass es sich um eine ungleiche Wertschätzung handelt infolge ungleich verteilter verfügbarer personeller Ressourcen. So lässt sich in Deutschland ein sehr hoher Bedarf an IT-Fachkräften konstatieren, der nicht gedeckt werden kann. Der Interessenverband Bitkom[1] verwies in einer repräsentativen Erhebung Ende 2023 darauf, dass es in Deutschland 149.000 unbesetzte IT-Stellen gibt und drei Viertel der befragten Unternehmen mit einer weiteren Verschärfung des Fachkräftemangels rechnen.

Wertschätzung ist für Annika nicht unmittelbar an Leistung geknüpft. Sie erzählt von ihrer Erfahrung, wonach sie im Bereich des Klavierspielens ihre größte Leistung erbracht habe, *ich glaube ich hatte meine größten Erfolge dort gefeiert und die wenigste Wertschätzung dafür bekommen.* Ähnliche Erfahrungen beschreibt sie über ihre Zeit in der Filmbranche. Sie berichtet von Erwartungshaltungen, bei denen davon ausgegangen wird, dass sie *eigentlich für umsonst arbeiten müsste und (.) diese Austauschbarkeit war auch immer ein Thema.* Fehlende Wertschätzung lässt sich hier als ein negativer Handlungshorizont ausmachen. Erfolge oder Leistungen gehen in der Reflektion von Annika nicht automatisch mit entsprechender Wertschätzung einher. Im weiteren Sprechen erzählt Annika über die prekären Arbeitsbedingungen im Bereich der Filmproduktion, die sich nicht nur in Form unsicherer Arbeitsverhältnisse äußern, sondern auch durch eingeschränkte Mitspracherechte, denn *du wirst ausgetauscht, wenn dir irgendwas nicht passt, wenn du ein unbequemer Mensch bist, wenn du deinen eigenen Kopf hast, wenn du irgendwas machst, was jemanden der mehr Macht hat als du missfällt, oder komisch vorkommt und so.* Prekäre Arbeitsbedingungen mit (gefühlt) eingeschränkten Rechten bilden für Anja ebenfalls einen negativen Handlungshorizont. Hier lässt sich ein habituelles Nicht-Passungsverhältnis rekonstruieren, welches aus einer nicht überbrückbaren Diskrepanz von Praxis und normativen bzw. institutionellen Anforderungen resultiert (Hericks et al. 2018).

Demgegenüber lässt sich im direkten Anschluss in ihrem Sprechen ein positiver Horizont der persönlichen Anerkennung und gesicherter Arbeits- und Lebensbedingungen rekonstruieren. Annika erzählt, *du hast (.) Wert nenne ich jetzt einfach mal, als Mensch und als Persönlichkeit. Und das ist für mich ja ein wichtiger Aspekt. Ein anderer wichtiger Aspekt ist (.) also abgesehen von natürlich irgendwie Nachhaltigkeit, also ich kann meinen, ich kann mir ein gutes Leben selbst verdienen.* In ihrer gesamten Persönlichkeit wahrgenommen und wertgeschätzt zu werden, lässt sich an dieser Passage als ein positiver Handlungshorizont identifizieren. Im

[1] https://www.bitkom.org/Presse/Presseinformation/Rekord-Fachkraeftemangel-Deutschland-IT-Jobs-unbesetzt.

Modus der reflektierenden Argumentation kommt sie für sich zu dem Schluss, dass sie mit wenigen IT-Kenntnissen sich ein besseres Leben ermöglichen kann als mit ihren vielen Kenntnissen in der Kunst- und Kulturbranche. Die prekären Arbeitsbedingungen in der Kulturbranche ermöglichen Annika trotz vielfältiger Kenntnisse keine ökonomisch gesicherte Existenz. Dem konträr gegenübergestellt verspricht die IT-Branche ein *gutes Leben*, unabhängig vom Reifegrad ihrer *Skills. Es ist einfach nicht möglich, mit einem viel größerem Aufwand und viel mehr Skills nenne ich jetzt mal in diesem Wirtschaftskontext mir ein gutes Leben zu (.) geben, als mit wenig IT Kenntnissen, die ich jetzt einfach Aufbau.*

Ihre Entscheidung, in den IT-Bereich zu wechseln, vollzieht sich für sie vor dem Hintergrund ihres vorherigen Berufslebens. [I]*ch arbeite jetzt mindestens noch 35 Jahre*, was für sie bedeutet, dass sie am Anfang ihres beruflichen Lebens steht[2], weshalb es *in Ordnung mit Mitte 30 nochmal (.) richtig (.) deutlichen Turn zu machen und nochmal ganz von vorne anzufangen einfach, weil ich das Gefühl habe ja, es muss ja irgendwie weitergehen.* Annikas beruflicher Werdegang ist durch unterschiedliche Erfahrungen mit Wertschätzungen geprägt und bestimmt von dem Interesse nach Anerkennung und gesicherten Arbeitsbedingungen. Mit der Formulierung *nochmal ganz von vorne anzufangen* markiert einen biografischen Bruch. Die gefühlte Perspektivlosigkeit in Negation zum positiven Horizont einer ökonomisch gesicherten Existenz führt zu einer beruflichen Neuorientierung. Denn *es muss ja irgendwie weitergehen.* Annika möchte im Leben vorankommen und nicht in Stagnation verfallen. Weitergehen markiert ein auf die Zukunft ausgerichtetes Handeln. Die Umschulung als Data Scientist resultiert aus der Handlungsorientierung eines *guten Leben.* Als Arbeiter:innenaristokratie nehmen Data Scientists eine höhere soziale Position ein, die mit mehr Prestige und Einkommen verknüpft ist (Fuchs 2014, S. 18). Die Umorientierung auf den IT-Bereich bzw. konkreter die Fortbildung zum Data Scientist folgt hier nicht wie im Fall von Thomas einer persönlichen Neigung. Vielmehr ist Data Science das berühmte Mittel zum Zweck. Über die Umschulung sollen persönliche Interessen erreicht werden. War der berufliche Werdegang zunächst von persönlichen Interessen im Kulturbereich geleitet, weichen diese infolge negativer Erfahrungen und prekärer Arbeitsverhältnissen einem pragmatischen Sicherheitsbedürfnis, welches zur beruflichen Umschulung als Data Scientist geführt hat.

[2] Wenn man an dieser Stelle profan von 45 Berufsjahren für eine abschlagsfreie Rente ausgeht.

7.2 Der praxisgeleitete berufliche Werdegang

Die Basistypik der Modifizierung ist in ihrer Genese durch einen konjunktiven Erfahrungsraum der Praxis geprägt. Im Sprechen über ihren Werdegang beziehen sich die Interviewten auf Erfahrungen in der konkreten Anwendungspraxis.

> „So like I got as a software engineer, I started that as an intern and then I moved and progressed on to a data science intern and then they hired me on full time because one of the other gentleman that was mentoring me, he actually ended up leaving and so I ended up just assuming his job […]." (06.DE DS 03.12.22 Michael, Pos. 95–100)

> „Und da habe ich mit Modelle angefangen, habe ich das alles ein Vorschlag gegeben und dann später meine Stelle ist Data Sience geendet und dann weiter ja, das war wirklich so." (11.DS 19.12.22 Maria, Pos. 103–106)

Ähnlich wie beim konjunktiven Erfahrungsraum der Basistypik der Konsolidierung ist die berufliche Tätigkeit im Bereich Data Science oder Data Engineerin nicht unmittelbar intendiert gewesen. Im Gegensatz dazu lässt sich der berufliche Werdegang aber nicht primär als ein konjunktiver Erfahrungsraum von persönlichen oder pragmatischen Interessen rekonstruieren. Die berufliche Entwicklung hat sich vielmehr *organisch* ergeben. Die Position als Data Scientist oder Data Engineer resultiert für die Fälle der Basistypik der Modifizierung aus den unterschiedlichen praktischen Erfahrungen ihrer Praktika oder vorherigen beruflichen Anstellungen. Sie sind gewissermaßen in die Position *hineingewachsen.* Es ließ sich diesbezüglich auch keine weitere Differenzierung innerhalb der Basistypik identifizieren.

7.2.1 Der Fall Michael - praxisgeleitet

Der Fall von Michael wurde bereits als Ankerbeispiel für die Basistypik der Modifizierung bzw. Untertypik der Nutzenorientierung vorgestellt. Michael hatte zunächst seine berufliche Laufbahn als Data Scientist begonnen und sich im weiteren Verlauf auf den Bereich des Data Engineering spezialisiert.

> (.) I think I just kind of happened into it by happenstance, so I've worked for two startups and (.) the first one was a small company called ****1 and the other one is another small company called ****2 and so at ****1. (.) I actually got hired on my (2s) second year of grad school and my undergrad was in physics. My masters was in computer science and so when I started my after I finished my first year of school, I

> looked around like crazy for an internship and I ended up getting one with the company called ****1 and I started off as a software engineer actually, and a lot of what I do right now is leveraging a lot of the information I picked up from that in that small step as a software engineer, because I'm actually part of a software engineering team. And my goal is to help them produce a strong foundation for data for our platform and actually providing and collecting a lot of data from the different sources from our industry and so providing that and then. So like I got as a software engineer, I started that as an intern and then I moved and progressed on to a data science intern and then they hired me on full time because one of the other gentleman that was mentoring me, he actually ended up leaving and so I ended up just assuming his job, because I had a lot of the information like I had worked with him on this project. That's what a lot of my internship projects were based off of ss that so. (2s) So yeah, just it just kind of progressed from there and then I was a data scientist for a couple of years and then swapped over to being a data engineer after a couple of years because I was all like a lot of my projects now aren't even data science projects, so I did data science and I did modeling for the first year. I ended up getting put on a project that was very data engineer heavy and I really enjoyed the project. Even if the project at the very end didn't go quite according to the plan, that's OK because I ended up just switching and they gave me a couple other (.) tasks to get caught up as data science as a data scientist, but I just I didn't really grab on to those just well as I think I should have, if it was going to be my profession. So I decided to switch and be a data engineer and that's kind of how it happened so. (06.DE DS 03.12.22 Michael, Pos. 79–118)

Michael bewertet seinen beruflichen Werdegang als einen Zufall. *I think I just kind of happened into it by happenstance.* Die Position des Data Scientist oder Data Engineer ist seinem Empfinden nach ein Umstand, der sich einfach ergeben hat. Sein Werdegang folgte wie im Fall von Thomas keinem intendierten Plan. Er hatte zunächst Physik studiert und im Master sich für Informatik entschieden. In seinem zweiten Studienjahr wurde er in einem Start-up angestellt, *after I finished my first year of school, I looked around like crazy for an internship.* Mit dem Adjektiv *crazy* kommt eine Bestimmtheit in Michaels Sprechen zum Ausdruck, aus der kenntlich wird, dass ein Praktikum für ihn eine sehr erstrebenswerte Vorstellung für ihn war, die er stark gewillt war umzusetzen. Das Erwerben praktischer Kenntnisse lässt sich anhand dieses Abschnittes als ein positiver Handlungshorizont rekonstruieren. Seine erste Anstellung erfolgte in der Position des Software-Engineers. Die Erkenntnisse, die er während seiner ersten beruflichen Erfahrungen sammeln konnte, bewertet er für sein heutiges Berufsleben als elementar. *A lot of what I do right now is leveraging a lot of the information I picked up from that in that small step as a software engineer, because I'm actually part of a software engineering team.*

Der direkte Anschluss an diese Aussage beinhaltet die für die Untertypik der Nutzenorientierung rekonstruierte habituelle Orientierung der Wertstiftung im

Sinne einer Nutzengenerierung für Andere. *And my goal is to help them produce a strong foundation for data for our platform and actually providing and collecting a lot of data from the different sources from our industry and so providing that and then.* Das Narrativ der sinnvollen und nützlichen Tätigkeit gilt mitunter als charakteristisch für digitale Arbeit im Allgemeinen (Jarrett 2023, S. 68). Er erzählt, dass er über seine erste Anstellung als Software Engineer-Praktikant zum Data Scientist-Praktikant befördert worden sei. Durch den Abgang einer Betreuungsperson wurde eine Position vakant. So kam es dazu, dass er eine Festanstellung erhielt. Michael begründet seinen beruflichen Aufstieg in Bezug auf seine praktischen Erfahrungen, die er sich während seines Praktikumsprojekts angeeignet hatte. Konkrete Praxiserfahrung ist innerhalb der Tech-Branche nach wie vor eine elementare Voraussetzung für eine gelingende Karriere (Srnicek 2023, S. 203). So liegt auch für Michael der wesentliche Baustein seines beruflichen Werdegangs in seinem praktischen Erfahrungswissen begründet, [s]*o yeah, just it just kind of progressed from there.* Man könnte argumentieren, dass er über sein Praktikum in die Rolle als Data Scientist hineingewachsen sei.

Im daran anschließenden Modus der Argumentation erzählt Michael, dass er nach ein paar Jahren schließlich in den Bereich des Data Engineerings gewechselt sei, *because I was all like a lot of my projects now aren't even data science projects*, eine Argumentation, die sich stellenweise auch in anderen Fällen von Data Engineers wiederfindet. Es wird von unterschiedlichen Personen erzählt, dass die Unternehmen darauf erpicht sind, Data Scientists zu engagieren bzw. Data Science-Projekte zu initiieren, ohne über die entsprechenden Daten oder Infrastruktur zu verfügen. In einigen Fällen wird auch Bedarf an Data Science für einige Unternehmen generell in Frage gestellt, etwas, was sich im Fall von Michael auch in der Erzählpassage zum Modus der Problemlösung im Modellierungsprozess ausmachen ließ. Dort hatte Michael ausgeführt, dass sein derzeitiges Unternehmen kein Data Science Modelling betreibe, weil hierfür momentan kein Bedarf gesehen werde. In seiner ersten beruflichen Station hat er zunächst modelliert und dann ein Datenprojekt übertragen bekommen, *I ended up getting put on a project that was very data engineer heavy and I really enjoyed the project. Even if the project at the very end didn't go quite according to the plan, that's OK.* Trotz des anfänglichen Misserfolgs bekommt Michael weitere Projekte übertragen, bei denen für ihn aber deutlich wurde, dass es ihm schwer fällt, in Data Science durchzusteigen, *they gave me a couple other (.) tasks to get caught up as data science as a data scientist, but I just I didn't really grab on to those just well as I think I should have, if it was going to be my profession.* Mangelndes berufliches Verständnis ist für ihn ein negativer Horizont und galt es zu vermeiden, weshalb er sich auf Data Engineering spezialisiert hat. *So I decided to switch and be a data engineer and that's kind of how it happened so.* In Michaels Sprechen konnte rekonstruiert werden, dass es die konkreten praktischen Erfahrungen in seinem ersten Unternehmen waren, die seinen beruflichen Werdegang stark beeinflusst haben. Es lässt sich ein Erfahrungsraum ausmachen, der als praxisgeleitet charakterisiert werden kann.

7.2.2 Der Fall Maria - praxisgeleitet

Der Fall Maria wurde ebenfalls bereits vorgestellt. Auch hier sei nur noch einmal kurz daran erinnert, dass sie einen osteuropäischen Migrationshintergrund hat und als Data Scientist für ein österreichisches Transportunternehmen arbeitet.

> (.) Ja, ein bisschen schon, aber ich habe so für mich, das ist jetzt so, dass ich Physik studiert habe und (.) meine erste Arbeit und meine erste Job war im Prinzip Techniker Analyst und ich habe ganz viel mit Netzwerk Graphen gearbeitet. Und (.) ich habe mich zu Data Science, so ja Data Science ist irgendwie (.) gerutscht durch verschiedene Stellen. Das war nicht etwas, dass ich von Anfang an angenommen habe, dass ich Data Science machen werde, das war nur so, dass ich habe einen Job bekommen, wo ich (.) man Mathematikkenntnisse einfach verwenden konnte und dann irgendwie habe ich bemerkt, OK, also wenn sie dann mit Maschinen Learning Modellen weitermachen, dann kann ich das auch machen und auf diese Art und Weise bin ich zu Data Science stelle gekommen, weil einfach man weiß, dass sie haben Data Science Stelle, dann werde ich die Sachen machen deswegen. (.) Aber ganz oft bei, der unter Data Science Stelle steht auch BI Stelle in Unternehmen, weil es war, das war vor 3 Jahren, es war (.) diese Zeit, wo alle Firmen Data Science haben wollten, aber sie haben keinen Bedarf auf Data Science im Unternehmen und sie haben meistens irgendwelche Leute bekommen, und das ist jetzt die ganz interessante Sache, meistens die Leute so früher, die Data Science machen wollten, waren entweder nach Mathematik oder Physik und sie konnten meistens alles machen und meistens haben sie nur Berichte und BI gemacht. (.) Aber sie waren selbst (3s), wie sagt man das? (3s) Independent, selbstständig ja und deswegen (.) sie waren auch beliebt in diesem Sinne da sie bräuchten keine zusätzliche, zum Beispiel (.) Unterstützung von (.) zum Beispiel Datenbanken oder irgendwelche Daten Managers und so. Sie konnten alles alleine machen und ich denke, das ist jetzt besser geworden, dass man wirklich in die Richtung von Modelle jetzt geht und irgendwelche Simulationen aber, meinetwegen war nicht so klar, also ich bin mit Technikern Analyse angefangen durch die Technical Trainer dann später und da habe ich (.) Training für so ein Tool für Datas, also für Maschine Learning vorbereitet und dann bin ich dann in andere Firma auch so (.) Analysten geworden. Und da habe ich mit Modelle angefangen, habe ich das alles ein Vorschlag gegeben und dann später meine Stelle ist Data Sience geendet und dann weiter ja, das war wirklich so. Das ist erwachsen, ja, also das, das war wirklich so nicht klar, dass wir nicht so meine Vorstellung, ich mache jetzt Data Science, nein, ich möchte nur etwas machen, dass ich nach Physik machen kann (lacht). (11.DS 19.12.22 Maria, Pos. 66–109)

Maria beginnt ihr Sprechen mit der Erzählung, dass sie eigentlich Physik studiert hatte, aber in ihrer ersten beruflichen Station als technische Analystin tätig war. *Und (.) ich habe mich zu Data Science, so ja Data Science ist irgendwie (.) gerutscht durch verschiedene Stellen.* Wie in den vorherigen Fällen, wird der eigene berufliche Werdegang als nicht-intendiert gewertet. *Das war nicht etwas, dass ich von Anfang an angenommen habe, dass ich Data Science machen werde.* Maria reflektiert für sich, dass sie eine Anstellung gesucht hat, bei der sie erlerntes mathematisches Wissen anwenden kann. In diesem Sinne kann man konstatieren, dass sie zunächst das Interesse hatte, eine ihrer Ausbildung adäquate berufliche Anstellung zu bekommen. [U]*nd dann irgendwie habe ich bemerkt, OK, also wenn sie dann mit Maschinen Learning Modellen weitermachen, dann kann ich das auch machen und auf diese Art und Weise bin ich zu Data Science stelle gekommen.* Über die praktische Erfahrung mit Machine Learning-Modellen hat sich die berufliche Position als Data Scientist als denkbare Option für Maria ergeben, *weil einfach man weiß, dass sie haben Data Science Stelle, dann werde ich die Sachen machen deswegen.*

Sie erzählt, dass Data Science oft mit Business Intelligence in Verbindung gebracht worden ist. Denn noch bis vor wenigen Jahren wollten viele Unternehmen unbedingt Data Science-Projekte initiieren, ohne einen konkreten Bedarf dafür zu haben. Daraufhin wurden Leute als Data Scientists angestellt, die in Marias Bewertung aber nur Geschäftsanalyse betrieben haben. [U]*nd das ist jetzt die ganz interessante Sache, meistens die Leute so früher, die Data Science machen wollten, waren entweder nach Mathematik oder Physik und sie konnten meistens alles machen und meistens haben sie nur Berichte und BI gemacht.* Bis vor kurzem gab es keine eigenständigen Data Science- oder Data Engineering-Studiengänge. Der Bedarf an Data Science musste über verschiedene MINT-Fachbereiche abgedeckt werden. Maria verweist mit dem Adverb *früher* auf eine vergangene Situation in ihrer wertenden Erzählung, die für die Gegenwart keine Gültigkeit mehr besitzen muss, aber auf die bezogene Zeit Geltung beansprucht. Das Adverb *meistens* beschreibt einen Regelfall, bei dem Data Science-Stellen mit Mathematiker:innen und Physiker:innen besetzt worden sind. Data Science-Pioniere wie Patil (2011) haben betont, dass Data Science-Teams aus Personen mit diversen Ausbildungshintergründen am besten funktionieren (Patil 2011, S. 12). Die Diversität der beruflichen Hintergründe in Data Science-Teams beschreibt Maria als eine *interessante Sache.* Eine für sie anregende Gegebenheit legt es u. U. nahe, dass viele aus ihrem Fachbereich mehr oder weniger in dieses Berufsfeld *gerutscht* sind. Was aber kein Zufall sein muss, denn *sie konnten meistens alles.*

Maria bewertet ihre eigene Berufsgruppe als Allrounder, die ein breitgefächertes verfügbares Wissen und Repertoire an Fähigkeiten besitzen. Es lässt sich in

Marias Sprechen das von Vidgen et al. (2017, S. 634) identifizierte Tätigkeitsprofil des *Bricoleur* ausmachen. Diese Stelle in der Erzählpassage ist deshalb von Interesse, weil es im Interview mit Maria immer wieder Erzählungen darüber gibt, dass die heutigen Data Science-Studienabsolvent:innen nicht über ausreichendes mathematisches und statistisches Wissen verfügen. Der eigene Werdegang wird hier im Modus des Vergleichs zwischen einem Früher und Heute reflektiert. Die Erzählung *meistens haben sie nur Berichte und BI gemacht* verweist auf ein gefühltes Nicht-Erkennen bzw. Nicht-Ausschöpfen der vorhandenen Potentiale. *Aber sie waren selbst (3s), wie sagt man das? (3s) Independent, selbstständig ja und deswegen (.) sie waren auch beliebt in diesem Sinne da sie bräuchten keine zusätzliche, zum Beispiel (.) Unterstützung von (.) zum Beispiel Datenbanken oder irgendwelche Daten Managers und so.* Maria beschreibt die alten (aus der Mathematik und Physik kommenden) Data Scientists als autonome und autarke Akteure. Sie argumentiert, dass sie deshalb sehr geschätzt und angesehen waren, weil sie mit wenigen verfügbaren Ressourcen arbeiten konnten. Auch hier setzt sich ein nahezu nostalgischer Früher-Heute-Vergleich fort. Sie knüpft hierbei an ein idealisiertes Kompetenzprofil an, welches vor allem von führenden Data Scientists propagiert worden ist (Davenport und Patil 2012; Hammerbacher 2009; Loukides 2011). Wobei sie im direkten Erzählanschluss *Sie konnten alles alleine machen und ich denke, das ist jetzt besser geworden, dass man wirklich in die Richtung von Modelle jetzt geht* mit dem Partikel *jetzt*, dem Adverb *besser* und dem Hilfsverb *geworden* einen gegenwärtigen Zustand als positive Veränderung beschreibt. Sie bezieht das auf die *Modelle*, bricht dann aber den Satz ab bzw. fokussiert sich in dem anschließenden Nebensatz wieder auf ihren persönlichen Werdegang.

Es lässt sich vermuten, dass die Verbesserung sich auf den konkreten Aufgabenbereich von Data Scientists bezieht. Wo sie früher nur Berichte und geschäftliche Analysen vorgenommen haben, entwickeln sie heute Modelle. Das Potential dieser Personengruppe wird heute viel mehr ausgeschöpft. Im Weiteren erzählt Maria, dass sie selbst als Technikanalystin angefangen und *sich über Training für so ein Tool für Datas, also für Maschine Learning* fortgebildet hat. Was dazu führte, dass sie im weiteren Verlauf auch in anderen Unternehmen als Analystin angestellt worden ist. *Und da habe ich mit Modelle angefangen, habe ich das alles ein Vorschlag gegeben und dann später meine Stelle ist Data Sience geendet und dann weiter ja, das war wirklich so.* Der gegenwärtigen beruflichen Position wurde sich sukzessive über unterschiedliche berufliche Positionen und Fortbildungen angenähert. Auch wenn Maria sich in ihrem Werdegang an ihrem Interesse an der Anwendung ihrer physikalischen Kenntnisse orientiert hat, so sind es letztlich ihre konkreten praktischen Erfahrungen, die ihre berufliche Laufbahn geprägt haben.

7.3 Mehrebenenvergleich[3]

Die rekonstruierten konjunktiven Erfahrungsräume des beruflichen Werdeganges beschreiben ein kollektives Phänomen im Sinne eines gemeinsamen geteilten Orientierungsrahmens (Bohnsack 2013a). Im vorliegenden empirischen Befund handelt es sich aber nicht um tatsächlich gemeinsam geteilte Erlebnisse, sondern um einen *faktisch gemeinsamen Erlebnishintergrund* (Kramer 2014, S. 16), basierend auf einem strukturidentischen Erleben eines beruflichen Milieus. Eine typenübergreifende Gemeinsamkeit bildet der Umstand eines *nicht-intendierten Werdegangs*. Das verdeutlicht sich an *Fokussierungsmetaphern* (Bohnsack 1999, S. 39):

> *„So ein bisschen wie die Jungfrau zum Kinde."* (01.DS 15.09.22 Thomas, Pos. 114)

> *„I think I just kind of happened into it by happenstance […]."* (06.DE DS 03.12.22 Michael, Pos. 79)

Keine der befragten Personen hatte die Intention, Data Scientist oder Data Engineer zu werden. Auch wenn es sich für einige in der Reflektion als natürliche Entwicklung darstellt:

> *„Würde zumindest behaupten, dass ich eigentlich immer halt Programmierer war […]."* (02.DS 09.11.2022 Peter, Pos. 148–149)

> *„Ya as I told you I always liked data in general. Like I always kind of had fun looking at graphs, plotting Graphs […]."* (05.DE2 02.12.2022 Tom, Pos. 63–64)

Im Modus der Reflektion wird der eigene berufliche Werdegang vielmehr als eine Zufälligkeit empfunden. Er hat sich über das eigene (neigungsorientierte oder pragmatische) Interesse oder durch praktische Erfahrungen ergeben. Entspricht die aktuelle berufliche Position auch nicht vergangenen individuellen beruflichen Präferenzvorstellungen, so stehen diese doch nicht im Widerspruch zu ihrem anzunehmenden Klassenhabitus. Ein Großteil der Interviewten kann mit Blick auf die berufliche Position der Eltern der Mittelklasse bis oberen Mittelklasse zugerechnet werden (siehe Abb. 7.2). Im spezifischen Fall von Sören könnte man von einem unmittelbaren Klassenaufstieg ausgehen. Beim Fall von Tom ist infolge einer Ablehnung von Angaben keine Aussage diesbezüglich möglich.

---

[3] Ein Mehrebenenvergleich richtet sich über den komparativen Fallvergleich auf die Analyse verschiedener Sozialebenen, wie Alter, Geschlecht, Bildungshintergrund usw. (Bohnsack et al. 2013, S. 23.

Nahezu alle Personen weisen einen Studienabschluss in einem der Data Science naheliegenden MINT-Fächer auf (ebenfalls Abb. 7.2).

Es lässt sich gewissermaßen von einer *typischen Laufbahn* gemäß ihrer objektiv gegebenen Möglichkeitsfelder ausgehen (Bourdieu 2013, 188 f.). Angemessen der sozialen Position ihrer Eltern im sozialen Raum (als Anfangspunkt einer Laufbahn), sowie einer damit zu vermutenden einhergehenden Kapitalausstattung der Mittelklasse, haben die Befragten eine ihrem Anfangskapital entsprechende Laufbahn und berufliche Position eingenommen. Handelt es sich bei der Betrachtung der einzelnen Fälle auch um differenzierte *individuelle Laufbahnen*, so ergibt sich in der Gesamtschau das Bild einer *kollektiven Laufbahn* (Bourdieu 2013, 190 ff.). Der differenzierte individuelle berufliche Werdegang kann nicht von der Prägung der ursprünglichen Lebensbedingungen losgelöst betrachtet werden. Die sozialgeschichtlichen Wirkungen der Herkunftsklasse beeinflussen die vorhandenen beruflichen Wahlmöglichkeiten und präsentieren sich als Ausdruck eines Klassenhabitus (Corsten 2012; Kutzner 2012). Der konjunktive Erfahrungsraum der Klassenzugehörigkeit, als eine spezifische Ausprägung *sozialer Lagerung* in Form denk- und sagbarer Möglichkeitsräume (Mannheim 1928, 170 ff.), kann in Anbetracht mangelnder Kontrastierungsfälle nur eine Art Hinweis auf strukturidentische Erfahrungen geben (Amling und Hoffmann 2014, S. 185). Ob die Berufsgruppe der Data Scientists wirklich dem Prototyp einer neuen Mittelklasse entspricht (Dorschel 2022), lässt sich anhand des eigenen Materials nicht rekonstruieren. Aber es wird ersichtlich, dass sich die Berufsgruppe fast ausschließlich aus Personen der Mittelklasse rekrutiert.

Mit der Kategorie Alter konnte ein weiterer konjunktiver Erfahrungsraum identifiziert werden (Abb. 7.3). Die zugeordneten Fälle der Basistypik der Konsolidierung befanden sich zum Zeitpunkt der Erhebung überwiegend in einer Altersspanne zwischen 30 und 39 Jahren. Ausnahmen bilden zwei Fälle der Untertypik des Regelgeleiteten. Carsten ist mit 42 Jahren älter und Carlos mit 22 Jahren deutlich Jünger als die übrige Alterskohorte. Kontrastierend weist die Basistypik der Modifizierung eine Alterspanne von 20 bis 29 Jahren auf. Abweichend sind die Fälle Antje mit 48 Jahren, Lisa mit knapp 30 Jahren und Manuela mit 34 Jahren. Die modi operandi der unterschiedlichen Basistypiken mit ihrem konjunktiven Erfahrungsraum des beruflichen Werdegangs lassen sich demnach mit spezifischen Alterssegmenten in Verbindung bringen. Diese lassen sich in ein oberes (30–39 Jahre) und unteres (20–29 Jahre) Segment differenzieren. Die Älteren orientieren sich in ihrem modus operandi primär an Praktiken des Regelgeleiteten und der Professionalisierung. Das Alterssegment teilt das konjunktive Erleben des beruflichen Werdegangs in neigungsorientierte oder pragmatisch-interessengeleitete Orientierungen, während die Jüngeren in ihrem

ID	Beruf	Studium	Beruf Vater / Mutter
Thomas	DS	Wirtschaftsingenieurswesen	Internist/Krankenschwester
Peter	DS	Informatik	Geologe(Dr.)/Biologin (Dr.)
Antje	DS	Bauwesen	Elektroingenieur/Physikerin
Carlos	DE	Ingenieur	Lehrer/Bäckerin
Tom	DE	Computer Engineering	k.A./k.A.*
Michael	DE	Computer Science	Busfahrer/Pharmazeutin
Aaron	DE	Data Science	IT-Spezialist/Supervisor
Carsten	DS	Informatik	Lehrer/Lehrerin
Sören	DE	Informatik	Schreiner/Drogistin
Gerrit	DE	Statistik und KI	Elektroingenieur/Hausfrau
Maria	DS	Physik	Automechaniker/Ökonomin
Janine	DS	Biomathematik	Finanzberater/Sekretärin
Anja	DS	Statistik	Zahnarzt/Rechtspflegerin
Annika	DS	BWL	Maschinenbauingenieur/ Maschinenbauingenieurin
Lisa	DS	VWL	Volkswirt/Diplom
Manuela	DS	Mathematik	Lehrer/Hausfrau

Abb. 7.2 Forschungssample unter dem Aspekt der Laufbahnklasse. (Eigene Darstellung *keine Angabe)

modus operandi sich durch Praktiken der Nutzen- und Feedbackorientierung charakterisieren. Ihr beruflicher Werdegang ist durch das konjunktive Erleben der praktischen Erfahrung gekennzeichnet.

Basistypik	Konsolidierung	Modifizierung
Konjunktiver Erfahrungsraum des berufl. Werdegangs	Interessengeleitet	Praxisgeleitet
Alterssegment	30-39 Jahre	20-29 Jahre

Abb. 7.3 Basistypiken im Verhältnis zur sozialen Lagerung von Alter. (Eigene Darstellung)

Die Differenzierung von Älteren und Jüngeren in Verbindung zu den unterschiedlichen modi operandi wurde weitergehend in Bezug zur Berufserfahrung gesetzt. Unter der Kategorie Berufserfahrung wird die Anzahl der Jahre subsumiert, die die Befragten in ihrem Beruf als Data Scientist oder Data Engineer bis zum Zeitpunkt des Interviews tätig waren. Erfahrungen in anderen beruflichen Zweigen wurden nicht abgefragt und dementsprechend nicht berücksichtigt. Sowohl die Erhebung als auch die Einbeziehung in die Analyse beruht auf der Annahme, dass mit zunehmender Berufserfahrung sich Wissensbestände und Fähigkeiten entwickeln (Becker 1975; Fischer 2007), die mit den modus operandi eines professionsbezogenen Habitus korrespondieren und diesen mit prägen. In Bezug auf die Kategorie Alter besteht die Annahme, dass tendenziell ältere Personen über mehr Berufserfahrung verfügen, weil sie aufgrund ihres Alters mit höherer Wahrscheinlichkeit schon länger erwerbstätig sind. In der Betrachtung des Materials ließ sich aber keine entsprechende Verbindung ausmachen. Bei den Befragten war kein Zusammenhang bzgl. der Jahre beruflicher Tätigkeit und des modus operandi ihres professionellen Handelns erkennbar.

Als weitere gewichtige soziale Lagerung wurde die Kategorie Geschlecht berücksichtigt. Auf das Spannungsverhältnis von weiblichen Entwickler:innen in einer hegemonial männlich dominierten Entwicklungsbranche wurde an anderer Stelle bereits eingegangen (siehe Kap. 2 und 3). Dabei ging es primär um die soziale Positionierung, wie auch um die Wahrnehmung von weiblichen Personen im Entwicklungsprozess. Mit der Bezugnahme der sozialen Lagerung Geschlecht auf den modus operandi der Basistypiken geht die Annahme einher, dass weibliche Entwickler:innen sich in der Kontrastierung zu ihren männlichen Kolleg:innen an anderen Praktiken orientieren. Damit verknüpft wäre die Vorstellung eines spezifischen weiblichen Modellierungsprozesses (Bath 2014; Rommes 2014). Die Kategorie Geschlecht resultiert aus der direkten offenen Befragung der Interviewten zu ihrer geschlechtlichen Selbstverortung und begrenzt sich in ihrer Merkmalsausprägung auf die Binarität von männlich und weiblich. In der Analyse konnte allerdings keine eindeutige Verbindung zwischen der sozialen Lagerung Geschlecht und den modus operandi der Basistypiken festgestellt werden. Im Ergebnis veranschaulichen sich im Zusammenhang mit bestimmten Untertypiken erkennbare Korrespondenzen, während bei anderen Untertypiken sich keine Korrespondenz feststellen lässt (Abb. 7.4).

Die Untertypik des Regelgeleiteten mit ihrem modus operandi der notwendigen Adaption und auch des wissenschaftlich Validierten lässt sich im Ergebnis ausschließlich männlichen Akteuren zuordnen, während die Untertypik der Feedbackorientierung ausschließlich bei weiblichen Personen rekonstruiert werden konnte. Die anderen beiden Untertypiken der Professionalisierung und der Nutzenorientierung lassen keine Verbindung zwischen dem modus operandi und der sozialen Lagerung Geschlecht erkennen. Das Ergebnis entspricht gewissermaßen stereotypen Geschlechterklischees: männliche Personen als rationale wissensorientierte Akteure und im Gegenzug weibliche Personen, die sich durch emotionale

Basistypik	**Konsolidierung**		**Modifizierung**	
Untertypik	Regelgeleitet	Professionalisierung	Nutzenorientiert	Feedbackorientiert
Konjunktiver Erfahrungsraum des berufl. Werdegangs	Interessensgeleitet		Praxisgeleitet	
Geschlecht	Männlich	Männlich / Weiblich	Männlich / Weiblich	Weiblich

Abb. 7.4 Untertypiken im Verhältnis zur sozialen Lagerung Geschlecht. (Eigene Darstellung)

Attribute der Einfühlsamkeit und Empathie auszeichnen. Ein Blick in das Forschungsmaterial relativiert die geschlechterstereotype Annahme ein Stück weit, wenn man die Kategorie der Branche mit einbezieht. Es wird zwar ersichtlich, dass der modus operandi der Untertypik des Regelgeleiteten sich primär bei Personen rekonstruieren ließ, die in wissenschaftlichen Forschungskontexten verortet sind, während die Untertypik der Feedbackorientierung ausschließlich im außer-wissenschaftlichen Kontext tätig ist. So muss allerdings konstatiert werden, dass sowohl die Untertypik der Professionalisierung als auch die der Nutzenorientierung geschlechtlich durchmischt ist. Es lässt sich somit keine wirkliche Generalisierung in der Beziehung von Praktiken, Geschlecht und Branche ableiten.

Das wissenschaftliche und technische Feld ist jedoch bis heute stark männlich codiert (Faulkner 2014; Lohan und Faulkner 2004; Zachmann 2004). Narrative des *Mann der Tat* oder *Praktiker* bilden wesentliche konstitutionelle Merkmale in der Professionalisierung der Ingenieursberufe und modernen *Technikwissenschaften* (Paulitz 2012; Zachmann 2004), ein Umstand, der sich im generellen Geschlechterverhältnis in der Softwareentwicklung ablesen lässt. Der State-of-JavaScript-Report kommt in seiner Umfrage zu dem Ergebnis, dass über 70 % der Entwickler:innen männlich sind und nur 4 % weiblich (JavaScript 2022).[4] Insgesamt sind weibliche Personen in Ingenieursberufen deutlich unterrepräsentiert. In Deutschland lag der weibliche Anteil aller berufstätigen Ingenieure im Jahr 2020/21 laut dem Verein deutscher Ingenieure (vdi) bei etwa 18 % (Rauhut 2021). Im Dienstleistungsbereich dagegen lag die Erwerbsbeteiligungsquote von

[4] Anzumerken ist, dass etwa 24,6 % die Frage nicht beantwortet haben. Grundsätzlich wird aber deutlich, dass weibliche Personen in der Software-Entwicklung deutlich unterrepräsentiert sind.

weiblichen Personen im Jahr 2023 bei 61,9 % (Statista 2025). Mit der Sozialfigur der *produzierenden Dienstleister:innen* wurde hervorgehoben, dass eine produzierende und dienstleisterische Tätigkeit im Feld Data Science verschmelzen. Interessant ist, dass professionelle Expertise im Bereich der Softwareentwicklung unter Bezug auf die *Kundenzufriedenheit* definiert wird (Schinzel und Ruiz Ben 2004, S. 442). Daraus ableitend könnte man von einer zunehmenden Auflösung der männlichen Hegemonie ausgehen (Döger 2006). Sowohl emotionale Arbeit und Kommunikation als auch Praktiken der Selbstreflektion sind herkömmlich weiblich konnotierte Persönlichkeitszuschreibungen, die Einzug in die Männerdomäne der Tech-Branche gehalten haben. Digitale Arbeit charakterisiert sich hier mitunter als *feminisierte Arbeit* (Jarrett 2023). Hierin könnte ein Hinweis liegen, warum ein modus operandi der Feedbackorientierten sich hauptsächlich bei weiblichen Personen rekonstruieren ließ. Inwiefern die beschriebene Geschlechterdualität empirisch Bestand hat, müsste in einer weiterführenden Forschung mit einem größeren Sample überprüft werden. Denn die zwei restlichen Untertypiken lassen sich nicht mit der sozialen Lagerung von Geschlecht oder Branche in Verbindung bringen. Aber auch hier wäre ein größeres Forschungssample notwendig, um eine bessere Merkmalsausprägung für die Kategorie Branche operationalisieren zu können, die eventuell differenzierte Aussagen zuließe.

8 Zusammenfassung

Die Dissertationsarbeit ist zwei zentralen Forschungsfragen nachgegangen: 1.) Welches professionsspezifische inkorporierte Wissen liegt den professionellen Praktiken von Data Scientists zugrunde? 2.) Welche handlungspraktischen konjunktiven Erfahrungsräume führen zur Genese eines professionsspezifischen Habitus von Data Scientists? Erstere Frage zielte auf die Identifizierung von handlungsleitenden Orientierungsrahmen und der Rekonstruktion unterschiedlicher modi operandi im professionellen Handeln. Zweitere fokussierte sich auf die Analyse und Identifizierung geteilter biographischer Erfahrungen und strukturidentischer Lagerungen, die für die Prägung eines professionsbezogenen Habitus von Bedeutung sind. Die Fragestellungen wurden vor dem Hintergrund tiefgreifender technologischer Transformationsprozesse formuliert. Mit der rasanten Entwicklung von digitalen Technologien haben Daten, Datenanalyse und Algorithmen eine immer größer werdende gesellschaftliche Bedeutung erlangt. Das fortschreitende ökonomische Interesse an der KI-Entwicklung und die Verbreitung digitaler Technologien führt zu neuen Möglichkeiten einer Markt- und Kund:innenorientierung. Die Anreicherung, Aufbereitung und Extrahierung von Informationen aus Daten sowie die Entwicklung algorithmischer Entscheidungsmodelle setzen spezifische Kompetenzen voraus. Als *Schlüsselspieler:innen, Engineer of the Future* oder *Problemlöser:innen* (Davenport und Patil 2012; Stockinger et al. 2016; van der Aalst 2014) sind es Data Scientists, die für konzeptionelle Entscheidungen bzgl. der Datenauswahl und Modellentwicklung wesentlich Verantwortung tragen. Im Folgenden werden die wesentlichen Erkenntnisse und empirischen Ergebnisse zusammengefasst. Weitergehend werden diese vor dem Hintergrund des bisherigen Forschungsstandes und der soziologischen Debatte zur Digitalisierung diskutiert. Abschließend erfolgt ein Ausblick für den weiteren Forschungsbedarf und mögliche Ansatzpunkte.

S. Hagemann, *Algorithmen, Habitus und sozialer Kontext*,
https://doi.org/10.1007/978-3-658-51435-8_8

8.1 Zusammenfassung

In Anschluss an Noordegraaf (2007) habe ich die berufliche Praxis von Data Scientists als Form *hybrider Professionalität* charakterisiert. Ihr Arbeitshandeln beruht nicht allein auf einem technischen Sonderwissen (Pfadenhauer 2003), sondern schließt manageriale-unternehmerische Kompetenzen mit ein. Die Hybridität von Professionalität kann als ein Anpassungsversuch an die Veränderungen innerhalb der Wirtschafts- und Arbeitswelt im Allgemeinen sowie der Transformationsprozesse der Tech-Branche im Spezifischen verstanden werden (Noordegraaf 2007, S. 763). Dies führt zu neuen Anforderungsprofilen und konstituiert einen neuen Arbeitskrafttypus. Als *Arbeitskraftunternehmer* (Pongratz und Voß 2004b) stehen Data Scientists vor der Herausforderung, sich neben den fachlichen (technischen) Qualifikationen ebenfalls Kompetenzen wie Kreativität, Kommunikativität oder Leitungsbereitschaft anzueignen. Über Praktiken der Selbstorganisation, -kontrolle und -verantwortung übernehmen sie Rationalitätsmuster eines *unternehmerischen Selbst* (Bröckling 2013). Das professionelle Handeln von Data Scientists konstituiert sich somit vor dem Hintergrund einer Wissensökonomie und einem Prinzip des Unternehmertums als *institutionalisierte Norm* und *Identitätsnorm* (Bohnsack 2017, 54 f.).

Die Akkumulation von Wissen mittels Daten bildet eine zentrale Handlungsorientierung von Data Scientists. Die Inwertsetzung von Daten, durch Praktiken der Extrahierung von Informationen zur ökonomischen Nutzengenerierung, bildet die Kernaufgabe ihres professionellen Handelns. Hierfür bedarf es technischer Kompetenzen (u. a. Statistik, Programmiersprachen oder Coding). Ihr professionelles Handeln ist durch einen starken technischen Datenbezug geprägt, bei dem Daten als Repräsentation von Realität aufgefasst werden. Ist der *Geist des Solutionismus* (Nachtwey und Seidl 2017) auch nicht unmittelbar handlungsleitend (Dorschel 2022), so verleiht er der Entwicklung digitaler Technologien dennoch ein sinnstiftendes Narrativ intrinsischer Motivation (Jarrett 2023). Eine *Kultur des Codings* (Nachtwey und Seidl 2023) folgt hierbei einer Bestrebung nach permanenter Optimierung.

Als (selbständige) Kontingenzarbeitskräfte ist ihr berufliches Handeln in konkrete Arbeitszusammenhänge eingebettet. Die *Projektifizierung* (Eichmann 2004) von Arbeitsorganisation und Arbeitsprozessen führt hierbei zu neuen Anforderungsprofilen der beruflichen Selbststeuerung und -regelung. Diese repräsentieren sich über Praktiken der Selbstorganisation, -verantwortung und -kontrolle innerhalb agiler modularisierter Projekt- und Teamarbeiten. Eine Handlungsorientierung an einem *unternehmerischen Selbst* (Bröckling 2013) bedingt Praktiken der Selbstvermarktung über Darstellungskompetenzen bzgl. der eigenen beruflichen Identität und umfasst ebenfalls Praktiken der Distinktion gegenüber anderen beruflichen Identitäten.

Das professionelle Handeln von Data Scientists ist auf die Lösung von Problemen ausgerichtet. Dabei geht es nahezu immer um die Lösung von Problemen für Andere (Unternehmen, Stakeholders, Kund:innen etc.). Als *stellvertretende Krisenbewältiger* (Oevermann 2013b) ist ihr berufliches Handeln immer auf einen konkreten Fall bezogen. Dabei geht es nicht nur um die technische Problemlösung, sondern auch um die Explizierung von Wissen gegenüber Dritten (Kund:innen, CEOs etc.). Das professionelle Handeln von Data Scientists ist infolgedessen von einer *Dienstleistungsgesinnung* (Hartmann 1967) geprägt. Neben technischen Kompetenzen, werden manageriale-unternehmerische Kompetenzen vorausgesetzt. Data Scientists sind angehalten, sich in ihrer Praxis an Praktiken einer hybriden Professionalität zu orientieren.

Die Forschungsfragen der Dissertationsarbeit wurden im methodologischen Kontext der qualitativen Sozialforschung bearbeitet. Im Zeitraum von September 2002 bis Januar 2023 wurden 16 Personen, die als Data Scientist oder Data Engineer tätig waren, über die Methode des episodischen Interviews nach Flick (2011) befragt. Über die Aufforderung zur Steggreiferzählung wurden die Interviewten eingeladen, ihr Erfahrungswissen zu explizieren, um einen modus operandi als Hervorbringungsprinzip impliziter Regelhaftigkeit im Sprechen zum Vorschein zu bringen. Ausgewertet wurden die Interviews über die Dokumentarische Methode nach Bohnsack (2007) und Nohl (2017) unter Einbezug des Handlungshorizont-Modells nach Lamprecht (2012). Die theoretischen Annahmen über die handlungsleitenden Orientierungsrahmen der Wissensakkumulation, des Selbstmanagements und der hybriden Professionalität ließen sich über die Rekonstruktion der handlungsleitenden modi operandi und konjunktiven Erfahrungsräume in der empirischen Analyse wiederfinden.

Über eine mehrdimensionale Typologie konnte ein übergreifender professionsbezogener Habitus der *Produzierenden Dienstleister:innen* identifiziert werden. Dieser wurde über einen fallübergreifenden übergeordneten Problemrahmen (Tertium Comparationis) des *Modus der Bewältigung komplexer beruflicher Anforderungen* in den Erzählungen der interviewten Data Scientists und Data Engineers rekonstruiert. Das Tertium Comparationis ließ sich über die Dimensionen *Modus der Arbeitsorganisation, Modus der Bewältigung von Problemen im Modellierungsprozess* und *Umgang mit Bias und Diskriminierung durch Daten* identifizieren. Der Habitus der *produzierenden Dienstleister:innen* charakterisiert sich über einen interdisziplinären modus operandi des *Bricoleur* (Vidgen et al. 2017). Das professionelle Handeln umfasst Praktiken der Produktion (statistische Kenntnisse,

Daten- und Modellkenntnisse, Programmieren etc.) und der Dienstleistung (Kommunikation, iterative Feedbackschleifen, Nutzer:innenorientierung). Ihr Handeln bewegt sich hierbei in einem Spannungsfeld von *Krise und Routine* (Oevermann 2008). Inkorporiertes Wissen und routinisierte Praktiken sind in einem fehlergetriebenen, iterativen und feedbackbezogenen Arbeitsprozess durch unvorhergesehene technische und menschliche Interaktionsgeflechte der Gefahr von Geltungskrisen ausgesetzt. Das professionelle Handeln von Data Scientists und Data Engineers ist hierbei von einer Arbeitsorganisation agiler modularisierter Projekt- und Teamarbeit geprägt. Diese bedingen ein hohes Maß an Autonomie. Sie müssen selbstverantwortlich agieren und sich in ihrem professionellen Handeln selbst organisieren und kontrollieren. In vielen Fällen lässt sich hierbei eine Entgrenzung von Arbeits- und Privatsphäre ausmachen. Der Typus der *produzierenden Dienstleister:innen* lässt sich zu einem gewissen Grad als eine branchenbezogene Spezifizierung des Typus des *Arbeitskraftunternehmers* (Pongratz und Voß 2004b) beschreiben, wobei über Praktiken der Adaption, Selbst- oder Fremdbefähigung und Reziprozität der Typus des Arbeitskraftunternehmers durch einen Typus eines *unternehmerischen Selbst* (Bröckling 2013) komplementiert wird.

Das erste Ergebnis der mehrdimensionalen rekonstruierten Typologie war die Abstrahierung von Basistypiken. Über das Verfahren der komparativen Analyse konnten mit der sinngenetischen Typenbildung die Basistypik der Konsolidierung und die Basistypik der Modifizierung rekonstruiert werden. Diese lassen sich mit ihren handlungsleitenden Orientierungsrahmen als differenzierbarer professionsbezogener Habitus beschreiben (Bohnsack 2017, S. 104). Die Basistypiken ließen sich jeweils in zwei Untertypiken ausdifferenzieren. Für die Basistypik der Konsolidierung konnten die Untertypiken des Regelgeleiteten und der Professionalisierung rekonstruiert werden. Im Fall der Basistypik der Modifizierung ließen sich die Untertypiken der Nutzenorientierung und der Feedbackorientierung ableiten. Ausgangspunkt der sinngenetischen Typenbildung war die Identifizierung eines übergeordneten Problemrahmens (Tertium Comparationis) als fallübergreifender Bezugspunkt in den Erzählungen der Data Scientists und Data Engineers. Diesen bildet der *Modus der Bewältigung komplexer beruflicher Anforderungen*, als ein Spannungsfeld von Praxis und Norm. Der Begriff der Praxis bezieht sich auf ein konjunktives inkorporiertes Wissen, welches mit dem Begriff des Habitus gefasst werden kann. Der Begriff der Norm umfasst normative Erwartungen im Sinne einer Erwartungserwartung der befragten Individuen (Bohnsack 2023, 54 f.). Die rekonstruierten Basistypiken beschreiben die Spannbreite an Handlungspraktiken für den spezifischen beruflichen Erfahrungsraum Data Science und sein immanentes Spannungsverhältnis von professionsbezogenem Habitus und beruflichen Anforderungen.

Die Basistypik der Konsolidierung orientiert sich in ihrem professionellen Handeln an Praktiken der Adaption zur Bewältigung beruflicher Anforderungen. Der identifizierte übergeordnete Problemrahmen (Tertium Comparationis) *Modus zur Bewältigung komplexer beruflicher Anforderungen* umfasst eine Diskrepanz von Habitus und angenommenen normativen Erwartungshaltungen, die von den Individuen über Praktiken des Selbstmanagements und des Kompetenzerwerbs bearbeitet werden. Die Untertypik des Regelgeleiteten ist hierbei über Sozialtechnologien des Selbstmanagements versucht, sich unternehmerischen Anforderungen einer zeitgetriebenen (häufig parallelen) Projektarbeit anzupassen. Der Modus der Adaption äußert sich im Modellierungsprozess durch eine Orientierung an einem wissenschaftlich-forschungsorientierten Vorgehen. Im Gegenzug dazu versuchen die Individuen der Basistypik der Professionalisierung berufliche Anforderungen durch Praktiken der Selbst- und Fremdbefähigung zu bewerkstelligen. Handlungsleitend ist der Erwerb und die Vermittlung von Kompetenzen. Im Umgang mit Bias und Diskriminierung ließ sich allerdings ein Typik übergreifender Modus der Reflexivität und Externalisierung rekonstruieren. Das Thema Bias wird in unterschiedlichem Grade kritisch reflektiert. Allerdings wird die Verantwortlichkeit in unternehmerischen, juristischen oder politischen Regulationen verortet. Teilweise wird die Verantwortung anderen Berufsgruppen oder Rollenfunktionen zugeschrieben.

Die Basistypik der Modifizierung orientiert sich in ihrem professionellen Handeln an Praktiken der Verbesserung und Nutzengenerierung für sich selbst oder Andere. Die *Bewältigung komplexer beruflicher Anforderungen* erfolgt durch die motivationale Sinnstiftung, nutzbringende Produkte zu entwickeln. Für die Untertypik der Nutzenorientierung ließ sich das über einen modus operandi der Rationalisierung und Wertzuweisung rekonstruieren. Dem eigenen Handeln wird über die Generierung eines Nutzens oder Mehrwertes für die Unternehmen oder Kundschaft ein Sinn zugeschrieben, eine Sinnzuschreibung, die gleichermaßen die intrinsische Motivation der Individuen widerspiegelt. Im Modellierungsprozess ließ sich hierbei ein Modus des informatisch-herantastenden Trial-and-Error-Prinzips identifizieren. Produkte zu modifizieren und zu verbessern, bildet den handlungsleitenden Orientierungsrahmen. Die Untertypik der Feedbackorientierung folgt ebenfalls einem Modus des Trial-and-Error und einem Optimierungsbestreben. Allerdings sind Praktiken der Reziprozität und des Kund:innenfeedbacks von entscheidender Bedeutung für den iterativen Entwicklungsprozess. Wie im Fall der Basistypik der Konsolidierung, ließ sich im Umgang mit Bias und Diskriminierung durch Daten ein typikübergreifender

Modus der Reflexivität und Externalisierung rekonstruieren. Trotz einer kritischen Reflektion der Bias-Thematik wird die Verantwortlichkeit nicht im eigenen Handeln verortet.

Weitergehend konnte über eine weitere komparative Analyse ein biographisch geteilter Erfahrungsraum des beruflichen Werdegangs identifiziert werden. Hierbei ließen sich die Basistypiken zwei differenzierten konjunktiven Erfahrungsräumen zuordnen. Diese ließen sich einerseits über ein strukturidentisches Erleben in den Erzählungen über den beruflichen Werdegang rekonstruieren. Anderseits konnten sie im Kontext einer strukturidentischen Alterslagerung festgemacht werden. Es handelt sich um einen interessen- und praxisgeleiteten Erfahrungsraum. Ersterer charakterisiert sich durch eine berufliche Orientierung an persönlichen Neigungen oder einem pragmatischen Interesse zur Erlangung übergeordneter Ziele. Zweiterer basiert auf einem beruflichen Werdegang infolge aufeinander Bezug nehmender beruflicher Erfahrungen. Der konjunktive Erfahrungsraum des Interessengeleiteten ließ sich für die Basistypik der Konsolidierung rekonstruieren. Hierbei ließ sich der konjunktive Erfahrungsraum für die Untertypiken des Regelgeleiteten und der Professionalisierung ausdifferenzieren. So ist Erstere durch einen konjunktiven Erfahrungsraum der persönlichen Neigung geprägt. Der berufliche Werdegang ist im Sprechen durch eine Orientierung an fachlichen Interessen gekennzeichnet, die zu einer beruflichen Anstellung als Data Scientist oder Data Engineer geführt haben. Dagegen ist die Untertypik der Professionalisierung durch einen beruflichen Werdegang des Pragmatismus geprägt. Die berufliche Anstellung resultiert nicht primär aus einem persönlichen Interesse an dem fachlichen Feld, sondern dient der Erreichung übergeordneter persönlicher Ziele. Der konjunktive Erfahrungsraum des Praxisgeleiteten ließ sich für die Basistypik der Modifizierung rekonstruieren. Der berufliche Werdegang ist durch konkrete berufliche Erfahrungen geprägt. Die Anstellung als Data Scientist oder Data Engineer resultiert aus vorherigen beruflichen Anstellungen in anderen Positionen und aus akkumuliertem Erfahrungswissen. Dieser Erfahrungsraum ließ sich allerdings nicht weiter ausdifferenzieren.

Über die Betrachtung des Lebensalters ließ sich eine generationsspezifische Dimension identifizieren. Die Basistypik der Konsolidierung ist durch einen konjunktiven Erfahrungsraum der Altersgruppe 30 bis 39 Jahre gekennzeichnet. Dagegen ließ sich für die Basistypik der Modifizierung ein konjunktiver Erfahrungsraum der Altersgruppe zwischen 20 und 29 Jahren ausmachen. Der berufliche Werdegang erscheint als generationsspezifische berufliche Orientierung, die sich in einer Typik der Konsolidierung oder Modifizierung mit ihren spezifischen modi operandi niederschlägt. Das bedeutet jedoch nicht, dass sich diejenigen, die als ein Generationszusammenhang rekonstruiert worden sind, automatisch als einander zugehörig fühlen müssen (Bohnsack 2017, S. 223).

Die Generalisierbarkeit der empirischen Analyse setzt eine *Gültigkeit der Typenbildung* voraus (Bohnsack 1999, S. 190). Diese bestimmt sich über die Anzahl der empirischen Dimensionen, die zur Rekonstruktion herangezogen worden sind, und darüber, inwieweit eine Typik durch die verschiedenen Erfahrungsräume bestätigt werden kann. „Das Geheimnis der Generalisierung des Typus liegt also in der Mehrdimensionalität der Typologie." (Bohnsack 2013b, S. 270) Es handelt sich folglich nicht um den Anspruch einer Generalisierung in einem repräsentativen Sinne: „In der qualitativen Forschung herrscht weitgehend Konsens dahingehend, dass in der Bildung von Idealtypen in methodologischer Hinsicht der Schlüssel zur Generalisierung zu suchen ist." (Bohnsack 2013b, S. 269) Die Rekonstruktion der Arbeitstypiken, als Basistypiken, erfolgte unter Bezug auf mehrere Dimensionen ihres Arbeitshandelns. Die Generalisierbarkeit lässt sich neben der Mehrdimensionalität über den Abstraktionsgrad begründen (Mafaalani 2012, S. 323). So lassen sich die Basistypiken über Geschlechterunterschiede hinweg darstellen und durch die konjunktiven Erfahrungsräume des beruflichen Werdegangs und des Lebensalters spezifizieren. Weitergehend konnten die modi operandi der Basistypiken auch bei den nicht hier vorgestellten Fällen rekonstruiert werden. Die aus der Literatur und dem aktuellen Forschungsstand abgeleiteten Annahmen bzgl. handlungsleitender Orientierungen im professionellen Handeln von Data Scientists konnten in der eigenen empirischen Analyse rekonstruiert werden. Es kann daher von einem relativ hohen Abstraktionsniveau einer Generalisierbarkeit ausgegangen werden.

Es gilt aber auch, auf mögliche Limitierungen hinzuweisen. Die über Individualinterviews rekonstruierten konjunktiven Erfahrungsräume des beruflichen Werdegangs als biographisch-geteiltes Erleben sind nach Bohnsack (2017) nur bedingt valide in ihrer Aussagekraft. Sie können lediglich als *Träger* oder *Repräsentanten* konjunktiver Erfahrungsräume aufgefasst werden (Bohnsack 2017, S. 127). Denn „[d]ie Gemeinsamkeiten des Erlebens, die Konjunktivität, wie sie durch diese strukturidentische Erfahrungen beziehungsweise diese Erlebnisschichtung, durch das ‚Kollektivgedächtnis', konstituiert werden, findet *performativ* aber nur dort ihren Ausdruck, wo diejenigen in *Interaktion* miteinander treten, die über derartiges strukturidentisches Erleben verfügen" (Bohnsack 2017, S. 127). Für Bohnsack erscheint daher das Gruppendiskussionsverfahren als die validere Variante. Allerdings kann dem entgegengehalten werden, dass Individualinterviews unter Umständen relevante Erfahrungsdimensionen erst sichtbar machen, die in Gruppendiskussionen verschleiert bleiben (Amling und Hoffmann 2014, S. 195).

Kramer (2018) merkt kritisch zur Dokumentarischen Methode an, dass die über verschiedene Vergleichsdimensionen erfolgte Rekonstruktion von Typiken nicht eins zu eins mit einem Habitus gleichzuzusetzen sind (vgl. Bohnsack 2017, S. 104). Vielmehr kann es sich nur um eine Annäherung an einen möglichen Habitus handeln, sonst würde es sich gewissermaßen um eine *subsumtionslogische Schlussfolgerung* handeln (Kramer 2018, S. 249). In Bezug auf die identifizierten konjunktiven Erfahrungsräume eines biographisch-geteilten Erlebens des beruflichen Werdegangs muss kritisch mit angefügt werden, dass diese über Interviews retroperspektiv erhoben worden sind. Es bleibt somit bis zu einem gewissen Grad diskussionswürdig, inwiefern biographische Prozesse mit Hervorbringungsprinzipien eines Habitus gleichgesetzt werden können (Helsper et al. 2013, S. 124).

8.2 Diskussion

Als produzierende Dienstleister:innen sind Data Scientists von entscheidener Bedeutung für die Entwicklung digitaler Technologien. Allerdings erscheinen Zuschreibungen als *coding elite* (Burrell und Fourcade 2021) überspitzt. Mit der Zuschreibung als produzierende Dienstleister:innen wurde kenntlich, dass Data Scientists in ihrem professionellen Handeln insbesondere durch eine Dienstleistungsgesinnung charakterisiert ist. Allerdings verdienen sie um ein vielfaches als das sogenannte *Cybertariats* (Burrell und Fourcade 2021; Fuchs 2014), nehmen mitunter organisationale Eliteposition ein (Avnoon 2021) und können daher durchaus als eine Form von *Arbeiteraristokratie* (Fuchs 2014) beschrieben werden. Die eigene empirische Analyse hat aufgezeigt, dass die Berufsgruppe der Data Scientists mit einer Vielzahl komplexer beruflicher Anforderungen konfrontiert ist. Ihr Arbeitsprozess ist dabei sehr stark zeitgetrieben. Hinzu kommt, dass nicht wenige von ihnen parallel in mehrere Projekte involviert sind. Das geht mit hohen Belastungen einher, die mitunter zu Situationen der Überforderung führen können. Gibt es nach wie vor auch eine hohe Nachfrage nach Data Scientists in den Unternehmen (Leopold et al. 2025), so verweisen Entwicklungen in der jüngeren Vergangenheit auf die Krisenanfälligkeit innerhalb der Tech-Branche hin. Insbesondere in den führenden Tech-Unternehmen des Silicon Valley lassen sich Tendenzen einer Prekarisierung in der Softwareentwicklung erkennen (Tarnoff und Weigel 2020). Insbesondere zunehmende Automatisierungen innerhalb des Entwicklungsprozesses von KI-Technologien, wie z B. das Coden, (Kitamura et al. 2021), können das berufliche Bild von Data Science weiter verändern. Hier wäre es angebracht in weitergehenden Forschungen zu beobachten, inwiefern Moderations-, Kommunikations- und Organsiationskompetenzen im Implementierungsprozess noch weiter an Bedeutung gewinnen, während bis dato grundlegende Programmiertätigkeiten durch KI-Programme an Bedeutung verlieren könnten (Hering und Rojas 2025, S. 9).

Hinzu kommt, dass der Bereich Data Science relativ schnell angefangen hat sich auszudifferenzieren. Unter Bezugnahme auf den aktuellen Forschungsstand lässt sich eine Rollenspezifizierung beobachten (Harris et al. 2013; Kim et al. 2017; Miller 2014). Neue Berufsbezeichnungen wie Data Engineer, Data Analyst, Machine Learning Engineer usw. beschreiben mitunter eben jene Ausdifferenzierung (Kim et al. 2016) oder wollen gar auf abgrenzbare neue Aufgabenbereiche verweisen (Necula und Strîmbei 2022; Vidgen et al. 2017). In der Kontrastierung von Data Scientists und Data Engineers wurde allerdings ersichtlich, dass diese sich nicht unmerklich voneinander unterscheiden. Die Basistypiken ließen sich hiernach nicht ausdifferenzieren. Ihre jeweiligen modi operandi konnten sowohl für die eine als auch für die andere Gruppe identifiziert werden. Unstrittig bleibt, dass in vielen Fällen interdisziplinäre Anforderungen an Data Scientists gestellt werden. Dies ließ sich mit der Rekonstruktion der differenzierbaren Basistypiken empirisch sichtbar machen. Verweisen die unterschiedlichen modi operandi der beruflichen Praxis doch auf unterschiedlich gelagerte *omnivore Strategien* (Avnoon 2021) zur Bewältigung beruflicher Anforderungen, als Spannungsfeld zwischen konkreter Praxis und normativer Erwartungshaltungen. Mit der Rekonstruktion einer fallübergreifenden Typik der *produzierenden Dienstleister:innen* wurde die starke Auftraggeber:innenorientierung deutlich. Das Zusammenfließen von Produzent:innen- und Dienstleister:innenrolle kennzeichnet ihre hybride Professionalität, in der sich fachliche und manageriale Kompetenzen vereinen. Gewissermaßen lassen sich Data Scientists in Anschluss an Dorschel und Brandt (2021) als *Grenzgänger:innen* beschreiben, deren Subjektform durch Ambiguität gekennzeichnet ist (Dorschel und Brandt 2021, S. 207).

Der Ausgangspunkt ihrer Ambiguität ist hierbei in den Erfordernissen der Digitalisierung zu suchen. Als modernes Fortschrittsversprechen (Reckwitz 2024) ermöglicht sie die Generierung, Akkumulierung und Manipulation riesiger Datenbestände. Daraus resultieren effizientere Möglichkeiten der Mustererkennung als technische Rationalisierung zur optimierten Lösungs- und Entscheidungsfindung. Diese bilden die Grundlage eines datengetriebenen digitalen Kapitalismus (Nassehi 2019; Staab 2019). Die funktionale Zuschreibung von Data Scientists besteht einerseits in der Komplexitätsbewältigung von Daten und ihnen innewohnenden Informationen. Andererseits gilt es, diese Informationen zu extrahieren und ökonomisch verwertbar aufzubereiten. Insbesondere in der Basistypik der

Modifizierung ließen sich mit den modi operandi der Nutzen- und Feedbackorientierung Praktiken ausmachen, die sich in ihrer Handlungsorientierung an der Generierung eines Mehrwertes ausrichten. Aber auch die Basistypik der Konsolidierung ist in ihren Praktiken letztendlich darum bemüht, die an sie gesetzten Rollenerwartungen zu erfüllen. Als produzierende Dienstleister:innen orientieren sich Data Scientists in ihrer beruflichen Praxis an den Anforderungen Anderer und lassen somit als stellvertretende Krisenbewältiger:innen beschreiben. In dieser Funktion nehmen sie eine Rolle von Problemlöser:innen ein. Ihre berufliche Praxis ist hierbei durch einen konkreten Fallbezug gekennzeichnet. Algorithmisierte Anwendungen finden mittlerweile in nahezu allen Lebensbereichen Anwendung, auf deren Spezifizität hin sie angepasst werden müssen: etwa im Justizwesen, in der Medizin, in der Partner:invermittlung oder im Finanzwesen (Burrell und Fourcade 2021; Prietl 2019a; Vormbusch 2019). Auf einer abstrakten Ebene folgen die Problemlösungsstrategien einem ähnlichen Muster. In einem iterativen und feedbackbezogenen Prozess wird eine Anwendung solange optimiert, bis die technischen Möglichkeiten ausgereizt oder Erwartungshaltungen der Auftraggeber:innen erfüllt sind. Über die rekonstruierten Basistypiken und ihre Untertypiken wird allerdings ersichtlich, dass die Bewältigungsstrategien im Konkreten divergieren. Sie richten sich in Bezug auf einen konkreten Fall an vorhandenen technischen Ressourcen und empirischen Gegebenheiten aus. In der Literatur angeführte *expansive domain relevance claims* (Burrell und Fourcade 2021, S. 221), einer Weltanschauung des *data fundamentalism* (Crawford et al. 2014) oder *Solutionismus* (Nachtwey und Seidl 2017) erscheinen in Anbetracht der eigenen empirischen Analyse als überpointiert. Die wissensbasierte Arbeit von Data Scientists bewegt sich in ihrer beruflichen Praxis vielmehr in einem Spannungsfeld von Krise und Routine. Anstatt einer Kodierelite repräsentiert sich in Anlehnung an Vidgen et al. (2017) über die Typik der produzierenden Dienstleister:innen in der eigenen Empirie ein Profil des *Bricoleur*, der mit den ihm zur Verfügung stehenden Ressourcen gewillt ist, Probleme im Sinne seiner Auftraggeber:innen zu lösen.

Aus der theoretischen und empirischen Diskrepanz von vermeintlicher Kodierelite und produzierenden Dienstleister:innen leitet sich ein weiter- und tiefergehender Forschungsbedarf ab. So wie Fuchs (2014) mit dem Begriff der *Arbeiteraristokratie* auf stratifikatorische Differenzierungen innerhalb der Tech-Branche verweist (Fuchs 2014, S. 18), so lässt sich eben jener Umstand nicht nur auf die inter-, sondern auch auf die intraberufliche Betrachtung ausweiten. Neben einer empirischen Analyse der relationalen stratifikatorischen Positionierung der Tech-Berufe und ihrer Interdependenzen (Dorschel 2021, S. 11) bräuchte es genauso eine Empirie der Struktur des Feldes der Data Scientists. Das Bild einer vermeintlichen *new elite* oder *proto-class* orientiert sich primär an den führenden Data Scientists-Pionieren, die als „a nebula of soft ware developers, tech CEOs, investors, and computer science and engineering professors, among others, often circulating effortlessly between these influential roles“ (Burrell und Fourcade 2021, S. 217). Die in dieser Forschungsarbeit interviewten Data Scientists entsprechen allerdings nicht dem Typus dieser Protoklasse. Als produzierende Dienstleister:innen bewegen sie sich vielmehr in einem projektifizierten beruflichen Kontext, der sowohl durch zeitliche Begrenzungen (Präsentations- und Abgabetermine) als auch zeitliche Flexibilisierungen (Entgrenzung von Arbeitszeit und Freizeit, sowie Arbeits- und Privatsphäre) gekennzeichnet ist. Aus soziologischer Perspektive wäre es von Interesse, inwiefern unterschiedliche Rollendifferenzierungen innerhalb der Berufsgruppe mit einer Hierarchisierung und daran gekoppelten Machtpotentialen verknüpft sind. Für eine noch weitergehende differenzierte Beschreibung der konkreten Positionierung von Data Scientists würde sich ebenfalls eine spezifische organisationale Analyse anbieten. Hier ließe sich auf einer Mikro-Ebene die konkrete stratifikatorische Verortung der Berufsgruppen innerhalb eines Unternehmens beobachten. Das Unternehmen als Feld konstituiert sich letztlich über die ihm innewohnenden Kräfteverhältnisse, das heißt die in ihm agierenden Akteure (Bourdieu et al. 2002, 209 f.).

Unabhängig davon, ob es sich nun um eine Kodierelite oder produzierende Dienstleister:innen handelt, haben die von ihnen entwickelten digitalen Technologien Auswirkungen auf die Gestaltung sozialer Welt (Beer 2019; Prietl 2019a; Willson 2017; Zweig und Krafft 2018). Als automatisierte Entscheidungssysteme sollen sie das fehleranfällige Verhalten von Menschen ausgleichen (Andrejevic 2020, S. 2) und repetitive Aufgaben übernehmen. Laut dem Future of Jobs Report 2025 geben 60 Prozent der Arbeitsgeber:innen an, dass sie davon ausgehen, dass KI-Technologien ihre Branche maßgeblich verändern werden (Leopold et al. 2025, S. 5). In der Arbeitswelt führt das mitunter zu Misstrauen bis hin zu Existenzängsten bei den Beschäftigten (Shao et al. 2025, S. 9). Wobei in der konkreten Arbeitspraxis KI-Agenten von den mit ihnen interagierenden Beschäftigten häufig positiv wahrgenommen werden (Dennis et al. 2023, S. 329). Gleichzeitig lassen sie sich mitunter nur schwerfällig in die Arbeitsprozesse integrieren und verlangsamen menschliche Arbeitsabläufe (Wang et al. 2025, S. 17). Für eine weitere Forschung erscheint eine genauere Betrachtung der weitergehenden Integration von KI-Technologien, Interaktionen und deren Grenzen höchst interessant, um deren soziale Auswirkungen für die Berufswelt bewerten zu können. Hierbei gilt es auch die Rolle von Data Science hinsichtlich ihrer wahrgenommenen und tatsächlichen sozialen Wirkmächtigkeit im Fokus zu behalten.

Denn die ethische Verantwortlichkeit von Data Scientists rückt nur sehr langsam in das Blickfeld der Forschung. Im Entwicklungsprozess lassen sich nicht immer alle entscheidungsrelevanten Dimensionen ohne weiteres quantifizieren. Die Datenqualität und verfügbare Datenmenge nimmt relevanten Einfluss auf die Qualität von automatisierten Entscheidungen. Und es kann auch nicht ausgeschlossen werden, dass ein Entscheidungsmodell fehlerhaft entwickelt worden ist (Zweig 2019, S. 6). Und letztendlich basieren alle diese Modelle auf einer Extraktionsarchitektur, die als Geschäftsmodell darauf ausgelegt ist, einen ökonomischen Mehrwert zu generieren (Zuboff 2018, S. 235). Die daraus resultierenden Folgen sind mitunter höchst problematisch. In der Literatur wurde das Phänomen des Bias in Hinblick auf die Reproduktion sozialer Ungleichheit vielfach diskutiert (Beer 2019; Brayne und Christin 2021; Crawford et al. 2014; Hooker 2021; Hütt und Schubert 2020; Iliadis und Russo 2016; Prietl 2019a), aber kaum erforscht. Wie aufgezeigt wurde, umfasst das Berufsbild eine Vielzahl an Kompetenzzuschreibungen (technische Kompetenz, Kommunikation, Teamfähigkeit etc.), allerdings wird einer ethischen Kompetenz laut einer Studie von Mäkela und Stephany (2024) keine allzu große Bedeutung beigemessen (Mäkelä und Stephany 2024, S. 27). Mit der Dimension *Umgang mit Bias und Diskriminierung durch Daten* wurde versucht die Problematik in die eigene empirische Analyse miteinzubeziehen. Hier konnte typikübergreifend sowohl ein Modus der Reflexivität als auch der Externalisierung identifiziert werden. Ersterer offenbart ein vorhandenes Bewusstsein bzgl. der Problematik. Im reflektierenden Erzählen wird eine Form moralischer Achtsamkeit erkennbar (Dorschel 2022, S. 133). Allerdings wird die Problematik nicht auf die eigene konkrete Praxis bezogen bzw. in Bezug auf das eigene Arbeitshandeln mehr oder weniger negiert. Die eigenen Daten werden als unproblematisch deklariert. Hier offenbart sich kein Datenfundamentalismus in Form einer Objektivierung von Daten als empirische Wahrheit, sondern vielmehr eine strikte Verengung der Problematik auf personenbezogene Daten. Mit dem Modus der Externalisierung wird darüber hinaus ersichtlich, dass ein Problembewusstsein nicht mit einer Verantwortungsübernahme einhergeht. Hierin liegt eine weitere neue Forschungserkenntnis begründet. Mögliche Verantwortlichkeiten werden nicht auf die eigene Person bezogen, sondern in Gesetzen, Regularien oder anderen Berufsgruppen verortet. Gleichzeitig wurde aber über die Dimensionen der Arbeitsorganisation und den Modellierungsprozess ersichtlich, dass das Arbeitshandeln von Data Scientists stark zeitgetrieben und ressourcenabhängig ist. Die Frage nach Bias kann also nicht allein nur auf mögliche habitualisierte Verzerrungen (Hooker 2021; Prietl 2019a), elitäre Machtansprüche (Burrell und Fourcade 2021) oder ökonomische Profitmaximierung (Zuboff

2018) reduziert werden. Vielmehr gilt es, die Faktoren in Wechselwirkung mit den Arbeitsbedingungen von Data Scientists zu betrachten.

In Anschluss an Kitchin (2019) erscheint eine Ethnografie eines Entwickler:innenteams als ein möglicher fruchtbarer Ansatz, um mehr über die Historizität, Aushandlungsprozesse, Einflüsse oder Zwänge eines Codes oder Algorithmusmodells in Erfahrung zu bringen (Kitchin 2019, S. 24). Letztlich sind digitale Technologien Gemeinschaftsprodukte und resultieren sowohl aus internen als auch externen organisationalen Interdependenzen. Für eine Ethnografie des Entwickler:innenteams wäre aus einer Perspektive der kritischen Daten- und Algorithmusforschung von Interesse, inwiefern digitale Technologien weniger das Produkt ideologischer Überzeugungen sind als vielmehr Ergebnis eines kapitalisierten postfordistischen Produktionsprozesses (Staab 2019). Data Scientists sind in ihrer Praxis dabei unentwegt mit mangelnder Datenqualität und empirischen Unwägbarkeiten konfrontiert. Die Datenpraxis der produzierenden Dienstleister:innen ist daher nicht regelgebunden, sondern vielmehr *regelbasiert* (Passi und Jackson 2017). Darüber hinaus sind sie im Entwicklungsprozess auf eine Vielzahl an Kollaborationen angewiesen, die unmittelbar Einfluss auf die digitalen Produkte nehmen (Zhang et al. 2020). Eine große empirische Leerstelle bildet aus meiner Sicht vor allem die Betrachtung des Interaktionsgeflechtes von Data Scientists und Auftraggeber:innen. Als stellvertretende Krisenbewältiger:innen sind sie gewillt, den Anforderungen und Wünschen ihres Gegenübers gerecht zu werden, bis hin zu dem Punkt, dass die Auftragsgeber:innenseite über den Endpunkt eines Entwicklungsprozesses bestimmt.

Weitere zukünftige Forschungsrichtungen sollten eine Ausweitung der vorliegenden Analyse auf die Geschlechterdimension umfassen. Es gibt eine wachsende Anzahl an geschlechtsspezifischen wissenschaftlichen Studien im Bereich der Softwareentwicklung. Einige Studien haben sich mit der Fragestellung nach geschlechtsspezifischen Programmiertätigkeiten (Lin und Serebrenik 2016), Teamzusammensetzungen (Vasilescu et al. 2015; Yilmaz et al. 2017), Diskriminierungsmechanismen am Arbeitsplatz (Imtiaz et al. 2019; Terrell et al. 2017) oder Barrieren durch gender-biased Open-Source-Software Tools und Infrastrukturen (Padala et al. 2020) beschäftigt. Andere Studien haben sich mehr auf geschlechtsspezifische Persönlichkeitsmerkmale von Softwareentwickler:innen fokussiert (Calefato et al. 2019; Feldt et al. 2010; Iyer et al. 2019; Russo und Stol 2020). In diesen Studien wird konstatiert, dass weibliche Softwareentwickler:innen andere Persönlichkeitsmerkmale als ihre männlichen Kollegen aufweisen (Russo und Stol 2020, S. 831) und geschlechtlich durchmischte Teams bessere Arbeitsergebnisse erzielen (Marques 2015). Allerdings gibt es bisher keine wirklichen empirischen Untersuchungen bzgl. geschlechtsspezifischer

Arbeitsweisen. Mit der Regelgeleiteten und Feedbackorientierten Typik deuten sich geschlechtsspezifische modi operandi an, die es weiter zu untersuchen gilt. Ebenfalls bietet sich eine Ausweitung hinsichtlich der geografischen Betrachtung an. Das vorliegende Sample setzt sich ausschließlich aus Personen der westlichen Industriestaaten zusammen. Mit einer Erweiterung der Analyse auf Asien und Afrika ließen sich potentielle Unterschiede erfassen. Angesichts der anhaltenden Debatten über den Nutzen und die Risiken von KI-Technologien, wäre es von wissenschaftlichen, als auch politischen Interesse mehr über die möglichen Einflussfaktoren im Entwicklungsprozess algorithmusbasierter Anwendungen zu erfahren.

Mit der Rekonstruktion der Typik der produzierenden Dienstleister:innen und ihren differenzierbaren Basistypiken wird ersichtlich, dass es sich bei der Berufsgruppe der Data Scientists um eine hybride Professionalität unterschiedlicher Ausprägung handelt. Lassen sich auf einer Metaebene auch relevante Gemeinsamkeiten professionellen Handelns ausmachen, so wird in der differenzierten Betrachtung ersichtlich, dass die konkrete Ausformung hybrider Professionalität unterschiedlichen Handlungsorientierungen folgt. Es gibt nicht den einen professionsgebundenen Habitus von Data Scientists, sondern sehr unterschiedliche Ausprägungen. Einher gehen damit unterschiedliche Praktiken des Arbeitshandelns. Darüber hinaus lassen sich sowohl die Einflüsse der Arbeitsbedingungen auf die professionelle Praxis als auch die Externalisierung von Verantwortung als wirklich neue empirische Erkenntnisse konstatieren. Mit der Dissertationsarbeit ist es hoffentlich gelungen, das Bild der Berufsgruppe Data Scientist weiter zu erhellen.

Transkribtionsregeln

Pausen:	
(.)	Mikropause (< = 1sec)
(2 s), (3 s)…	Pausen in Sekundenlänge
{gleichzeitig}	gleichzeitige Rede
Emotionen:	
(lacht), (weint)	Beschreibung des Lachens / Weinens usw.
<lachend>	Lachpartikel in der Rede
Sonstige Konventionen:	
(hustet), (räuspern)	para- und außersprachliche Handlungen und Ereignisse
<hustend>	sprachliche Handlungen und Ereignisse
(unverständlich)	unverständliche Sprechpassagen oder Termini
(?Wort?)	vermuteter Wortlaut

S. Hagemann, *Algorithmen, Habitus und sozialer Kontext*,
https://doi.org/10.1007/978-3-658-51435-8

Literaturverzeichnis

365datascience (2024): The Data Scientist Profile 2019 – Skills, Experience, Education Of 1,001 Data Scientists. Online verfügbar unter https://365datascience.com/career-advice/career-guides/data-scientist-profile/, zuletzt aktualisiert am 11.04.2024, zuletzt geprüft am 06.04.2025.

Alkemeyer, Thomas; Schmidt, Robert (2006): Technisierte Körper – verkörperte Technik: Über den praktischen Umgang mit neuen Geräten in Sport und Arbeit. In: *Kongress der Deutschen Gesellschaft für Soziologie „Soziale Ungleich-kulturelle Unterschiede"*, S. 569–578.

Amazon (2025): amazon jobs. Online verfügbar unter https://www.amazon.jobs/content/de/job-categories/data-science, zuletzt geprüft am 06.04.2025.

Amling, Steffen; Hoffmann, Nora Frederike (2014): Die soziogenetische Typenbildung in der Diskussion. In: *ZQF* 14 (2), S. 179–198. https://doi.org/10.3224/zqf.v14i2.16381.

amturing (2024): CHRONOLOGICAL LISTING OF A.M. TURING AWARD WINNERS. Online verfügbar unter https://amturing.acm.org/byyear.cfm, zuletzt geprüft am 06.04.2025.

Andrejevic, Mark (2020): Automated media. New York, London: Routledge Taylor & Francis. Online verfügbar unter https://www.taylorfrancis.com/books/9780429242595.

Archibald, Mandy M. et al. (2019): Using zoom videoconferencing for qualitative data collection: Perceptions and experiences of researchers and participants. In: *International journal of qualitative methods* 18, S. 1–8. Online verfügbar unter https://doi.org/10.1177/1609406919874596, zuletzt geprüft am 20.02.2024.

Arnold, Rolf (Hg.) (1999): Die Weiterbildungsgesellschaft. Neuwied u.a.: Luchterhand.

Aust, Holger (2021): Das Zeitalter der Daten. Berlin, Heidelberg: Springer Berlin Heidelberg.

Avnoon, Netta (2021): Data Scientists' Identity Work: Omnivorous Symbolic Boundaries in Skills Acquisition. In: *Work, Employment and Society* 35 (2), S. 332–349. https://doi.org/10.1177/0950017020977306.

Ayres, Ian (2007): Super Crunchers. Why Thinking-By-Numbers Is the New Way to Be Smart. Westminster: Random House Publishing Group. Online verfügbar unter https://ebookcentral.proquest.com/lib/kxp/detail.action?docID=6105928.

Bachman, Charles W. (1973): The programmer as navigator. In: *Commun. ACM* 16 (11), S. 653–658.

S. Hagemann, *Algorithmen, Habitus und sozialer Kontext*,
https://doi.org/10.1007/978-3-658-51435-8

Baethge, Martin (2011): Die Arbeit in der Dienstleistungsgesellschaft. In: Handbuch Soziale Dienste. Wiesbaden: VS Verlag für Sozialwissenschaften / Springer Fachmedien Wiesbaden GmbH, Wiesbaden, 2011.

Bath, Corinna (2014): Searching for methodology. Feminist technology design in computer science. In: Gender in science and technology. Bielefeld: Transcript-Verl., 2014, S. 57–78.

Baumert, Jürgen; Kunter, Mareike (2011): Das Kompetenzmodell von COACTIV. In: Professionelle Kompetenz von Lehrkräften. Münster: Waxmann, 2011.

Becker, Gary S. (1975): Human capital. A theoretical and empirical analysis, with special reference to education. 2. ed. New York: National Bureau of Economic Research (Human behavior and social institutions, 5).

Beer, David (Hg.) (2019): The Social Power of Algorithms: Routledge.

Bell, Daniel (1996): Die nachindustrielle Gesellschaft. Neuausg. Frankfurt/Main, New York: Campus-Verl. (Reihe Campus, Bd. 1001).

Bergmann, Jörg; Dausendschön-Gay, Ulrich; Oberzaucher, Frank (Hg.) (2014): „Der Fall“. Studien zur epistemischen Praxis professionellen Handelns. Bielefeld: Transcript (Sozialtheorie).

Berndes, Stefan; Kornwachs, Klaus; Lünstroth, Uwe (2002): Softwareentwicklung. Erfahrung und Innovation ; mit 15 Tabellen. Berlin, Heidelberg, New York, Barcelona, Hongkong, London, Mailand, Paris, Tokio: Springer.

Bohnsack, Ralf (1989): Generation, Milieu und Geschlecht. Zugl.: Erlangen, Nürnberg, Univ., Habil.-Schr. Leske u. Budrich, Opladen.

Bohnsack, Ralf (1999): Rekonstruktive Sozialforschung. Einführung in Methodologie und Praxis qualitativer Forschung. 3., überarb. und erg. Aufl. Opladen: Leske und Budrich.

Bohnsack, Ralf (2007): Dokumentarische Methode. In: Renate Buber (Hg.): Qualitative Marktforschung. Konzepte – Methoden – Analysen. 1. Aufl. Wiesbaden: Gabler (Lehrbuch), S. 319–330.

Bohnsack, Ralf (2013a): Dokumentarische Methode und die Logik der Praxis. In: Pierre Bourdieus Konzeption des Habitus. Wiesbaden: Springer VS, 2013.

Bohnsack, Ralf (2013b): Typenbildung, Generalisierung und komparative Analyse: Grundprinzipien der dokumentarischen Methode. In: Ralf Bohnsack, Iris Nentwig-Gesemann und Arnd-Michael Nohl (Hg.): Die dokumentarische Methode und ihre Forschungsparxis. Grundlagen qualitativer Sozialforschung. 3. Aufl. Wiesbaden: Springer VS, S. 241–270.

Bohnsack, Ralf (2017): Praxeologische Wissenssoziologie. Opladen, Toronto: Verlag Barbara Budrich (utb-studi-e-book, 8708). Online verfügbar unter https://elibrary.utb.de/doi/book/10.36198/9783838587080.

Bohnsack, Ralf (2023): Praxeologisch-wissenssoziologische Professionsforschung. In: Angela Wernberger (Hg.): Professionalitätsforschung in der Sozialen Arbeit. Leverkusen: Verlag Barbara Budrich, S. 17–43.

Bohnsack, Ralf; Hoffmann, Nora F.; Nentwig-Gesemann, Iris (2019): Typenbildung und Dokumentarische Methode. Hg. v. Steffen Amling, Alexander Geimer, Anne-Christin Schondelmayer, Kevin Stützel und Sarah Thomsen. Mannheim, Berlin: SSOAR – Social Science Open Access Repository; centrum für qualitative evaluations- und sozialforschung e.V. (ces) (JDM – Jahrbuch Dokumentarische Methode, Bd. 1/2019).

Bohnsack, Ralf; Nentwig-Gesemann, Iris; Nohl, Arnd-Michael (Hg.) (2013): Die dokumentarische Methode und ihre Forschungsparxis. Grundlagen qualitativer Sozialforschung. 3. Aufl. Wiesbaden: Springer VS.

Bollinger, Heinrich (2018): Deprofessionalisierung des Ärztestandes revisited. In: Ärztliche Tätigkeit im 21. Jahrhundert – Profession oder Dienstleistung. Berlin: Springer, 2018.

Boltanski, Luc; Chiapello, Ève (2006): Der neue Geist des Kapitalismus. Konstanz: UVK (Édition Discours, 38).

Bonnet, Andreas; Hericks, Uwe (2019): Professionalität und Professionalisierung als biographische Bearbeitung der Spannungen zwischen Norm und Habitus. In: Rolf-Torsten Kramer und Hilke Pallesen (Hg.): Lehrerhabitus. Theoretische und empirische Beiträge zu einer Praxeologie des Lehrerberufs. 1. Auflage. Bad Heilbrunn: Verlag Julius Klinkhardt (Studien zur Professionsforschung und Lehrerbildung), S. 101–123.

Bourdieu, Pierre (1964): Travail et travailleurs en Algérie. Teil 1. u. 2. Reprint 2021. Berlin: De Gruyter (Recherches méditerranéennes. Documents, 1).

Bourdieu, Pierre (1971): Die Illusion der Chancengleichheit. Bourdieu, Pierre, [u.] Jean-Claude Passeron ; Untersuchgn zur Soziologie d. Bildungswesens am Beisp. Frankreichs. (Übers. v. Barbara u. Robert Picht. Bearb. v. Irmgard Hartig). Stuttgart: Klett ((Texte u. Dokumente zur Bildungsforschung)).

Bourdieu, Pierre (1987): Sozialer Sinn. Kritik d. theoret. Vernunft. 1. Aufl. Frankfurt am Main: Suhrkamp.

Bourdieu, Pierre (1992): Rede und Antwort. Unter Mitarbeit von Bernd Schwibs. Frankfurt a. Main: Suhrkamp.

Bourdieu, Pierre (2013): Die feinen Unterschiede. Kritik der gesellschaftlichen Urteilskraft. 23. Aufl. Frankfurt am Main: Suhrkamp (Suhrkamp-Taschenbuch Wissenschaft, 658).

Bourdieu, Pierre (2021): Entwurf einer Theorie der Praxis. Auf der ethnologischen Grundlage der kabylischen Gesellschaft. 6. Auflage. Frankfurt am Main: Suhrkamp (Suhrkamp-Taschenbuch Wissenschaft, 291).

Bourdieu, Pierre; Schultheis, Franz; Steinrücke, Margareta (2002): Der Einzige und sein Eigenheim. Erweiterte Neuauflage der Schriften zu Politik & Kultur 3. Hamburg: VSA-Verlag (Schriften zu Politik & Kultur, 3).

Bourdieu, Pierre; Wacquant, Loïc (1996): Reflexive Anthropologie. Unter Mitarbeit von Pierre Bourdieu und Loïc Wacquant. 1. Aufl. Frankfurt am Main: Suhrkamp.

Brandl, Babara; Hornuf, Lars (2020): Where Did FinTechs Come From, and Where Do They Go? The Transformation of the Financial Industry in Germany After Digitalization. In: *Frontiers in Artificial Intellegence* 3 (8), S. 1–12.

Brayne, Sarah; Christin, Angèle (2021): Technologies of crime prediction: The reception of algorithms in policing and criminal courts. In: *Social Problems* 68 (3), S. 608–624.

Breidenstein, Georg (2013): Ethnografie. Die Praxis der Feldforschung. Unter Mitarbeit von Stefan Hirschauer und Herbert Kalthoff. Konstanz, München: UVK-Verl.-Ges; UVK/ Lucius (UTB, 3979).

Bremer, Helmut; Teiwes-Kügler, Christel (2013): Habitusanalyse als Habitus-Hermeneutik. Mannheim.

Brenner, Walter (2017): Auf dem Weg zu einer Informatik neuer Prägung in Wissenschaft, Studium und Wirtschaft. In: *Informatik-Spektrum* 40 (6), S. 602–606. https://doi.org/10.1007/s00287-017-1066-x.

Brint, Steven G. (1994): In an age of experts. The changing role of professionals in politics and public life. Princeton, N.J: Princeton University Press. Online verfügbar unter https://www.jstor.org/stable/10.2307/j.ctv10vm18m.

Bröckling, Ulrich (2013): Das unternehmerische Selbst. Soziologie einer Subjektivierungsform. 1. Aufl., neue Ausg. Berlin: Suhrkamp.

Brose, Hanns-Georg; Schulze-Böing, Matthias; Meyer, Werner (1990): Arbeit auf Zeit. Zur Karriere eines „neuen" Beschäftigungsverhältnisses. Opladen: Leske und Budrich.

Brüggemann, Marion (2017): Dokumentarische Methode und Gruppendiskussionsverfahren in der medienpädagogischen Forschung. München: kopaed.

Bughin, Jaques; Manyika, James (2013): Measuring the full impact of digital capital. Hg. v. McKinsey & Company. Online verfügbar unter https://www.mckinsey.com/~/media/McKinsey/Industries/Technology%20Media%20and%20Telecommunications/High%20Tech/Our%20Insights/Measuring%20the%20full%20impact%20of%20digital%20capital/Measuring%20the%20full%20impact%20of%20digital%20capital.pdf, zuletzt geprüft am 29.02.2024.

Buisness Insider (2023): Wieso entlassen gerade wieder so viele Tech-Firmen massenhaft Angestellte? In: *Buisness Insider* 2023, 22.02.2023. Online verfügbar unter https://www.businessinsider.de/gruenderszene/perspektive/wieso-entlassen-so-viele-tech-firmen-angestellte-zalando/, zuletzt geprüft am 17.10.2023.

Burrell, Jenna (2016): How the machine 'thinks': Understanding opacity in machine learning algorithms. In: *Big Data & Society* 3 (1), 2053951715622512.

Burrell, Jenna; Fourcade, Marion (2021): The Society of Algorithms. In: *Annu. Rev. Sociol.* 47 (1), S. 213–237. https://doi.org/10.1146/annurev-soc-090820-020800.

Busse, Stefan; Ehlert, Gudrun (2012): Die allmähliche Heraus-Bildung von Professionalität im Studium. In: Professionalität Sozialer Arbeit und Hochschule. Wiesbaden: Springer VS, 2012.

Calefato, Fabio; Lanubile, Filippo; Vasilescu, Bogda (2019): A large-scale, in-depth analysis of developers' personalities in the apache ecosystem. In: *Information and Software Technology* 114, S. 1–20.

Cao, Sissi (2019): What on Earth Is a Data Scientist? The Buzzword's Inventor DJ Patil Spills All. Hg. v. Observer. Online verfügbar unter https://observer.com/2019/11/data-scientist-inventor-dj-patil-interview-linkedin-job-market-trend/, zuletzt aktualisiert am 11.09.2019, zuletzt geprüft am 06.04.2025.

Carstensen, Tanja (2014): Zwischen Handlungsspielräumen und eigensinniger Materialität: Subjekte im Umgang mit den Herausforderungen der Internet-Arbeitswelt. Mannheim: SSOAR – Social Science Open Access Repository.

Castells, Manuel. (2017): Der Aufstieg der Netzwerkgesellschaft. Das Informationszeitalter. Wirtschaft. Gesellschaft. Kultur. Band 1. 2nd ed. 2017. Wiesbaden: Springer Fachmedien Wiesbaden; Imprint: Springer VS (Neue Bibliothek der Sozialwissenschaften). Online verfügbar unter https://permalink.obvsg.at/.

Chen, Shiou-Yu (2011): Exploring Digital Capital of Automated Cargo Clearance Business Websites. In: *Expert Systems with Apllications* (38), S. 3590–3599.

Christen, Markus; Mader, Clemens; Čas, Johann; Abou-Chadi, Tarik; Bernstein, Abraham; Braun Binder, Nadja et al. (2020): Wenn Algorithmen für uns entscheiden: Chancen und Risiken der künstlichen Intelligenz: vdf Hochschulverlag AG an der ETH Zürich.

Chuprina, Svetlana; Postanogov, Igor; Kostareva, Taisya (2017): A Way How to Impart Data Science Skills to Computer Science Students Exemplified by OBDA-Systems Development. In: *Procedia Computer Science* 108, S. 2161–2170.

Clement, Reiner; Schreiber, Dirk; Bossauer, Paul; Pakusch, Christina (2019): Internet-Ökonomie. Grundlagen und Fallbeispiele der digitalen und vernetzten Wirtschaft. 4., aktualisierte und überarbeitete Auflage. Berlin, Heidelberg: Springer Gabler (Springer eBook Collection).

Cloos, Peter (2006): Beruflicher Habitus. In: Ethnografische Zugänge. Wiesbaden: VS Verl. für Sozialwissenschaften, 2006.

Corsten, Michael (2012): Die subjektive Entschiedenheit beruflicher Praxis – Annotationen zur Theorie des beruflichen Habitus. In: Axel Bolder, Rolf Dobischat, Günter Kutscha und Gerhard Reutter (Hg.): Beruflichkeit zwischen institutionellem Wandel und biographischem Projekt. Wiesbaden: VS Verlag für Sozialwissenschaften, S. 319–335.

Costa, Carlos; Santos, Maribel Yasmina (2017): The data scientist profile and its representativeness in the European e-Competence framework and the skills framework for the information age. In: *International Journal of Information Management* 37 (6), S. 726–734.

Cotter, Kelley (2019): Playing the visibility game: How digital influencers and algorithms negotiate influence on Instagram. In: *New Media & Society* 21 (4), S. 895–913.

Crawford, Kate; Miltner, Mary; Gray, Mary L. (2014): Critiquing Big Data: Politics, Ethics, Epistemology I Special Section Introduction. In: *International Journal of Communication* 8, S. 1663–1672.

Da Silveira, Carolina Coelho; Marcolin, Caral Bonato; Da Silva, Matheus; Domingos, Jean Carlos (2020): What is a Data Scientist? Analysis of core soft and technical competencies in job postings. In: *IPTEC – Revista Inovação, Projetos e Tecnologias* 8 (1), S. 25–39.

Dancho, Matt; Cota, Rafael Nicholas Fermin (2024): Case Study: How To Build A High Performance Data Science Team. Hg. v. Business Science. Online verfügbar unter https://www.business-science.io/business/2018/09/18/data-science-team.html, zuletzt geprüft am 06.04.2015.

DatastoryLab (2024): Data Story Telling Trainings. Online verfügbar unter https://datastorylab.net/datastorytellingtraining/, zuletzt geprüft am 06.05.2025.

Davenport, Thomas H.; Patil, D. J. (2012): The Sexiest Job Of the 21st Century. In: *Harvard Business Review* 90 (5), S. 70–76.

Dawkins, M. H. (2001): The knowledge-based economy: intellectual origins and new economic perspectives. In: *International journal of management reviews* 3 (1), S. 21–40.

Deakin, Hannah; Wakefield, Kelly (2014): Skype interviewing: Reflections of two PhD researchers. In: *Qualitiv Research* 14 (5), S. 603–616. Online verfügbar unter https://journals.sagepub.com/doi/10.1177/1468794113488126, zuletzt geprüft am 20.02.2024.

Debashish Mandal; Robert McQueen (2013): Applying design science to deviate from unidirectional phases of CAR.

Dennis, Alan; Lakhiwal, Akshat; Sachdeva, Agrim (2023): AI agents as team members. Effects on satisfaction, conflict, trustworthiness, and willingness to work with. In: *Journal of management information systems*. https://doi.org/10.1080/07421222.2023.2196773.

Dhar, Vasant (2013): Data Science and Prediction. S.l.: SSRN (NYU Working Paper, No. 2451/31635).

Dijkstra, Edsger W. (1972): The humble programmer. In: *Commun. ACM* 15 (10), S. 59–66.

Döger, Peter (2006): Jenseits von „Scientific Warrior“ und „Mathematischem Mann“ –Technik, Naturwissenschaft und Hegemoniale Männlichkeit. In: *Naturbilder und Lebensgrundlage.*

Dorschel, Robert (2021): Discovering needs for digital capitalism: The hybrid profession of data science. In: *Big Data & Society* 8 (2), Artikel 20539517211040760. https://doi.org/10.1177/20539517211040760.

Dorschel, Robert (2022): Tech Workers und das achtsam-moralische Selbst: Jenseits von Künstlerkritik und Arbeitskraftunternehmer. Mannheim: SSOAR, GESIS – Leibniz-Institut für Sozialwissenschaften e.V.

Dorschel, Robert; Brandt, Philipp (2021): Professionalisierung mittels Ambiguität. Die diskursive Konstruktion von Data Scientists in Wirtschaft und Wissenschaft. In: *Zeitschrift für Soziologie* 50 (3–4), S. 193–210. https://doi.org/10.1515/zfsoz-2021-0014.

Douetteau, Florian (2020): The Different Types of Data Scientists (And What Kind You Should Hire). Online verfügbar unter https://blog.dataiku.com/the-different-types-of-data-scientists-and-what-kind-you-should-hire, zuletzt aktualisiert am 24.06.2020, zuletzt geprüft am 06.04.2025.

Ebrecht, Jörg (2004): Die Kreativität der Praxis. Überlegungen zum Wandel von Habitustransformationen. In: Jörg Ebrecht und Frank Hillebrandt (Hg.): Bourdieus Theorie der Praxis. Erklärungskraft – Anwendung – Perspektiven. 2., durchgesehene Auflage. Wiesbaden: VS Verlag für Sozialwissenschaften, S. 225–241.

Eichmann, Hubert (2004): Arbeitskraftunternehmer in der New Economy. In: Typisch Arbeitskraftunternehmer? Berlin: edition sigma, 2004.

Engel, Gloria V. (1970): Professional autonomy and bureaucratic organization. In: *Administrative science quarterly.*

Ensmenger, Nathan (2015): “Beards, sandals, and other signs of rugged individualism”: masculine culture within the computing professions. In: *Osiris* 30 (1), S. 38–65.

Ertel, Wolfgang (2021): Grundkurs Künstliche Intelligenz. Wiesbaden: Springer Fachmedien Wiesbaden.

Eurostat (2025): ICT specialists in employment. Online verfügbar unter https://ec.europa.eu/eurostat/statistics-explained/index.php?title=ICT_specialists_in_employment#ICT_specialists_by_sex, zuletzt geprüft am 28.01.2026.

Evetts, Julia (2003): The Sociological Analysis of Professionalism. In: *International sociology* 18 (2), S. 395–415.

Evetts, Julia (2011): A new professionalism? Challenges and opportunities. In: *Current Sociology* 59 (4), S. 406–422. https://doi.org/10.1177/0011392111402585.

Far, Saeed Banaeian; Rad, Imani Azadeh (2024): When cryptography stops data science: Strategies for resolving the conflicts between data scientists and cryptographers. In: *Data Science and Management* (7), S. 238–255.

Faulkner, Wendy (2014): Can women engineers be ‘real engineers’ and ‘real women’? Gender in/authenticity in engineering. In: Gender in science and technology. Bielefeld: Transcript-Verl., 2014.

Feldt, R.; Angelis, L.; Torkar, R. and Samuelsson, M. (2010): FELDT, Robert, et al. Links between the personalities, views and attitudes of software engineers. In: *Information and Software Technology* 52 (6), S. 611–624.

fimanto (o.D.): Dotcom-Blase Zusammenfassung. Online verfügbar unter https://www.fimanto.de/lexikon/dotcom-blase, zuletzt geprüft am 06.04.2025.

Fischer, Carina (2018): Professionalisierung trotz „marktgerechter" Studiengänge? In: Konflikt als Verhältnis – Konflikt als Verhalten – Konflikt als Widerstand. Wiesbaden: Springer VS, 2018.

Fischer, Petra M. (2007): Berufserfahrung älterer Führungskräfte als Ressource. Zugl.: Frankfurt (Main), Univ., Diss., 2006. Dt. Univ.-Verl, Wiesbaden.

Fisher, Danyel; Deline, Rob; Czerwinski, Mary; Drucker, Steve (2012): Interactions with Big Data Analytics. In: *Interactions* 19 (3), S. 50–59.

Fisher, Eran (2010): Contemporary Technology Discourse and the Legitimation of Capitalism. In: *European Journal of Social Theory* 13 (2), S. 229–252. https://doi.org/10.1177/1368431010362289.

Flick, Uwe (Hg.) (2000): Qualitative Forschung. Ein Handbuch. Orig.-Ausg. Reinbek bei Hamburg: Rowohlt-Taschenbuch-Verl. (Rororo, 55628 : Rowohlts Enzyklopädie).

Flick, Uwe (2011): Das Episodische Interview. In: Gertrud Oelerich und Hans-Uwe Otto (Hg.): Empirische Forschung und Soziale Arbeit. Wiesbaden: VS Verlag für Sozialwissenschaften, S. 273–280.

Fligstein, Neil (1997): Social Skill and Institutional Theory. In: *American behavioral scientist* 40 (4), S. 397–405.

Florida, Richard L. (2002): The rise of the Creative Class. And how It's Transforming Work, Leisure, Community and Everyday Life. 1. Aufl. New York (NY): Basic Books.

Foreman, John W. (2013): Data Smart. Using Data Science to Transform Information into Insight. 1., Auflage. New York, NY: John Wiley & Sons.

Fröhlich, Gerhard; Rehbein, Boike (Hg.) (2014): Bourdieu-Handbuch. Leben – Werk – Wirkung. Sonderausg. Stuttgart, Weimar: Metzler.

Fuchs, Christian (2014): Theorising and analysing digital labour: From global value chains to modes of production. In: *The Political Economy of Communication* 1 (2), S. 3–27.

Fuchs, Christian (2023): Anmerkungen zum Begriff des digitalen Kapitalismus. In: Tanja Carstensen, Simon Schaupp und Sebastian Sevignanie (Hg.): Theorien des digitalen Kapitalismus. Arbeit und Ökonomie, Politik und Subjekt. 1. Auflage. Berlin: Suhrkamp Verlag, S. 165–186.

Funken, Christiane (2001): Modellierung der Welt. Wissenssoziologische Studien Zur Software-Entwicklung. Wiesbaden: VS Verlag fur Sozialwissenschaften GmbH. Online verfügbar unter https://ebookcentral.proquest.com/lib/kxp/detail.action?docID=6285454.

Fussey, Pete; Roth, Silke (2020): Digitizing Sociology: Continuity and Change in the Internet Era. In: *Sociology* 54 (4), S. 659–674. https://doi.org/10.1177/0038038520918562.

Gandini, Alessandro (2016): The Reputation Economy. Understanding Knowledge Work in Digital Society. London: Palgrave Macmillan (Springer eBook Collection Business and Management).

Gesellschaft für Informatik (2025): Wir sind die Stimme der Informatik. Online verfügbar unter https://gi.de/ueber-uns, zuletzt geprüft am 06.04.2025.

Gomber, Peter; Kauffman, Robert J.; Parker, Chris; Weber, Bruce W. (2018): On the fintech revolution. Interpreting the forces of innovation, disruption, and transformation in financial services. In: *Journal of management information systems*. https://doi.org/10.1080/07421222.2018.1440766.

Goretzki, Lukas; Messner, Martin; Wurm, Maria (2023): Magicians, unicorns or data cleaners? Exploring the identity narratives and work experiences of data scientists. In:

Accounting, auditing & accountability journal. https://doi.org/10.1108/AAAJ-01-2022-5621.

Greenwood, Royston (2013): Institutional Complexity and Organizational Responses. S.l.: SSRN.

Groh-Samberg, Olaf; Mau, Steffen; Schimank, Uwe (2014): Investieren in den Status. Der voraussetzungsvolle Lebensführungsmodus der Mittelschichten. In: *Leviathan <Baden-Baden>*.

Gugerli, David (2015): Der Programmierer. In: Alban Frei und Hannes Mangold (Hg.): Das Personal der Postmoderne. Inventur einer Epoche. Bielefeld: Transcript-Verlag (Histoire, Bd. 84), S. 17–32.

Haeri, Maryman; Hartmann, Kathrin; König, Pascal; Krafft, Tobias D.; Sirsch, Jürgen; Joisten, Karin et al. (2020): Denkanstöße zum Einstaz von ADM-Systemen in der öffentlichen Verwaltung. Technische Universität Kaiserslautern. Online verfügbar unter https://fairandgoodadm.cs.uni-kl.de/res/Denkanst%C3%B6%C3%9Fe_final.pdf.

Hagendorff, Thilo (2019): Maschinelles Lernen und Diskriminierung: Probleme und Lösungsansätze. In: *Österreich Z Soziol* 44 (S1), S. 53–66. https://doi.org/10.1007/s11614-019-00347-2.

Haigh, Thomas; Priestley, Mark; Rope, Crispin (2014): los alamos Bets on eNIaC: Nuclear Monte Carlo Simulations, 1947–1948. In: *IEEE Annals of the History of Computing* 36 (3), S. 42–63.

Hammerbacher, Jeff (Hg.) (2009): Beautiful data. Unter Mitarbeit von Toby Segaran und Jeff Hammerbacher. Sebastopol, Calif.: O'Reilly. Online verfügbar unter https://learning.oreilly.com/library/view/-/9780596801656/?ar.

Harmsen, Thomas (2012): Professionalisierungsorte im Bachelor-Studiengang Soziale Arbeit. In: Professionalität Sozialer Arbeit und Hochschule. Wiesbaden: Springer VS, 2012.

Harris, Harlan D.; Murphy, Sean Patrick; Vaisman, Marck (2013): Analyzing the analyzers. An introspective survey of data scientists and their work. 1. ed. Beijing: O'Reilly (Strata – making data work).

Hartmann, Heinz (1967): Unternehmertum und Professionalisierung. In: *Zeitschrift für die gesamte Staatswissenschaft*.

Harvard University (2025): Master's in Data Science Program Overview. Online verfügbar unter https://365datascience.com/career-advice/career-guides/data-scientist-profile/, zuletzt geprüft am 06.04.2025.

Haug, Marie R.; Sussman, Marvin B. (1969): Professional autonomy and the revolt of the client. Paper to be read at the American Sociological Association, San Francisco, California, September 1969. Cleveland, Ohio: Case Western Reserve Univ.

Hayes, Bob (2016): Larger Data Science Teams Report Better Work Outcomes. Hg. v. Business Broadway. Online verfügbar unter https://businessoverbroadway.com/2016/04/18/larger-data-science-teams-report-better-work-outcomes/, zuletzt aktualisiert am 18.04.2016, zuletzt geprüft am 06.04.2025.

Helsper, Werner (2008): Ungewissheit und pädagogische Professionalität. In: Soziale Arbeit in Gesellschaft. Wiesbaden: VS Verlag für Sozialwissenschaften, 2008.

Helsper, Werner; Kramer, Rolf-Torsten; Thiersch, Sven (2013): Orientierungsrahmen zwischen Kollektivität und Individualität–ontogenetische und transformationsbezogene Anfragen an die dokumentarische Methode. In: Peter Loos, Arnd-Michael

Nohl, Aglaja Przyborski und Burkhard Schäffer (Hg.): Dokumentarische Methode. Grundlagen – Entwicklungen – Anwendungen. Berlin: Verlag Barbara Budrich, S. 111–140.

Hennen, Leonhard (1992): Technisierung des Alltags. Ein handlungstheoretischer Beitrag zur Theorie technischer Vergesellschaftung. Opladen: Westdt. Verl. (Studien zur Sozialwissenschaft, Bd. 104).

Henning, Peter A.; Vogelsang, Holger (Hg.) (2007): Handbuch Programmiersprachen. Softwareentwicklung zum Lernen und Nachschlagen : [ABAP, Ada, C, C#, C++, Delphi, Eiffel, FORTRAN, Java, JavaScript, LISP, Maple, Mathematica, MATLAB, Perl, PHP, PROLOG, Python, Ruby, Smalltalk, SQL, Tcl/Tk, Visual Basic.NET. München: Hanser.

Hericks, Uwe (2015): „Wie werden Lehrerinnen und Lehrer Professionell – und was kann universitäre Lehrerbildung dazu beitragen? In: *ZSF Zeitschrift für sportpädagogische Forschung* 3 (2), S. 5–18.

Hericks, Uwe (2018): Habitus und Normen im Berufseinstieg von Lehrer*innen. Eine mehrdimensionale Typenbildung aus der Perspektive der Dokumentarischen Methode. Habitus and norms in teachers' career entry phase. A multidimensional typology based on the methodology of the documentary method. Leverkusen: Barbara Budrich.

Hericks, Uwe; Sotzek, Julia; Rauschenberg, Anna; Wittek, Doris; Keller-Schneider, Manuela (2018): Habitus und Normen im Berufseinstieg von Lehrer*innen – eine mehrdimensionale Typenbildung aus der Perspektive der Dokumentarischen Methode. In: *Zeitschrift für interpretative Schul- und Unterrichtsforschung* 7 (1), S. 9–10. https://doi.org/10.3224/zisu.v7i1.04.

Hering, Annina; Rojas, Arcenis (2025): AI at Work Report 2025. How GenAI ist Rewiring the DNA of Jobs. Hg. v. Indeed Hiring Lab. Online verfügbar unter https://www.hiringlab.org/2025/09/23/ai-at-work-report-2025-how-genai-is-rewiring-the-dna-of-jobs/, zuletzt geprüft am 14.01.2026.

Herzmann, Petra; König, Johannes (2016): Lehrerberuf und Lehrerbildung. Bad Heilbrunn: Verlag Julius Klinkhardt (Studientexte Bildungswissenschaft, 4337).

Hesslinger, Eva (1995): Plakatierte Kultur. Über Firmenideologien und deren Rezeptionsweisen. In: *Soziale Welt*.

Hillebrandt, Frank (2004): Die verborgenen Mechanismen der Materialität. Überlegungen zu einer Praxistheorie der Technik. In: Jörg Ebrecht und Frank Hillebrandt (Hg.): Bourdieus Theorie der Praxis. Erklärungskraft – Anwendung – Perspektiven. 2., durchgesehene Auflage. Wiesbaden: VS Verlag für Sozialwissenschaften, S. 19–45.

Hirsch, Joachim (1995): Der nationale Wettbewerbsstaat. Staat, Demokratie und Politik im globalen Kapitalismus. Berlin, Amsterdam: Ed. ID-Archiv.

Hitzler, Ronald; Honer, Anne (1994): Bastelexistenz: über subjektive Konsequenzen der Individualisierung. Hg. v. Ulrich Beck und Elisabeth Beck-Gernsheim. Frankfurt am Main: Suhrkamp (Edition Suhrkamp, Neue Folge, Bd. 186).

Hooker, Sara (2021): Moving beyond "algorithmic bias is a data problem". In: *Patterns (New York, N.Y.)* 2 (4), S. 1–4. https://doi.org/10.1016/j.patter.2021.100241.

Horkheimer, Max; Adorno, Theodor W. (1969): Dialektik der Aufklärung. Philosoph. Fragmente. Frankfurt a.M.: S. FISCHER.

Horwath, Ilona; Kronberger, Nicole; Appel, Markus (2014): Similar but different? Cognitive differences in the discussion of women in science and technology. In: Gender in science and technology. Bielefeld: Transcript-Verl., 2014.

HOU, YOUYANG; Wang, Dakuo (2017): Hacking with NPOs: collaborative analytics and broker roles in civic data hackathons. In: *Proceedings of the ACM on human-computer interaction* 1 (CSCW), S. 1–16.

Hougardy, Stefan; Vygen, Jens (2018): Algorithmische Mathematik. Berlin, Heidelberg: Springer Berlin Heidelberg.

Howkins, John (2002): The creative economy. How people make money from ideas. London: Penguin Books.

Hugill, Andrew; Yang, Hongji (2013): The creative turn: new challenges for computing. In: *International Journal of Creative Computing* 1 (1), S. 4–19.

Hütt, Marc-Thorsten; Schubert, Claudia (2020): Fairness von KI-Algorithmen. In: Klaus Mainzer (Hg.): Philosophisches Handbuch Künstliche Intelligenz. Wiesbaden: Springer Fachmedien Wiesbaden (Springer Reference Geisteswissenschaften), S. 1–22.

IBM Technology (2024): Data Analytics vs Data Science. Online verfügbar unter https://www.youtube.com/watch?v=dcXqhMqhZUo, zuletzt geprüft am 06.04.2025.

Iliadis, Andrew; Russo, Federica (2016): Critical data studies: An introduction. In: *Big Data & Society*, S. 1–7.

Imtiaz, N.; Middleton, J.; Chakraborty, J.; Robson, N.; Bai, G. and Murphy-Hill, E. (Hg.) (2019): Investigating the effects of gender bias on github. Unter Mitarbeit von IEEE. 2019 IEEE/ACM 41st International Conference on Software Engineering (ICSE).

Iyer, R. N.; Yun, S. A.; Nagappan, M. and Hoey, J. (2019): Effects of personality traits on pull request acceptance. In: *IEEE Transactions on Software Engineering* 47 (11), S. 2632–2643.

Jaeggi, Rahel (2023): Fortschritt und Regression. 1. Auflage. Berlin: Suhrkamp Verlag.

Janning, Frank (2004): Habitus und Organisation. Ertrag der Bourdieuschen Problemformulierungen und alternative Konzeptualisierungsvorschläge. In: Jörg Ebrecht und Frank Hillebrandt (Hg.): Bourdieus Theorie der Praxis. Erklärungskraft – Anwendung – Perspektiven. 2., durchgesehene Auflage. Wiesbaden: VS Verlag für Sozialwissenschaften, S. 97–123.

Jarrett, Kylie (2022): Digital Labor: John Wiley & Sons.

Jarrett, Kylie (2023): Die Reproduktion des digitalen Unternehmers: Digitale Arbeit als feminiserte Arbeit. In: Tanja Carstensen, Simon Schaupp und Sebastian Sevignanie (Hg.): Theorien des digitalen Kapitalismus. Arbeit und Ökonomie, Politik und Subjekt. 1. Auflage. Berlin: Suhrkamp Verlag, S. 67–84.

JavaScript (2022): State of Java Script 2022. Online verfügbar unter https://2022.stateofjs.com/en-US/demographics/#gender, zuletzt geprüft am 06.04.2025.

Jenner, Brandy M.; Myers, Kit C. (2019): Intimacy, rapport, and exceptional disclosure: a comparison of in-person and mediated interview contexts. In: *International Journal of Social Research Methodology* 22 (2), S. 165–177. Online verfügbar unter https://doi.org/10.1080/13645579.2018.1512694, zuletzt geprüft am 22.02.2024.

Joroff, Michael L.; Porter, William L.; Feinberg, Barbara; Kukla, Chuck (2003): The agile workplace. In: *Journal of Corporate Real Estate* 5 (4), S. 293–311. https://doi.org/10.1108/14630010310812145.

Jurt, Joseph (1995): Das literarische Feld. Das Konzept Pierre Bourdieus in Theorie und Praxis. Darmstadt: Wiss. Buchges.

Kelle, Udo; Kluge, Susann (2010): Vom Einzelfall zum Typus. Fallvergleich und Fallkontrastierung in der qualitativen Sozialforschung. 2., überarbeitete Auflage. Wiesbaden: VS

Verlag (Qualitative Sozialforschung, Band 15). Online verfügbar unter http://www.socialnet.de/rezensionen/isbn.php?isbn=978-3-531-14704-8.

Khalid, Sundas (2024): Why You Should Become a Data Analyst and NOT a Data Scientist. Online verfügbar unter https://www.youtube.com/watch?v=CKsuUIBW6iU, zuletzt geprüft am 06.04.2025.

Kho, Lionel (2020): Review: IBM Data Science Professional Certificate. Online verfügbar unter https://www.linkedin.com/pulse/review-ibm-data-science-professional-certificate-lionel-kho/, zuletzt aktualisiert am 09.01.2020, zuletzt geprüft am 06.04.2025.

Kim, Miryung; Zimmermann, Thomas; Deline, Rob; Begel, Andrew (2017): Data Scientists in Software Teams: State of the Art and Challenges. In: *IEEE Transactions on Software Engineering* 44 (11), S. 1024–1038.

Kim, Miryung; Zimmermann, Thomas; DeLine, Robert; Begel, Andrew (2016): The emerging role of data scientists on software development teams. In: Laura Dillon, Willem Visser und Laurie Williams (Hg.): Proceedings of the 38th International Conference on Software Engineering. ICSE '16: 38th International Conference on Software Engineering. Austin Texas, 14 05 2016 22 05 2016. New York, NY, USA: ACM, S. 96–107.

Kings College London (2025): Data Science MSc. Online verfügbar unter https://www.kcl.ac.uk/study/postgraduate-taught/courses/data-science-msc, zuletzt geprüft am 06.04.2025.

Kitamura, Yoshifumi; Quigley, Aaron; Isbister, Katherine; Igarashi, Takeo; Bjørn, Pernille; Drucker, Steven (Hg.) (2021): Proceedings of the 2021 CHI Conference on Human Factors in Computing Systems. CHI '21: CHI Conference on Human Factors in Computing Systems. Yokohama Japan, 08 05 2021 13 05 2021. New York, NY, USA: ACM.

Kitchin, Rob (2019): Thinking critically about and researching algorithms. In: David Beer (Hg.): The Social Power of Algorithms: Routledge, S. 14–29.

Knauf, Helen (1999): Schlüsselqualifikationen an deutschen Hochschulen. Konzepte, Standpunkte und Perspektiven. Zugl.: Bielefeld, Univ., Diss., 2000. Neuwied, Kriftel: Luchterhand (Hochschulwesen).

Knuth, Donald E. (1974): Computer Programming as an art. In: *Commun. ACM* 17 (12), S. 667–673.

Kohout, Annekathrin (2019): Goodbye, Nerds. Entwicklung einer Sozialfigur. In: Nerd, Parfüm, Boygroup, Skippen, Autos. Bielefeld: transcript Verlag, 2019.

Kramer, Rolf-Torsten (2014): »Habitus(-wandel)« im Spiegel von »Krise« und »Bewährung«. In: *ZQF* 14 (1), S. 13–32. https://doi.org/10.3224/zqf.v14i1.15450.

Kramer, Rolf-Torsten (2018): Sequenzanalytische Habitusrekonstruktion. Methodologische Überlegungen zu einer neuen Methode der Habitushermeneutik. In: Rekonstruktive Bildungsforschung. Wiesbaden: Springer Fachmedien Wiesbaden, 2018.

Kramer, Rolf-Torsten; Pallesen, Hilke (Hg.) (2019): Lehrerhabitus. Theoretische und empirische Beiträge zu einer Praxeologie des Lehrerberufs. Verlag Julius Klinkhardt. 1. Auflage. Bad Heilbrunn: Verlag Julius Klinkhardt (Studien zur Professionsforschung und Lehrerbildung).

Kreutzer, Ralf T. (2018): Toolbox für Marketing und Management. Kreativkonzepte – Analysewerkzeuge – Prognoseinstrumente. Wiesbaden: Springer Gabler (SpringerLink Bücher).

Kutzner, Stefan (2012): Arbeit, Beruf und Habitus. In: Karin Schittenhelm (Hg.): Qualitative Bildungs- und Arbeitsmarktforschung. Wiesbaden: Springer Fachmedien Wiesbaden, S. 203–239.

Lamprecht, Juliane (2012): Rekonstruktiv-responsive Evaluation in der Praxis. Neue Perspektiven dokumentarischer Evaluationsforschung. 1. Auflage. Wiesbaden: VS Verlag.

Lempert, Wolfgang (2006): Berufliche Sozialisation und berufliches Lernen. In: Rolf Arnold und Antonius Lipsmeier (Hg.): Handbuch der Berufsbildung. 2. Aufl. Wiesbaden: VS Verl. für Sozialwiss, S. 413–420.

Leopold, Till Alexander; Di Battista, Attilio; Jativa, Ximena; Sharma, Shuvasish; Li, Ricky; Grayling, Sam (2025): Future of Jobs Report 2025. Hg. v. World Economic Forum. Geneva, Schweiz. Online verfügbar unter https://www.voced.edu.au/content/ngv:101811, zuletzt geprüft am 14.01.2026.

Lerch, Christian; Gotsch, Matthias (2014): Die Rolle der Digitalisierung bei der Transformation vom Produzenten zum produzierenden Dienstleister. In: *Die Unternehmung* 68 (4), S. 250–267.

Lin, Bin; Serebrenik, Alexander (2016): Recognizing gender of stack overflow users. In: Miryung Kim, Romain Robbes und Christian Bird (Hg.): Proceedings of the 13th International Conference on Mining Software Repositories. ICSE '16: 38th International Conference on Software Engineering. Austin Texas, 14 05 2016 22 05 2016. New York, NY, USA: ACM, S. 425–429.

Lippuner, Roland (2012): Pierre Bourdieu. In: Frank Eckardt (Hg.): Handbuch Stadtsoziologie. Wiesbaden: Springer VS, S. 125–142.

Lohan, Maria; Faulkner, Wendy (2004): Masculinities and Technologies. In: *Men and Masculinities* 6 (4), S. 319–329. https://doi.org/10.1177/1097184X03260956.

Loukides, Mike (2011): What is data science? Beijing: O'Reilly Media. Online verfügbar unter https://learning.oreilly.com/library/view/-/9781449336080/?ar.

Lupton, Deborah; Pink, Sarah; Labond, Christine Heyes; Sumartojo, Shanti (2018): Personal Data Contexts, Data Sense, and Self-Tracking Cycling. In: *International Journal of Communication* 2018 (Vol 12), S. 647–665.

Mafaalani, Aladin el (2012): BildungsaufsteigerInnen aus benachteiligten Milieus. Zugl.: Bochum, Univ., Diss., 2011. Springer VS, Wiesbaden.

Mäkelä, Elina; Stephany, Fabian (2024): Complement or substitute? How AI increases the demand for human skills. In: *arXiv preprint*.

Malone, Katie (2020): When Translation Problems Arise Between Data Scientists and Business Stakeholders, Revisit Your Metrics. In: *Harvard Data Science Review* 2 (1). https://doi.org/10.1162/99608f92.c2fc310d.

Manager Magazin (2023): Google-Mutter Alphabet streicht 12.000 Jobs. Online verfügbar unter https://www.manager-magazin.de/unternehmen/tech/alphabet-google-mutter-streicht-12-000-jobs-a-072c7d44-d33e-4d5d-9925-325ad93819e4, zuletzt aktualisiert am 20.01.2023, zuletzt geprüft am 17.10.2023.

Mannheim, Karl (1928): Das Problem der Generationen. München: Duncker & Humblot.

Marques, Maíra (2015): Software engineering education—does gender matter in project results?—a chilean case study. In: *2015 IEEE Frontiers in Education Conference (FIE)*, S. 1–8.

Martin, David; Rooksby, John (2006): Knowing, Reasoning about and Learning a Code Base as Embodied Practical Action in Software Development. In: *TeamEthno-online* 2006 (2), S. 3–12.

Mau, Steffen (2018): Das metrische Wir. Über die Quantifizierung des Sozialen. Sonderausgabe für die Bundeszentrale für politische Bildung. Bonn: Bundeszentrale für politische Bildung (Schriftenreihe / Bundeszentrale für Politische Bildung, Band 10273).

Mertens, Dieter (1974): Schlüsselqualifikationen. Thesen zur Schulung für eine moderne Gesellschaft. In: *Mitteilungen aus der Arbeitsmarkt- und Berufsforschung.*

meta (2025): metacareers. Online verfügbar unter https://www.metacareers.com/jobs, zuletzt geprüft am 06.04.2025.

Metz-Göckel, Sigrid; Frohnert, Sigrid; Hahn-Mausbach, Gabriele; Kauermann-Walter, Jacqueline (1991): Mädchen, Jungen und Computer. Geschlechtsspezifisches Sozial- und Lernverhalten beim Umgang mit Computern. Wiesbaden, s.l.: VS Verlag für Sozialwissenschaften (Sozialverträgliche Technikgestaltung, Materialien und Berichte, 24).

Meuser, Michael (2013): Repräsentation sozialer Strukturen im Wissen. Dokumentarische Methode und Habitusrekonstruktion. In: Ralf Bohnsack, Iris Nentwig-Gesemann und Arnd-Michael Nohl (Hg.): Die dokumentarische Methode und ihre Forschungsparxis. Grundlagen qualitativer Sozialforschung. 3. Aufl. Wiesbaden: Springer VS, S. 223–239.

Meuser, Michael; Nagel, Ulrike (2009): Das Experteninterview – konzeptionelle Grundlagen und methodische Anlage. In: Methoden der vergleichenden Politik- und Sozialwissenschaft. Wiesbaden: VS, Verlag für Sozialwissenschaften, 2009.

Meyer, Melanie A. (2019): Healthcare data scientist qualifications, skills, and job focus: a content analysis of job postings. In: *Journal of the American Medical Informatics Association* 26 (5), S. 383–391.

Microsoft (2025): Microsoft Certified: Azure Data Scientist Associate. Online verfügbar unter https://learn.microsoft.com/en-us/credentials/certifications/azure-data-scientist/?practice-assessment-type=certification, zuletzt aktualisiert am 16.01.2025, zuletzt geprüft am 06.04.2025.

Mieg, Harald A. (2003): Problematik und Probleme der Professionssoziologie. Eine Einleitung. In: Professionelle Leistung – professional performance. Konstanz: UVK Verlagsgesellschaft, 2003.

Mieg, Harald A. (2016): Profession. Begriff, Merkmale, gesellschaftliche Bedeutung. In: Handbuch Professionsentwicklung. Bad Heilbrunn: Verlag Julius Klinkhardt, 2016, S. 27–40.

Miller, Steve (2014): Collaborative approaches needed to close the big data skills gap. In: *Journal of Organization design* 3 (1), S. 26–30.

Minssen, Heiner (2019): Arbeit in der modernen Gesellschaft. Eine Einführung. 2. Aufl. 2019. Wiesbaden: Springer Fachmedien Wiesbaden (SpringerLink Bücher).

Moore, Phoebe (2019): Agiles Arbeiten und Messung des Affektiven. In: Florian Butollo und Sabine Nuss (Hg.): Marx und die Roboter. 1. Aufl. Berlin: Dietz Verlag, S. 237–254.

Mühlfeld, Claus (1987): Jugend als zentrale Kategorie der Statusbiographie: Zum Erwerb des beruflichen Habitus. In: Helga Reimann (Hg.): Die Jugend. Einführung in die interdisziplinäre Juventologie. 2., völlig neu bearb. Aufl. Opladen: Westdeutscher Verl. (WV-Studium Sozialwissenschaft, 133), S. 69–91.

Muller, Michael; Lange, Ingrid; Wang, Dakuo; Piorkowski, David; Tsay, Jason; Liao, Vera Q. et al. (2019): How Data Science Workers Work with Data, S. 1–14.

Müller-Hermann, Silke; Becker-Lenz, Roland (2018): Professionalisierung: Studium, Ausbildung und Fachlichkeit. In: Gunther Graßhoff, Anna Renker und Wolfgang Schröer (Hg.): Soziale Arbeit. Wiesbaden: Springer Fachmedien Wiesbaden, S. 687–697.

Münscher, Robert; Hormuth, Julia (2013): Vertrauensfallen im internationalen Management. Hintergründe – Beispiele – Strategien. Berlin, Heidelberg: Springer Gabler.

Nachtwey, Oliver; Seidl, Timo (2017): Die Ethik der Solution und der Geist des digitalen Kapitalismus. IfS Working Paper # 11. Frankfurt am Main: Institut für Sozialforschung an der Johann Wolfgang Goethe-Universität (IfS Working Papers, 11).

Nachtwey, Oliver; Seidl, Timo (2023): Der solutionistische Geist des digitalen Kapitalismus. In: Tanja Carstensen, Simon Schaupp und Sebastian Sevignanie (Hg.): Theorien des digitalen Kapitalismus. Arbeit und Ökonomie, Politik und Subjekt. 1. Auflage. Berlin: Suhrkamp Verlag, S. 459–475.

Nachtwey, Oliver; Staab, Philipp (2017): Die Avantgarde des digitalen Kapitalismus. In: Kapitalismus und Ungleichheit. Bonn: Bundeszentrale für politische Bildung, 2017.

Nassehi, Armin (2019): Muster. Theorie der digitalen Gesellschaft. 1. Auflage. München: C.H.Beck.

Necula, Sabina-Cristiana; Strîmbei, Cătălin (2022): Top 10 Differences between Machine Learning Engineers and Data Scientists. In: *Electronics* 11 (19), S. 3016.

Nentwig-Gesemann, Iris (2001): Die Typenbildung der dokumentarischen Methode. In: Die dokumentarische Methode und ihre Forschungspraxis. Opladen: Leske + Budrich, 2001.

Neumann, Karin (2015): Systemische Interventionen in der Familientherapie. Berlin, Heidelberg: Springer (Psychotherapie: Praxis).

Nieke, Wolfgang (2002): Kompetenz. In: Hans-Uwe Otto, Thomas Rauschenbach und Peter Vogel (Hg.): Erziehungswissenschaft: Professionalität und Kompetenz. Wiesbaden, s.l.: VS Verlag für Sozialwissenschaften (Springer eBook Collection Humanities, Social Science), S. 13–28.

Niethammer, Carolin; Koglin-Hess, Ines; Digel, Sabine; Schrader, Josef (2014): Herausforderung Curriculumentwicklung. Ein konzeptioneller Ansatz zur Professionalisierung = Curriculum construction as challenge : a conceptual approach to professionalisation. In: *Zeitschrift für Hochschulentwicklung*.

Nohl, Arnd-Michael (2017): Interview und Dokumentarische Methode. Wiesbaden: Springer Fachmedien Wiesbaden.

Noordegraaf, Mirko (2007): From "Pure" to "Hybrid" Professionalism. In: *Administration & society* 39 (6), S. 761–785.

Noordegraaf, Mirko (2015): Hybrid professionalism and beyond: (New) Forms of public professionalism in changing organizational and societal contexts. In: *Journal of Professions and Organization* 2 (2), S. 187–206. https://doi.org/10.1093/jpo/jov002.

Noordegraaf, Mirko; Schinkel, Willem (2011): Professional Capital Contested: A Bourdieusian Analysis of Conflicts between Professionals and Managers. In: *Comp Sociol* 10 (1), S. 97–125. https://doi.org/10.1163/156913310X514092.

Nov, Oded; Ye, Chen (2010): Why do people tag? In: *Commun. ACM* 53 (7), S. 128–131. https://doi.org/10.1145/1785414.1785450.

Nowaczyk, Anna (2024): Wie gekaufte Daten Spionage erleichtern. In: *F.A.Z.*, 16.07.2024. Online verfügbar unter https://www.faz.net/aktuell/feuilleton/medien/wie-geheimdienste-standortdaten-zur-spionage-nutzen-19858562.html, zuletzt geprüft am 13.09.2024.

O'Reilly, Dermot; Reed, Michael I. (2011): The grit in the Oyster. Professionalism, managerialism and leaderism as discourses of UK public services modernization. In: *Organization studies.*

Oevermann, Ulrich (2008): „Krise und Routine“ als analytisches Paradigma in den Sozialwissenschaften (Abschiedsvorlesung am 28.04.2008). Frankfurt am Main: Universitätsbibliothek Johann Christian Senckenberg.

Oevermann, Ulrich (2010): Genetischer Strukturalismus und das sozialwissenschaftliche Problem der Erklärung der Entstehung des Neuen. Frankfurt am Main: Universitätsbibliothek Johann Christian Senckenberg.

Oevermann, Ulrich (2013a): Die Problematik der Strukturlogik des Arbeitsbündnisses und der Dynamik von Übertragung und Gegenübertragung in einer professionalisierten Praxis von Sozialarbeit. In: Professionalität in der Sozialen Arbeit. Wiesbaden: Springer VS, 2013. Online verfügbar unter http://link.springer.com/chapter/10.1007/978-3-531-19881-1_6.

Oevermann, Ulrich (2013b): Die Problematik der Strukturlogik des Arbeitsbündnisses und der Dynamik von Übertragung und Gegenübertragung in einer professionalisierten Praxis von Sozialarbeit. In: Professionalität in der Sozialen Arbeit. Wiesbaden: Springer VS, 2013. Online verfügbar unter http://link.springer.com/chapter/https://doi.org/10.1007/978-3-531-19881-1_6.

Oliffe, John L. et al. (2021): Zoom Interviews: Benefits and Concessions. In: *International journal of qualitative methods* 20, S. 1–8. Online verfügbar unter https://doi.org/10.1177/16094069211053522, zuletzt geprüft am 20.02.2024.

O'Neil, Cathy; Schutt, Rachel (2014): Doing data science. Straight talk from the frontline. 1. Edition. Beijing, Köln: O'Reilly.

Pache, Anne-Claire; Santos, Filipe Manuel Simões D. (2013): Inside the hybrid organization. Selective coupling as a response to competing institutional logics. In: *Academy of Management journal.*

Padala, H. S., Mendez, C., Fronchetti, F., Steinmacher, I., Steine-Hanson, Z., Hilderbrand, C.; Sarma, A. (2020): How gender-biased tools shape newcomer experiences in OSS projects. In: *IEEE Transactions on Software Engineering* 48 (1), S. 241–259.

Pahl, Hanno (Hg.) (2007): Kognitiver Kapitalismus. Soziologische Beiträge zur Theorie der Wissensökonomie. Marburg: Metropolis-Verl.

Papilloud, Christian (2003): Bourdieu lesen. Einführung in eine Soziologie des Unterschieds. Mit einem Nachwort von Loïc Wacquant. Bielefeld: transcript Verlag. Online verfügbar unter https://library.oapen.org/bitstream/id/b0bb7ed0-4c9d-427d-8b64-882af091edda/1006784.pdf.

Parker, Sharon K. (2014): Beyond Motivation: Job and Work Design for Development, Health, Ambidexterity, and More. In: *Annual Review of Psychology* (65), S. 661–691.

Pasquale, Frank (2015): The black box society. The secret algorithms that control money and information. Cambridge: Harvard University Press. Online verfügbar unter https://ebookcentral.proquest.com/lib/kxp/detail.action?docID=3301535.

Passi, Samir; Jackson, Steven (2017): Data vision: Learning to see through algorithmic abstraction. In: *Proceedings of the 2017 ACM conference on computer supported cooperative work and social computing*, S. 2436–2447.

Patil, D. J. (2011): Building Data Science Teams.

Patil, D. J. (2012): Data Jujitsu: The Art of Turning Data into Product: O'Reilly Media.

Paulitz, Tanja (2012): „Hegemoniale Männlichkeiten“ als narrative Distinktionspraxis im Wissenschaftsspiel. Wissenschaftssoziologische Perspektiven auf historisch technikwissenschaftliche Erzählungen. In: *Österreich Z Soziol.*

Pereira, Paula; Cunha; Jácome; Fernandes; Joao (2020): On Understanding Data Scientist. In: *2020 IEEE Symposium on Visual Languages and Human-Centric Computing (VL/HCC)*, S. 1–5. Online verfügbar unter http://arxiv.org/pdf/2001.06684v3.

Pfadenhauer, Michaela (2003): Professionalität. Eine wissenssoziologische Rekonstruktion institutionalisierter Kompetenzdarstellungskompetenz. Wiesbaden, s.l.: VS Verlag für Sozialwissenschaften (Springer eBook Collection Humanities, Social Science).

Pfadenhauer, Michaela; Dieringer, Volker (2019): Professionalität als institutionalisierte Kompetenzdarstellungskompetenz. In: Wolfgang Wessels (Hg.): Das Politische System der Europäischen Union. Wiesbaden: Springer Fachmedien Wiesbaden (Springer Reference Sozialwissenschaften), S. 1–21.

Pfister, Andres; Müller, Prisca (2021): Pschologische Grundlagen des agilen Arbeitens. In: Christoph Negri (Hg.): Führen in der Arbeitswelt 4.0. 2. Aufl. Berlin: Springer Verlag, S. 33–50.

Pine, Kathleen H.; Liboiron, Max (2015): The Politics of Measurement and Action. In: Bo Begole, Jinwoo Kim, Kori Inkpen und Woontack Woo (Hg.): Proceedings of the 33rd Annual ACM Conference on Human Factors in Computing Systems. CHI '15: CHI Conference on Human Factors in Computing Systems. Seoul Republic of Korea, 18 04 2015 23 04 2015. New York, NY, USA: ACM, S. 3147–3156.

Pippin, Robert B. (2005): Die Verwirklichung der Freiheit. Der Idealismus als Diskurs der Moderne. Frankfurt/Main, New York: Campus-Verl. (Theorie und Gesellschaft, Bd. 51).

Pongratz, Hans J.; Voß, G. Günter (2004a): Erlebniserwartungen und Sicherheitsbedürfnisse von Beschäftigten in Gruppen- und Projektarbeit. In: Typisch Arbeitskraftunternehmer? Berlin: edition sigma, 2004.

Pongratz, Hans J.; Voß, G. Günter (Hg.) (2004b): Typisch Arbeitskraftunternehmer? Befunde der empirischen Arbeitsforschung. Berlin: edition sigma (Forschung aus der Hans-Böckler-Stiftung, 56).

Prietl, Bianca (2019a): Algorithmische Entscheidungssysteme revisited: Wie Maschinen gesellschaftliche Herrschaftsverhältnisse reproduzieren können. In: *Feministische Studien* 37 (2), S. 303–319. https://doi.org/10.1515/fs-2019-0029.

Prietl, Bianca (Hg.) (2019b): Politics of Datafication. Zu einer intersektionalen Machtanalyse digitaler Datentechnologien. Komplexe Dynamiken globaler und lokaler Entwicklungen. Verhandlungen. Göttingen, 2018. Kongresses der Deutschen Gesellschaft für Soziologie. in Göttingen 2018.

Probst, Gilbert J. B. (1987): Selbst-Organisation. Ordnungsprozesse in sozialen Systemen aus ganzheitl. Sicht. Zugl.: St. Gallen, Hochsch. für Wirtschafts- u. Sozialwiss., Habil.-Schr., 1987. Berlin, Hamburg: Parey (Biologie und Evolution interdisziplinär).

Provost, Foster; Fawcett, Tom (2013): DATA SCIENCE AND ITS Relationship to Big Data and Data-Driven Descision Making. In: *Big Data* 1 (1), S. 51–59.

Rauhut, Ingo (2021): Ingenieurinnen gesucht. Hg. v. VDI. Online verfügbar unter https://www.vdi.de/news/detail/ingenieurinnen-gesucht, zuletzt aktualisiert am 18.02.2021, zuletzt geprüft am 06.04.2025.

Reckwitz, Andreas (2013): Die Erfindung der Kreativität. Zum Prozess gesellschaftlicher Ästhetisierung. Originalausg., 3. Aufl. Berlin: Suhrkamp (Suhrkamp-Taschenbuch. Wissenschaft, 1995).

Reckwitz, Andreas (2016): Kreativität und soziale Praxis. Studien zur Sozial- und Gesellschaftstheorie. Bielefeld: transcript Verlag (Sozialtheorie).

Reckwitz, Andreas (2017): Die Gesellschaft der Singularitäten. Zum Strukturwandel der Moderne. 1. Auflage. Berlin: Suhrkamp.

Reckwitz, Andreas (2019): Das Ende der Illusionen. Politik, Ökonomie und Kultur in der Spätmoderne. 1. Originalausgabe. Berlin: Suhrkamp Verlag.

Reckwitz, Andreas (2024): Verlust. Ein Grundproblem der Moderne. Erstausgabe. Berlin: Suhrkamp.

reddit (2018): Python vs C#. Online verfügbar unter https://www.reddit.com/r/ProgrammerHumor/comments/93h6cm/python_vs_c/?tl=de, zuletzt geprüft am 06.04.2025.

reddit (2025): r/datascience. Online verfügbar unter https://www.reddit.com/r/datascience/, zuletzt geprüft am 06.04.2025.

Rehbein, Boike (2013): Bourdieus Habitusbegriff und Wittgensteins Sprachphilosophie. In: Alexander Lenger, Christian Schneickert und Florian Schumacher (Hg.): Pierre Bourdieus Konzeption des Habitus. Grundlagen, Zugänge, Forschungsperspektiven. Wiesbaden: Springer Fachmedien Wiesbaden, S. 123–129.

Reich, Robert B. (1993): Die neue Weltwirtschaft. Das Ende der nationalen Ökonomie. Frankfurt am Main, Wien: Büchergilde Gutenberg.

Riley, Tim (Hg.) (2010): Beautiful testing. Leading professionals reveal how they improve software. 1. ed. Beijing, Köln: O'Reilly (Theory in practice).

Rommes, Els (2014): Feminist interventions in the design process. In: Gender in science and technology. Bielefeld: Transcript-Verl., 2014, S. 41–56.

Rosa, Marta; Aikath, Devdeep; Mayer, Anne (2023): They Work with Data and Do Some Science: How Identity Conflict Turns Data Professionals away from Data Science.

Ruiz Ben, Esther (2013): Internationale Professionalität. Transformation der Arbeit und des Wissens in transnationalen Arbeitsfeldern. Wiesbaden: Springer VS (SpringerLink Bücher).

Russo, Daniel; Stol, Klaas-Jan (2020): Gender differences in personality traits of software engineers. In: *IEEE Transactions on Software Engineering* 48 (3), S. 819–834.

Sailmann, Gerald (2018): Der Beruf. Eine Begriffsgeschichte. Bielefeld, Germany: transcript Verlag. Online verfügbar unter https://library.oapen.org/bitstream/id/076e39d7-44bd-426d-953e-11f00210ffd8/9783839445495.pdf.

Sander, Tobias (2014): Habitussensibilität. Wiesbaden: Springer Fachmedien Wiesbaden.

Saunders, Todd (2013): Data science and data scientists: What's in a name. In: *Information Management* 11, S. 1–3.

Schinzel, Britta; Ruiz Ben, Esther (2004): Softwareentwicklung als Profession? In: *Informatik Spektrum* 27 (5), S. 441–447.

Schmidt, Robert (2008a): Das Zusammenspiel von Habitat und Habitus und die Sozialitaet der Artefakte – zur empirischen Rekonstruktion der praktischen Logik von Programmierung und Softwareentwicklung.

Schmidt, Robert (2008b): Praktiken des Programmierens/Practices of Programming: Zur Morphologie von Wissensarbeit in der Software-Entwicklung/Towards a Morphology of KnowledgeWork in Software Development. In: *Zeitschrift für Soziologie* 37 (4), S. 282–300.

Schmidt, Robert (2012): Soziologie der Praktiken. Konzeptionelle Studien und empirische Analysen. Orig.-Ausg., 1. Aufl. Berlin: Suhrkamp (Suhrkamp-Taschenbuch Wissenschaft, 2030).

Schmierl, Klaus (2006): Neue Muster der Interessendurchsetzung in der Wissens-und Dienstleistungsökonomie–Elemente einer Hybridisierung industrieller Beziehungen. In: Ingrid Artus (Hg.): Betriebe ohne Betriebsrat. Informelle Interessenvertretung in Unternehmen. Frankfurt/Main: Campus-Verl., S. 171–194.

Schön, Donald A. (1994): The Reflective Practitioner. How Professionals Think in Action. Abingdon, Oxon: Taylor and Francis. Online verfügbar unter https://ebookcentral.proquest.com/lib/kxp/detail.action?docID=4816972.

Schönberger, Klaus (Hg.) (2003): Subjektivierte Arbeit. Mensch, Organisation und Technik in einer entgrenzten Arbeitswelt. Frankfurt/Main, New York: Campus-Verl.

Schubert, Klaus (Hg.) (2005): Handwörterbuch des ökonomischen Systems der Bundesrepublik Deutschland. 1. Aufl. Wiesbaden: VS Verl. für Sozialwissenschaften. Online verfügbar unter https://swbplus.bsz-bw.de/bsz113127839rez.htm.

Schumann, Conny; Zschech, Patrick; Hilbert, Andreas (2016): Das aufstrebende Berufsbild des Data Scientist. In: *HMD* 53 (4), S. 453–466. https://doi.org/10.1365/s40702-016-0214-0.

Schütze, Fritz (1984): Kognitive Figuren des autobiographischen Stegreiferzählens. Hg. v. Martin Kohli und Günther Robert. Stuttgart: Metzler (Biographie und Soziale Wirklichkeit: neue Beiträge und Forschungsperspektiven).

Schützeichel, Rainer (2018): Professionswissen. In: Christiane Schnell und Michaela Pfadenhauer (Hg.): Handbuch Professionssoziologie. Wiesbaden: VS Verlag für Sozialwissenschaften (Springer eBook Collection), S. 1–22.

Schwingel, Markus (1998): Pierre Bourdieu zur Einführung. 2. Aufl. Hamburg: Junius (Zur Einführung, 168).

Segaran, Toby (Hg.) (2009): Beautiful data. The stories behind elegant data solutions. 1. ed. Beijing, Köln: O'Reilly.

Sennett, Richard (2013): Together. The rituals, pleasures and politics of cooperation. New Haven, Conn.: Yale Univ. Press.

Shao, Yijia; Zope, Humishka; Jiang, Yucheng; Pei, Jiaxin; Nguyen, David; Brynjolfsson, Erik; Yang, Diyi (2025): Future of Work with AI Agents: Auditing Automation and Augmentation Potential across the U.S. Workforce. In: *arXiv preprint*.

Siegrist, Hannes (1985): Gebremste Professionalisierung – das Beispiel der Schweizer Rechtsanwaltschaft im Vergleich zu Frankreich und Deutschland im 19. und frühen 20. Jahrhundert. In: Werner Conze und Jürgen Kocka (Hg.): Bildungssystem und Professionalisierung in internationalen Vergleichen. Beiträge … auf Tagungen des Arbeitskreises für Moderne Sozialgeschichte. Stuttgart: Klett-Cotta (Industrielle Welt, 38).

Srnicek, Nick (2018): Plattform-Kapitalismus. Hamburg: Hamburger Edition HIS.

Srnicek, Nick (2023): Daten, Datenverarbeitung, Arbeit. In: Tanja Carstensen, Simon Schaupp und Sebastian Sevignanie (Hg.): Theorien des digitalen Kapitalismus. Arbeit und Ökonomie, Politik und Subjekt. 1. Auflage. Berlin: Suhrkamp Verlag, S. 187–205.

Staab, Philipp (2019): Digitaler Kapitalismus. Markt und Herrschaft in der Ökonomie der Unknappheit. 1. Originalausgabe. Berlin: Suhrkamp Verlag.

Stalk, George; Hout, Thomas M. (1990): Competing against time. How time-based competition is reshaping global markets. 10. print. New York, London: Free Pr; Collier Macmillan.

Statista (2023): Prognose zum weltweit generierten Datenvolumen. Online verfügbar unter https://de.statista.com/statistik/daten/studie/267974/umfrage/prognose-zum-weltweit-generierten-datenvolumen/.

Statista (2025): Erwerbsbeteiligung von Frauen nach Berufen. Online verfügbar unter https://www.destatis.de/DE/Themen/Arbeit/Arbeitsmarkt/Qualitaet-Arbeit/Dimension-1/erwerbsbeteiligung-frauen-berufe.html#:~:text=Im%20Jahr%202022%20waren%20Frauen,von%2062%2C3%20%25%20vertreten., zuletzt geprüft am 06.04.2025.

Stehr, Nico (2015): Die Freiheit ist eine Tochter des Wissens. Wiesbaden: Springer VS.

Stehr, Nico; Adolf, Marian (2018): Ist Wissen Macht? Wissen als gesellschaftliche Tatsache. Zweite erweiterte Auflage. Weilerswist: Velbrück Wissenschaft.

Steinbicker, Jochen (2011): Zur Theorie der Informationsgesellschaft. Ein Vergleich der Ansätze von Peter Drucker, Daniel Bell und Manuel Castells. 2. Aufl. Wiesbaden: VS-Verl.

Stichweh, Rudolf (1996): Professionen in einer funktional differenzierten Gesellschaft. In: Arno Combe (Hg.): Pädagogische Professionalität. Untersuchungen zum Typus pädagogischen Handelns. 1. Aufl. Frankfurt am Main: Suhrkamp (Suhrkamp Taschenbuch Wissenschaft, 1230), S. 49–78.

Stiroh, Kevin (1999): Is There a New Economy? In: *Challenge* 42 (4), S. 82–101.

Stockinger, Kurt; Stadelmann, Thilo (2014): Data Science für Lehre, Forschung und Praxis. In: *HMD* 51 (4), S. 469–479. https://doi.org/10.1365/s40702-014-0040-1.

Stockinger, Kurt; Stadelmann, Thilo; Ruckstuhl, Andreas (2016): Data Scientist als Beruf. In: Big data. Wiesbaden: Springer Vieweg, 2016.

Streeck, Wolfgang (1997): German capitalism: does it exist? Can it survive? In: *New political economy*.

Szeman, Imre (2015): Entrpreneurship as the new common sense. In: *South Atlantic Quarterly* 114 (3), S. 471–490.

Tagesschau (2022): US-Tech-Branche im Umbruch. Unter Mitarbeit von Andreas Braun. Hg. v. Tagesschau. Online verfügbar unter https://www.tagesschau.de/wirtschaft/unternehmen/us-technologieunternehmen-stellenabbau-ursachen-101.html, zuletzt aktualisiert am 15.11.2022, zuletzt geprüft am 17.10.2023.

Tambe, Prasanna; Hitt, Lorin; Rock, Daniel; Brynjolfsson, Erik (2020): Digital Capital and Superstar Firms. NBER Working Paper 28285. Cambridge: National Bureau of Economic Research.

Tamir, Mike; Miller, Steven; Gagliardi, Alessandro (2015): The data engineer (2762013).

Tarnoff, Ben; Weigel, Moira (Hg.) (2020): Voices from the Valley. Tech workers talk about what they do--and how they do it. Frist edition. New York: FSG Originals x Logic Farrar Straus and Giroux.

Terhart, Ewald (2001): Lehrerberuf und Lehrerbildung [Teaching profession and teacher education]. Weinheim & Basel: Beltz.

Terhart, Ewald (2011): Lehrerberuf und Professionalität. Gewandeltes Begriffsverständnis – neue Herausforderungen. In: Pädagogische Professionalität. Weinheim: Beltz, 2011.

Terrell, J.; Kofink, A.; Middleton, J.; Rainear, C.; Murphy-Hill, E.; Parnin, C. and Stallings, J. (2017): Gender differences and bias in open source: Pull request acceptance of women versus men. In: *PeerJ Computer Science* 3, e111.

The Data Storytellers Podcast (2022): Strategic Data Initiatives That Drive Organizational Change @ Red Bull. Online verfügbar unter https://www.youtube.com/watch?v=WM5vTtZGAPI, zuletzt geprüft am 06.04.2025.

Universität Potsdam (2025): Data Science Master. Online verfügbar unter https://www.uni-potsdam.de/en/studium/what-to-study/master/data-science, zuletzt geprüft am 06.04.2025.

University of Sydney (2025): Data Science Major. Online verfügbar unter https://www.sydney.edu.au/courses/subject-areas/major/data-science0.html, zuletzt geprüft am 06.04.2025.

Vaast, Emmanuelle; Pinsonneault, Alain (2021): When Digital Technologies Enable and Threaten Occupational Identity: The Delicate Balancing Act of Data Scientists. In: *MIS Quarterly* 45 (3).

van der Aalst, Wil M. P. (2014): Data Scientist: The Engineer of the Future. In: Kai Mertins, Frédérick Bénaben, Raúl Poler und Jean-Paul Bourrières (Hg.): Enterprise Interoperability VI. Cham: Springer International Publishing, S. 13–26.

Vasilescu, Bogdan; Posnett, Daryl; Ray, Baishakhi; van den Brand, Mark G.J.; Serebrenik, Alexander; Devanbu, Premkumar; Filkov, Vladimir (2015): Gender and Tenure Diversity in GitHub Teams. In: Bo Begole, Jinwoo Kim, Kori Inkpen und Woontack Woo (Hg.): Proceedings of the 33rd Annual ACM Conference on Human Factors in Computing Systems. CHI '15: CHI Conference on Human Factors in Computing Systems. Seoul Republic of Korea, 18 04 2015 23 04 2015. New York, NY, USA: ACM, S. 3789–3798.

Versteegen, Gerhard (2000): Projektmanagement. Mit Dem Rational Unified Process. Unter Mitarbeit von P. Kruchten und B. Boehm. Berlin, Heidelberg: Springer Berlin / Heidelberg (Xpert. press Ser). Online verfügbar unter https://ebookcentral.proquest.com/lib/kxp/detail.action?docID=6281085.

Verwiebe, Roland; Hagemann, Steffen (2023): Digitales Kapital. Entstehung, Reproduktion, Ungleichverteilung : ein Vorschlag zur Anwendung der Kapitaltheorie von Bourdieu. In: *Leviathan <Baden-Baden>*.

Verwiebe, Roland; Hagemann, Steffen (2024): Bourdieu revisited: new forms of digital capital – emergence, reproduction, inequality of distribution. In: *Information, Communication & Society*, S. 1–23.

Vidgen, Richard; Shaw, Sarah; Grant, David B. (2017): Management challenges in creating value from business analytics. In: *European journal of operational research*, S. 626–639. https://doi.org/10.1016/j.ejor.2017.02.023.

Vormbusch, Uwe (2019): Wirtschafts- und Finanzsoziologie. Eine kritische Einführung. 1. Auflage 2019. Wiesbaden: Springer Fachmedien Wiesbaden (Studientexte zur Soziologie).

Voß, G. Günter (1998): Die Entgrenzung von Arbeit und Arbeitskraft: eine subjektorientierte Interpretation des Wandels der Arbeit. In: *Mitteilungen aus der Arbeitsmarkt- und Berufsforschung*.

Voß, G. Günter (2012a): Individualberuf und subjektivierte Professionalität. Zur beruflichen Orientierung des Arbeitskraftunternehmers. In: Axel Bolder, Rolf Dobischat, Günter Kutscha und Gerhard Reutter (Hg.): Beruflichkeit zwischen institutionellem Wandel und biographischem Projekt. Wiesbaden: VS Verlag für Sozialwissenschaften, S. 283–318.

Voß, G. Günter (2012b): Subjektivierte Professionalität. Zur Selbstprofessionalisierung von Arbeitskraftunternehmern und arbeitenden Kunden. In: Wolfgang Dunkel (Hg.): Interaktive Arbeit. Theorie, Praxis und Gestaltung von Dienstleistungsbeziehungen. Wiesbaden: Springer VS, S. 353–386.

Voß, G. Günter (2017): Entgrenzung und Subjektivierung von Arbeit. Graz, 22.05.2017. Online verfügbar unter https://static.uni-graz.at/fileadmin/veranstaltungen/denkwerkstaette/Voss.pdf, zuletzt geprüft am 17.09.2024.

Voß, G. Günter; Pongratz, Hans J. (1998): Der Arbeitskraftunternehmer. Eine neue Grundform der Ware Arbeitskraft? In: *Kölner Zeitschrift für Soziologie und Sozialpsychologie.*

Waller, Matthew A.; Fawcett, Stanley E. (2013): Data science, predictive analytics, and big data. A revolution that will transform supply chain design and management. In: *Journal of business logistics.*

Waltl, Dr. Bernhard (2020): Erklärbarkeit und Transparenz im Machine Learning. In: Klaus Mainzer (Hg.): Philosophisches Handbuch Künstliche Intelligenz. Wiesbaden: Springer Fachmedien Wiesbaden (Springer Reference Geisteswissenschaften), S. 1–23.

Wang, Dakuo; Weisz, Justin D.; Muller, Michael; Ram, Parikshit; Geyer, Werner; Dugan, Casey et al. (2019): Human-AI Collaboration in Data Science: Exploring Data Scientists' Perceptions of Automated AI. In: *Proceedings of the ACM on human-computer interaction* 3 (CSCW), S. 1–24.

Wang, Zora Zhiruo; Shao, Yijia; Shaikh, Omar; Fried, Daniel; Neubig, Graham; Yang, Diyi (2025): How Do AI Agents Do Human Work? Comparing AI and Human Workflows Across Diverse Occupations. In: *arXiv preprint.*

Weinert, Franz E. (2001): Concept of competence. A conceptual clarification. In: Defining and selecting key competencies. Seattle: Hogrefe & Huber, 2001.

Wenger, Etienne (1998): Communities of practice. Learning, meaning, and identity. Cambridge: Cambridge University Press (Learning in doing).

Williams, Laurie; Cockburn, Alistair (2003): Agile software development: it's about feedback and change – Computer. In: *Computer* 36 (6), S. 39–43.

Willke, Helmut (1998): Organisierte Wissensarbeit. In: *Zeitschrift für Soziologie* 27 (3), S. 161–177.

Willson, Michele (2017): Algorithms (and the) everyday. In: *Information, Communication & Society* 20 (1), S. 137–150. https://doi.org/10.1080/1369118X.2016.1200645.

Witt, Kurt-Ulrich; Müller, Martin Eric (2020): Algorithmische Informationstheorie. Berlin, Heidelberg: Springer Berlin Heidelberg.

Wohlrab-Sahr, Monika (1993): Biographische Unsicherheit. Formen Weiblicher Identität in der „reflexiven Moderne : das Beispiel der Zeitarbeiterinnen. Wiesbaden: VS Verlag fur Sozialwissenschaften GmbH (Biographie and Gesellschaft Ser, v.15). Online verfügbar unter https://ebookcentral.proquest.com/lib/kxp/detail.action?docID=7201766.

Wolfangel, Eva (2024): Vertrauliche Daten von Gefängnisinsassen standen offen im Netz. In: *ZEIT Online*, 26.06.2024. Online verfügbar unter https://www.zeit.de/digital/datenschutz/2024-06/datensicherheit-haftanstalt-kommunikation-software-persoenliche-daten, zuletzt geprüft am 13.09.2024.

Yau, Nathan (2010): Google's Chief Economist Hal Varian on Statistics and Data (Flowing Data). Online verfügbar unter https://flowingdata.com/2009/02/25/googles-chief-economist-hal-varian-on-statistics-and-data/, zuletzt geprüft am 06.04.2025.

Yilmaz, M.; O'Connor, R. V.; Colomo-Palacios, R and Clarke, P. (2017): An examination of personality traits and how they impact on software development teams. In: *Information and Software Technology* 86, S. 101–122.

Zachmann, Karin (2004): Mobilisierung der Frauen. Technik, Geschlecht und Kalter Krieg in der DDR. Frankfurt/Main: Campus Verlag (Reihe Geschichte und Geschlechter, 44). Online verfügbar unter http://www.sehepunkte.de/2005/10/6364.html.

Zhang, Amy X.; Muller, Michael; Wang, Dakuo (2020): How do Data Science Workers Collaborate? Roles, Workflows, and Tools. Online verfügbar unter http://arxiv.org/pdf/2001.06684v3.

Zhuravel, Helen (2025): Top 9 Data Science Trends in 2025. Online verfügbar unter https://binariks.com/blog/data-science-trends/, zuletzt aktualisiert am 20.01.2025, zuletzt geprüft am 06.04.2025.

Ziegler, Alexander (2022): Tech-Angestellte: Eine arbeitssoziologische Perspektive. In: *AIS Studien* 15 (1), S. 104–124. https://doi.org/10.21241/SSOAR.79581.

Ziewitz, Malte (2019): Rethinking gaming: The ethical work of optimization in web search engines. In: *Social studies of science* 49 (5), S. 707–731. https://doi.org/10.1177/0306312719865607.

Zuboff, Shoshana (2018): Das Zeitalter des Überwachungskapitalismus. [1. Auflage]. Frankfurt, New York: Campus.

Zweig, Katharina A. (2019): Algorithmische Entscheidungen. Transparenz und Kontrolle. Sankt Augustin, Berlin: Konrad-Adenauer-Stiftung (Analysen & Argumente, 338).

Zweig, Katharina A.; Krafft, Tobias D. (2018): Fairness und Qualität algorithmischer Entscheidungen. Hg. v. Resa Mohabbat Kar, Basanta Thapa und Peter Parycek. Berlin ((Un)berechenbar? Algorithmen und Automatisierung in Staat und Gesellschaft).

Zweig, Katharina A.; Krafft, Tobias D.; Klingel, Anita; Park, Enno (2021): Sozioinformatik. Ein neuer Blick auf Informatik und Gesellschaft. München: Hanser

FSC
www.fsc.org
MIX
Papier | Fördert gute Waldnutzung
FSC® C083411

Kolibri 360 GmbH
Ferdinand-Jühlke-Straße 7
99095 Erfurt, Deutschland
produktsicherheit@kolibri360.de